TERENC
MOIX

VIAJE SENTIMENTAL A EGIPTO

(Terenci del Nilo)

PLAZA & JANES EDITORES, S. A.

Portada de

LINEA PUBLICIDAD

Ilustración de la portada basada en un folleto turístico del siglo XIX

Ilustraciones cedidas por el autor

Séptima edición: **Mayo, 1992**
(Primera edición ilustrada)

Editado por PLAZA & JANES EDITORES, S. A.
Enric Granados, 86-88. 08008 Barcelona

Printed in Spain — Impreso en España

ISBN: 84-01-32435-1 — Depósito Legal: B. 15.737 - 1992

Impreso en Printer, Industria Gráfica, s.a.
Sant Vicenç dels Horts (Barcelona)

ACASO PRÓLOGO

Este libro solo aspira a convertir en literatura un profundo acto de amor. Tan profundo es, que exige la nacionalidad egipcia para mi espíritu. Literatura y amor, escapes líricos, un cierto onanismo del recuerdo, nostalgia de los siglos que no viví y constantes recorridos por mi tiempo salvaje que pasó. Noble recurso del egotismo, todo ello. Pero egotismo que se traiciona a sí mismo e intenta tender trampas al lector, si este se deja. En resumen: el placer de escribir si el tiempo lo permite y las autoridades culturales no se oponen.

Pero sobre todo, imperando en todo, mi amor por Egipto.

No doy una guía, por supuesto, que no me adiestró Salamanca en tales prestaciones ni Natura me dio a luz cultivado ya para guiar. Mucho menos intentaría historiar, aunque a veces tome de la Historia algún rastro de sus variados perfumes y le reproche sus notables traiciones a la felicidad de la especie. Pero si algo me dio Natura fue capacidad para amar en desaforo y no ser objetivo en mis amores ni parco en cantarlos. Y así reitero las cosas que amo de Egipto (además de amar a Egipto entero) y no sabiendo las que pudiera amar el lector —o cada uno entre los lectores— decido organizar mi estructura de acuerdo a mis placeres. Ello hará que esta estructura que emprendo sea, posiblemente, la de la insistencia: tal vez un *leit motiv* que a lo largo del camino va encontrando reiterados ecos de sí mismo. Temas que regresan, elegía, comida que me repite, aliteración, retornelo, rondó en última instancia porque permite que, en sus repeticiones, vayan entrando nuevos temas que, a su vez, organicen nuevos ritmos.

Algo habrá de barroco en este empeño de restituir, para mi literatura, mis sueños egipcios. Y el placer de escribir, al que antes he aludido con hipocresía, solo empieza a existir mientras cada sueño va tomando forma. Que no he conocido aquel placer durante muchos años, y no me dolía su ausencia hasta que sentí la necesidad de ponerme a describir Egipto. Fueron siete años sin publicar y escribiendo solo en homenaje a un joven príncipe ideado por el señor Shakespeare (mi otra inspiración, después de Egipto). Y todo ello es un tiempo que me hizo particularmente perezoso a la hora de enfrentarme a una página en blanco, si no era para cumplir premisas de amor que no se me daban lejos del país y del señor citados.

Por todo ello constituye para mí un de repente de importancia, esa decisión de abandonar la gratificadora holganza de estos años y volver a encontrar paso a paso, letra a letra, el placer de contar cosas. Es probable que la virtud o la culpa del exceso se deba a ciertas voces insistentes, algunas de ellas francamente pesadas en sus conminaciones: Enric Majó, Núria Espert y Josep Maria Benet i Jornet, principalmente y por asiduidad diaria. En el terreno editorial, la amistosa perseverancia de Enrique Badosa ha conseguido lo que nadie desde 1976. Es posible que tenga que dar las gracias a todos ellos si consigo que, en paráfrasis del viejo cuplé, escribir vuelva a ser para mí un placer genial, sensual...

Pero hay más causas.

Harto de una circunstancia cultural muy poco propicia para ilusionarse en la creación, enamorado de otros medios que la técnica moderna pone a disposición de la narrativa, busqué y rebusqué entre los papeles de mi primera juventud aquellos que mantenían viva su confianza en el mito. *My salad days!* Días y papeles que esgrimían un optimismo gallardo y agresivo como nunca volví a sentir respecto a la literatura. Días también insensatos, pues publiqué a todo riesgo, y sin demasiado rigor, una primera redacción en catalán de este libro que sale hoy a la luz y que solo conserva de entonces el título, algún fragmento disperso —para mí entrañable— y una capacidad de amor idéntica, si no ampliada. Siendo todo viaje a Egipto un proceso de iniciación en los misterios del Tiempo, no es extraño que el vuelo de este monstruo me arrastre también a mí. Y que nada o casi nada de aquel libro joven se corresponda con mis intereses actuales, con la ampliación de mis conocimientos del país que amo o la posible mejora de mis recursos para poner sobre los papeles los alcances de este amor.

También podría ser un recurso desesperado que surge en la esterilidad hodierna, en la sustitución de las esperanzas literarias por la eficacia de la imagen; en la perdida vivacidad de Barcelona y, me atrevo a pronosticarlo, del Occidente entero.

En este momento de apatía me fui a recuperar Egipto. Y solo esta palabra llena mi vida.

Gracias a las incitaciones a que me he referido —ese reiterativo «¡Tienes que volver a escribir!»— recuperé Egipto de una manera doble. Y es que mientras trabajaba en el presente vómito de mis experiencias iniciáticas creaba paralelamente una ficción destinada a aparecer al mismo tiempo. Se trata de una novela titulada *Nuestro Virgen de los Mártires* que transcurre en la Tebaida, con retazos alejandrinos, piramidales y nilóticos. Mientras en el presente libro hablaba de Adriano y la ciudad que mandó edificar en Egipto, también inventaba para la novela el aspecto imaginario de Antinoé. Así pues, mi amor literario iba creando su propio *ka*, su doble espiritual. Y el ejercicio se me ha ido revelando de una utilidad apasionante, pues me obligaba a crear dos oficios distintos partiendo de un ensueño idéntico. Y a edificar mundos opuestos, lenguajes antagónicos partiendo de la repetición de algún ambiente.

También el Tiempo fue tejiendo a mi alrededor una fatalidad típicamente egipcia. La muerte de mi padre —una muerte rápida, estúpida, inesperada— acaeció mientras yo me ocupaba en cantar las excelencias de una civilización que encontró en el culto a la muerte las bases de su profunda ética. Muerte y Tiempo han sido las constantes permanentes de mi obra, como lo han sido en mi vida cotidiana, ya desde aquella adolescencia en que sólo podía saber de ellas por referencias muy lejanas. E incluso en una serie de corte humorístico que escribí para la televisión catalana, Rosa María Sardà y Sergi Schaaff me hicieron notar que no había un solo episodio donde, entre risas y chascarrillos, no muriesen como mínimo dos personas.

Es curioso que, al final de su redacción, este libro haya resultado un eterno retorno a las obsesiones de siempre, personificado en una obsesión por las ruinas, no menos habitual en toda mi literatura anterior. Pero no me parece lícito anticipar al lector lo que va a encontrar, si es buen lince en el rastreo. Tal vez sí, advertir que no pretenderé introducirme en materias políticas, que tienen ya excelentes tratadistas y son demasiado importantes en la hora mundial para ser examinadas desde lejos. La historia actual, las urgencias inmediatas, exigen la objetividad de la ciencia, no el vuelo del sentimiento. Encontraría una falta de honestidad por mi parte mezclar ambas cosas. Las obsesiones del escritor no dañan a nadie si no a sí mismo. El comentario político, cuando es serio, cuando no se limita a ser una componenda para contentar a las distintas progresías locales, se levanta sobre la agonía de miles de víctimas. No quiera yo prestarme a este juego hasta que no me hubiese adiestrado debidamente en las arduas condiciones del combate.

Tal vez la ventaja del egotista es que no intenta hacer pasar gato por liebre. Ya lo dije al principio: estamos en los dominios estrictos de la literatura. Ojalá no aporte yo más traiciones a las que ha venido sufriendo en los últimos años.

Justo es aclarar, por último, la razón de dos ausencias que considerarán imperdonables quienes esperaren encontrar, en este libro, un «todo Egipto». Me refiero a la ausencia casi total de las dos grandes capitales, El Cairo y Alejandría. Por su historia, su ubicuidad y sus mitologías, son ciudades que exceden con creces los límites de mi sueño egipcio: el de la cultura faraónica o sus despojos. Cierto que El Cairo y Alejandría ocupan, al final del libro, un epílogo a mis cuitas, pero todos coincidirán en encontrarlo corto. Tendrán razón. Son simples apuntes de lo que un día espero convertir en libro que aborde en extensión dos fenómenos tan importantes del Egipto actual. Por el momento, me limito al Nilo que tuve el privilegio de soñar.

TERENCI MOIX

Ventalló, julio 1983

A la memoria de mi padre, que me habló de Egipto por primera vez, y también del desierto.

A los que acompañaron mis viajes egipcios:

Enric Majó
Anna Maria Moix
Josep M.ª Benet i Jornet
María Martínez
Colita
Joan Miralles
Joaquim Bas
Consol Ribas
Carmen Alcalde
Josep M.ª Castellet
Núria Espert
Antonio Gala
Armando Rabazo
Mikel González

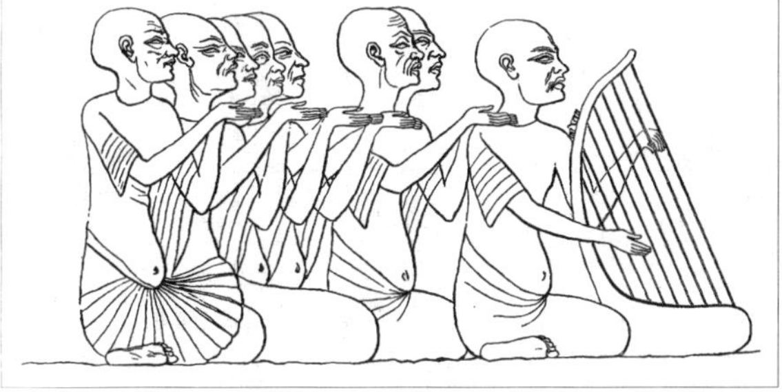

ARSINOË II. PHILADELPHUS' GEM
SETI. I. SETHOS
AETHIOPIER

DEL ÁNIMO ROMÁNTICO QUE SE NECESITA PARA AMAR A EGIPTO SOBRE TODAS LAS COSAS

Llegué por primera vez a Egipto cierta noche de enero de 1968, el primero de dieciséis viajes apasionados; dieciséis itinerarios a veces sabidos, a veces sorprendentes, pero que en ningún caso dejaron de provocarme una sensación insustituible: que mi vida vivía del Egipto, y que de algún modo nunca salí de él. Lo que hay allí de mito —y todo lo es, seguramente— se apoderó de mi voluntad para no abandonarme nunca.

Porque ya en mi primer contacto con el país del Nilo esperaba encontrar el mito de una manera abierta, declarada, como un preciso intercambio de credenciales entre los sueños que el país contenía y los que yo había ido alimentando. Incluso los que llegué a escribir sin conocerlos aún.

Mis sueños vivieron de esas tierras. De las negras del valle y las rojas del desierto. De la variopinta vegetación de los vivos y la sequedad perenne de las rocallas para los muertos (tan amados). Volaban mis sueños de siempre hacia el período de los faraones; pero más tarde, en el discurrir de mi aprendizaje, en el desorden de mis lecturas, se enriquecieron con visiones no sé si más completas, no sé si más ambiguas. Mi equipaje para la invasión del suelo egipcio lo componían una sala de cine de barrio, una desordenada biblioteca y el altar de alguna religión jamás inventada. Y, sobre todo ello, un gran misterio.

Desde mucho antes de ir a Egipto yo solía imaginar una llegada obligada, una llegada mítica. Tal vez fuese la de un escriba desterrado que regresaba de lejanas tierras y, al avistar los muelles de Tebas, inaugurase un poema con lágrimas en los ojos. Pero no era tan ingenuo como para ignorar que incluso en los dominios del ensueño esta transferencia espiritual constituía una fantasía demasiado salvaje. Tomaba otras precauciones, otros sistemas de ataque. Al fin y al cabo, mis sueños también se alimentaron con romanticismos decimonónicos y alguna propicia novelería de entre-guerras. ¡Existían, pues, otras transferencias posibles!

Continuaba siendo obligada la llegada en barco. Sería el mar, esta vez, y serían otros siglos, ya en la gran caída del Egipto. De entre las neblinas matinales, apenas rasgadas por un amago de sol invernal, emergían completamente blancos los templos y academias de Alejandría; o acaso sus despojos cristianizados, si mi período elegido era el de las grandes navegaciones medievales, cuando el Mediterráneo todavía pudo pertenecernos. O, puesto en durrelliano, vería aparecer la decadente curva de la *Corniche*, sus formas coloniales batidas por las olas y una lluvia finísima. De la «ciudad de la memoria» brotarían imágenes deformes de palacetes modernistas, consulados de soberbias columnatas neoclásicas, villas de un sospechoso *gothic revival* y entre todo ello, como reverberando en el alma del gran espejismo alejandrino, un centelleo de luces sucias en los cafetines que no habrían cerrado en muchas madrugadas.

¡Llegar a Egipto para ser saludado por la menos egipcia de sus ciudades! Y llegar en el barco de la aventura, en una época en que solo son capaces de tomar ese barco los últimos desahuciados del ensueño, los parias del Mito, los huérfanos de la tempestad...

Pero llegué por aire, con las alas falsas, sin ser Ariel ni Oberón. Huérfano, sí, pero del hastío de mi tiempo, de lo que me arrasó ese tiempo en un lugar llamado Barcelona, durante aquella posguerra que llegó a durar cuarenta años. Llegaba, es cierto, empujado por las olas de mi romanticismo bastardo. Arribaba en pos de mis quimeras pero, al mismo tiempo, acorazado por la cautela odiosa con que Catalunya suele proteger a sus hijos de la locura. ¡Defendido por un mínimo de *seny* que controlase los excesos de mi amor!

Al producirse desde el cielo postizo de la aeronáutica, mi llegada se pareció a la de cualquier turista convencional. Tardé tiempo en encontrarme cara a cara con el Egipto de los sueños, con la patria de Nefer-Nefer-Nefer. Sobrevolé Alejandría, pero sin fervor. Igual que sus reyes, la ciudad se perdía en un sueño extranjero, con raras insinuaciones del Mediterráneo, siempre mi mar, pero no el del Egipto soñado. Y todo ello quedaba atrás a medida que empezaba a imperar el Delta, para luego convertirse en el río milagroso al que suelen referirse los manuales más elementales.

Finalmente, El Cairo a mis pies. El espectro de su nocturnidad. Todo el efecto fulminante de una capital que se proclama cabeza de mundos, encrucijada de razas, crisol de aglomeraciones. ¿Correspondería a lo que nos han enseñado a esperar del Oriente? Ciudad bazar antes que otra cosa. Turbamulta de intereses. Caos para la vista e infierno para el oído. Y, desde el cielo, solo una saturación de lucecitas nerviosas, que alteraban lo que hasta entonces había sido pavorosa inmovilidad de la noche temprana. A pesar de todo, una ciudad que entraba en el haber de los cuentos de Scherezade más que en la iconografía faraónica.

Me afirmé en mi decisión, nobilizada por el tópico de los siglos: no despertaría hasta encontrarme con el Nilo y cuanto en sus aguas pudiese haber reflejado del Egipto de siempre (y «siempre» es una palabra sin límites, una palabra que va mucho más allá de la realidad y de la Historia). Es decir: la Tierra de los Faraones propiamente dicha. Si después me dejaba acorralar por la cultura, la realidad, las urgencias del mundo árabe, sabría huir de ellas con prontitud, cabalgando a toda prisa hacia las ruinas de Amarna. Y todo cuanto no fuese esta hábil maniobra de escamoteo del presente, ya no sería mi Egipto.

La verdadera civilización egipcia de mi Educación Sentimental.

Desde que tenía siete años y dibujaba el sarcófago del principito Tutankamón en los cuadernos llamados «de limpio» de mi colegio de curas grises, hasta que, ya adolescente, quedé traumatizado con un libro de divulgación arqueológica de moda y una novela río de nombre célebre y escandaloso, el Egipto representaba para mí aquella inmensa ruina perdida en medio de dos desiertos seculares, separados por un río divino gracias a cuyas crecidas el país fue calificado de «don» o «regalo», según los traductores. Un río cuyas aguas surcaba una barca lóbrega, y sin embargo gloriosa, que transportaba a los difuntos ilustres más allá de los remolinos Caribdis de los futuros griegos: hacia una prolongación de aquel otro río en el que, según decían, empezaba una vida total.

Desde un principio mi Egipto había sido el resultado de un minisueño del consumo que me sirvió para sobrevivir al cansancio barcelonés, a la falta de imaginación de mis conciudadanos, a la carencia de libertades de una dictadura. Y era un sueño que, al despertar, me dejaba siempre una obsesión por la cultura que enmudeció para siempre y sin embargo era lo bastante locuaz como para adormecerme con sus cánticos remotos, en melancólicos paseos por los atardeceres de Tebas, siempre junto al Nilo. Y cuando en Roma, en 1969, paseando con la escritora Elsa Morante por las callejas que rodean al Palazzo Farnese, insinuó ella que mi amor por las ruinas tenía algo de deseo de regreso al vientre materno, tuve que decidir que, a veces, los descubrimientos del psicoanálisis tienen el poder de aguarnos los mejores vinos.

¡Y aún así, me resigné a seguir buscando los andares de Gradiva!

Por otro lado, nunca he pretendido negar que mi idea del viaje tiene un muy elevado tanto por ciento de sueño que alimenté en alguna ocasión de mi vida o, como mínimo, del interés que me dejó alguna lectura —o varias— desde mucho antes de preparar mis itinerarios. Pero al ser yo un hijo del siglo, al ejercer de hijo del siglo, mi Egipto tenía que estar necesariamente viciado por los sueños bastardos que me comunicaron, incansablemente y sin rigor, los medios de comunicación de masas y su cotidiana metralla de mediocridad.

Pero sueños son al fin y al cabo; y sin ellos, sin su empuje, apenas sabría justificar las molestias físicas del viaje, las vejaciones de largas esperas, el trago de verme obligado a coincidir con los más distintos especímenes de la impertinencia humana que, desgraciadamente, también se han acostumbrado a ponerse en marcha cada año. No ha de extrañar, pues, al lector que en las páginas que siguen, memorial de mis viajes a Egipto, aparezca como un espectro constante esa nueva plaga que hemos dado en llamar, sencillamente, turismo de masas. Y que surja además como un flagelo creciente y que incomoda. Pues cuando se ha recorrido aquellos monumentos en soledad absoluta, como tuve la suerte de verlos en aquel enero de 1968, se entiende que las cosas ya no volverán a ser las mismas, que alguien ha puesto barreras a nuestra entrega de amor. Y el idilio con Egipto se ha convertido en una suerte de mercado continuo, donde impera la caricatura de Occidente llevada a cabo por sus representantes más triviales. Al verse representado por el turismo de masas, Occidente hace el ridículo en Egipto. Y uno de sus hijos se siente degradado, e hinca la espuela de sus quimeras más desmadradas, en busca de un Egipto que solo a él puede pertenecer.

Pero todos esos impedimentos no se habían desarrollado todavía cuando el avión de 1968 me depositó en El Cairo junto a un número escaso de viajeros (casi todos ellos árabes). Todavía no padecí tormentos de amor en ese primer viaje, porque cada cosa que veía en el país del Nilo, era la respuesta aproximada a mis sueños de antaño, a mis íncubos, hadas y faunos. Cada sensación era el complemento de las impresiones que yo había ido creando a lo largo de quince años, sin moverme de casa, con la imaginación errando, en perfecta labor autodidacta, entre los papeles que arqueólogos, historiadores y viajeros ilustres del pasado habían ido escribiendo para lo que yo consideraba mi uso exclusivo. Y en fin, las muchas nuevas cosas que iba descubriendo en Egipto no eran sino enriquecimiento de innumerables paseos alrededor del reino de Imaginaria.

El Egipto bien entendido y bien amado aboga, pues, por el retorno a una visión humanista del viaje.

Pero regreso a aquella primera impresión, aquel baluarte del Egipto faraónico que yo esperaba encontrar en mi contacto con El Cairo. Y debo insistir en que me ha sido debidamente escamoteada en todas mis llegadas. Todavía en 1968, se llegaba bien cerrada la noche y entonces, como durante algún tiempo después, contaba el impacto de la llamada «Guerra de los Seis días». Tal decrepitud distaba mucho de favorecer siquiera que las pirámides estuviesen iluminadas. ¿Cómo buscar en la noche la huella del faraonismo? Nada. Solo la visión tópica de una gran capital a mis pies. Solo el espectro oscuro de un río magnánimo, sobre cuyas aguas se reflejaban los rótulos de los grandes hoteles situados a sus orillas. Después, a medida que progresaba el aterrizaje, imágenes desnudas, inexpresivas, de ese enorme aeropuerto que conoce la fama de ser una encrucijada definitiva entre Oriente y Occidente. Sensación de alarma general, aquella noche. Muchos soldados con las bayonetas caladas y un desesperado aspecto de subdesarrollo en sus rostros, en los uniformes raídos, en una total carencia de marcialidad que anunciaba cuán provisional, y seguramente despistada, era su incorporación al servicio de las armas.

Como primera derrota de los sueños, el ambiente no carecía de cierta dosis de ironía.

Cuando se llegaba a Egipto por mar, los muelles de Alejandría sorprendían con visiones tópicas, pero por lo menos eran agradecidas. El confusionismo propio de un lugar que había sido cruce de mundos, y que hoy sólo se sostiene míticamente a partir de las lecturas previas del viajero. Empezando por sus características de ciudad forastera. Porque Alejandría no tiene nada en común con el Nilo, ni con su influencia mítica. Alejandría es la incógnita última del Mediterráneo clásico y la más peculiar a la vez. La metrópoli del dios soldado, el magno vómito de Alejandro; cementerio, después, del gran sueño de los Ptolomeos, parece una corrupción a gran escala del mundo helénico que, al colisionar con una civilización de vejez infinita, abatida bajo su propia fatiga, crearía uno de los monstruos más apasionantes de la historia humana.

Hasta mediados de este siglo tuvo la fascinación de un puerto importante. Hoy solo es literatura, y aún para iniciados. Llegar por mar, atisbando a lo lejos un tropel de espejismos literarios favoritos, exige al viajero un tremendo esfuerzo de imaginación creadora, que no carece de recompensas. ¿Y si a la postre Durrell, Cavafis y Forster hubiesen tenido razón? Es difícil que la aplicasen a una narrativa sobre la llegada al aeropuerto de El Cairo, masa informe como los grandes hoteles al gusto americano.

Pues hay cosas sabidas de puro tópico literario: el mundo de los muelles responde a una mitología de la aventura que ha sido explotada desde los tiempos más remotos hasta donde alcanza nuestra idea del viaje. Los muelles tienen que ser sucios, ruidosos, con la descontada participación de numerosas razas, personajes de las raleas más insólitas, destinos fatales o equívocos, la casi segura fatalidad de algún que otro vicio y más de una posibilidad de enfermedad venérea. Es un diorama, un temario que conocemos desde muchas lecturas. En cambio, el mundo relativamente nuevo de los aeropuertos tiende a evocar un orden impecable, casi matemático; y hasta hace pocos años —antes de la democratización de los viajes aéreos— tuvo incluso un no sé qué de sofistificación, casi una cachupinada entre viajeros de pro. Yo he conocido romanos elegantes que iban a tomar el té a Fiumicino.

Y en última instancia no hay que descartar un factor mítico de eficacia considerable: la imaginería de los muelles ha sido cantada por veinte siglos de narrativa, desde Homero a la novela bizantina, desde Conrad y Melville a las novelas policíacas y las *pulp magazines*. Algo parecido sucedió con los trenes, esos largos, veloces expresos de los *sleepings*, ideados para que se reúnan damas misteriosas, espías balcánicos, ladrones de guante blanco y mayordomos criminales. Por el contrario, el pequeño mito del aeropuerto carece de literatura: solo se ha desarrollado a partir del cine de catástrofes y las series televisivas de los yanquis. Un asco.

TRISTEZA DE HELIÓPOLIS

¿Qué importa si fue el tren, el avión, el barco o un vuelo de Ícaro lo que nos llevó a Egipto? Si acaso el mayor o menor grado de velocidad aumentó o disminuyó el ritmo del itinerario, robó horas a su progresión, disminuyó la intensidad de la experiencia previa en el discurrir hacia esta Ítaca. Los medios de locomoción modernos han conseguido reducir las distancias al absurdo de un instante. ¿Cómo seguir los consejos de Cavafis, que encuentra la razón del viaje en sus etapas, en el aprendizaje que van proponiendo, y no en la llegada a la isla soñada? Tan rápido resultó el trayecto, que no pude enriquecerme en parsimonia; y la llegada —se ha visto ya— correspondía a mis expectativas con una bofetada.

A la confusión, a la tristeza de la llegada contribuía sin duda el estado de cosas de aquel año 1968: el fantasma de la guerra, en primer lugar. Pero hoy, pasado ya este peligro y en las olas más boyantes de la invasión del turismo de masas, otros ingredientes de la incorporación de Egipto a la vida moderna se presentan como inconvenientes que parecen congénitos. Cuentan aspectos básicos de desorganización, que pueden abarcar desde una interminable espera en el control de pasaportes hasta la pérdida del equipaje de todo un avión. En cierta ocasión, mis maletas y las de cincuenta viajeros más, siguieron camino hacia Jedda y no las recuperamos hasta el cabo de dos días. Y El Cairo continuó, por supuesto, su vida normal. Que debe de ser esta: la de las maletas que viajan por su cuenta y riesgo.

Con tales descripciones no quisiera alimentar el mito del desorden y la dejadez de la morería, que tiene ya bastantes pregoneros como para ir prosperando durante años. Me limito a constatar el caos que representa el ingreso a Egipto por medios modernos. Y los primeros atentados contra mi esperanza de lo legendario.

Si se tiene en cuenta que el aeropuerto está situado en Heliópolis, primera capital religiosa del Egipto faraónico, será fácil comprender cómo funciona el descrédito, la agonía de lo sublime. Porque bajo esos hangares de colores sucios, oscurecidos todavía más por la permanente polvareda del desierto, se levantaban hace casi cinco mil años santuarios solares: nacieron aquí las doctrinas que iban a dar a la espiritualidad egipcia todo su carácter durante siglos.

La referencia es inevitable: el terreno de lo que fue Heliópolis (Ionu de los Faraones, On de los coptos y la Biblia) se reparte hoy entre las pistas de aterrizaje y el elegante distrito residencial en el que ha ido a refugiarse la nueva burocracia enriquecida durante el período de Sadaat. En sustitución de los grandes obeliscos cuyas puntas se irisaban en la comunicación con el Ra, destaca la mole descomunal, y por otro lado comodísima, del nuevo «Sheraton». En lugar del clero que llegó a ser el más poderoso del primer Egipto —hasta el punto de imponer sus doctrinas a los mejores reyes de Menfis—, pasean por los jerarquizados pasillos del «Sheraton» los flamantes ejecutivos que han convertido El Cairo en un rápido punto de escala para sus viajes de negocios a los países del Golfo. El sol Ra, como fuerza primaria, ha cedido su cetro al petróleo. Rayos de la vida mística contra el oro negro de las nuevas industrias.

Un taxi, controlado previamente por un miembro de la policía turística, me llevaba entre la oscuridad hacia las tinieblas de El Cairo en guerra. Desfilaban las imágenes de la nueva Heliópolis: chalets con pretensiones de modernidad y realidades del horterismo; jardines mejor o peor cultivados, bloques de apartamentos residenciales... Solo las formas enloquecidas del palacio estilo hindú que mandase construir en las simas del delirio el barón d'Empain aportaban un mínimo de simpática locura a la tristeza del paisaje urbano.

Y empezó a aparecer la gran ciudad, como un cadáver violentado. Nada más lejos del pintoresquismo y el «color local» que esas llegadas. Surgen, incontables, las casas de los barrios populares, tremendas aglomeraciones que se diría hormigueros humanos. Por los textos periodísticos conocemos el acuciante problema del crecimiento demográfico en esta ciudad, y ni siquiera la estética ingenuista que esperábamos de toda percepción oriental consigue paliar una primera frustración. Los colores se revelan, también, fatigados. Azules chillones, verdes clamorosos, bermellones chocantes de fachadas que hace años aspiraron a una cierta modernidad se han ido deteriorando bajo la porquería —en su más justa acepción— y los estragos del desierto. Son colmenas que están demasiado alejadas del Nilo para que su brisa consiga siquiera lavarles la cara. Y esta se revela con todo el patetismo de un niño abandonado.

Surgen para el neófito impactos visuales distintos, pero no hermosos: tremendos paneles publicitarios, que anuncian invariablemente películas o bebidas, manchas desordenadas en las que el exotismo de la escritura y la arabización de los rostros (una reconversión étnica que, en el caso de artistas extranjeros, puede rozar la caricatura) delatan el inevitable quiero y no puedo típico de una incipiente sociedad de consumo que, al maravillarse ante su propia, espectacular irrupción, no ha tenido tiempo de meditar sobre el grafismo.

En aquel enero de la guerra, esas impresiones se agravaban con la soledad de las calles, como si el taxi estuviese atravesando una pavorosa escenografía de fantasmas. La oscuridad formaba juegos de volúmenes amenazadores, no sólo de los propios edificios, sino de los parapetos de ladrillo y las murallas de sacos colocadas por precaución ante sus puertas. Y soldados armados hacían guardia en las esquinas; pero era una guardia de estatuas adscritas al decorado, como en tiempos antiguos las grandes esculturas se integraban al conjunto arquitectónico superior.

Escapé de la noche hacia el día rutilante por la simple rememoración de lo que había sido Heliópolis, lo que Heliópolis había enseñado a creer. El sol que es vida y muerte de la experiencia cotidiana, los rayos benignos del día rompiendo las tinieblas de la noche y, después, sucumbiendo a su imperio. ¡Qué magnífica meditación a partir del magno itinerario repetido, en la Naturaleza, desde el principio de los siglos! Me encontraba ante la idea básica, la que clarifica toda la religión solar, como había clarificado a los egipcios prehistóricos el sentido de la vida y los dones de la creación. Y el mito del gran viaje del sol —niño al amanecer, joven al mediodía, viejo al ponerse tras el horizonte —dio origen al gran dios universal, a Ra, que se autogenera y se convierte en gran padre de la Creación, cabeza invisible de esa enéada heliopolitana que al reagrupar a los dioses dispersos instituía por primera vez todo un sistema de creencias. Y Ra, el dispensador de toda vida, favorece al mismo tiempo una cosmogonía capaz de explicar el mundo en todas sus facetas; capaz de sistematizar las supersticiones de ultratumba y, al encarnarse en la gran figura del faraón, permanecer en la Gran Casa incluso cuando la noche temible ha cernido sus tinieblas sobre la fecundidad del valle.

Heliópolis no debió de ser sólo centro vital de religión, sino también de sabiduría, pues en estos santuarios hoy humillados la Naturaleza se convirtió en pensamiento, y todos sus secretos tuvieron que ser investigados para restituirlos en los grandes logros políticos, científicos y artísticos que dieron al Imperio Antiguo la grandeza y la madurez que todavía hoy nos asombra. El egipcio aprendió a mirar el sol y obtener de su viaje lecciones magistrales. Ningún país debe tanto a su luz. Y sólo otra fuerza natural puede disputarle el título de padre de unas tierras y una historia.

El dios Nilo de nuestros sueños de siempre.

HAPI

Porque era cierto el tópico que los grandes viajeros me habían inculcado. Que en Egipto triunfa la leyenda del Nilo, fuerza básica que parece surgir de la poesía, y hasta una poesía debida a la vocación de los arqueólogos. El más obsoleto de los refranes populares aparecía destinado a convertirse en el *leit motiv* del peregrinaje: «Quien bebió una vez agua del Nilo, aspire a beber de nuevo esta agua, pues ninguna otra podrá apagar su sed...»

Y siguiendo el magisterio del saber popular, yo diré que ningún café me supo igual en cualquier otro lugar de mi vida. Ni whisky. Ni cerveza. Ni tisana.

Con solo aparecer ante la mirada del peregrino, anuncia el Nilo su soberanía absoluta. Lástima que el primer encuentro se produzca en El Cairo, la metrópoli de la cultura invasora. El Nilo la atraviesa desarrollándose en una amplitud prodigiosa, que incluso alberga islas. Y el viajero que esperó encontrarse de repente con los antiguos dioses, se resigna a unas visiones que ya no les pertenecen. Inicia un paseo relajado por la gran Corniche que, hace todavía diez años, mantenía pintorescos edificios coloniales, ejemplos más o menos dudosos de un arte ecléctico que ha sido definitivamente golpeado por las piquetas de demolición, preparando lo que han de ser verdaderos cinturones de grandes hoteles capaces de albergar la exhaustiva demanda del consumismo occidental.

El Nilo se despersonaliza en este primer encuentro, adquiere los tonos demasiado bruscos de las grandes aglomeraciones. Es como un suburbio líquido, la acumulación de desperdicios del caos cairota. Y diríais que el ruido y la suciedad van a arrebatarle su cetro inmortal.

Pero el deterioro no evita que al llegar el crepúsculo, cuando el cielo parece resquebrajarse en un auténtico holocausto de colores, se extienda sobre el Nilo un disfraz de suntuosidad, como si pretendiese esconder las miserias de una ciudad donde colisionan los más arraigados atavismos y las más desafortunadas imitaciones de una sociedad industrial incipiente...

Sin embargo, el Nilo permanece.

Y entre el bloque de tópicos preferidos, ese que gira alrededor del río era el que se adueñaba con mayor fuerza de mi ánimo en el primer contacto con el país cuyo espíritu me disponía a atacar con aspiraciones de llegar a poseerlo. La ingenuidad era y es prístina. Pues Egipto nunca necesitó que un extranjero viniese a revalorizar esa fuerza centrífuga, ese alimento, ese poder de omnipresencia, ese Dios en resumen. Que fue también el Nilo fuerza divina, bajo cuyo influjo se alimentó toda una historia. Río, el del Mito, que nada tendría que ver con el que cruza El Cairo. Su derivación teológica, la más antigua y acreditada, dio lugar a Hapi, la divinidad que en los jeroglíficos personifica al Nilo. Es un genio abundante en carnes, presenta un aspecto satisfecho, un tanto hermafrodita, y se ofrece al egipcio cargado de dones vegetales. Y a veces por duplicado, pues puede representar las dos partes del gran país (los dos Nilos) y sus floras características.

¡Hapi y Egipto! Nunca pude suponer que fuese tan poderoso el hechizo que el dios y el país, en su perfecta simbiosis, ejercerían sobre todas mis experiencias por llegar. Y seguía demostrando en esto gran ingenuidad. Si ni los dichos populares, ni la vida colectiva que idealizaron, ni siquiera la muerte que patrocinó la eternidad de los ancestros pudieron escapar a la influencia del río, ¿cómo iba a hacerlo yo?

La belleza del tópico cabalga a su antojo, hablando de aridez y fertilidad al mismo tiempo. Es una contradicción que, en su apasionamiento, también ha sido pasto de muchas literaturas. Pues a ambos lados del Nilo, custodiándolo acaso, se extiende la infinitud de los desiertos, la aridez de las cordilleras líbica (a Occidente) y arábiga (hacia Oriente, dando al Mar Rojo). Es como la interrupción brutal de un orden de fertilidad a la que no hay que acostumbrarse con excesiva confianza. Pues es cierto que no existe una transición previsible: un pie puede estar pisando uno de los huertos más frondosos del valle, y con el otro pie se toca la piedra estéril que, al ser sacralizada, sólo puede serlo para los muertos. Este contraste expresa mucho más que una realidad histórica o un crisol de religiones y supersticiones: son la vida y la muerte, que se hacen presentes en la dualidad misma del paisaje. La frondosidad que el Nilo provoca no advierte con respecto a su término: está aquí, debidamente establecida, como un orden natural y eterno a cuya costa no sabríamos permitirnos bromas.

La visión aérea, tan diáfana, facilita a los modernos la comprensión del Mito. Ese Nilo se ofrece como una especie de palmera, cuyo robusto tronco traspasa el entero país y al llegar al Delta se abre sorpresivamente, en un abanico de verdor suntuoso, partiéndose en cinco canales que van a morir en el Mediterráneo. Para otros, el Nilo tendría la forma del loto que encontramos continuamente, pintado en las tumbas, petrificado como capitel en columnas y pilares, o representando al Delta como el papiro representa al Alto Egipto, en manos de dioses y reyes.

En la densa espesura de cosechas, palmerales, pantanos, huertas y canalizaciones se canta el secreto de toda la Historia de Egipto. Que es el Sol-Ra y es el Nilo-Hapi, intercambiando sus dones y proponiéndolos a manos llenas para que sean, después, meditados, ordenados, sistematizados en una verdadera cabalgata de motivos de vida.

Me había enfrentado al Sol y al Nilo. A los despojos de Ra, humillado, y a la degradación urbana de Hapi. Así supe con solo llegar a Egipto que mis predicciones míticas iban a padecer su propio calvario. Que sería forzoso compartirlas con otros aspectos del Egipto completamente ajenos al espíritu inicial, cuna y objeto de mis fascinaciones. Y es que ese nuevo Egipto, el del Islam, estaba ubicado en otras mitologías, otros folklores, otras narrativas. Tan profundo arraigó en mí el legado de faraón que siempre rechacé, casi por instinto, a los invasores que llegaron para imponerse, a esas criaturas de otros desiertos cuyo impacto solía imaginar yo en las rutas de Samarkanda, en los campos del Magreb o Al Andalús, pero nunca entre los prestigiosos restos de una civilización que excedió, en milenios, a su indiscutible apego actual.

Pero tan poderosa es el agua del Nilo, que incluso el Islam, al pasar por Egipto, adopta unas características especiales, se despersonaliza un tanto para hacerse más y más del Nilo. Hasta el idioma se llenó de referencias mágicas cuando sus palabras sirven para nombrar, rebautizándolas, las grandes zonas faraónicas: Biban el Moluk, Tell el Amarna, Deir el Medina... las voces, aunque modernas, parecen contener montones de siglos en virtud de los misterios que pasan a controlar.

Y aún olvidaba yo otro Egipto fundamental, con el que tampoco contaron mis remembranzas faraónicas. Se incorporó a mi sueño el movimiento cristiano serpenteando entre las callejas conflictivas de Alejandría, agazapándose en las covachas de la Tebaida, y, después del clamoroso cisma monosofita, buscando un refugio propio de un ghetto en los grandes monasterios del desierto. ¿Cómo podría imaginar, en mis quimeras de niño, que al amparo de los grandes santuarios faraónicos creció la misma religión que se imponía en los pasillos de mi colegio de curas? Y, sin embargo, tuve que conceder. Para amar a Egipto en toda su integridad, me tocó situar en un mismo sueño a los Amenhotep y a Pablo el Ermitaño, los lamentos de Ipu-Wer y las crónicas de Palladio, la pasión de Osiris y la del notable mártir Menas...

En cuanto bebí agua del Nilo, tuve que admitir la coexistencia de estos tres Egiptos, reconocer, también, que a partir de entonces mi experiencia no podría pasarse de ninguno. Tres culturas se sobreponían. Una de ellas viva, palpitante, agresiva en su urgencia, ostentaba el pabellón islámico. Otra, empeñada en sobrevivir casi a oscuras, como rito minoritario, casi agónico, transportaba sobre sus espaldas la cruz de Cristo. Y la tercera cultura, substrato inevitable, estaba ya muerta, era solo una pieza de museo, una necrópolis gigantesca a la que sin embargo debía Egipto su prestigio incomparable.

Era precisamente este prestigio el que actuaba sobre mí, igual que había atraído a los viajeros más dispares de todos los siglos. Y bien muerto estaba ya cuando llegaron los que eran, a su vez, sus peregrinos más prestigiosos. Aquellos griegos viajeros a partir de cuyos textos se edificaría toda una concepción del Egipto faraónico que estaba destinado a perdurar en la cultura occidental, la que fatalmente sustentó mi visión del mundo.

Y así todas las noticias que poseo de aquel Egipto que describieron los occidentales es un diorama estático —resplandeciente, pero estático— contemplado por ojos que necesitan de un intermediario, escuchado por oídos que necesitan un traductor.

¿Cómo engañarme, al igual que muchos, pensando que los viajeros del período clásico pudieron comprender al Egipto faraónico mejor que yo? Cuando los romanos acudían al Nilo, prestos a maravillarse ante los monumentos de los antiguos faraones, no conectaban ya con una cultura viva, sino con lo que hoy son estas zonas: un museo impresionante de la grandeza muerta. Cuenta Tácito que cuando Germánico visitó las ruinas de la antigua Tebas, se portó como un turista sumamente cultivado, y tuvo que recurrir a uno de los viejos sacerdotes para que tradujera la lengua moribunda. Incluso para Herodoto, cuyas visiones del Egipto de su tiempo han influido a muchas generaciones de soñadores occidentales, la cultura madre del Nilo fue un recuerdo fosilizado, que no encajaba en su afán de reportero de lo cotidiano. En el siglo V a. de J., en un Egipto dominado por los persas y casi a punto para un posterior proceso de helenización, los jeroglíficos habían sido sustituidos por el demótico, y su comprensión quedó reservada a los miembros de la clase sacerdotal.

No cambiaba para mí el panorama, aquel enero de nuestro 1968. O acaso contaba a mi favor una sola ventaja: que gracias al admirable trabajo de varias generaciones de egiptólogos, la ciencia había rescatado unos conocimientos, unas realidades que en la Antigüedad clásica aparecían olvidados bajo la arena del desierto, o convertidos en leyenda que íbase propagando por transmisión oral...

Pero no me engañé. Nada evitaría que a pesar de las cosas ya reveladas, a pesar del auxilio de la ciencia, Egipto continuase embrujándome a causa de las muchas historias que ignoro y que fatalmente tal vez nunca llegaré a saber. Se incluye la fascinación propia de las cosas perdidas en el olvido del tiempo, ese vértigo que tan arduo resulta explicar sin arriesgarse a caer en una poca agradecida literatura de los misterios baratos.

Me encontraba en las simas de una fascinación que no viene provocada por la historia, sino por sus lagunas. Hay una angustia especial, muy intensa, en las barreras que el olvido opone al conocimiento. Un período que nos apasiona, una personalidad fulgurante, quedan explicados a medias por culpa del papiro que se perdió; o quedan sin explicar en absoluto porque tal o cual palacio quedó soterrado para siempre bajo edificaciones modernas. ¡Qué impresionante lapsus se produce en nuestra comunicación con el pasado! ¡Qué tufillo a muerte total, sin posibilidad de resurrección en los anales del mundo!

Y en las lagunas de la supervivencia de Egipto aparece y reaparece constantemente una nostalgia insólita. Es como un salmo de dolor por tanta ruina perdida, tantas voces enmudecidas, como si fuesen inútiles para la marcha de la Historia. Porque el mundo egipcio quedó enterrado entre sus desiertos, lejos de toda dinámica, como si su recuperación solo fuese útil en el archivo de las grandes curiosidades del pasado. Y solo en períodos concretos de nuestra era reaparece como una moda, bajo los aspectos más o menos pintorescos de la egiptomanía, o en las deformaciones que Pierre Yoyotte denominaría magistralmente *egipcieres*, en el mismo sentido que la boga de imitaciones chinas durante el Dieciocho francés recibió el nombre de *chinosseries.*

Atrapar las formas externas de un estilo para adaptarlo a los afanes decorativos de épocas que han agotado sus propios recursos. Formas sin alma, ondulaciones vacías, música sin instrumentos...

El espíritu interno de la civilización egipcia, su profunda espiritualidad, no llegó a sobrevivir. A los viajeros griegos se les llenó la boca hablando de Egipto como escuela absoluta de su propia cultura, y los romanos tomaron algunas divinidades del Nilo para que entrasen a formar parte de sus carnavales religiosos, por cierto espectaculares, pero al abandonar sus santuarios «de millones de años» los mitos perdieron todo su sentido y las lecciones su magistralidad.

Grecia y Roma, a través de su herencia cultural, tuvieron una continuidad en la Historia de Occidente, en mi Historia. Sus restos parecen optimistas, porque nos hablan de cosas que nos pertenecen, de mensajes y formas que han ido a alimentar nuestro itinerario colectivo. Las volvemos a encontrar continuamente, sustentando a la armonía suprema del Renacimiento, garantizando seriedad profesional en los despachos de notarios y abogados, inspirando a los arquitectos y poetas que se adhirieron a la corriente neoclásica, e incluso como ornamentación de las fachadas de algunos grandes museos y bibliotecas. El frontis griego, las columnas de inspiración dórica, son la máxima garantía de que el interior del recinto está consagrado a la cultura.

¡Qué fugaz, en comparación, el legado de Egipto! Este esplendor antaño incomparable, quedó truncado a orillas de su río-dios, sin sucesión efectiva, como no fuesen las frívolas egipcierías que encandilaban los caprichos de la nobleza romana o a los sofisticados de la Francia napoleónica. Egipto se fosilizó en medio de su propia *grandeur,* como un remoto pedazo de Historia que ya no pertenece a nadie, ni siquiera a sus hijos actuales. Quedó ahí, encerrada en un paisaje tan impresionante como la grandeza que fue. Una agonía colosal, como las ideas que la provocaron. Así corre continuamente el viajero, preso de contradicciones absolutas entre este mundo faraónico, que puede resultar incluso tópico al ser asimilado por las diosas del consumo, y el presente palpitante que arranca de la primera dominación árabe, allá por los albores de nuestra Edad Media. Pero no nos dejaremos impresionar por las urgencias del presente, ya que los tres milenios que Egipto recorre desde sus primeros faraones hasta la caída de los Ptolomeos, quedarán como un bloque mucho más rotundo, mucho más fascinante que el posterior. Un bloque aislado de cualquier dinámica que pudiese comunicar al viajero con las formas de la vida actual.

Es una escisión de soberana brutalidad a la que hay que enfrentarse provistos de un extraño sentimiento de necrofilia: el gran Egipto faraónico se va convirtiendo en una enorme pieza de museo que llega a influir a algunas partes del paisaje. Pues hay que decir que en pocas partes del mundo pueden estar unas ruinas tan muertas. El optimismo de las ruinas clásicas se cambia, en Egipto, por la gran angustia de unas ruinas que no llegaron a tener su Renacimiento. Comienzo, desarrollo y final de todo un mundo. Y yo, aunque me acuséis de iluso, he amado a esas ruinas, y sé que me han dado algo que me concierne de una manera acaso tan extravagante y perdida como ellas mismas.

Fellah abrevando sus búfalos en el Nilo.

Libro Primero

DE MENFIS AL FAYUM

Mi primer día egipcio no aceptó sucedáneos. En la memoria, me reconstruyo como un amasijo de indecisiones, con mi despertar lleno del Egipto que siempre soñé pero proyectado contra los espejos deformadores de El Cairo actual. Más todavía: en la impostura de un hotelito inglés de segunda categoría, con adiciones de estucos *art-nouveau*, situado en el barrio de Garden City, que fue tan sofisticado antes del nasserismo. Me despertaba a un Egipto bastardo, en resumen. Dentro de un Cairo —el árabe, el de la guerra, el de un enero gris— con el que ninguno de mis sueños contó jamás.

Pero digo que no acepté sucedáneos porque al saber que las Pirámides estaban mucho más cerca de lo que tenía previsto (las imaginaba al otro lado de todos los continentes hundidos), decidí confiar mi ignorancia a la fortuna, atrapar un guía ocasional —o él me atrapó a mí, eligiéndome entre la multitud— y correr hacia el cultivo intencionado del tópico.

«¡A Gizeh!», pude exclamar, como Leoncio, al hacer profesión de su fe romántica invocando un esperanzado «¡A Italia! ¡A Italia!» Y pues que el espíritu alífero del romanticismo —y no otro— guiaba entonces mis inspiraciones como las de mis personajes de ficción, me apliqué en inscribir estas ficciones a mi propio ciclo vital.

Ansioso por saludar de una vez al Egipto genuino, no vacilé en abandonar El Cairo a la hora más temprana de mi voluntad. Sobre la inmensa capital del moro todavía temblaba una neblina empapada de sol, pero la rasgué a cuchilladas de impaciencia: me apresuré a cruzar el Nilo, quise buscar mi quimera en el desierto occidental, allí donde el valle feraz se deshace en las ondulaciones indecisas de los mares de arena. Y en todos mis viajes ha sido igual. Ya que es el ensueño quien impera, deseo que mis primeras horas egipcias no estén presididas por los minaretes del Islam irguiéndose sobre las trescientas mezquitas —o acaso trescientas mil— que dicen tiene El Cairo. Querré inaugurar mi pasmo ante las gigantescas moles que han vulnerado el asombro de Occidente a lo largo de los siglos. Querré las Pirámides.

¿Qué viajero dominado desde niño por el mal de Egipto necesitaría que alguien le sugiriese el camino? Irá a Gizeh en derechura y con ansias de difícil disimulo. Y al descubrir la Gran Pirámide se descubrirá a sí mismo. Si se arrodilla y besa el suelo, nadie podrá criticarle.

Todos deberán entender que esta es la tierra sagrada de sus mejores manías. Pues manías como el mal de Egipto acercan al hombre a lo sublime.

Pero no era el mío un amor ciego. Algo sabía de Egipto. Y ansié saber mucho más. Quise saberlo todo para que mi amor no resultase gratuito, para que nunca fuese un amor turístico.

Sin embargo poco sabía del nombre de Gizeh, aparte de que es el albergue de las tres Pirámides de la fama. Alguien se cuidó de informarme: Gizeh es el modesto villorrio de fundación árabe que fue a crecer entre y sobre las sepulturas faraónicas, cuyos restos se mezclaban con la arena cuando no formaban covachas espeluznantes. Pues la gran plataforma de calcita donde se levantan las Pirámides más célebres de Egipto, no es sino una parte de la necrópolis de Menfis, la capital del llamado Imperio Antiguo, la megalópolis de los vivos cuyas ruinas, completamente muertas, visitaré después. ¿O acaso debí haberlas visitado antes, si quería que el peregrinaje tuviese una coherencia cronológica, un lógico discurrir en el Tiempo y en la inmensa memoria del sueño? Para una perfecta organización, convendría arrancar de Menfis o Saquara, iniciarse en el estudio de sus mastabas, conocer la evolución de las primeras Pirámides —las de los reyes anteriores a la IV dinastía de Keops, Kefrén y Micerinos—, asentar el asombro sobre los pasos iniciales mientras más allá de las reverberaciones de luz del horizonte, descubro la forma ya perfeccionada de los gigantes de Gizeh. Llegar a ellas imbuido en su ciencia, preparado para rendir cumplido homenaje a lo perfecto.

Pero es difícil pedirle cuentas a la impaciencia, y al fin y al cabo la explanada de Gizeh cae más cerca de El Cairo que Menfis o Dashur, de manera que la licencia es disculpable. Existen, además, tópicos culturales que a estas o cualquier alturas sería imposible borrar. Puesto que se trata de establecer un encuentro con los antiguos, y la fama de Gizeh precedió en muchos años a la de los demás monumentos de Egipto y a nuestra propia llegada, recorrí los pasos que establecieron prestigiosos viajeros anteriores y empecé a devorar Egipto por esta su imagen más acreditada. Las Pirámides y la Esfinge de Gizeh surgen del daguerrotipo en que nuestras lecturas previas las habían encerrado y nos golpean con la evidencia de su incomparabilidad.

Cuenta mucho la forma de llegada, pues el impacto es tan importante como la percepción. Esto es previsible a causa del tópico; aquel es sorprendente porque ningún tópico nos habría preparado para sentirnos tan soberanamente impactados.

Podemos llegar por la gran avenida «de las Pirámides», llamada así con toda propiedad, pues ellas son su meta y su milagro. Se construyó la carretera bajo el kedive Ismail con motivo de la apertura del Canal de Suez (lo cual ocurría un 17 de noviembre de 1869). Este camino de príncipes solo es hoy una prolongación del caos urbanístico de El Cairo abriéndose progresivamente al valle y al desierto; pero en aquella magna ocasión fue boulevard calculado para que los visitantes más ilustres, capitaneados por la emperatriz Eugenia, fuesen descubriendo las Pirámides progresivamente, desde lo lejos, en una visión fenomenal, digna del prestigio que les dio el tiempo. Y prestigiosa fue también la avenida, bordeada de palacetes lujosos que han ido desapareciendo en su mayor parte. Algunos pertenecían a la familia real, otros, a la oligarquía, y no pudieron resultar sino ingratos a cualquier revolucionario nasserista. No eran exponentes de un *grand art* musulmán, pero sí resultaban pintorescos en su cultivo de cierto estilo ecléctico, lindante con un delicioso *kitsch,* que todavía encontramos en algunas fincas del Egipto Medio y en los grandes hoteles de Luxor y Assuán. En cualquier caso serían mejores chambelanes para nuestro arribo que las horrendas viviendas de hormigón armado que han venido a sustituirlos, convirtiendo la Avenida de las Pirámides en una cabalgata de fealdades, incluidos sus casinos y *night clubs* para turistas poco exigentes.

Siguiendo este camino, que suele ser el más natural cuando se llega desde el centro de El Cairo, el ingente cuerpo de la Gran Pirámide, así llamada, va emergiendo en su soberbio emplazamiento, como un sagrario colosal, al que custodian pequeñas plantaciones de acacias, palmeras, tamarindos y eucaliptos. Y a pesar de su desnudez, víctima que ha sido de tantos pillajes seculares, la Gran Pirámide esparce a su alrededor una iridiscencia magistral. Cuentan los historiadores clásicos que esta fue su verdad en otro tiempo. Completamente revestida de piedra caliza, recibía el sol y, al devolverlo, lo proyectaba como un escudo de plata que hendía el paisaje —el paisaje de los muertos— con un brillo cegador.

Así, con una llegada concebida según el sentido de la espectacularidad operística típica del siglo XIX, lo primero que el viajero va descubriendo, y asumiendo, es la maravilla que, en su propio colosalismo, consigue ofuscar a sus dos hermanas y a todos los monumentos que la rodean. Es la misma percepción que se obtiene desde la terraza o la piscina del «Hotel Mena House», uno de los pocos que, en Egipto, continúan conservando aquella decoración ecléctica que nos enamora: comunión de las comodidades de Occidente, de su sentido práctico, con la delicuescencia exquisita de un pretendido candor oriental. Un palacete que ya no corresponde a la moda de las egipcierías, sino a la obsesión por la orientalia. Recuperable, en su mal gusto, porque también es historia de la cultura. O de las veleidades de Occidente al interferirse en otras culturas.

Una última curva de la carretera asfaltada asciende desde el «Mena House» hasta el pie de la Pirámide de Keops: hemos accedido a la gran explanada por uno de sus flancos, y acude a recibirnos esa agobiante turbamulta que diríase población permanente del monumento: camelleros, guías ocasionales, arrieros, vendedores de cachivaches, rapazuelos a la caza de una propina fácil, o jóvenes que pretenden alquilar su asno al primer turista y al último precio...

Pero si la llegada se efectúa por camino opuesto, desde el valle, atravesando el pueblo de Gizeh, la primera visión que ofrece la necrópolis es distinta; no menos explotada, pero tampoco menos cautivadora. Desde aquí, el conjunto queda alejado, aunque más completo, porque no lo esconde ya la Gran Pirámide. El primer término lo ocupan ahora la Esfinge y su templo, y a medida que la plataforma se va haciendo ascendente, las tres Pirámides quedan aplastadas contra el enorme pasquín de un cielo purísimo. Es pues, el rostro de la Esfinge quien preside el encuentro, siendo a la vez guardián eterno, mezcla indomable de lo sereno, lo severo y lo poderoso. Pero triste también, como un sueño yacente al que acabasen de desenterrar de la arena.

Cumple retener esta imagen en calidad de primera impresión que supera cualquier toma fotográfica. Pero no hay que detenerse en el impacto. La instantánea, deslumbrada por los monumentos principales del gran mito de Gizeh, evitaría que recorriésemos las restantes maravillas. Cuando la retina empieza a investigar por su cuenta, Gizeh va abriéndose como una nueva caja de Pandora, provista de recursos sin fin. Los templos funerarios, sus rampas, las tumbas de personajes menos importantes, los pozos ovalados que contuvieron las barcas solares... y, siempre, como una plaga, esa ingente multitud.

¡La fama pretende destrozar el sueño de un niño!

Porque el viajero no ha aprendido todavía a recuperar un acreditado truco de los románticos: acudir a las Pirámides de noche, cuando el desierto se encierra en su cargo de soledades; vivir completamente al margen de ese tremendo tráfico que, de día, se organiza a cuenta del potencial turístico. A no ser que recurra a la abstracción y se abandone en paseos solitarios entre las dunas, más allá de la Pirámide de Micerinos —la más alejada de las tres— o hacia la depresión a cuyo fondo aparece el moderno cementerio musulmán, al que solo acuden, como sombras negras, los actuales habitantes de Gizeh. O que se acoja a las ventajas de su siglo, y opte simplemente por sentarse en la terraza de la «Rest House» (el lugar que, por la noche, ocuparán los feroces consumidores del «Luz y Sonido»). Desde su asiento, el peregrino obtendrá por fin una visión privilegiada: el conjunto desarrollado en una horizontalidad total, una extensión de prodigios entrevistos a través de una ranura mágica.

Hacia el Norte, detrás de las Pirámides, prolongándose hacia el Delta, prosigue el desierto en absoluta virginidad, como cuando llegó por él el fogoso Alejandro. Y no es casual que sea en este punto donde arranca la carretera de Alejandría, ciudad-sueño del héroe.

A la derecha el desierto líbico va prolongándose hacia Saquara, cuna de la serenidad, principio del mito de la Pirámide. Y más allá de Saquara, perdiéndose hacia El Fayum, las pirámides menores, muchas de ellas deshechas, convertidas en cascotes que se mezclan con la arena sobre la cual habían pregonado el esplendor de los reyes menfitas. A nuestras espaldas, la riqueza de colores del valle, y el perfil intuido de los alminares cairotas. Pero recordarlos ahora es sumo sacrilegio. La tremenda visión de la Esfinge y sus tumbas reales, nos han sumido en un letargo muy especial. Parece el único lugar del mundo donde todavía es posible meditar. Y no es escaso mérito, dada la impertinencia de las multitudes.

Los fantasmas de Gizeh.

LO PIRAMIDAL

Con las Pirámides de Gizeh sucede lo que con el David de Miguel Ángel: tantas reproducciones mediocres, tantas alabanzas eruditas o profanas, y tanto folklore plastificado nos las hacen aborrecer aun antes de haberlas visto de cerca. Y, sin embargo, el propósito empedernido de los *mass media*, su empeño en llevarnos a odiar las cosas más sublimes del pasado a base de rebañarlas con el mejunje de las metáforas baratas, choca estrepitosamente con la verdad última y primera de las grandes obras: la de su inefabilidad, su inmenso poder para ganarse nuestro asombro y, después, nuestra admiración. Ni siquiera la estética de la tarjeta postal o la mística del *spot* televisivo, que dominan esta parte del siglo, pueden ya evitar que ese David, joven dios de la belleza, soberano de un reino de excelsa sensibilidad perdida, triunfe siempre más allá de las feísimas reproducciones de plástico blanco, y en todas las medidas, que pueden encontrarse en los estancos italianos. Y ese triunfo no deja de ser meritorio, si se tiene en cuenta el empeño de los italianos por convertir a los davides de plástico en bandera del *kitsch* nacional.

Asimismo las Pirámides que, desde niños, hemos visto reproducidas hasta la saciedad incluso en las cajas de cerillas; o los camellos, también idealizados en las fundas de unos cigarrillos rubios muy codiciados en la época de las restricciones de posguerra, solo conseguirán que nos demos cuenta de que, al fin y al cabo, una pirámide es una cosa muy seria. Y un camello, también.

La fealdad, que es blasón del siglo, parece dispuesta a hacernos olvidar una frase que habría podido firmar la mismísima Gertrude Stein: «Una pirámide es una pirámide, es una pirámide, es una pirámide.»

Quiero decir que yo, al encontrarme junto, al pie o en el interior de la Pirámide de Keops, no he podido reprimir rotundas onomatopeyas seguidas por muchos signos de admiración. Admiración que lucha contra las cajas de cerillas, los tebeos, los cromos de chocolatines y las películas americanas. Y es que un pobre catalancito cuya educación sentimental se basó en estos fetiches del culto al mal gusto, aún encuentra un consolador descubrimiento en eso de comprobar que existen verdades eternas. Las Pirámides son una de ellas. Y los camellos también.

Camellos aparte, diré que las Pirámides son como todo el mundo supone, pero mucho mayores que lo que se suele imaginar. Pocas bromas en este aspecto. El peregrino culto llega predispuesto a enfrentarse a algo monstruoso, tremendo, apoteósico..., pero siempre se quedará corto por muy alto que volase su imaginación.

No caben conceptos apriorísticos: las Pirámides son más grandes que la vida, más geométricas que la geometría, más misteriosas que el misterio; y, a causa de las reproducciones y el cinerama, más vulgares que la vulgaridad. Son «más» en todo.

Si colocásemos uno encima de otro los papeles que han sido escritos describiéndolas, analizándolas, explicándolas e incluso desfigurándolas, podrían formar la altura de la de Keops que, como sabe el peregrino culto, es la mayor. La razón de que tales monumentos hayan interesado tanto a tanta gente durante tantas generaciones parece de lo más obvio: los papeles que podrían edificar una nueva pirámide contienen todos los elementos necesarios para deslumbrar, interesar, apasionar, fascinar, quitar el sueño e incluso insuflar una nueva espiritualidad al erudito y al profano, al devoto y al ateo.

Pero en un verdadero aluvión de obviedades y problemas no resueltos, las Pirámides permanecen impertérritas y misteriosas. Y dado que son la única maravilla del mundo antiguo que permanece en pie, se hacen respetar.

¡Magia y arrebato de las Pirámides! Todo cuanto se ha escrito no nos prepara para el impacto del encuentro. Y una vez delante de ellas, empequeñecidos por el milagro mismo de su vejez, nos dejamos arrastrar fácilmente por la novelería, sucumbimos de buen grado a un secreto universo provisto de poderes especiales que rozan fácilmente lo cósmico; y, en vuelo, como deslizándonos entre las ondas del mejor opio, se posibilitan toda clase de sinrazones. Pero una voz más fuerte que el largo devaneo de nuestros terrores infantiles nos devuelve al orden. Al fin y al cabo, ni siquiera pertenecemos a esa sociedad llamada «los hermanos de Menfis», cuya rama masónica se vanaglorió de descifrar a sus iniciados todos los arcanos del Egipto antiguo.

Todo ello no sería sino una manifestación más del desconcierto que domina a Occidente al enfrentarse a una civilización cuyos progresivos logros todavía le cuesta digerir en términos razonables. Los misterios que quedan por desvelar —¡y son tantos!— se fomentan a partir de leyendas medievales, coplas de la gitanería y aportaciones de abades dieciochescos que fueron a buscar semillas de magia a los mismos pies de la Esfinge.

Pero en las cosas que ignoramos del Tiempo lo razonable puede ser tan difícil o tan fácil de creer como lo irracional. Ante las Pirámides creo encontrarme en pleno reino de la ambivalencia y ni siquiera la imaginación se esfuerza por alcanzar una claridad que no han conseguido montañas de páginas, miles de deducciones. Las Pirámides constituyen una evidencia tan rotunda que toda deducción del *amateur* parece un esfuerzo perdido de antemano. Su presencia y permanencia es lo único que a la larga me impresiona. Y en pocos lugares llega a imponerse con tanta fuerza la rémora de las lecciones recibidas.

Ya desde mi primera visita a Gizeh comprendí que los monumentos clausuraban con su solo prestigio todas las posibilidades de mi imaginación. ¿Iba yo a añadir más quimeras a las ya formuladas durante siglos? Cuenta Herodoto que todavía pudo ver las Pirámides cubiertas de inscripciones, de donde a muchos les fue fácil deducir que eran fórmulas mágicas. Y de la voz popular el mismo cronista recogió la historia de un faraón que esclavizó durante cuarenta años a su pueblo para la construcción de tan descomunal sepultura. Es la versión que conoció mayor fortuna, accediendo incluso al cine de Hollywood (¡fatalidad!). Pero no parece que Keops haya sido el tirano que se pregona, por lo menos no por las trazas de su construcción. Las Pirámides se construyeron aprovechando la parte de la población egipcia que durante los tres meses de la inundación no podía trabajar en el campo. Era una población inactiva, que habría quedado sin recursos hasta que las aguas del Nilo decreciesen y empezase la estación de la siembra.

Pero a cuenta de las Pirámides, los griegos continuaron forjando sus teorías, ya respecto a la ciencia aplicada en su construcción, ya a sus intenciones. Aristóteles dedujo que se trataba de una maniobra política pergeñada por las clases dominantes para mantener ocupado al pueblo y evitar así que pensasen en ideas de mejora social. Es un proyecto que bien podríamos aplicar a la utilización de los medios de comunicación de masas en las dictaduras modernas, pero parece ajeno a la mentalidad de un pueblo como el egipcio, para quien la idea del rey-dios era la base sobre la que se asentaba todo un sentido de seguridad y de permanencia. Cuando este sentido falló, el pueblo egipcio se lanzó a la calle, con Pirámides o sin ellas. Más aún: en el inquietante tiempo de anarquía que caracterizó el Primer Período Intermedio, una de las indicaciones de que el sistema se había resquebrajado fue, precisamente, que las Pirámides habían sido saqueadas. Es uno de los datos culminantes de las famosas lamentaciones del profeta Ipu-Wer.

¡Cuántas deducciones que cada cerebro intrigado por las Pirámides llevó a su propio terreno! Viajeros posteriores, ya fuesen árabes, ya occidentales, llegaron incluso más allá de la razón: se adjudicó a las Pirámides la función de unos gigantescos relojes de sol; se dijo que eran los graneros del bíblico José, los que habría mandado construir para conservar el trigo durante los años de sequía que adivinó en los sueños del faraón; otros aventuraron que pudieran ser enormes castillos construidos por el pueblo egipcio para protegerse de las aguas en aquel cataclismo vulgarmente conocido como el Diluvio Universal... Y una reflexión todavía más pintoresca aparece en las crónicas del viajero árabe Abd El Latif: «los poetas que las han descrito no se han dejado llevar por el entusiasmo que les inspiraban: las han comparado a dos inmensos pechos que se levantan sobre el seno de Egipto...»

De la literatura de los siglos se obtiene una sencilla conclusión: las Pirámides han sido la enorme caja de Pandora del despropósito, el campo abonado para la deformación más absoluta del verdadero sentido de lo egipcio. Junto a las mil lucubraciones permitidas a la ciencia, brotan a cada decenio los hijos bastardos de la egiptomanía, cuyo fetiche han sido las Pirámides. Ante la mudez del Tiempo, la fantasía de los siglos ha ido edificando la caricatura de la quimera. Que esto y no otra cosa han dado a menudo los adeptos de cierta arqueología llamada «misteriosa», que tanto ha abundado en nuestros años setenta y ha enlazado la especulación esotérica con la ciencia-ficción al proclamar que mastodontes de tanta envergadura como las Pirámides solo pudieron ser construidos por... ¡extraterrestres!

Ante estas teorías, que no dejaron de sorprender al mundo, los grandes egiptólogos del pasado creerían encontrarse ante una narración de Julio Verne. Los del presente los asociarían directamente con los tebeos.

Las Pirámides de Gizeh, con su autoridad y competencia, no son las únicas de Egipto. Sí las más evolucionadas, la perfección absoluta del Mito, pero no las únicas. Pues evidentemente la manifestación tan elaborada de una religión, de una cultura, de una forma de poder, no pudo surgir por generación espontánea. (Solo Hollywood podría suponerlo.)

En la parte sur de la antigua metrópoli de Menfis, distintos tipos de pirámides, anteriores a la de Gizeh, demuestran en su misma imperfección —si así puede llamársele— cuáles fueron los caminos que condujeron a la elaboración de la «pirámide absoluta». Son intentos que empiezan con la genial intuición de una superposición de mastabas —la escalonada de Saquara— y concluyen con la pirámide de punta definitivamente afilada, siguiendo un ritual solar de inspiración heliopolitana. La cima de la pirámide comunica con Ra, y absorbe sus rayos hacia las profundidades donde reposa el faraón.

Para conseguir este efecto, la pirámide tuvo que partir de una concepción no menos inspirada en su comunicación con Ra: la de ser, por su forma, una «escalera hacia el cielo», que el ilustre difunto tiene que subir en su viaje a la eternidad.

Seguir esta evolución conduciría al viajero a un periplo Nilo arriba, a lo largo de los treinta kilómetros de desierto que formaron la gran necrópolis de Menfis, hasta llegar a la región del Fayum. Se han contabilizado más de ochenta pirámides en este trayecto que forman las localidades modernas de Gizeh, Saquara, Dashur, Zawyet el-Aryam, Abusir y Abu Rawash. Para los antiguos egipcios esa extensa franja de desierto debió de ser un diario recordatorio de la Muerte... y del poder. Pues tanto en sus manifestaciones más espectaculares como en los casos menores, la necrópolis de Menfis recuerda en todo momento que a partir de la secularización de la Muerte, la monarquía egipcia se glorificaba a sí misma, asegurando su permanencia en lo humano y lo divino.

En el rito del descenso a las profundidades basan las Pirámides parte de su autoridad sobre los modernos. Constituye una experiencia imprescindible, pero siempre pienso que puede resultar cualquier cosa menos una lección de arquitectura, geometría, historia o siquiera magia. Se siente la impresión de realizar —¡finalmente!— un sueño de aventuras caseras, acariciado desde la infancia. Al descender casi a rastras por la empinada galería que conduce a la cámara sepulcral, ningún viajero sensible consigue alejar de su mente el batiburrillo de las mil ideas recibidas. Del mismo modo que nadie se presenta desnudo ante las Pirámides, tampoco se entra en ellas convencido de penetrar en la verdad. ¡Es como el *Reader's Digest* del sentimentalismo arqueológico!

Algunos grabados medievales, e incluso más tardíos, evocan lo que sí debió de constituir un auténtico acontecimiento de los sentidos: cuando los árabes del siglo IX efectuaron la primera abertura en la base de la Pirámide de Keops. Como exploración poco científica puede ser del desagrado de los puritanos; pero su carga romántica es poderosa. Un boquete rudimentario y equivocado que condujo a los exploradores hasta la cámara real, pero a través de caminos indecisos, tal vez torpes, más propios de una cachupinada de caverna que del juego de corredores interiores, perfectamente organizados, que ideasen los antiguos.

Teniendo en cuenta que en las narraciones de *Las Mil y una Noches* se habla de las Pirámides como un receptáculo de tesoros fabulosos, es muy probable que aquellos hombres se sintiesen muy defraudados al descubrir que lo único que la Pirámide contenía era la oscuridad inquebrantable. ¡Todo el esplendor de Keops, reducido a un sarcófago vacío! Pero este fraude al valor de los exploradores estaba ya previsto por la Historia, o por sus páginas muertas con los siglos. Si en el Noveno de nuestra era hubiese existido la egiptología, si se hubiesen descubierto las piezas literarias fundamentales del Imperio Medio (es decir, de tres mil años antes), los invasores sabrían ya que el profeta Ipu-Wer lamentó la anarquía del período anterior, destacando precisamente como sacrilegio máximo que incluso las Pirámides habían sido saqueadas.

Pero el jefe de los invasores pertenecía al mundo cantado por los cuentistas de Bagdad, y a la más florida ebullición de su cultura. Pues era Abudllah Al Mamun, hijo de aquel gran sultán Harum el Raschid, a quien Scherezade entretuvo a base de irle contando *storielle.* El mozo disfrutó de una extraordinaria reputación intelectual. Entre sus hazañas figura la de haber traducido al árabe el tratado de astronomía de Ptolomeo. Y entre sus fabulaciones, que se le apareciese en sueños el mismísimo Aristóteles. Con tales antecedentes, provisto de una muy rigurosa capa de cultura clásica, el gallardo príncipe parece predestinado a entrar al asalto en los misterios de Keops. Ignoro si quedaría satisfecha su ansia de sabiduría, al comparar lo que encontró con lo que esperaba encontrar. Aunque para una mente a la que es lícito adivinar prodigiosos alcances, el solo hecho de perforar la virginidad de la Pirámide debió de conllevar un potente estímulo espiritual.

¡Admirable sería recuperar el mismo impacto de la profanación, aunque fuese equivocando el boquete, como Al Mamun! Pero esta posibilidad ya es imposible en Gizeh; ya es imposible en Egipto. Es lícito que el viajero se desespere: llegó demasiado tarde a la belleza.

De aquí que el descenso a la Pirámide no produzca una impresión completamente imborrable. Una vez en el interior, el viajero se da cuenta de que la verdadera emoción, la que nunca se olvida, la había experimentado al contemplar al titán desde fuera, al sentirse disminuido ante su grandeza, no agobiado bajo sus entrañas de fuego. Como máximo puede sentir en carne viva la cuchillada traicionera del Tiempo, pues recordar que cuando enterraron a Tutankamón (¡trece siglos antes de Cristo!), hacía ya mil quinientos años que existían las Pirámides, no es precisamente una sensación que inspire demasiada tranquilidad.

La sensación del Tiempo convertido en terror piramidal es requisito indispensable para comprender a Egipto y amarlo en toda su intensidad. Se aconseja, pues, no dejarse olvidada en casa la propia vulnerabilidad ante lo fugaz del tiempo y la nimiedad de los siglos condensados en un segundo. Y eso si hay alguien tan afortunado como para olvidárselo, cual si fuese un cepillo de dientes. El paso del tiempo explica el atractivo soberano del Egipto. Sus estragos esencializan la fascinación de todas las ruinas del Nilo. Ni es terror, ni magia, ni falso folklore. Es condena.

El príncipe Rahotep y la princesa Nofret.

GUARDIÁN DEL TERROR

También la Esfinge guarda su enigma... o su certeza, que ambas cosas continúan siendo posibles en lo que, también de ella, el tiempo nos esconde de sí mismo. Ante un rostro enhiesto, cuya majestad jamás se discutió (en todo caso, se quiso desentrañar en qué consistía), me asalta un sentimiento parecido al que comunican las Pirámides, pero mucho más turbio. Su impacto debió de ser profundo en la época de los grandes viajes románticos. No una impresión de gigantismo, como ante Keops, sino de profundidad, de introspección en el alma del pasado más que en sus formas. Mucho nos dicen los viajeros anteriores a la banalidad actual. Plantaban sus tiendas junto al gran monstruo; y la noche, al deslizarse sobre su misterio, inspiraría todas las preguntas necesarias para una perfecta evasión de este bajo mundo. La Esfinge dormía cubierta hasta el cuello, prisionera de la arena de los siglos, como en tantas ocasiones antes de entonces. Forzosamente tenían que enmudecer los hombres frente a la majestad revelada por esos focos infrahumanos que son, en Egipto, las estrellas. Existe toda una literatura, toda una iconografía de instantes así. Una mezcla de locura y religiosidad. De cuando el viaje podía ser un acto de creación.

Ignoro en qué reside exactamente el poder de la Esfinge. ¿Acaso es la presencia de alguna secreta amenaza anunciada en los insondables misterios que se le han imputado durante siglos? Tiene, desde luego, una gran tradición de esos inestables asuntos. Es un símbolo que ha conocido gran fortuna en las artes ocultas, en la cabalística, en la brujería incluso. Encuentro una justificación en un diccionario acreditado: «Enigma por excelencia, la Esfinge contiene en su significado un último reducto inexpugnable. Jung ve en ella, unificándola, un símbolo de la "madre terrible"... Pero bajo esta máscara que concierne a la imago de la madre y también de la Naturaleza, se esconde el mito de la multiplicidad y de la fragmentación enigmática del cosmos. En la tradición esotérica, la Esfinge de Gizeh sintetiza toda la ciencia del pasado. Contempla el sol naciente y parece referirse al cielo y a la tierra, es un símbolo que unifica, aun dentro de la heterogeneidad, los cuatro elementos (tetramorfos) y la quintaesencia o espíritu, aludido por la parte humana del ente.» (1)

¡Sueño inmenso de la esfinge en el gran sueño del símbolo! Al quedar sumida en esos arenales durante siglos, recordándose solo a sí misma y sin relación alguna con su función inicial, sobrevivió a la vida, a los grandes reinos de la vida, para ingresar en la eternidad del misterio. Algo de esto entenderían los árabes, tan ajenos a la cultura faraónica cuya inspiración justifica a la Esfinge. Tanto entendieron que dieron en llamarla «Guardián del Terror» (Abu-el-Hol).

El apodo es magistral y repleto de sugerencias.

Aunque no sé si es propiamente original de los árabes: después de todo, la Esfinge venía ejerciendo su función de guardián muchos siglos antes de que el Islam soñase con hacer su aparición en la historia del mundo. Y cuando el casto José, al decir de los bíblicos, recibió de manos del faraón los poderes propios de un gran visir, se le nombró «intérprete de las esfinges», es decir «intérprete de las cosas escondidas». Cuestión de símbolos que ya coleaban en pleno esplendor de la cultura faraónica, en la cual la Esfinge era un antecedente prodigioso. Existe una curiosa bibliografía posterior, empezando por Horapolo Niliaco, en la época romana, y siguiendo, en nuestro siglo XIX, con el francés Françoise Portal, quien su libro *Les symboles des Egyptiens*, se dedicó a un estudio comparativo del alfabeto egipcio a la luz de la simbología y de los descubrimientos lingüísticos, entonces recientes, de Champollion.

De un ovillo tan descomunal, el peregrino saca en claro que la fascinación que la Esfinge le despierta podría provenir en cierto modo de dos de sus atributos mágicos y, para una mente contaminada por la fantasía, los más reconocibles: ser la celadora de los grandes secretos, y el vigilante de todas las cosas. Y no extrañe el lector la aparente confusión de géneros, que ha sido moneda común desde que Occidente tomó el monstruo de Gizeh para sus usos. ¿Macho o hembra, en resumen?

Lo del género constituye un equívoco clamoroso. Es apodo que le echaron los griegos, influidos por aquella otra esfinge, femenina ella, que aterrorizó a la Tebas de Beocia hasta que tuvo que humillar su ingenio bajo el talento superior de Edipo. Los griegos no hicieron sino afeminar a un monstruo de procedencia oriental que, al pasar por Egipto, fue dedicado a consagrar la majestad del faraón o, al tomar otros atributos, representar al animal votivo de alguna divinidad (como los carneros de Amón, en la avenida de las esfinges de Karnak).

Desconocían sin duda los griegos la maravillosa estatua de Kefrén, que se encontró en su templo funerario y hoy está cautiva entre las primeras piezas del Museo de El Cairo. De haberla conocido, se habrían dado cuenta de que el rostro del faraón se parece extraordinariamente al del monstruo que vigila su templo y lo domina.

Inútil defenderse contra la impresión de poder que producen, a la

(1) J. E. Cirlot: *Diccionario de Símbolos*. Editorial Labor, Barcelona.

vez, la escultura y su posible derivación monumental. Grande es su belleza, como grande es el poder que fue a inmortalizar. Era el prestigio de la realeza, la divinidad absoluta, el reclamo místico, emergiendo del cuerpo de otro rey de la fauna: el soberbio león. Pero existe otro significado, de mayores repercusiones. Faraón identificado con Ra, su mirada fija en el horizonte de donde surge el sol y, a sus espaldas, el reino de la muerte, en cuyas simas irá a sucumbir como Ra después de haber recorrido el cielo con su barca dorada. Y resurgir con el nuevo día, por supuesto.

Mucha parte de esta función original —política y religiosa— debió de perderse en el cambio posterior de los imperios. Tanto como para crear, a partir de los griegos, esa especie de hermafroditismo que hoy califica a la Esfinge. Más de una polémica ha surgido sobre la necesidad de darle un tratamiento masculino. ¿*El* Esfinge, a estas alturas? Parecería un tanto risible. Pero no menos que lo contrario. No menos que cierto grabado medieval que muestra a la Esfinge como una oronda damisela cuyos senos, por demás generosos, están a punto de desbordar un amplio escote.

¿Sería ese escote una alusión sexual, o simplemente la arena que la oprimía, no sin indiscreción todo hay que decirlo? Y es que a la larga el desierto ya no se vio esclavizado por la vigilancia de la Esfinge; el desierto se convirtió en su tumba. Una amenaza de la que, según he dicho ya, nos hablan distintas anécdotas del Imperio Nuevo. Kefrén se había convertido en historia antigua, agonizaba su manifestación monumental bajo soga de arena, y un sueño de príncipe reveló cuanto había sido y lo que deseaba volver a ser. Ya que es sueño, me complace rememorarlo a menudo.

El que estaba destinado a ser un formidable faraón, Tutmosis IV, quedó dormido a los pies de la Esfinge, en una de esas noches egipcias en que presumiblemente se desparramarían sobre el desierto todas las constelaciones del cielo. La voz del monstruo sonó en el sueño con palabras que parecerían las de una soberbia pieza literaria. Pidió al príncipe que la liberase de su mortaja de arena y, a cambio, le daría el trono de Egipto... Algo que, al parecer, no entraba en las seguridades con que podía contar Tutmosis.

¡Alta, profética voz! Cuando la promesa se cumplió, Tutmosis no se limitó a cumplir la suya; se convirtió, además, en constructor agradecido, y edificó alrededor del monumento un muro de ladrillos para que la protegiese en lo sucesivo. Añadió una capilla y una estela en la que narraba su peripecia de aquella noche. Es la llamada «estela del sueño», que todavía puede verse hoy, a los pies de la Esfinge. También quedan restos del muro de contención, que por cierto, se reveló poco propenso a la eternidad. Volvió la arena a encorsetar al soberbio guardián y es muy probable que así permaneciese dejando ver solo su cabeza hasta que fue desenterrada en época o ptolomaica o romana, según atestigua un altar que se edificó para conmemorar el acontecimiento. Pero el viento del desierto volvió a cubrirla, y Occidente se acostumbró, durante siglos, a una auténtica iconografía de la soledad: imágenes que representaban únicamente a una colosal cabeza, cubierta con el tocado de la antigua moda, y que emergía del desierto como por ensalmo. Así la encontraron los ejércitos de Napoleón, y así la inmortalizó Denon y los pintores *orientalistes.*

Dicen las guías que, desde entonces, la Esfinge ha sido desenterrada en tres ocasiones (1818, 1886 y 1925-1926), y a juzgar por pinturas de cada época, esos trabajos fueron modificando el paisaje de Gizeh, del mismo modo que el desierto en sus avances había modificado a lo largo de los siglos el aspecto de la gran necrópolis. Al viajero que, huyendo de las aglomeraciones actuales, prefiere modificar el tiempo, se le ofrecen dos soluciones dignas de crédito: rememorar el aspecto original de la Esfinge, con todos sus edificios circundantes convertidos en una loca reconstrucción ideal, o bien regresar a aquellas noches solitarias, desnudas, en que el monstruo emergía de la arena, misterioso, ignoto, fuera de su tiempo, para inspirar páginas memorables a los grandes soñadores desplazados. Si se tiene en cuenta que algunos de ellos se llamaron Alí Bey, Gustave Flaubert o Gérard de Nerval, se comprenderá que no constituyen en modo alguno un modelo vergonzante.

La esfinge en el siglo XIX.

EL DOMINIO DE KEFRÉN

Pero hay en Gizeh otros edificios que los fascículos ilustrados y las cajas de cerillas no se han preocupado de divulgar, y cuyo interés no desmerece junto al clamor de las grandes Pirámides. De hecho, dependen de ellas y las complementan en el culto.

A cada Pirámide correspondía un templo funerario, al cual se llegaba mediante una rampa, camino que el «ka» del rey recorría para las ceremonias de la consagración y el paso a su morada definitiva. Llámase normalmente a estos edificios «el templo del valle», y cabe suponer, por su emplazamiento, que era el último contacto del difunto con el mundo vivo. Como los santuarios normales, disponía de sacerdotes que efectuaban diariamente las ceremonias típicas del ritual funerario egipcio: la abertura de la boca, la reconciliación del alma, la consagración oficial de faraón como Osiris en el otro mundo. No faltaban las mesas de ofrendas, en las que el pueblo podía regocijarse a su vez con la divinidad difunta.

En los templos funerarios del Imperio Antiguo, impresiona sobremanera asistir al desarrollo de la arquitectura, condensada en una esencialidad que estamos tentados a atribuir a una respuesta física a las necesidades del espíritu. Concretamente el templo funerario de Kefrén, parece condensar, en catálogo de líneas, la pureza absoluta, el amor por lo básico, que ha de ser el acicate máximo de una inmediata visita a Saquara. En la arquitectura de las primeras dinastías egipcias, parece cumplirse el rigor como exigencia ética fundamental.

El templo de Kefrén se halla situado junto a la Esfinge, de donde el nombre que también a veces recibe. Comparado con los santuarios tebanos de la XVIII dinastía, el recinto podría ser la equivalencia de la distancia que, en Europa, existe del románico al barroco. Es un juego de volúmenes directo, preciso, cuya expresividad diríase reducida a su propio contenido. Los guías suelen hacer una concesión a lo curioso y conducen la atención del turista hacia la perfecta ensambladura de los enormes bloques de piedra de las paredes. Se aplaude singularmente el pavimento de alabastro, cuyas heridas delata el sol con flagelo implacable. Pero otros elementos despiertan la atención más exigente en la sala hipóstila. Trata de pilares monolíticos de granito rosado, completamente desnudos. El granito parece convertirse en un enorme diamante, que hubiese sido pulido hasta devolverle su virginidad. Son pilares de una majestad soberbia, cuya austeridad resulta más orgullosa que cualquier adorno.

Tiene la majestad de Kefrén el mismo convencimiento de su poder terrenal y celestial gracias precisamente al ahorro de cualquier línea que pudiese proporcionar una información excesiva, que distrajese la atención del tema central la majestad y la divinidad indiscutibles. La escultura que se conserva en el Museo de El Cairo la proclama en una actitud que ha trascendido completamente los límites de la vida. Son dos los elementos que conviene imponer: la serena majestad del rostro del faraón y su divinidad sobre la tierra, personificada en el Horus adherido a la cabeza real, vigilante y protector a la vez pero también como una encarnación de la doble personalidad. Había en el templo funerario de Kefrén veinticuatro estatuas cuya función ritual se extendía a la vida y a la muerte. La del Museo de El Cairo es la que proclama, además, toda la síntesis del respeto que la autoridad del faraón mereció en el Imperio Antiguo. Y ni siquiera la elección de la piedra fue dejada al azar. La diorita otorga a lo majestuoso una última aura de severidad, la elegancia del color negro degradándose en vetas rosadas, en tornasoles que ponen brillo en lugar de sombras.

Es la confirmación de la impresión que asalta al viajero en su visita a las primeras salas del museo: que la austeridad, la precisión de la primera arquitectura egipcia encontró su paralelo en la escultura. En las piezas halladas en Gizeh, asombra el altísimo grado de penetración psicológica que alcanzaron aquellos escultores anónimos. Y el cincelado de las esculturas, la perfección del pulido, convierte en diamantes preciosos piedras tan distintas como el esquisto, el basalto o la calcita.

Ante estas piezas, el viajero no se ve obligado a pronunciar lentamente el nombre del faraón, como querría el ritual, sino el concepto que definía a los escultores en los jeroglíficos: «el que da la vida». Nada más cierto.

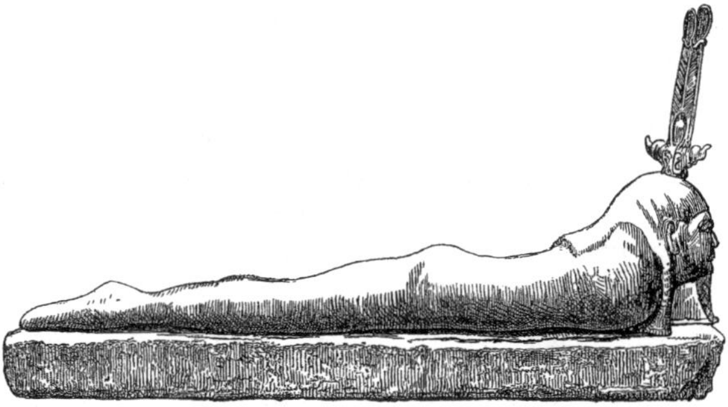

Osiris (lecho de la época faraónica).

LA PICARESCA

Desgraciadamente, los guías no oficiales que se abaten sobre nosotros como moscas tienen un poder de convencimiento basado en la insistente repetición, el empeño de no dejarnos efectuar a solas, en silencio, en debido ensimismamiento, esa solemne ceremonia iniciática que, para muchos, constituye todavía el descenso a la Pirámide. Y pues comprendemos que, de todos modos, sería una soledad imposible —tan excesiva es la masa de turistas que suben y bajan por el angosto corredor descendente que constituye la única entrada—, preferimos ceder a la insistencia y hacernos acompañar por un nativo. Y algunos de ellos, por su vejez, debían de estar efectuando ya este oficio furtivo cuando la época de los grandes viajeros de principios de siglo. ¡O lo parece! Como ocurre en otros rincones de Egipto, el grado de veteranía no ha aumentado los conocimientos de quienes deberían ser Virgilios adecuados para la iniciación del peregrino. Si para algo resultan ideales sólo es para informarnos de que el solitario ataúd de granito que se encuentra en la cámara sepulcral (vacía) de la Pirámide de Kefrén, perteneció al rey Snefrú; y aún cito a un faraón de la misma dinastía por rebajar la magnitud del error. Si el peregrino, amparándose en la lejana memoria de lecturas privadas o en la pura lógica del lugar, se atreve a insinuar tímidamente que el sarcófago de la Pirámide de Kefrén podría «acaso» pertenecer a este rey y no a otro, el guía se enfada mucho, continúa insistiendo en la pertenencia de Snefrú, y en vista de que el peregrino no se deja convencer, gira la conversación en redondo y le muestra las incontables firmas de los visitantes que, a lo largo de los siglos, quisieron inmortalizar sobre la piedra ese día en que descubrieron, para su instrucción y asombro, cómo dos soberanos distantes en el tiempo como Snefrú y Kefrén pudieron compartir amigablemente una misma sepultura.

Se entenderá que los falsos guías hacen amortizar el precio de la «Guide Bleu», que en casos de despiste semejante adquiere su verdadera dimensión de compañero inseparable, como en otro tiempo debió de serlo el «Baedecker».

Pero son hombres respetables en relación a su trato, y algunos son o han sido autoridades en su pueblo de origen. El Gobierno les adjudica, en ciertos casos, el puesto de guardianes de monumentos privilegiados, especialmente en aquellos puntos que quedan más alejados de los grandes centros urbanos. La antigüedad en estos cargos favorece una frecuencia en el trato de los monumentos que de ningún modo se traduce en una comprensión o un conocimiento. Ideales para mostrar los caminos que el peregrino desconoce, pueden resultar también, como se ha visto, una incomodidad farragosa cuando se empeñan en explicar su origen o significado. Mucho más cuando se obstinan en apartar nuestra atención de las partes del monumento que nos interesan, para concentrarla en los tópicos que varias generaciones de viajeros anteriores han apreciado con mayor asiduidad.

Nunca sabemos dónde empieza el halago barato o el servilismo ante la inmediatez de la propina, y dónde la gentileza y el sentido de la hospitalidad, virtudes tan hermosas en este pueblo y que sería de mal tono desairar. Por otra parte, algunos de estos guías ancianos tuvieron la suerte de trabajar a las órdenes de los grandes arqueólogos del pasado, y el peregrino siempre espera la sorpresa de una anécdota, el regalo de un incidente personal, que no registraron los grandes libros. Pero salvo casos muy excepcionales, después de aquella probable experiencia esos hombres quedaron aislados en su pueblo de origen, vigilando toda la vida el mismo monumento. Su conversación es primaria y, al expresarse en inglés, totalmente falta del vocabulario necesario para dar una explicación elemental, correcta o siquiera comprensible.

En las Pirámides de Gizeh, que comparadas con otros monumentos de Egipto constituyen una aglomeración, la mezcla de guías falsos es todavía más compleja, aún dentro de la complejidad misma del parasitismo. Y como el destino último de la información es la probable lluvia de piastras, el peregrino empieza a aprender la lección del regateo, que puede convertirse en deporte nacional, tanto en el dar como en el recibir. Cierto que el guía oficial indica no dar propinas, pues ya la agencia cuidó de ello previamente, pero se requieren varios viajes a las Pirámides para llegar a dominar el arte de la negativa, o incluso para contrarrestar la furia del falso guía —o cualquiera de esos ocasionales acompañantes que se ofrecen a mil por minuto—, cuando comprueba que la propina dista mucho la de ser la que esperó del rango del viajero... de cualquier viajero. Como puede verse, no existe escapatoria para la disputa. Circula sobre el trato un aura de fatalidad histórica, la visión irreversible que el egipcio tiene del viajero como alguien cuya situación económica, por ínfima que sea, siempre será superior a la suya. La ecuación, aunque elemental, no deja de tener un sentido muy sólido, fruto de un raciocinio educado en la miseria. La posibilidad que tienen los europeos de trasladarse a Egipto no se le ofrece al egipcio, que incluso cuando pertenece a una clase media acomodada, tiene que plantearse el viaje al extranjero como un auténtico lujo.

¿Qué no ha de ser, pues, para los falsos guías, buhoneros, asneros o simples mendigos de las Pirámides? En todo turista hay un ser especial que llegó en avión. Y un ser tan importante, al mismo tiempo, que el Gobierno ha delegado una policía especial para orientarle y protegerle. Cualquiera que sea su situación económica en el lugar de origen, el extranjero adquiere en Egipto la imagen de un dios moderno. Pero no un cuerpo con cabeza de mochuelo, a la usanza prestigiosa del viejo Horus, sino una gigantesca moneda a la que le hubiesen crecido las piernas, revestidas de estrafalarias bermudas.

Que todo viajero sea, en parte, una propina andante, es culpa compartida entre él mismo y la miseria del país. Ya los viajeros de mediados del XIX, los clientes del sistema Cook, los que se instalaban en los primeros hoteles de la actual plaza de la Ezbekeia, debieron aprender la mejor manera de comprar a esas gentes pagando un precio mínimo: precio de dádiva, de limosna, paupérrima remuneración por sus servicios. Y después llegarían los americanos, especialistas en estropear con su poder adquisitivo a todos los hermosos pueblos que les han recibido. Se sabe que grandes producciones del cine de Hollywood pudieron presentar inmensos despliegues de masas gracias a los bajísimos costes de los extras egipcios (algo que en los años sesenta sucedió también con otro pueblo vendido al dólar: el español, precisamente). Miles y miles de actuantes, formando parte de la ingente multitud que exigía la salida en masa del pueblo de Israel, pudieron ser reunidos por Cecil B. de Mille casi por el mismo precio que, en comparación, debieron cobrar sus antepasados para la construcción de la Pirámide de Keops (y no precisamente, la de la Warner Bros, con la señorita Joan Collins dentro).

Con esos antecedentes de explotación y maleamiento, se comprenderá que las peleas con los falsos guías tengan todas las motivaciones menos las culturales. Pueden seguir confundiendo a Kefrén con Snefrú, y por añadidura, al tender la mano, su reacción será tormentosa si la propina no tiene el inconfundible estilo de los gringos. Propinas y estilo que tienen algo de legendario, como aquellos señores feudales que podían disponer de todo y a cualquier precio. Incluso al precio de la más elemental decencia.

Escribiente público.

PICARESCA EN LA GUERRA

En el Egipto de 1968, el gran impedimento para que la propina extranjera conociese la prosperidad de otros tiempos era la guerra. Nada garantizaba que pudiese terminar en seis días o que fuese a durar menos. Su espectro planeaba sobre todo el país, y esa picaresca de las Pirámides pululaba a mi alrededor con el rostro desesperado, temiendo que fuese yo el único extranjero de aquel día... en un lugar que no había conocido días sin visitantes extranjeros desde hacía muchos años.

Los yanquis, vía el sionismo, se resignaron a que sus súbditos no pudiesen ver los monumentos de Egipto mientras los intereses de Israel continuasen reclamando el apoyo de Washington. Y el turista convencional de otros países no consideró cómodo alternar su ocio con la amenaza permanente de un bombardero patrocinado por Jehová. En los paseos a lo largo del Egipto abandonado por los curiosos, dejado de la mano de las grandes agencias, incluso un analfabeto en asuntos de alta política internacional como era yo, comprendió que las grandes líneas de la historia pueden llegar a ser siniestras alcahuetas de miles de dramas ínfimos, desesperaciones cotidianas que quedan olvidadas bajo el aluvión de *grandes paroles,* jerga típica del triunfalismo político de cualquier signo. En las mesas de conferencias internacionales para la paz, reuniones de la ONU, conciliábulos de amistad entre países y otras formas de bizantinismo político del siglo, la guerra quedaba en discusiones de buen tono, comadreo de secretos compartidos, sonrisas de excelente diplomacia, alianzas más o menos posibles y menos o más contradictorias. Pero ante los pícaros de las Pirámides, pequeños propietarios de bazares exóticos, chulitos de lechos ambiguos e incluso pelanduscas de cabaret selecto, la guerra tuvo un aspecto único, directo, lleno de dramatismo: la falta total de ganancias y la pérdida de la confianza en una baza económica que hasta entonces, y después de entonces, ha constituido una de las fuentes de ingresos básicos de Egipto.

¡Qué hipócrita es Occidente en sus dádivas! Enseñó a esa gente a depender de algo que podía y puede cortarse en cualquier momento. Los especialistas en lo antiguo han escrito que una de las causas del desorden que se produjo en Egipto a finales del Primer Imperio fue la pérdida del sentimiento de seguridad en el sistema que había impulsado a aquella civilización a sus más importantes logros. Bien puede decirse que, aparte del gran trauma de su derrota en la guerra, el corte del suministro turístico trajo a nivel cotidiano resultados parecidos.

La ausencia de turistas fue total, en mis primeros viajes, por lo menos hasta 1975, y toda una turba de ganapanes que se acostumbró a ver en los extranjeros un modo de vida inmediato, descubría que aquella seguridad solo fue espejismo. La necesidad de la piastra, tal vez única, tal vez irrepetible, se acentuó de forma colosal, y aquella picaresca que vivía artificialmente quedó reducida a una caricatura del patetismo: rostros angustiados, expresiones ansiosas, llamadas histéricas que acechaban al turista esporádico y ofrecían sus artículos, servicios, u oscuras prestaciones a cualquier precio, incluso el más bajo que el menor.

El espejismo de la prosperidad se cerraba sobre sí mismo para ser solo espejo deformante que se atrevía a juguetear con todas las especulaciones de los sociólogos. Porque los habituales de las Pirámides, en la crisis de entonces y aun en la prosperidad de ahora, formaban el elemento «desclasado» de la sociedad egipcia. Ingente picaresca que no pertenece ni a la burguesía, ni al proletariado, ni a los campesinos, ni a la milicia, ni a la burocracia...

Era, es, el Egipto no clasificado por los sociólogos: cuerpos agotados aun antes de nacer, que intentan sobrevivir a cualquier costa, explotando las ruinas de una grandeza perdida. A la sombra de las Grandes Pirámides, en este caso. Y más allá de cualquier masturbación culturalista...

Buhonero.

LA NAVE

De repente, un comentario a destiempo puede desacreditar al Mito.

En uno de mis viajes más recientes, encontré al pie de la Esfinge a un viejo amigo, actor de fama por más señas. Iba el mozo provisto de dos excelentes credenciales: unas reconocidas pantorrillas de atleta clásico, adecuadamente realzadas por el ribete del pantaloncito modelo boxeador que los años ochenta han puesto de moda para que ciertos cuerpos no desmerezcan durante sus horas de ocio, y una predisposición a efectuar alardes culturales típicos de los hijos de Talía que, durante la década anterior, decidieron que no querían ser sólo objetos de divertimento sino también portadores de valores culturales. La progresía teatral madrileña, así equipada, puede soltar frases sublimes, nadando en las lagunas propias del autodidacta. Se atribuye a Salvador Espriu una frase rotunda y que vale para iluminar la cuestión: «Los autodidactas mezclan a Goethe con la antología del disparate.»

No es que no haya caído yo mismo a menudo en esta trampa. Es bien propicia a la caída, sobre todo si se llega desde los terrenos, siempre tentadores, del esnobismo. Es cuando nos vemos impulsados a demostrar superioridad incluso en cosas que desconocemos.

O especialmente en ellas.

Así, pues, mi amigo el actor, primerizo en Gizeh, neófito de Egipto, efectuó la rápida crítica de esas abominaciones del gusto que sólo un viajero ya bragado debería emprender. Recitó el rosario de tópicos respecto a la industria turística que ensucia las Pirámides.

—Ni siquiera han tenido el detalle de hacer que los aparatos del *Son et Lumière* no se interfieran en la sublimidad de las ruinas —exclamó, en perfecto Byron de telenovela—. Fíjate en este horrendo cobertizo al pie de la Gran Pirámide. ¡Cómo la afea!

Pero con ser feo, con ser una poco oportuna manifestación de la dudosa majestad de la uralita, no se trata del cobertizo que protege los focos del *Son et Lumière*, sino el museo que encierra la llamada «barca solar de Keops». Seguramente uno de los más importantes hallazgos de la explanada de Gizeh en los últimos treinta años.

Así se lo comuniqué a mi gallardo encuentro, y su rubor fue intenso, aunque su vergüenza exagerada. Al fin y al cabo, no era culpa suya que Egipto se empeñe en no dar debida información de sus tesoros. Su guía de grupo omitió referirse a la reliquia de Keops, como sin duda omitiría muchas cosas más a lo largo del viaje. Y todas ellas inapreciables. Porque las agencias consideran cumplida su misión una vez han enseñado la Gran Pirámide, la Esfinge y los encantos, optativos, de una carrera en camello. En el fondo, la intuición de los guías no es siempre injusta; basta con presentir que cierta clase de turistas no desean más, ni lo merecen. A algunos he visto yo que al llegar a Gizeh no se molestan en bajar del autocar. Se contentan con una visión panorámica a través del parabrisas.

La fealdad del cobertizo de Keops protege a su modo —el modo del siglo— el pequeño museo de la gran barca. En su planta baja, exhibe documentación gráfica sobre su descubrimiento y reconstrucción posterior. Se cuidó de que permaneciese en el emplazamiento original, allí donde fue depositado, en cuidado desmantelamiento, hará aproximadamente cinco mil años. ¡Cómo quien nada evoca!

Una vez más hay que agradecer a la técnica moderna la restitución más o menos exacta del pasado. Si la fealdad exterior del recinto no se discute, por lo menos su estructura de cristal permite contemplar desde el interior el gran barco como una pieza nueva, proyectada sobre un fondo apasionante, preciso, que no es otro que la Gran Pirámide. A través de las enormes cristaleras, el barco parece navegar sobre los bloques de piedras, igual que si hubiese salido de su encierro para ir remontando, uno a uno, los peldaños que conducen al cielo. Y si al entrar en el museo hay que descalzarse como en una mezquita, o cubrirse los zapatos con el mismo tipo de babuchas, el viajero sensible no se molestará, antes bien hará por recuperar un poco de la atmósfera de religiosidad que impera no sólo en la función del barco solar, sino en el arduo quehacer de sus restauradores.

Discuten todavía los arqueólogos aquella función y el significado del encierro de los maderos, al pie mismo de la sepultura real. Para algunos podría ser la barca utilizada en las ceremonias de transporte de la momia, desde el valle hasta la aridez del desierto. Aunque podría pertenecer a otro ritual, pues muchas ceremonias religiosas utilizaron barcas para el traslado de las estatuas divinas, y alguna de estas fiestas ha sobrevivido hasta nuestros días. (En Luxor, por ejemplo, una ceremonia de la barca parece evocar, sin quererlo, el viaje anual de Amón desde su encierro de Karnak al templo llamado del Opet, en Luxor.)

No es menos tentadora la suposición de un significado religioso: esta sería la gran barca que el faraón utilizaría en su itinerario al Más Allá o, en su manifestación solar, para el viaje a través del día y hacia la noche, iluminando a su paso las tinieblas que se cernirían sobre el mundo de no existir su autoridad.

Sea cual fuere el significado, lo conserva el museo en toda su esencialidad al estar edificado sobre el lugar donde se encontró la reliquia. Y al asomarnos al enorme pozo de forma oblonga, se hace imposible contener un escalofrío. Nos encontramos con el Tiempo cara a cara. Y no solo con el que transcurre, sino con el que sabe preservar. ¡Qué largo el sueño de esos maderos, reposando durante milenios entre esos roquedales, cubiertos por una arena infinita sobre la que iría transcurriendo una historia que ya les era completamente ajena!

Venturoso fue el descubrimiento, en nuestro año 1954. Demostró que a pesar de la frecuencia de excavaciones desde hacía más de un siglo, todavía quedaban en Gizeh zonas susceptibles de deparar grandes sorpresas, atracciones fundamentales. Igual que esas pirámides menores de altos dignatarios y familiares del Faraón, como la de la madre de Keops, en cuyo interior se encontró un preciadísimo mobiliario funeral. Para no hablar de tantos barrios de mastabas de nobles y funcionarios. O, en fin, los otros dos pozos para barcas solares que se encontraron en la misma zona.

Otros elementos preservados en el museo no fracasan en despertar el asombro, ni la emoción por las pequeñas cosas. Que lo son las fibras vegetales de hace cinco mil años, o los materiales de soporte todavía vivos aunque tal vez a punto de quebrarse por la fragilidad que su vejez de siglos les ha impuesto. Docenas de metros de cuerda utilizadas para el descenso de las piezas del barco, o para mantenerlas unidas. (Forzosamente los cientos de nudos que ejercían de soportes originales han sido sustituidos por cuerdas modernas, que garanticen el perfecto mantenimiento de la reconstrucción.)

Un volumen apasionante de la señorita Nancy Jenkins (2) cuenta la formidable aventura de aquellos trabajos. Les dedicó diez años, y toda su conciencia, el profesor Ahmed Youssef Mustafá. El relato resulta tan conmovedor como el concepto mismo de eternidad que el barco debía traspasar. ¿O acaso más? Al devolverle su forma primitiva, rescatándolo del informe montón sumido en la oscuridad, el profesor convertía aquella eternidad en presente nuestro. ¡Cuánta paciencia imaginamos en la empresa! Establecer el diseño primitivo, limpiar uno a uno los fragmentos de madera (esos cedros del Líbano, tan preciados), pulirlos de nuevo, ensamblarlos, recuperar la exacta posición del palanquín real, la apoyatura precisa para cada uno de los remos, su equilibrio... ¡Magno empeño, en resumen!

Si hemos admirado la labor de los grandes arqueólogos del pasado —una labor cauta y silenciosa frente a las famas, más estrepitosas, que el siglo dicta—, con el mismo respeto, con idéntico agradecimiento venera el peregrino el recuerdo de los restauradores, esos artesanos anónimos que a partir de un enorme rompecabezas recobran el pequeño milagro de piezas que hace milenios forjaron otros artesanos innominados. Doble emoción en esa labor común de rescatar la vida desde el fondo de la muerte.

Todas esas meditaciones se imponen no bien el peregrino empieza a

(2) Nancy Jenkins: *The boat in the Pyramid*. Random House, Londres.

subir las escaleras metálicas que rodean a la barca solar, para favorecer una visión total del conjunto. Pues al estar el barco levantado sobre el suelo por enormes soportes, el visitante solo alcanzaría a ver la quilla, gigantesco vientre hinchado que desentraña los secretos de su construcción: grandes láminas de madera superpuestas. En ellas se encontraron todavía las marcas efectuadas por los antiguos carpinteros, lo cual ayudó en gran parte al nuevo ensamblamiento de muchas piezas.

Al subir las escalinatas, arrastrando las babuchas que es un calzado de iniciación en lo sacro, se va revelando la estructura total de la nave: el casco completamente arqueado, la elegante proa que adopta la forma del papiro, el conjunto de remos alargados, el delicado baldaquín que diríase sostenido por cañas pulidas, tan delicadas son sus columnas... Al ser contemplada en su totalidad, la nave se va apartando de su función utilitaria —cualquiera que fuese— y se presenta con la cualidad extra de lo bello, confirmando una vez más el alto grado de perfección del artesano en el Imperio Antiguo.

Y tan bello es el instante que el peregrino caerá fulminado por el mal de estética. La nave va perdiendo todo contacto con nuestra realidad. Ayuda una ilusión óptica que la hace aparecer suspendida en el aire, como si no la sujetase ningún soporte, como si rechazase cualquier apoyatura. Entre la intensa blancura del recinto solo destaca el resplandor rojizo de la madera. La nave confirma que no fue imaginada solo para surcar el Nilo, sino para volar por la noche inmensa de Nut. Y por su forma diríase un elegante boomerang que regresa pausadamente sobre su propio vuelo para golpear nuestra sensibilidad...

Menephtah.

AÑADIDOS MODERNOS A LA MUERTE

Van cambiando los colores según los antojos de lo que puede ser, por momentos, un prodigioso artificio: entonces, la necrópolis llega a parecer un enorme truco escenográfico. Pero el decorado no vacilará; no hay que temer al tambaleo típico de un teatro barato. Son demasiado consistentes estas piedras, y sus bambalinas están aseguradas por soportes de siglos. Solo el *atrezzo* evoluciona: llega, pasa con mayor o menor celeridad, huye sin quedarse nunca. Alrededor de la Gran Pirámide, la multitud expresa su propia fugacidad. Gentecilla de un instante, transcurren veloces, como los ejércitos de los faraones posteriores a Keops, que antes de cualquier expedición pasaban a rendir su homenaje a la Esfinge. Pasaron ellos, en cuanto el viento arenoso reveló su verdad: la de ser instrumento de los feroces dictámenes del Tiempo, arrastrando consigo todo lo que vive y depositando una constante repetición de la especie. Transcurrieron.

¿Cuántos ejércitos habrán pasado, después, por Gizeh, formulándose ante sus incógnitas las grandes preguntas jamás resueltas? Todos los invasores del suelo egipcio tuvieron que hincar la rodilla ante esa manifestación del genio humano, cuyo significado ya no fue posible desentrañar. Pasarían por la plataforma los invasores hicsos, el airoso corcel de Alejandro (¿cómo iba a ser, de otro modo, su corcel?), los zafios legionarios de Roma, el brío gigantón de Bonaparte, forjando planes homéricos y preparando, en lo alto de la Pirámide, su repertorio de frases célebres. No hay que extrañarse: podríamos llenar un diccionario entero de *quotations* a base de frases con pretensiones de inmortalidad por el hecho de querer adjetivar la inmortalidad, ya acreditada, de las Pirámides y la Esfinge.

Solo el gran decorado permanece. ¡Pues hemos descubierto que es corpóreo!

A cada hora va tomando el relevo lo más trivial del siglo. Pues antes de perderse en el olvido, las turbamultas levantan sus altares al mal gusto. La base de la Pirámide, que a la altura de nuestros ojos es una muralla ciclópea que va prolongándose hacia el cielo, congrega a esa Babel como en una representación *kitsch*. La base ciclópea queda en el centro del escenario. En corbata, ofreciéndose al público con descaro, los puestos de refrescos, las paradas de *souvenirs* espantosos, degradación de la mejor artesanía agipcia, el aparcamiento incontrolado de autocares, los quioscos de postales y los grupos de guías a la espera de clientes...

Y el relevo de turistas. Los colores agresivos con que Occidente reviste su ocio transcurren como una pesadilla que carcome la sensibilidad. Ante esos lugares de secular prestigio, cuyos colores llegan a adquirir una severidad excepcional, el color del hombre occidental cuando viaja resulta de una fealdad que roza lo grotesco. ¡Qué acumulación de insensateces! Los grandes almacenes de la horterada, las *boutiques* del patrón único, han abierto sus arcas, desparramándolas sobre las ruinas. Todo cuanto la televisión ha sugerido se exhibe con impunidad y hasta insolencia. Nada más rotundamente desagradable que esos cuerpos ya fatigados, que no se preocupan en ocultar su adiposidad, que realzan su celulitis, que exhiben con orgullo su desinterés por lo que se les muestra. Ya no funcionan sus ojos, sino sus tomavistas. Y los colocan todo el tiempo entre el ojo y la realidad, a guisa de arma que les defienda de una belleza que les supera constantemente.

Y, sin embargo, veo por mis lecturas que esta plaga no es nueva, sino la nueva versión de una peste ya sistematizada desde el siglo pasado. Leo en la relación del viaje del señor E. V. Gozanbach una precavida nota, fechada el 6 de febrero de 1888: «Pasamos la noche en Dabob, pues hasta las doce del día siguiente estaría Filé invadida por los turistas de uno de los vapores de Cook, y nosotros deseábamos volver a encontrar la isla en toda su idílica y luminosa quietud, tal como la habíamos visto la primera vez... dueños únicos y absolutos de la isla, sus templos y sus columnatas...»

Pero los siguientes relevos debieron de ser tan alucinantes como el que hoy nos acosa con intenciones de apocalipsis. Otro libro de viajes, el del escenógrafo catalán Oleguer Junyent, casi parece exorcizar la maldición turística de principios de este siglo:

«Hoy por hoy, el sol puede más que la agencia Cook, acaparadora y explotadora omnívora de Egipto. Hay que ver cómo la célebre agencia se ha posesionado de estas tierras sagradas. En el tren, en los hoteles, en los buques, en los senderos más escondidos y en los rincones más apartados hace acto de presencia, ya con sus rótulos, ya con sus agentes innumerables. Es el triunfo de los burgueses o, la garantía de las comodidades; pero también, en muchas ocasiones, la decepción de quien llega aquí con el alma saturada de recuerdos y ajena a la superficialidad de estas gentes para las cuales las pirámides milenarias y una exposición de neumáticos son cosa parecida.»

Pero si las postales, calendarios, fascículos, posters y camisetas han conseguido que las Pirámides pierdan en magnetismo para ocupar en la percepción del hombre contemporáneo la función cotidiana de un detergente anunciado con machaconería, también ha sufrido el turismo su propia degradación, de manera que a las aversiones de los autores citados hay que añadir la regresión progresiva del gusto en los miembros de lo que Elsa Morante denominó: «la ignominia occidental llamada clase media».

A los pies magníficos de Keops, cada relevo actual demuestra ser peor que el anterior.

Van transcurriendo, fugaces, esas adiciones del consumo, y sólo el decorado permanece para regocijarse y regocijarnos a partir del momento en que los invasores se retiran y la representación pertenece solamente a los egipcios. Al llegar la festividad del viernes, el pueblo cairota convierte las Pirámides en punto preferido de excursiones, y el sagrado terreno pasa a ser un gigantesco parque cuyo césped hubiese sido substituido por colchones de arena. Y es lícito revolcarse en ellos, buscando en la eternidad de sus ardores un último alivio a los problemas acuciantes de toda una semana demasiado arraigada en la agonía de lo cotidiano.

Al peregrino se le impone con claridad la obligación del pacto. Su interés por mezclarse con los egipcios, huyendo de la masacre ambiental que efectúan a diario los turistas, tiene que ser condescendiente, aceptar el grado de anulación de sus costumbres a que el contacto con Occidente las ha sometido. Y el peregrino pacta, pues sabe que ningún nativo aceptará celebrar su fiesta ataviado con el faldón plisado de los antiguos, ni sus esposas (algunas se tiñen ahora de rubio) estrenarán para la ocasión una peluca trenzada como las de la princesa Nofret. Y aun considerando que El Cairo es un emplasto completamente arabizado, terminó para siempre aquella iconografía autóctona que enloquecía a los pintores orientalistas, arrojándoles a un mundo de imágenes nuevo, distinto, que les envolvía con solo atravesar las puertas de la ciudad. Ningún dominguero de las Pirámides exhibirá los vaporosos bombachos de la corte mameluca, el chaleco bordado en filigranas doradas, el kaftán ceñido al cuerpo por una faja de seda azul cobalto. Como máxima concesión, algunos visitantes de provincias hacen relucir con orgullo la impecable galabeya de los días festivos que resalta la limpieza absoluta de unos rasgos autóctonos admirablemente preservados. Pero esta concesión, esta dádiva a los sueños del peregrino, solo es un avance de la vida preservada en lo más alto del Valle. En El Cairo, en los domingos de sus suburbios y sus Pirámides, predominan los rasgos étnicos impuestos por la arabización. Rasgos un tanto híbridos, tal vez.

Y el pacto que el peregrino estaba dispuesto a aceptar presenta exigencias todavía más drásticas. Porque esos egipcios arabizados se solazan vestidos a la europea y con un estilo desordenado, sin tino en la mezcla de elementos. Lo que Occidente desechó hace varios años, es asimilado como el máximo de la modernidad, es tomado como la más *up to date* de las modas. El viajero, cansado de sonrojarse ante los excesos del turismo, acepta como un mal menor el disparate de la europeización bastarda adoptada por los egipcios. Tal vez porque sabe que al ingresar en el mundo del consumismo, lo hacen con las reacciones propias de un niño sorprendido, considerando cada prenda, incluso las más desvencijadas, las de peor gusto, como un regalo que les llega desde una prosperidad todavía inalcanzable. Adaptan sus cuerpos a la visión del mundo que tendría un pintor ingenuista.

¡Qué lejana aquella época en que las guías recomendaban a los viajeros europeos que utilizasen ropajes árabes para desplazarse por Egipto sin peligro! Por un lado, existe una suculenta iconografía de «excéntricos» británicos que se hicieron pintar a guisa de pachás. Una moda de amor localista —y amor desaforado— que Byron había convertido en grito, al adoptar para algún cuadro la indumentaria de los suliotas. Estudiosos y coleccionistas de cierta reputación, como William Bankes (1786-1855) o Thomas Hope —viajó por todo el cercano Oriente en la década de 1790, imponiendo la moda del diseño orientalista en el interiorismo de la época— quisieron aparecer como fieles servidores del reino de Orientalia, y lo que parece un capricho se convirtió fácilmente en declaración de principios. Pero, por otro lado, muchos viajeros de la época se vistieron de egipcio por motivos menos románticos. A menos de medio siglo después, la situación había cambiado: las guías que antes aconsejasen el disfraz como protección, aconsejaron a los nuevos turistas que no se disfrazasen para no incurrir en las burlas de los nativos.

En su día libre a la sombra de las Pirámides, los nuevos egipcios invierten la oración, y es como si se negasen a obtener el amor de Occidente con los signos de identidad que hace solo medio siglo ganaba tantos adeptos, ocasionaba tantos enamoramientos. Hoy todo nos habla de una imitación que es, encima, barata y gris; que tiene los colores patéticos de nuestra posguerra. Europa se convierte en material de segunda mano del mismo modo que Egipto, al ser convertido en mobiliario para la Malmaison se convirtió en egipciería. Curioso intercambio de falsificaciones.

Pero el ocio del viernes continúa con el mérito de enseñarnos mucho más de este pueblo, y así le vemos, desparramando sobre las piedras de la Gran Pirámide los objetos de su consumo; objetos preciadísimos para ellos, y consumo pobre: fiambreras, termos, cestas de camping... Y el aire, que los antiguos quisieron privilegiado, se ve invadido por una de las plagas más constantes del Nuevo Egipto: la música estentórea de cientos de transistores que no por rudimentarios, dejan de constituir pequeños tesoros para sus dueños. Nunca se oyeron tantos al unísono en ningún lugar del mundo.

Resuenan por el aire de Gizeh los lamentos del último cantante de moda, incorporando la tristeza de un remoto maluf tunecino a un conato de rock importado... y disminuido.

Muy cerca está el «Mena House», hotel que parece a punto para el rodaje de alguna película donde chocasen con estrépito las pasiones de alguna insatisfecha Lady Bret y el embajador de Victoria Regina. Incluso podría parecer la sombra de Gordon, en su última escala antes de partir para su aciago destino sudanés. Y cualquier damisela de cierto rango reposaría en la terraza, presta a suspirar mientras escribe en una larga epístola a sus amigas de Belgravia contándoles las molestias que le causa el corsé en el ardiente verano cairota.

El contraste que se forma entre un decorado tan novelesco y los domingueros de las Pirámides ya es divertimento puro. Los colores de una vida cotidiana mediocre y la sofisticación impuesta por el gran turismo de ayer, llegan a provocar una cierta desazón. Al fin y al cabo, lo desfasado de la falsedad puede impresionar tanto como las urgencias de lo real.

Los jardines del hotel pretenden una exuberancia que resulta impuesta por un folleto de decoración. La piscina, con sus fastos rememorativos de los edenes de Esther Williams, constituye una respuesta poco propicia a las propuestas iniciales del hotel, a la orientalía que todavía encontramos en su interior, perfectamente conservada. Corresponde a la moda de exotismo que los turistas de principios de siglo debieron de considerar inseparable de su visión de Egipto. Podría ser una réplica de la casa cairota del Mufti, punto de visita obligado de los visitantes extranjeros en la segunda mitad del siglo pasado. Una acuarela de Frank Dillon, fechada en 1860, reproduce ese interior que podría pasar tranquilamente por el bar, los salones o cualquiera de los restaurantes del «Mena House». El pastiche está llevado a las últimas consecuencias y en una época en que Egipto recurre al modelo único, uniforme y estereotipado propio de las grandes cadenas hoteleras americanas, la personalidad del decorado todavía es de agradecer. Ricos artesonados, cresterías y almocábares de madera, o yeso, rincones que diríanse imitar privadas celosías, relieves de fantásticos jardines, todos los elementos de un delirio *pompier* recuperado. Y tan cuidado como la imitación arquitectónica, un concierto de objetos que rematan la atmósfera propia de un zoco: bandejas de marroquinería, lucernarias de metal delicadamente pulido, pebeteras, tracerías, incensarios, barreños, aguamaniles de oro postizo...

Los vacacionistas se entregan a refrescos que parecen ideados para ambientar la portada de una revista de modas. Son particularmente espectaculares los de plátano, de tamaño considerable, pero no hay que olvidar la agresiva apariencia de la piña tropical, el brillo encendido de la naranja y el melocotón emergiendo de pequeños icebergs amarillentos. No faltan comidas con variedades egipcias aliñadas al gusto extranjero, ni un salón dedicado a la cocina hindú, en la que los comensales, sintiéndose sultanes por un día, conversan en voz alta, sin consideración a la pareja destinada a amenizarles la comida: el hombre toca el sitar, la joven, envuelta en un sari morado, esgrime diminutos crótalos que hace sonar con ágiles movimientos de unos dedos afilados. La atmósfera orientalista se amplía, así, con una importación. Y en el bar continúan las conversaciones en varios idiomas, tintinean los pedazos de hielo al chocar los vasos, y la atmósfera del turismo apresurado —pero menos que en otros hoteles de «cadena»— se mezcla con el ir y venir de los esnobs cairotas, que frecuentan el bar intentando rememorar, sin duda, la época anterior a Nasser, cuando El Cairo pudo preciarse de ser un centro cosmopolita. Pero algo hay de desesperado en el intento de esos jóvenes leones por conectar con los extranjeros: tal vez una necesidad de ser aceptados por los felices habitantes de las super-potencias (se incluye España, en su mentalidad). Y la caza de la turista, o a veces *el* turista, tiene el aspecto de ser un escape inevitable de la rígida moral de otro tiempo. No será necesaria la belleza apoteósica, para que una forastera pueda sentirse halagada. En el bar del «Mena House» algún mozo de notable apostura puede prometerle que le mostrará *El Cairo by night*, aportando alicientes a los que no podría aspirar la agencia turística mejor organizada. En casos óptimos, la modernidad egipcia no solo asegura cultura, sino carne para la cama.

Una comida suntuosa en la terraza del «Mena House», enfrente mismo de la enormidad de Keops, será cosa exigida. Pero vistas desde una mesa de elegante disposición, las Pirámides perderán todo el imperio, toda la magia que pudieron tener para nosotros. El viajero les pierde el respeto, porque nada contribuye tanto a dejar de respetar las obras maestras del pasado como combinarlas con un menú actual. Y al otro lado del «Mena House», a los pies mismos de la Esfinge, esta máxima se cumple de manera inexorable con el espectáculo, símbolo exacto del mal gusto contemporáneo, que hemos dado en llamar «Luz y Sonido». O *Son et Lumière*. O *Light and Sound*. Su estética suele ser la de la tarjeta postal. Por lo tanto, una estética ramplona. Un atentado a los más profundos misterios de la gran explanada de Gizeh. Una violación a sus muertos, a sus dioses, a los vivos que llegamos en pos de la revelación.

Además, este tipo de espectáculo se empeña en explicar la historia a base de píldoras y, fatalmente, en sus aspectos más triviales. Tanto se parece el espectáculo de las Pirámides a una representación de *Aida* en las Termas de Caracalla o a una tragedia de Shakespeare adaptada a las necesidades expresivas de *Holiday on Ice*, que quedamos en la imposibilidad de tomarnos en serio nada de lo que nos van contando los altavoces; especialmente cuando la narración se hace en francés, idioma tan ajeno al mundo faraónico que parece su caricatura.

La terraza del *rest house* cuenta además con ordenadas filas de sillas que la convierten en platea perfecta para un espectáculo de campanillas. Diríase el cine al aire libre de cualquier localidad veraniega. Y nadie recuerda que el recinto había sido un palacete del rey Faruk, emplasto de un estilo neofaraónico, de gusto dudoso, colocado como un insulto a la majestad del espíritu eterno de Egipto.

El insulto se repite por medios técnicos no bien Nut anuncia su reinado de oscuridad sobre la explanada. Desde su silla, el turista sabiamente protegido por una manta de alquiler (pues las noches del desierto pueden ser muy frías), se enfrenta al negro abismo del cual han de ir surgiendo progresivamente los monumentos antiguos rebañados en colorines modernos. La noche podría ser ideal, la magia inmensa, el encuentro con el Tiempo un impacto formidable. Pero todas las expectativas se arruinan, el esplendor se derrumba porque empiezan a sonar marchas triunfales al estilo inconfundible de la Metro Goldwyn Mayer. Porque la historia de los logros egipcios resuena con voces francesas, en tono falsamente poético, como si Yves Montand pudiese pasar por Ramsés y Simone Signoret por Nefertari. En medio de la apoteosis una Pirámide se tiñe de amarillo, otra de verde, la Esfinge de azul. Culmina el diorama. Se vende el cromo.

Es muy probable que los espíritus de ayer sientan vergüenza. ¿Han de permanecer callados ante semejante sarta de ultrajes? ¡Ah, no! Algo queda de su altivez. Algo de su orgullo. Y el viento del desierto lo incorpora, y es él quien se arroga el derecho a la venganza, convertido en portavoz de todos los dioses que murieron ahogados por un diluvio de cocacola.

De repente, la voz del desierto se pone a aullar con mayor fuerza que los grandes altavoces. Va sucediendo uno de esos raros prodigios que solo Egipto es capaz de provocar: la victoria absoluta del Tiempo contra los estragos del presente. Aprisionados en la silla de la banalidad, Enric Majó y yo temblamos de agitación, vengativos tal vez. Porque esa noche, nuestro sueño del Egipto eterno será reivindicado.

Retrocedo con Enric en el tiempo para cantar aquella sublime hecatombe...

... el viento arremetió contra los espectadores, les envolvió con serpientes de arena, arrasó hasta los cimientos su insolencia. Una voz autoritaria, típica de guía de masas, ordenó que todos escondiésemos la cabeza bajo la manta... ¡Raquíticos avestruces del siglo! Pero si abríamos una pequeña ranura, a guisa de ventanuco, la imagen de la hecatombe era mucho más espectacular y magnífica que todo cuanto el sonido y la luz de nuestra técnica puedan dar jamás. Las luces artificiales de las Pirámides disolvían sus colores al vuelo frenético de la arena, tan ardiente en pleno frescor de la noche. Perdíase completamente la concreción de las formas, el perfil de la Esfinge, los rasgos de cada piedra... Todo quedaba difuminado en medio de las auras espectrales, de las distintas luces convertidas solamente en su propio reflejo.

El desierto derramó sobre nuestro pasmo el líquido que las luces parecían destilar de sus más secretos pezones. Y la infinita matriz de Gizeh engulló nuestra mediocridad, como una madre terrible y vengadora.

Pero hay que escoger otras noches para saborear la soledad de Gizeh. Una noche pura y estrellada al límite, como cuando el joven Tutmosis quedó dormido a los pies del Guardián del Terror. ¿Sería también así, bordada con risas de estrellas y luceros, cierta otra noche de la gran fantasía del señor Bernard Shaw, cuando un Julio César socarrón descubrió a una juguetona, gatuna Cleopatra acurrucada entre las patas de la Esfinge y dándole, además, su propia voz? ¿Fue el mismo panorama que deslumbró a los grandes viajeros románticos, locos de maravillosa espuela, capaces de aventurarse a atravesar las líneas de los feroces mamelucos solo para adorar bajo los focos del cielo a esos colosos que *también* eran la última posibilidad de entroncar al siglo de la fatiga burguesa con los vastos terrenos del mito?

Tal vez todas las noches de los grandes soñadores junto a Gizeh se parecían a mi primera noche en Gizeh, pero los turistas que en aquella ocasión me acompañaban y la barahúnda de voces y fanfarrias que pretendían explicarnos inútilmente las gestas del Egipto a la manera de un «Follies Bergère», apartaban a mi noche de todos sus antecedentes literarios para convertirla en un rotundo fracaso.

¡Ah, noches que busqué en otros milenios! Noche inmensa como la tumba de Ra, volátil como la bondad de Horus, misteriosa como Nut cuando extiende todo su cuerpo y, doblándolo con amor, abraza el cuerpo de Geb, la tierra. Noche infinita como los misterios que nunca llegamos a proponer, abundante en trampas y caminos, preñada de fetos indescifrables que me aprisionan en la celda de una nostalgia llorona, Noche solitaria, amenazadora y tierna a la vez, sin ruidos estentóreos, solo el quejido de algún chacal que deambula entre las tumbas de los nobles, solo el silbido de alguna cobra borracha deslizándose torpemente entre aquellos templos funerarios que ya entonces, 1500 años antes de Cristo, eran tan viejas como el Tiempo...

Yo daría cualquier cosa por ser valeroso y adentrarme completamente solo entre las dunas, hacia aquella búsqueda de lo infinito que soñé en algún peldaño de mi adolescencia. Y en mi primera visita a Egipto, hubiera dado tiempo de mi vida para convertirme en osado ladrón de tumbas temblando en el terror de la noche solitaria, sin luces, sin música de película, sin una voz de *la Comédie* que ridiculizase la tierna personalidad de Tutankamón. ¡Daría, daría, daría tanto y tanto! Terenci a solas ante sus fantasmas amados, mientras la luna de los siglos que precedieron al Cristo iluminaban con tonos de muerte a los jeroglíficos de la Pirámide, o los ojos de la Esfinge emergiendo de su cárcel de arena...

Hubiera dado mi ser de hoy a cambio de no haber sido un estúpido turista que pretende iniciarse en los grandes misterios de la mano de un guía diplomado y protegido por la muy acreditada coraza del *seny* catalán.

Pero fui a la par de mi siglo. Y perdí el respeto a las Pirámides. Completamente.

MENFIS: EL DÍA EN QUE SE PUSO EL SOL

Pido a la vida una posibilidad de regresar a Tebas cada año, pero mis regresos a Menfis siempre han sido involuntarios. Sin haberlo esperado, sin un solo ruego por mi parte, he vuelto a Menfis accidentalmente, para acompañar a algún neófito, y el sentido de la muerte radical, absoluta se ha adueñado de mí.

El «jamsin», viento del Sudoeste que sopla durante cincuenta días —y de ahí su nombre, en árabe—, transporta del desierto inmediato una arenisca que va cubriendo el solar de la antigua metrópoli; agita los palmerales que los milenios han dejado brotar entre los escasos vestigios del gran templo de Ptah; se acrecienta finalmente sobre el viajero, como si quisiera arrojarle a un mundo de fantasmas heridos. Buscando a su alrededor, con una mirada desesperanzada de antemano, el peregrino solo alcanza a descubrir la vegetación propia de los cultivos de esta parte del Valle, y otros restos tan dispersos y desalentadores como los del gran templo: una Esfinge de calcita, solitaria y gastada; un gran coloso de Ramsés II, yacente bajo su cobertizo moderno, dos enormes mesas de alabastro que se utilizaban para el embalsamiento de los toros Apis... y poca cosa más. Solo el sentido de la muerte. Pero más pesimista que la que se percibe entre los restos de la gran Tebas porque allí, por lo menos, quedó pronunciada para siempre la presencia de los monumentos más espectaculares del Egipto.

Aquí, en lo que hoy es el pueblo de Mit-Rahina, solo el silencio de la Historia. ¡Ni siquiera esta reserva de futuro! A no ser por el enorme, razonable prestigio de su necrópolis, Menfis no solicitaría siquiera un alto en el camino. O solo el que aceptase efectuar la generosidad de los peregrinos que se contentan con aspirar el alma de las ruinas, la esencia del lugar, los miasmas de espectros que, por serlo, han de permanecer invisibles. El tiempo decretó la crisis de Menfis; el olvido, su muerte; la mano del hombre, la rapacidad y la incuria colaboraron en su desaparición total.

El actual carrusel de espectros, único legado entre el esplendor floreal de Mit-Rahina, fue uno de los grandes milagros del urbanismo cosmopolita durante la primera antigüedad del mundo. ¡Quién lo dijera al deslizar, en sus despojos de hoy, un lamento! Aquí, los egipcios de las Pirámides solidificaron un modo de vida que iba a dar al Antiguo Imperio todas las características de una dorada época clásica. Sentarían los modelos a imitar, las reglas morales a seguir, los cánones permanentes en todos los aspectos de la vida material y espiritual de Egipto. Pues se desarrolla aquí, y se proyecta, lo que durante siglos será la noción ya completada y perfeccionada del Egipto y de lo egipcio.

Mucho hubo de Menfis en la historia de las Dos Tierras; mucho y excelente. Y para justificar en el mito su situación estratégica, algunos atribuyeron su fundación a Menes, legendario unificador de Egipto: Otros, en una onda más religiosa, cantaron la providencia de Menfis como punto de reconciliación de los dos estados rivales: «la balanza», el punto donde firmaron la paz el benéfico Horus de las tierras del Norte y el perverso Set del Sur. Un tema que encontraría su glorificación plástica en el relieve que muestra a Horus y a Set ligando el papiro y el lis, plantas simbólicas del Alto y el Bajo Egipto. Es la ceremonia conocida como el Sematauí.

Si la fundación de Menes no es cierta, sí resulta por lo menos bien hallada. ¿Qué mejor estrategia para cualquier unificador? Desde esos restos tan castigados, el Gran Poder sabría ejercer su tutela sobre el Delta y a la vez sobre el Valle. Una pretensión que ya habían puesto en práctica anteriormente las faraones tinitas, quienes tuvieron su capital allá en el Sur, cerca de la sagrada Abydos, supremo rincón del mito osiríaco. Pero vieron que era gran prudencia poseer una avanzadilla en esos terrenos, y salió de ello una primera fortaleza que iba a dar a Menfis uno de sus apodos favoritos: Ineb Hedj, el Muro Blanco.

Datos escuetos en este historial: que tuvo Menfis el más célebre de sus apodos al ponerse bajo la advocación de Ptah, dios de grandes beneficios. Fue, pues, «Het-ka-Ptah» (Castillo de Ptah), nombre religioso del que los viajeros griegos tomaron la deformación de Aiguptos, que sirvió para dominar a todo el país en las futuras culturas de Occidente. Y todavía establecieron los griegos otra deformación famosa ceñida estrictamente a la capital: que el nombre Menfis fue, en su origen, Men Nefer («la belleza estable») para los egipcios de la unificación y todos sus descendientes en el mito.

No corresponde al peregrino verse en carne de enciclopedia, ni intentar registrar lo que cualquier imitación del «Baedecker» hará siempre con mayor destreza. ¿Podría ser, además, mejor arqueólogo que los más grandes, mejor conservador que los que aquí se desesperaron, encontrando solo ruina entre lo que era ruina? No será el peregrino más riguroso que Flinder Petris, quien ya intentó rescatar del grandioso santuario de Ptah mucho más de lo que el rescate permitía. El paseo por la muerte registra datos que el peregrino lamenta no haber vivido. Su erudición, que es de aprendiz, solo se justifica en la nostalgia. Y, sin embargo...

... todavía brota entre la espesura alguna divinidad. Un bajorrelieve gastado rescata al gran Ptah en su representación mumiforme. ¡Y a ese dios le galardonaron con atributos de omnipotencia! Hoy solo le daríamos trato de garabato antiguo que emerge entre las espigas, sobre el fango que dejó una mala lluvia. Y aún más allá, entre otros despojos, aparece su imagen decapitada, formando trío con dos diosas de aspecto favorable, que sostienen sendas criaturas en su regazo. Y aún cuando intrincarse en los laberintos de la religión egipcia tiene siempre para el neófito los inconvenientes de una partida que ya perdió de antemano, ¿cómo resistirse a la pasión de recuperar, entre los palmerales, el poderío de Ptah sobre la tierra?

Fue dios universal que se hizo más humilde para ser ante todo patrón de Menfis. Y la tradición, agradecida, prolongó su poder divino y, bajo su advocación, intentó vencer a la Historia. Que casi lo consiguió, colocando a su clero en la cima del poder durante el Imperio Antiguo, y haciendo que su animal votivo, el buey Apis, trascendiese el sentido de lo egipcio para ser, siglos después, uno de los fetiches preferidos en la pintoresca importación de cultos orientales que sacudió al Imperio Romano.

Fue desde el principio un dios mañoso, ese Ptah, constructor del mundo, impulsor de toda vida. Se le llamó el «alfarero divino», y dado que personificaba a la fuerza creadora, no es extraño que se le asociase con la monarquía al tiempo que se le hacía patrón de los artesanos. Los griegos lo identificaron con Hefestos y los romanos con su derivación Vulcano.

Si complicados son los laberintos por donde se mueven ese cúmulo incesante de deidades, más complejos resultan, todavía, sus atributos y sus maniobras de sincretismo; así, Ptah llegó a sincretizarse con Soquaris, dios de los muertos, e incluso con Osiris, el más popular de los dioses (al igual que este, la representación de Ptah es mumiforme), Y complicando más las cuestiones, absolutamente demenciales para nuestra mentalidad monoteísta, llegó un momento en que la monarquía menfita se apuntó a la mitología solar de Heliópolis, aunque según señalan algunos autores la composición de nombres reales con el sufijo del dios solar Ra solo aparece generalizada más adelante.

Pero a pesar de las estrechas relaciones de la monarquía menfita con Heliópolis, el prestigio de Ptah fue siempre inmenso, incluso cuando el empuje de las dinastías tebanas convirtió a su ciudad en centro de la vida nacional, a su dios local en el gran triunfador del nuevo universo, y a su clero en el más poderoso de toda la historia egipcia. El Menfis de Ptah continuó siendo un punto de peregrinaje obligado, y siempre el compromiso político inevitable, entre las dos tierras. Disfrutó de construcciones y exvotos debidos a los nuevos faraones tebanos, diestros en el nadar y mantener la ropa a buen resguardo. En lo cual se habían esmerado mucho antes los faraones menfitas, quienes a pesar de tener su tumba rutilante en Saquara, mantenían un cenotafio (o tumba ficticia) en Abydos, la ciudad santa por antonomasia, primero entre los lugares de peregrinaje, porque según una de las versiones del mito osiríaco fue allí, y no en otra parte, donde el malvado Set sepultó la cabeza de Osiris, después de despedazarlo.

Pero Osiris y sus familiares componen un drama digno de ser tratado en extensión. Su complejidad es apasionante, y Plutarco de Queronea intentó explicarla en una de sus Obras Morales, aunque con ojos de griego. Los corazones de Menfis, por su parte, asimilaron a Ptah con Osiris, como le habían asimilado con Soquaris, dios de los muertos. De aquí que compartan algunos privilegios de inmortalidad parecidos, aunque ninguno sobrepase en complejidad y belleza al mito osiríaco.

En el terreno que ocupa la gran muerte de Menfis, el recuerdo se llena de cosas jamás vividas y que por ello tienen que angustiarnos más. La memoria de la imaginación levanta sus propios dioramas y, lentamente, algo va emergiendo sobre el yermo de hoy. Resucita Menfis en el momento de su máxima proyección cosmopolita, cuando los griegos la tomaron por capital ideal de Oriente, centro y baluarte de lo egipcio, encrucijada fundamental del comercio cosmopolita. De aquí tantos equívocos. De aquí las adorables desfiguraciones que partían de un Egipto cuyo poder se había ido para siempre. Pero Herodoto y los suyos decidieron que en Menfis se encontraban todos los mundos, como muchos siglos antes, en los períodos dorados del faraonismo, se habían encontrado las Dos Tierras.

Es de suponer que llegó la sofisticación del primer gran turismo, con repudio total de un posible turismo de la alpargata. Fueron viajeros de coturno, por así decirlo. Importantes colonias extranjeras construyeron barrios distintos para cada idioma, estadios para los juegos preferidos de cada nación, templos para los dioses múltiples, mercados para una turbamulta auténticamente internacional... Cosmopolitismo absoluto mientras el Egipto genuino se convertía en una simple fórmula inscrita en las piedras de los templos perdidos. Pero esplendor, al fin y al cabo; influjos de sabiduría ancestral que iban a dejar en los escritos de los viajeros griegos huellas de un asombro y un respeto permanentes, pues más que textos, suelen ser auténticas declaraciones de amor hacia la longevidad y la ciencia del Egipto perdido.

¡Cualquier fiesta de Menfis podía haber inspirado a Verdi su gran marcha triunfal! Se celebraban corridas con los toros sagrados, ceremonias de iniciación mágica, saraos místicos que preanunciaban el futuro predominio de la Alejandría ptolomaica, ya en la definitiva muerte del Egipto. Las palmeras de las grandes avenidas, los lotos de los estanques, el leve murmullo de las velas deslizándose por los edenes del Nilo todavía disfrutaron un último aliento de vida.

Tan internacional era el tráfico en aquella Menfis en proceso de helenización progresiva, que su síntesis fue inmortalizada en una cons-

EGIPTO ROMÁNTICO

Frontispicio de la *Description de l'Égipte.*

Patio del Museo de Boulaq.

En un café cairota.

Mezquitas en las laderas del Mokattam.

Shaduf o instrumento para sacar agua del Nilo.

Entrada del Chan El-Chalil.

Palmeral en los solares de la antigua Menfis.

Los hipogeos de Beni Hasán.

Las ruinas de Antinoé.

Una de las salas del templo de Abydos.

Palomares en una aldea del Egipto Medio.

trucción posterior: el llamado Hemiciclo de los Poetas y Filósofos, situado junto al Serapeum de Saquara. Fue una rotonda que respira ya alejandrinismo; y es que incluso en el predominio de Alejandría tuvo Menfis su prestigio mítico, que no en vano la invención alejandrina por excelencia, el dios Serapis, era una componenda que venía de los toros de Menfis desde siempre.

El Hemiciclo fue construido bajo el reinado de Ptolomeo I Sóter y es característica del sentimiento de la época que los grandes hombres allí inmortalizados fuesen griegos, y no egipcios. ¡Grandiosa penetración cultural de Alejandría!

Las firmas inmortalizadas en aquella construcción no podían ofrecer mayor prestigio: Platón, Heráclito, Tales, Protágoras, Homero, Hesíodo, Demetrios de Falera y Píndaro. Aparecían en civilizado conciliábulo; de pie unos, sentados los demás. Y aunque su estado actual sea más bien desastroso, sirvieron para que Mariette descubriese el Serapeum partiendo de la descripción que de aquellas sabias esculturas hiciesen los viajeros clásicos. Los turistas del coturno y la crónica más periodística que histórica.

¡Cuánto esfuerzo para recomponer los 18 kilómetros de tierra que se desplazan indiferentemente desde el río al desierto! Incluso la imaginación encuentra difícil edificar la grandeza de una urbe perfectamente organizada. Cualquiera que hubiese sido su grado de invulnerabilidad, acabó cediendo no solo a los estragos del tiempo, sino, después, a la inconstancia de los hombres para con su pasado. Unos faraones la habían enriquecido y halagado; invasiones, luchas internas y el desgaste del tiempo fueron agotando su primitiva fuerza. Pero en ambos casos había habido vida; flujo que, en la fortuna o la desgracia, impulsa y enriquece a las piedras, las convierte en una parte del gran fluir humano; un fragmento de la propia carrera del hombre: la carrera que no se detiene, que se dispara hacia una misteriosa consecución de algo que es colectivo más allá del tiempo; eterno en la medida que alcanza toda la ignorada duración del planeta, desde que fue creado hasta que sucumba por los mismos dioses en cuyas cunas hemos llegado a imaginarle.

Las ciudades palpitan en la prosperidad y en la ruina, pertenecen amorosamente al hombre cuando son ricas, y son suyas, con odio, en la suprema miseria de los derrumbes: cuando el enemigo entra al asalto y efectúa, por las calles, entre las columnas, bajo los palios sagrados, la matanza propia de la bestia que renace. Lo contrario de la comunión con el hombre, tanto en la miseria como en la prosperidad, es la muerte total de las ciudades. Y ni siquiera la muerte eternizada por una zona arqueológica importante. No quedó para Menfis esta publicidad locuaz, la permanencia que pudiese asombrar a mil generaciones del futuro. Silencio absoluto fueron sus ruinas. Sepulcro incluso para el recuerdo, que es a la postre lo único que puede quedar del hombre y sus ciudades. ¡Y de esto sabían mucho los egipcios!

La muerte total de Menfis es más dolorosa todavía porque implica precisamente aquella negación de la memoria.

Invasores siempre incómodos se habían ido sucediendo sobre los tres mil milenios del esplendor de Menfis. Poco grata debió de ser la bota de los hicsos, los persas, los asirios o los muy aprovechados romanos. Pero algo del prestigio de Menfis sobrevivió a la brutalidad de cada conquista, garantizó por lo menos el respeto de los conquistadores y, en él y con él, consiguió sobrevivir bajo otras formas. Si la genuidad cultural se perdió, quedaba la tradición; y pasó a ser Menfis una referencia de cierto empaque.

El golpe definitivo contra Menfis llegó con el triunfo de una nueva religión y el fanatismo de sus acólitos. Una capital que había dado cobijo a las grandes religiones del mundo antiguo no podía prever seguramente que la religión del Cristo saliese con ínfulas de exclusivismo absoluto. Ni mucho menos que, en aras de la luz, forjase para las demás religiones, para sus culturas una tumba de tinieblas. El cristianismo llegó para silenciar el mundo anterior, y esto no suele recordarse en Occidente. El edicto de Teodosio, en el siglo IV, decretó el cierre de los grandes santuarios paganos (el último fue el de Isis, en la lejana isla de Filé). Pero la destrucción no se limitó a un cierre formal. Siguió la furia iconoclasta, de la que existen tremendas consecuencias en todos los monumentos egipcios. Y lo que los cristianos no llegaron a destruir, que fue poco, lo utilizaron a guisa de vivienda, refugio de eremitas o baluarte defensivo. Pero es este un capítulo aparte, capítulo de destrucción, capítulo de muerte que conduce, ya al olvido. Eslabón de una cadena fatal que va estrangulando a la gran Menfis hasta dejarla reducida a lo que ahora es.

A la furia cristiana, siguió la invasión árabe. Los hijos del desierto fueron más tolerantes, pero no más cuidadosos con los monumentos antiguos. Un gran general, Amr Ibn el Asi, tomó Alejandría sin dificultad, se maravilló ante la grandeza y abundancia de sus restos y descendió por el Delta para comprobar cuál había sido el esplendor de Menfis. Decidió fundar una nueva capital a pocos kilómetros, pero en la orilla opuesta, donde ya los romanos habían instalado una fortaleza de nombre equívoco desde un punto de vista geográfico. La fortaleza se llamaba Babilonia; la ciudad de Amr fue El Fostat... el futuro Cairo.

Aunque El Cairo corresponde ya a otra historia, resulta patético evocarla desde Menfis, porque fueron precisamente sus piedras las que se utilizaron para construirla. El saqueo de Menfis fue brutal, pero debieron de quedar gran cantidad de ruinas. ¡Tan inmensa había sido! En el siglo XII, un viajero árabe, Abd el Latif, necesitó más de media jornada para recorrerlas en su integridad y todavía pudo comentarlas con asombro: «A pesar de que varias naciones han intentado aniquilar los mínimos restos (de Menfis), transportando a otros lugares las distantes piedras y materiales, demoliendo sus edificios y mutilando las figuras que los adornaban; y también a pesar de los destrozos del tiempo que se ha deslizado sobre ellas durante cuatro mil años, estas ruinas ofrecen al espectador una combinación de maravillas que confunde el entendimiento y cuya descripción resultaría un vano intento incluso para el más elocuente. Cuanto más se contempla el conjunto, mayor es la admiración que inspira. Y cada nueva mirada a las ruinas es fuente de fresco deleite...»

En los ocho siglos que ya nos separan de la descripción de Abd el Latif, las ruinas de Menfis fueron a engrosar un largo desfile de desastres. Aunque ya no se pidiese su resurrección, sino simplemente el recuerdo, o la evidencia de su existencia de ayer, incluso esta mínima concesión le fue negada. Hicieron estragos las crecidas del Nilo, la construcción, sobre las ruinas, de los pueblos Mit-Rahina y Bradrashein, la acción de los cazadores incontrolables de antigüedades, y muy especialmente el desmantelamiento cotidiano a cargo de los buscadores de shebak, una sustancia química que proviene de la degradación de las ruinas y que a lo largo de los siglos ha constituido un abono excepcional para el campo. Ruinas enteras han desaparecido ante esta búsqueda no menos incontrolada que la de los cazadores de antigüedades; los campesinos, más atentos a sus urgencias cotidianas que a las de la arqueología han devuelto constantemente a la tierra los materiales que el hombre había conseguido transfigurar con su ingenio. Como un eterno retorno a las fuentes primigenias de la Naturaleza.

Pero cualquier meditación panteísta resulta barata ante la desaparición total, abrasadora, de una vida que ya solo podremos intuir. La salvación de Menfis ni siquiera llegó tarde. La salvación no llegó. Y del recuerdo solo nos ha quedado el culto a los muertos. En sus tumbas de Saquara, unos pocos difuntos rescatan del olvido lo que hace cinco milenios fue apoteosis de muchos.

Ya he dicho que no me gusta regresar a Menfis. Es como una excursión a las brumas de la Nada. En el gran desierto del Tiempo, una arena fatal ha conseguido esconder una maravilla. Pasear entre sus espectros solo me sirve para ratificar que esta arena maldita me arrastra también a mí, que me empuja en este espejismo que llamamos vida y llamamos mundo. Y cuando nuestro mundo solo sea este desierto, tiempo borrado por la crueldad omnívora del Tiempo, quisiera saber quién será capaz de negar a la vida y a cualquier dios una notoria voluntad de asesinos.

EL FEUDO DE LOS MUERTOS

Para acceder a la vida secreta de Menfis hay que renunciar a la fertilidad del valle, remontar la cuesta que forman el desierto al elevarse sobre el Nilo y, como por ensalmo, enfrentarse a la inmensa meseta de Saqùara, donde el desierto ya solo busca el horizonte. El encuentro es sublime. Y la posibilidad de sentir que entre nosotros y el límite no existe intermediarios, la esencialidad que libera de obstáculos a la mirada, nos hace comprender que por fin estamos en Egipto.

Y en su corazón, en la esencia misma del Egipto más clásico; allí donde una civilización se integra completamente en el espacio que la explica, el que le dio una forma inconfundible y para el cual inventó sus mejores industrias.

En otras palabras, pero dentro de la misma ensoñación: expresa el aire de Saquara un venerable aroma de inefabilidad que equivale a descender a la Edad Dorada de toda civilización sustentada en el mito. Se entiende la preferencia de muchos egiptómanos por este exponente del primer Egipto. Mejor dicho: de los primeros logros del Egipto civilizado.

He aquí, por fin, el gran modelo. Triunfa la desnudez del desierto, el perfecto equilibrio entre lo inmenso y lo provisional, la enormidad espacial adonde apunta una arquitectura severa, impotente, que diríase la imitación más perfecta de lo ilimitado (y en esto no tuvieron a su vez imitación los arquitectos egipcios...). Triunfa la cohesión total entre las masas arquitectónicas y el paisaje, la subordinación de su espléndida sencillez a este espacio que diríase elemental, escueto, y que resulta, sin embargo, tan elocuente. Muros, columnatas, pirámides y mastabas imitan su austeridad y, en contraste, se barroquizan también en su elocuencia.

La síntesis es irreprochable. Ya nada ha de parecer gratuito en las concesiones del Antiguo Egipto al colosalismo, a la mística o la magia. Saquara se convierte en una totalidad cuyos elementos estuviesen concebidos con miras a una única relación: la que establecen constantemente con un horizonte vastísimo que se ve desde cualquier lugar, que todo lo domina.

En función del gran horizonte de Saquara, la arquitectura egipcia empieza a revelar su lógica: el exacto sentido del volumen, la solidez de sus masas, su importancia física. Y ante esos bloques aislados del mundo, náufragos que navegan en un cosmos desnudo e infinito, el viajero se olvida de misterios folklóricos y obtiene el equilibrio, la madurez que sólo pueden proporcionar los sistemas clásicos. Ante el desierto de Saquara, comprendemos que la mentalidad egipcia concibiese un sentido cósmico de la existencia cuyo alcance se nos escapa, perdidos en el siglo que eliminó todo sentido iniciático.

Los mitos religiosos del Antiguo Egipto, su concepto de lo geométrico, la imitación de la Naturaleza trasladada a una armonía rigurosa y milimétrica, la idea de la vida proyectada hacia el terreno vastísimo de lo eterno, el mismo sentido testimonial de los relieves y pinturas, todo parece responder a un más allá permanente que la Naturaleza puso al alcance de las gentes del Nilo desde el lejano principio de su historia. En su geografía, cualquier concepto rebasa su propio significado y alcanza el sentido más preciso de lo infinito.

Toda la belleza del mundo nació seguramente en Saquara y se prolongó hacia Gizeh para volver después al curso del Nilo, hacia la gran Tebas. Pero una vez comprobada su correspondencia con el horizonte ya nunca ha de resultarnos una belleza gratuita. Todo cuanto estos arenales contienen de supremo magisterio de la muerte, se transfigura, se convierte en perfecta preservación de una vida cuya representación alcanza el mayor grado de madurez y originalidad de una cultura.

El severo rigor de Saquara está a punto para restituir el esplendor de Menfis, que sus ruinas desesperadas nos habían negado.

Cuando llegué a Saquara por primera vez, aquel enero de 1968, ni siquiera fue maltratado mi espíritu por los intrusos de hoy. Ni un solo autocar. Llegué en soledad, caminé entre la Nada, buceé en el alma de las ruinas sin necesidad de embajadores.

En Saquara conseguí sentirme libre de manera absoluta, y expresé mi libertad echando a correr entre el jamsín, que llegó a arrojarme a los pies de uno de los filósofos de la rotonda helenista. Y salté por las dunas rompiendo el ahogo de mi represión con aullidos salvajes. ¡Cuantas cosas no habría sido capaz de cometer, lejos de mis civilizadas precauciones! Nada hay como el desierto para soltar todas las amarras que oprimieron nuestros sentidos. Correr, saltar, bailar, revolcarse... Si todos los médicos tuviesen el buen tino de recetar el desierto, olvidaríamos la estrechez de nuestras ciudades, la prohibición a la vida que se ha llegado a conseguir para nosotros. El desierto es una de las cosas más importantes que he visto en mi vida; y en Saquara el desierto se presenta como una declaración de principios, sin hoteles que limiten su magnitud.

La arena ya es decididamente limpia, sin interpolaciones visibles de montaña o minerales, nada que interrumpa los colores de la soledad; aquí, las formas de las dunas son elegantes, móviles y según el soplo, resplandecientes; ellas mismas van creando oscilantes juegos de luces, como multiplicándose en una yuxtaposición de espejuelos frívolos. Pero nada queda frívolo en el solar del dios Soquaris. A medida que sus monumentos emergen de la inmensidad, mientras van revelando sus mensajes, una severa impresión de clasicismo se adueña de mi entrega de amor, y la domina. Cesa el escape histérico que me llevó a detener los vientos con las manos abiertas. Ya no se impone la carrera frenética, sino el paseo lento, mesurado y la meditación que rechaza todo tipo de concesiones folklóricas. ¡Victoria del prestigio!

La primera visión de la arquitectura de Saquara es soberbia, como la fama ha decretado que fuese. Oponiéndose a los restos amazacotados de un monasterio cristiano (el de San Jeremías), aparece el equilibrio solemne, impecable en su blancura, del muro que encierra el recinto funerario del rey Zoser, y su pirámide escalonada. Tres milenios separan a ambas ruinas; y además la cristiana tuvo que instalarse en ruinas del Imperio Nuevo, cuyo prestigio no consiguió detener a los nuevos constructores. ¡Estremecedor sincretismo el de esta tierra, capaz de unir materiales distintos, incluso hostiles, en un mismo pregón de muerte!

El conjunto funerario de Zoser constituye la atracción estrella de Saquara, aparte de su monumento principal; y su categoría estelar viene avalada por una forma inseparable del sueño egipcio: la celebérrima pirámide escalonada. Es el impacto que Saquara reserva al consumo tradicional, amante de lo espectacular. Pero el viajero que busca el rigor de Saquara, su mensaje más clásico, concentra el asombro de la llegada en los destellos que despide el Muro Blanco. Tanto ha pregonado Occidente la superioridad de la expresión griega sobre todas las demás de la Antigüedad, que resulta imposible substraerse a la comparación; pero el muro de Zoser demuestra que la extrema pureza del mejor arte dórico estaba ya en la explanada de Saquara, dos mil seiscientos años antes de nuestra era. Este impacto de perfección estructural justifica que los viajeros griegos gustasen declarar que su tierra lo había aprendido todo de Egipto. Las columnas llamadas «protodóricas» de la sala procesional de Zoser, igual que las del templo tebano de Hatshepsut, parecen confirmar esta pretensión.

El recinto que rodea a la Pirámide de Zoser es un rectángulo que abarca unas quince hectáreas, cerrado por la espléndida muralla revestida con planchas de piedra caliza a las que el sol arranca todos los posibles matices que el blanco puede padecer sin perder un ápice de su pureza. Cuando el peregrino va acercándose a su única entrada, el recinto aparece como una preciosa caja de marfil, cuya única tapadera fuese el cielo.

Deambular pacíficamente por el conjunto funerario de Zoser es como regresar a los orígenes. Diríase que en cada una de estas piedras nació la gran arquitectura de Egipto, pero que no hubo loca aventura en el riesgo; tan maduro aparece ya el caracter egipcio, toda su sabiduría, en aquella lejana alba de los tiempos. Por la nobleza de estas estructuras sentimos que la ética de Egipto estaba ya completada, que lo civilizado se presentaba al hombre con altísimas cartas de credibilidad.

Es la estética de la primera invención. El muro dentado, el gran patio, la pirámide, los templos secundarios consagrados a diversos cultos relacionados con la eternidad de Zoser constituyen una evidencia de genialidad, y en ella las cosas quedan reducidas a su valor absoluto, el alma del mundo objetal traducida en perfectas creaciones de espacio. En las formas acanaladas del muro, en las primorosas columnitas lotiformes de los templos, en los adornos de fayenza de las cámaras subterráneas, surge y resurge la imitación de la Naturaleza que iba a ser, durante siglos, una de las grandes características del arte egipcio.

El tiempo del paseo se desliza con la parsimonia de un salmo místico y los colores del desierto y la ruina se van transfigurando hasta ser blanco absoluto que se confunde con la total blancura. Saquara se convierte en un feto que, al desarrollarse, va proclamando su verdad. Y esta tiene una estética que la dispara hacia más allá del horizonte, presidente del mundo.

Inútil resistirse a la nobleza del conjunto funerario de Zoser. Es un lugar privilegiado. Solemne y sereno, grandioso y equilibrado, simbólico y realista. Y no son adjetivos que le adjudique gratuitamente. Solemnidad en su adecuarse a la alta función de servir las necesidades del mito, serenidad al proyectarlo como un mensaje moral y ético, grandiosidad en concepción y ejecución, simbólico en su representatividad y realista al acomodar todos sus elementos a las necesidades del paisaje en que se inscribe.

Hay aquí aroma de originalidad, de primer experimento. Y no solo porque la escalonada sea la primera forma de pirámide conocida, tampoco porque fuese el primer monumento en piedra de Egipto —y se dice que la primera de tal envergadura en todo el mundo—, sino porque la genialidad de su constructor abarcó todas las posibilidades arquitectónicas conocidas, para dotarlas de una forma completamente nueva. Por ello queda probablemente injusto que la pirámide escalonada siga recibiendo en las guías el nombre del faraón que a cuya gloria se levantó. Pues por grande que llegase a ser Zoser y su inspiración divina, mayor fue la creatividad de Imhotep, cuya gloria no nos cansaremos de cantar.

La cantaron ya en tiempos pretéritos, cuando su figura fue divinizada como la de ningún otro artista de antes o después. En un país, en una historia cuyos artistas permaneciron en el anonimato durante milenios, la sola firma de Imhotep, que tanto le recuerda, bastaría para ratificar la estima de que llegó a disfrutar. Algunos le han llamado «el Leonardo da Vinci del Antiguo Egipto», etiqueta que suena a altísima honorabilidad, pero también recuerda excesivamente a titular de suplemento dominical. Es el resultado de vulgarizar un legado sublime. Los egipcios fueron más respetuosos, añadiendo su figura al panteón de las divinidades oficiales. Fue venerado como dios protector de la ciencia y la medicina. Y a la dimensión excepcional que había alcanzado en vida, se unió una notable repercusión internacional —como diríamos en el marketing moderno—, cuando los griegos le asociaron con Asklepios y los romanos, poco dados a invenciones religiosas originales, con su derivación Esculapio.

Antes de ser divino, Imhotep se acercó con singular ejemplaridad a todas las experiencias en cuyo perfeccionamiento podía alcanzar la más alta excelencia entre los mortales. Además de arquitecto genial, fue gran médico y visir del faraón, el más alto cargo y el más lleno de exigencias cívicas. La leyenda quiere proclamarle excepcional también en la administración del Estado y la graduación de la justicia.

Por tantas virtudes, me complace recordar el recinto más importante de Saquara no con el nombre de Zoser, sino con la firma de Imhotep. Y pues que en los orígenes me hallo, nada más original que el largo trecho que separa a la primera pirámide de Egipto con los modelos, ya plenamente conseguidos, de la explanada de Gizeh. En el espacio de una sola dinastía, se trascendió la forma rudimentaria de Imhotep para conseguir la plena perfección del monumento solar alcanzada en las de Keops, Kefrén y Micerinos, con el intermedio de las que van jalonando el desierto, en la ruta hacia El Fayum. Pero más importante que esta evolución es, a los ojos modernos, la invención rotunda de Imhotep partiendo de la nada o simplemente de experiencias anteriores, ajenas en apariencia a la idea final.

Al imaginar para Zoser la pirámide de la fama, Imhotep tomó como base la tumba tipo del Imperio Antiguo: la mastaba, que asi llamaron los árabes a las tumbas en forma de talud que tan frecuentemente aparecen en Gizeh y Saquara. Transplantado en arquitecto genial, Imhòtep imaginó la superposición de seis mastabas colocadas de forma decreciente para terminar con una mucho menos ancha que la base y que favorecía la forma de cima sagrada, exigencia mística del culto solar, que se hallaba ya presente en los obeliscos. Así, la primera concepción piramidal propuso una revolución arquitectónica, pero al mismo tiempo respondió a una necesidad religiosa tanto más evidente en la comparación más obvia que puede ocurrírsele al viajero: una escalera. Y es que el perfil de la pirámide de Imhotep sugiere precisamente una sucesión de peldaños que se encaminasen hacia el cielo. Inmensidad contra inmensidad. Recorrido que el dios viviente tiene que efectuar desde su sepulcro subterráneo para ir a reunirse con sus colegas divinos en el cielo.

La concepción es soberbia, importante, y a causa de lo que queda por completar hasta llegar a la forma piramidal definitiva, más meritoria. Es un experimento prodigioso. Pero ya he dicho que el turista convencional considera a la pirámide escalonada mucho más pequeña que las de Gizeh y por esta razón menos impresionante. ¡Bromas de los siglos! Y lo peor es que algunos se abstienen en comentarlo sin el menor respeto por el respeto casi sagrado que a los demás nos invade.

Ante tales agravios al gusto suelo declarar mi admiración como si fuese un genuino acto de fe:

—A mí particularmente me conmueve mucho más que las de Gizeh —suelo decir.

—¿Por qué es escalonada?

—Porque no sale tan repetida en las cajas de cerillas ni en los cromos de las chocolatinas.

No busco que mis compañeros me comprendan. Reanudo el pacífico paseo entre la arena que invadió el conjunto funerario de Zoser, permito que mi alma se traslade a través de los siglos, siento que esta soledad está mucho más vivida que la de muchos lugares del mundo y en mi interior coinciden un aullido salvaje y una especie de llanto desconocido. Privilegio cada vez más raro.

«A esto sí me apunto», suelo pensar.

Es lícito apuntarse al rigor cuando este llega después de resistir con heroísmo los envites de la banalización que se está adueñando de Egipto: es como un premio. Pues a pesar de la inevitable invasión de grupos turísticos, la necrópolis de Saquara, por su aislamiento, tiene la fortuna de estar más protegida que otros grandes monumentos de esta tierra y, por supuesto, mucho más a salvo que su continuadora en el tiempo, la necrópolis de Gizeh. Solo hay que temer el asalto de los ofrecedores de asnos, camelleros, caballos y hasta tartanas. Aún así en número siempre menor que en la Gran Pirámide. En cuanto a edificios modernos, solo la casa que ocupó Auguste Mariette y una gran tienda beduina que hace las veces de *rest house,* cerca del Serapeum. Pero a fuer de sinceridad, hay una invasión, la de los refrescos, que se agradece después de la exhaustiva caminata entre mastabas.

Por otra parte, los grupos de turistas llegan rápidos, recorren un par de monumentos a mayor prisa, y se marcha velozmente hacia otras experiencias (a razón de veinte por día siguiendo el mismo trote). Entonces solo queda la muerte.

La de Saquara siempre me permitió cultivar el sentimiento de admiración serena que Gizeh me negaba a causa de la excesiva comercialización. Al visitar una y otra vez Saquara, al deambular entre sus permanencias, comprendo que nunca llegaré a perderle el respeto, por lo menos mientras a los constantes mercaderes del espíritu no se les ocurra instalar entre los venerables restos un espectáculo de «Luz y

Sonido». Aunque dudo que la idea pudiese prosperar. Algunos lugares privilegiados perduran precisamente en su imposibilidad de hacer nunca el ridículo. Saquara es uno de ellos y, por cierto, insustituible. Fue ideado para imperio de lo eterno y así le glorifico. Y es ventajoso que el turismo convencional continúe encontrándolo demasiado serio, un tanto inasequible, poco adecuado al culto de la tarjeta postal. Es la garantía no escrita del rigor de Saquara. Desde algún lejano antaño el riguroso Imhotep continúa velando por el prestigio de sus hijos.

Pienso si no habré caído en un exceso de ilusión al describir la limpieza absoluta del desierto de Saquara. Si es albergue de la muerte, ¿cómo no iba a albergar, además, restos de vida? Son aquí enemigas y a la vez aliadas, la muerte y la vida. La desnudez mística del paisaje no se ve humillada, si acaso potenciada por un universo objetal reducido a su espectro. Permanece, claro está, la piedra noble de las construcciones de Zoser, cuyo prestigio ya no es teorizable a estas alturas. Y su inmortalidad es altiva. Pero otros restos más mediocres, de adobe, fango o ladrillos, resurgen de entre la arena que los cubrió durante siglos y oscurecen nuestro deambular por la límpida inmensidad, como si fuesen impuros. Materiales que todavía no habían alcanzado el grado de nobleza que las dimensiones del paisaje exigían. Y hay que añadir los pozos abiertos por las actuales excavaciones, y los pedazos de cerámica que son acompañantes inevitables de la ruina egipcia... miles de fragmentos de muy distintas épocas, los cuales se van acumulando en montículos informes.

Muchas de las pirámides pequeñas de Saquara han sido también derrumbadas por el simún del tiempo. Recogió la arena sus despojos solo para demostrar, en el contraste, su propia pureza. El derrumbe progresivo o apoteósico de las grandes tumbas también ha ido creando pequeñas colinas, inseparables de la visión total de Saquara, pero acaso disonantes con su nobleza. El sol arranca a la calcita de los edificios mayores un tono de nieve, y solo accede a proyectar tiniebla sobre los edificios derrumbados. La sangre regia de Saquara se ha coagulado en negro.

Claro que es una ilusión poética, presentida y presentada por el desastre. Aunque pirámides como las de Unas, Tetis o Merenre no llegasen a conocer el prestigio ni la apoteosis de la del rey Zoser (anterior en el tiempo, pero permanente en la fama), tampoco fueron tan poco importantes como para justificar su estado actual. Y los materiales empleados en su edificación no serían tan pobres como para acelerar una ruina de la que la pirámide escalonada de Zoser se salvó en parte. Casi estamos autorizados a pensar en una selectividad de la muerte, su arbitrariedad misma. Como si la muerte decretase a dedo el olvido y el recuerdo del futuro.

Pero esta bella dictadora, la muerte, es diestra en guardarse a menudo una carta última y sorprendente. ¿Cómo explicar si no que la destrucción definitiva —y la destrucción es paladín inseparable del olvido— emerja por sorpresa un pedazo de memoria, un último rastro de vida capaz de iluminar sobre la vida entera? Que entre las colinas artificiales de Saquara surgiesen pasadizos secretos era de esperar, pero que bajo los cascotes dispersos y negruzcos de la Pirámide de Unas apareciesen los textos que iban a arrojar tanta luz sobre la religión egipcia en las dinastías V y VI era, por así decirlo, una esperanza destinada al fracaso.

Estos textos, proyectan sobre la tumba del faraón. Unas un interés que el estado actual de la construcción no favorecería. Un excepcional seguidor de Auguste Mariette, el señor Gastón Maspero, excavó la pirámide en 1881, cuando ya se creía, según una frase célebre, «que las pirámides eran mudas». El descubrimiento de los textos demostró una locuacidad tan espectacular que los oídos de la egiptología de la época debieron de quedarse perplejos. En columnas de jeroglíficos que contenían 714 pronunciamientos rituales, se descubrieron fórmulas religiosas hasta entonces desconocidas, o se confirmaron algunas de las más importantes ya traducidas por los seguidores de Champollion.

Se encontraron, además, textos inscritos en otras cuatro pirámides pertenecientes a la sexta dinastía (de 2345 a 2181 a. de J. C., aproximadamente). La importancia histórica de tales textos resultó inmensa, no solo porque las pirámides pertenecen a la dinastía que cierra el glorioso Imperio Antiguo con una época de intenso desasosiego social, sino porque gran parte de los descubrimientos ponen en relieve —¡y nunca mejor dicho dada la técnica!—, un valioso repertorio de tradiciones, creencias, himnos u oraciones que proceden de tiempos muy anteriores, algunos de la tradición oral, otros de textos primitivos que se perdieron o están por descubrir. Se supone que en su mayor parte eran textos para ser leídos en voz alta, a guisa de invocaciones. Una guía con mayores garantías de efectividad que las demás, informa acerca de su contenido: «algunos son versiones modificadas de himnos y rituales que acompañaban el entierro del cuerpo; otras son plegarias para que el alma o Ba se libere del cuerpo; y una amplia sección de textos recoge ofrendas de comida, bebida y vestidos para la otra vida... algunas "elocuciones" incluyen la frase "Aparta la arena de su rostro", que debe de datar de las prácticas funerarias del período predinástico, cuando el cuerpo era enterrado en el suelo, envuelto con un paño o pieles de animal. También hay descripciones mitológicas de batallas entre Horus y Set, que reflejan la discordía nacional durante las dos primeras dinastías...»

En el descenso a la Pirámide de Unas, y tal vez a causa de la literatura estampada en las paredes, me siento siempre más acompañado que en las de Gizeh, colosos efectivamente mudos y, en su mudez, más amedrentadores. Poco recomendable es, sin embargo, para las víctimas de la claustrofobia, que verían acrecentarla no solo por la pequeñez del recinto en comparación a la cámara mortuoria de la de Keops, sino por la sensación de agobio que producen los celebérrimos textos. Y es que ni un solo milímetro ha quedado libre. La literatura ocupa todo el espacio y está a punto de abalanzarse sobre el lector, como un ataque constante. Mantienen, además, una seguridad que no deja de impresionar: declaran que Unas no ha hecho el largo viaje muerto... «Unas estaba muerto cuando partió. Unas no murió. Unas se ha levantado. Unas permanece de pie. Unas ha vencido a la muerte. Y puesto que Unas superó a la muerte del mismo modo que Osiris superó a la muerte, Unas se ha convertido, en la muerte, en el mismísimo Osiris.»

En mi ignorancia, un legado tan rico resulta letras escritas sobre el agua. Pero en ese angosto interior, donde el aire se hace sofocante y la respiración dificultosa, creo oír un lejano rumor de plañideras acaudilladas por un sacerdote de testa rasurada; su voz, de muy probable tesitura baritonal, va deshilvanando las profundas columnas de jeroglíficos, primorosamente esculpidos, y resuena como ondas emitidas hacia el Más Allá de Unas.

Al salir a la superficie, el sol es más salvaje que nunca. Hiere, profana casi con una blancura irresistible. Una blancura ceremonial, por así decirlo.

Pirámide escalonada en Saquara.

CASITAS DE ETERNIDAD

Alrededor o junto a las tumbas culminantes de los reyes-dioses, van desparramándose por el desierto las inconfundibles formas de las mastabas privadas. Diríanse cabañas de los vivos. Como si la muerte hubiese querido protegerse en la luz de la existencia cotidiana, y no en la oscuridad del ritual, como había sido el tipo anterior de sepultura: los rústicos hoyos ovalados propios del período predinástico.

La estructura exterior de las mastabas es muy sencilla y, también, elegante. Ya he aludido a la asociación que los árabes estrablecieron con una banqueta, y este aspecto, quedó asimilado en el tópico como prototipo de cierto formalismo egipcio: junto a lo piramidal y el obelisco, la estructura trapezoidal es la forma preferida que Occidente ha dado a sus imitaciones de la arquitectura faraónica, desde un reloj de mesa a los decorados de relleno en una representación de *Aida*. Pero es más emotivo destacar que la forma de la mastaba, igual que la de los pilonos de sus templos, se reproduce por todo el valle del Nilo en las casas de adobe de los campesinos. Conmovedora asociación que da al paisaje su tono inconfundible y su perennidad.

Los primeros reyes de Egipto habían sido enterrados en Nagada, en tumbas que disponían ya de una edificación cuyos muros imitaban los adornos del palacio real. Cuando la tumba perdió su exclusividad y abarcó a los nobles, se siguió imitando el modelo prestigiado. La mastaba adquirió, así, su forma característica, aunque no única. Pues si bien la estructura siguió un ritual preciso, donde determinadas partes estaban ya prefijadas por la tradición, existen importantes variaciones en base al rango del propietario, al número de familiares enterrados con él, incluso al número de dependencias destinadas a los cultos subalternos.

Pero, en esencia, la mastaba tipo se compone de las partes siguientes: una estructura visible, en las que se encuentran las habitaciones, capillas y pasadizos destinadas al culto del difunto; y otras cámaras subterráneas, la tumba propiamente dicha, que contenía el sarcófago; y, por supuesto, la momia. Se accedía a esas cámaras por medio de pozos que, después del entierro, quedaban cerrados con piedras.

En la parte superior, la que normalmente se visita, se encuentran los elementos básicos del rito, como las falsas puertas de piedra, por las que el alma del difunto podía entrar y salir de la tumba para cualquier emergencia espiritual. Sobre esas falsas puertas, de las que existen ejemplares en los departamentos de egiptología de numerosos museos occidentales, se disponía una estela, con inscripciones que contenían las principales fórmulas funerarias.

El *serdab* fue otro elemento vital en este tipo de construcciones, y en su espiritualidad. Era una cámara situada generalmente en el lado sur de la mastaba, con un nicho o a veces un altar que contenía una estatua del difunto. Ésta simbolizaba al *Ka*. A su doble, en el sentido más primario; pues se trata de una noción más compleja, importantísima en el sentido egipcio de la dualidad del hombre. Este doble, este Ka, comunicaba desde su posición eterna con la sala adyacente, llamada de las ofrendas. Se trataba de un vestíbulo público en el que parientes y amigos del difunto acudían a regocijar su reposo con ofrendas, salmos o lamentos. Esta era la función de los incontables portadores de ofrendas que vemos esculpidos en las paredes de las tumbas.

Había, además, otros pasadizos, otras dependencias, algunas de ellas destinadas a almacenar el ajuar de ultratumba de todo egipcio notable. El valor y cantidad de las provisiones dependería del grado de su notabilidad, y asimismo el número de dependencias, como he dicho. La mastaba de Merekura, por ejemplo, cuenta con treinta y dos estancias, y la de Ti llega a tener dos serdabs y un patio porticado con dieciséis pilastras.

En el caso de Ti, cuya mastaba conoce la reputación de ser la más bella de Saquara, nos encontramos ante quien debió de ser el personaje más importante de la corte. Por lo menos, las inscripciones de la tumba le otorgan numerosos títulos. Entre ellos: Amigo Único, Jefe de los Secretos de su Dueño, en todos los campos, Jefe de todos los trabajos del rey, Administrador de las pirámides de los reyes Neferkaré y Niuserré...

Los puntos suspensivos resultan difíciles de llenar cuando se habla de títulos de nobleza en el Antiguo Egipto. Siempre he de lamentar que el desconocimiento de los jeroglíficos no me permita llenar mi ocio traduciendo los cargos, protocolos y virtudes del ínclito señor Ti. Pero me contento apuntando al azar todos los que llegó a acumular, en el esplendor del Nuevo Imperio, el favorito de la reina Hatshepsut, el no menos benemérito Sen-mut: «Señor Eminente sobre Todos. Príncipe y Conde Hereditario. Portasellos del Rey del Bajo Egipto, Compañero Único. Mayordomo de Amón. Superintendente de los campos, el Jardín, las Vacas, los Siervos, los Labradores y los graneros de Amón. Profeta de la Barca Sagrada de Amón. Gran Profeta de Montu en Hermonthis. Portavoz del Santuario de Geb. Jefe de la Casa de la Corona Blanca. Interventor de la Gran Sala de la Casa de los Funcionarios. Mayordomo del rey. Superintendente de la Residencia Real. Inspector de Todos los Oficios Divinos. Mayordomo de la Princesa Nefru-Re. Gran Tutor-Padre de la Princesa Nefru-Re. Inventor de todas las Obras del Rey en Karnak, Hemonthis, Deir el-Nahri, el Templo de Mut en Karnak y Luxor; y «el superior de los superiores, superintendente de los superintendentes de las obras.»

¡Difícil encontrar tanta literatura, y tan barroca, en otro título nobiliario! Y existencia muy longeva se necesitaría para cumplirlos todos. Si se piensa que, además, Sen-Mut construyó el maravilloso templo de Deir-el Bahari... ¡Qué fatiga!

Pero estábamos en Saquara, unos tres siglos antes de la (probablemente) espectacular irrupción de Sen-Mut en la (decididamente) impetuosa existencia de Hatsheput. Y en las mastabas de Saquara, la emoción no irrumpe por caminos tan espectaculares, lo protocolario no impresiona; por el contrario: algo cotidiano, entrañable, empieza a desarrollarse como una suerte de subtexto más directo que toda la *grandeur* del Imperio Antiguo.

Breve: me asalta una comunicación humana con los seres que poblaron el pasado. Me dirijo hacia sus calles, aunque sean las de la muerte, pues ya sé que casi nada quedó en Egipto de los habitáculos de los vivos.

¿Acaso la disposición de las mastabas no favorece la idea de un ordenado urbanismo de la Eternidad? ¿Tal vez una muy calculada Brasilia de los muertos? Nunca pueblo alguno tuvo para la muerte una actitud más disciplinada, más ordenada que los egipcios. Todo el ritual del embalsamamiento parece seguir una lógica que, de no existir su base religiosa, diríamos se rige por un planteamiento previo y elemental: el de la existencia y su discurrir progresivo, como las estaciones del Nilo. Y si ese pueblo creó toda la ciencia del embalsamamiento (¿o un arte?) con el único fin de perpetuar las apariencias de la vida, ¿no iba a esmerarse igual en el método de conservar para lo eterno todas las instantáneas de su momento en la tierra?

Mucho más que las profundas sirinjas de los imperios tebanos, esas masas del Imperio Antiguo favorecen la idea de una vivienda y, así, su rentabilidad en lo eterno. En la montaña tebana, las mansiones de eternidad semejan un gigantesco hormiguero, como si los muertos se hubiesen abierto camino mordisqueando entre las entrañas del mundo. El descenso hacia la oscuridad se produce como un hecho real, y el difunto se sume, efectivamente, en la negrura inmensa del océano interior. No es casual que las películas e historias de terror que toman la egiptomanía como tema transcurran en las sirinjas del período tebano, cavernas profundas, de largos corredores interiores y siempre más susceptibles de despertar inspiraciones demoníacas. Incluso la narrativa más banalizadora puede encontrar donde aferrarse.

Se prestan menos a ello los edificios mortuorios de Saquara. La mastaba, por su edificación superior, parece concebida no solo para ser habitáculo del alma, sino para que el doble se mueva entre sus dependencias con la misma costumbre que da un domicilio habitual, conocido de sobra. Como una colonia que pudiera repoblarse en cualquier momento. Y esta inmediatez no se me escapa. Me conmueve decidir que puedo habilitar al momento una de esas tumbas, convirtiéndola en un agradable chalet rodeado de vecinos de cierta alcurnia. Y además simpáticos y llenos de bondades, a juzgar por los relieves que tienden a dejar bien alto el pabellón del propietario. El resultado puede ser pintoresco cuando ya es entrañable: ¡una avenida consagrada a la excelente vecindad! Pues, juntas, las mastabas forman una disposición en calles parecida a la que en los gloriosos días de Menfis pudo nacer de la conjunción de varios palacios de abolengo. Les faltaría el jardín, que tan mimado fue en el Antiguo Egipto. Pero, ¿quién osaría pedírselo al desierto... y a la muerte? Jardines, huertos, plantíos, palmerales han quedado para el recuerdo en el interior de estas mansiones. En sus muros los encontraréis.

¿Por qué será que al pasear entre las calles de las mastabas civiles no siento la profunda inquietud que provoca el descenso a las solemnes tumbas reales, sean pirámides menfitas o sirinjas tebanas? ¡Ah, yo sé perfectamente que acudo a visitar a mi amigo Kagemmi y que al recibirme rodeado de sus objetos preferidos, él obrará con la serenidad de un sabio que ha conseguido inmortalizar los instantes fugaces de su propia vida y, haciéndolo, se convirtió en clásico! Yo sé que Merekura, Kagemmi o Ti alegrarán mi visita con plácidas narraciones sobre las costumbres que conformaron su vida cotidiana y, por extensión, la de todo el Egipto durante aquella Edad Dorada. La conversación me informará sobre sus esposas, sus hijos, obreros, siervos, amigos y enemigos..., sobre sus juegos predilectos, sus métodos de navegación, sus horas de trabajo y el tiempo de su ocio. Serenas conversaciones de un atardecer escarlata, frente al añil intenso de las aguas del Nilo, cuando una brisa que parece levantada por el revoloteo de las grullas nos solaza de los ardores del alma y del día. Lento navegar de lotos y nenúfares en el estanque de aguas opalinas, susurro de las hojas de parra, rumerales solo han quedado para el recuerdo en el interior de estas mansiones. En sus muros los encontraréis.

¿Para qué deseo recorrer otros lugares del mundo, si ya sé que mis mejores horas son de Egipto? Es inútil que busque otros amigos porque, en mis sueños, estos son los únicos que tuve, y todos los que se han sucedido en la realidad tenían que parecérseles en algo. Y no es necesario que la imaginación se esfuerce demasiado para reconocerles. Mi amistad está escrita en las piedras de Saquara. Todo en sus relieves...

Y he aquí la vida que los relieves de mis ancestros me restituyen...
... desfilan los campesinos, portadores de ofrendas para la eternidad

de su amigo, avanzan cargados con animales domésticos, esgrimen los utensilios necesarios para la experiencia agrícola o con las herramientas propias del oficio que dominan. Avanzan, hombres del campo o artesanos, con una uniformidad rigurosa, a veces monótona, esclavos de las convenciones expresivas, pero dotados del sentido del ritmo, acaso innato, que les hace volar más allá de la clausura, dotados de vida propia, imbuidos en aquella delicada elegancia que constituye uno de los milagros del mejor relieve egipcio.

En cualquier tumba de Saquara, las figuras rompen el inmovilismo, plasman algún gesto gracioso, picardías que casi pasarían por una travesura del artista.

Completamente desnudos, apenas cubiertos con un taparrabos o el liviano faldón hasta la rodilla que fue moda en Menfis, esos hombres se mezclan en mi recuerdo con los atuendos más barrocos y sofisticados de la nobleza tebana; ayudan a ir rastreando en el arte egipcio un reflejo de la moda cambiante de los siglos...

Y también escriben reportajes sobre los recursos de la Naturaleza, su amiga o enemiga según el capricho de los dioses que ella misma ayudó a crear. Egipto y la Naturaleza se besan en la muerte. Del beso surgen, en Saquara, las escenas de siempre. Escenas de siembra, arado, recolección, transporte y consumo de los dones naturales. Plantas, flores, árboles y matorrales se acumulan alrededor del campesino, siempre atareado. La espiga erecta de la cebada, el óvalo rotundo de la mazorca, el grácil desprendimiento de las viñas, las frutas más esplendorosas acumulándose entre las ofrendas al difunto o en la mesa del gran festín de ultratumba... y brotando con orgullo entre los cañaverales de algún Nilo convertido en piedra, la esbeltez suprema del papiro...

Todo el tráfico del río revive en las escenas de navegación. Siempre el Nilo y siempre los barcos que lo surcan. ¡Son tan variados! Barcos hermanos de los que encontramos a los pies de las pirámides reales, barcos a escala reducida convertidos en juguetes de eternidad, barcos para todos los usos: ruta celeste, camino comercial, sendero de la aventura... No existe utilización del barco y el río que no quedase preservada en Saquara: vehículo de placer, como el bote papiriforme que sirve para la cacería en los pantanos; barca de cañas, desde cuya proa vigila el difunto sus posesiones en el mundo; barcos para el deporte, enfrentados en lo que parecen unas divertidas justas fluviales; barcos, en fin, que restituyen las brisas del río vivo a la seca atmósfera de los torrentes de la muerte...

Y en la mastaba de Ti una escena antológica que muestra el proceso de construcción de una de esas naves. Aparece en todas sus detalles la efervescencia de unos astilleros, con distintos artesanos concentrados en sus trabajos, recogidos con una minuciosidad prodigiosa que valora el martillo, los clavos, la cuerda o la sierra con tanta precisión como al hombre que las esgrime...

La minuciosa exhibición de las distintas artesanías es obsesiva en el arte egipcio, con una voluntad de realismo total en el detalle. Es empeño de que todas las facetas del trabajo humano sean reconocibles en el más allá, que cada criatura se presente con su herramienta característica, símbolo de su utilidad en el mundo. ¿No fue un arte que pretendió alcanzar lo absoluto partiendo de la minucia? Así van avanzando todas las artesanías de Egipto, organizadas en un alegre desfile del talento. Se sublima en lo eterno el trabajo del picapedrero y el del forjador, el de los orfebres y los vidrieros, el escultor y el albañil, el pintor y el capataz...

¡Y qué amistoso el hombre de Saquara con los animales que se unen a sus trabajos! Guía al ganado mirando directamente a los ojos de cada animal, consciente de cuanto debe a su domesticación la vida cotidiana egipcia, su confort y efectividad. Conduce a los patos en ordenada fila india, a las garzas en tropel, reúne en un mismo grupo vacas, bueyes y ovejas que, en su ordenado rigor, diríanse escolares uniformados... Y alguno habrá desobediente. Pues tiene aspecto picarón y más bien parece un bromista que se coló en la perfecta armonía de la granja.

Y es que a pesar del tópico que quiere ver el arte egipcio como inmóvil, rígido e inexpresivo, muchos escapes luminosos hacia la acción lo desmienten. Dos hombres mantienen a la vaca panza arriba, con las patas atadas, mientras un tercero la ordeña; el animal ha dado una vuelta conmovedora, mira hacia atrás, con la lengua fuera, la expresión ahíta de su propia leche. En otra escena más patética, un toro en idéntica posición es inmolado por cinco hombres, uno de ellos arrodillado sobre la cerviz, en actitud tan brutal como la del lebrel que muerde el cuello de un antílope en la mastaba de Merekura. Hay en ambas escenas derramamiento de sangre... ¡Qué distintas de aquella escena en que el campesino da de comer a su toro, mientras le acaricia el morro en actitud solícita! O esas ocas que son alimentadas a la fuerza y observan a sus dueños con una espléndida expresión de desagrado... Y el asno rebelde, cuya cabeza está rozando el agua del abrevadero antes de tiempo, pues todos sus compañeros continúan guardando un disciplinadísimo turno... ¿O acaso nuestro amigo recibió ya el permiso y es el último entre los que ya bebieron?

El viajero se declara indocto. Desconoce las costumbres de los encantadores asnos egipcios. Pero seguro que el autor de los relieves las conocía a la perfección. Parece una especialidad del arte egipcio saber dotar de sentimientos a las bestias muchos siglos antes de que se le ocurriese al señor Walt Disney. Al transportarlos, al criarlos, al aprovechar sus recursos y compañía, incluso al inmolarlos, el hombre egipcio se muestra como un compañero inseparable de sus animales, y sugiere que no habría podido vivir sin ellos. De las intensas miradas que se cruzan el egipcio y sus animales no se deduce un recurso económico, sino un delicado flujo de compañerismo. Tal vez el mismo que, todavía hoy, descubrimos en el rapazuelo de Luxor y el asno que pretende alquilarnos. Tal vez la dependencia afectiva que se produce entre el camellero de Gizeh y el animal, de resignada expresión, que constituye su único medio de vida.

Pero al mismo tiempo, la tendencia al testimonio que evidencia el arte funerario egipcio sirve al viajero para descubrir el cambio que se operó en la vida animal del valle del Nilo a lo largo de los siglos. Pues en las pinturas tebanas, que pertenecen al Imperio Nuevo, aparecen animales que eran desconocidos durante el Imperio Antiguo. Si en el salto a través del tiempo vimos cómo evolucionaron las modas, cómo cambiaron los estilos, todavía resulta más sorprendente la aparición de nuevas razas de perros, la importación de ganado, y, claro está, la irrupción de una bestia primordial pero que era desconocida en Egipto hasta la invasión de los hicsos: el caballo.

La fauna y la flora de Egipto, su evolución en el arte de los siglos que duró su cultura, tiene hoy estudiosos cuando antes tuvo poetas. No se limitaron a representarlos: les declararon su amor a cada instante, como ya he dicho. Desde los muros de Saquara el compañerismo de los animales se disparó hacia los muros de otros períodos, descansó en los hipogeos de Beni Hasan, donde se aglomeraron en verdaderas multitudes y tomó en las tumbas de Kurna el maravilloso colorido que es signo inconfundible del mejor estilo tebano. Fue un amor que dio para todos los aspectos de la experiencia humana. Los animales se prestaron a la religión y al chiste, a lo cotidiano y lo cósmico. Y así encontramos la vaca utilitaria convertida en manifestación de la diosa Hathor, amorosa y artística, y a un nivel mucho más terrenal vemos cómo el gato es víctima de ratones burlones en papiros satíricos que parecen reírse de la autoridad humana reconvirtiendo la broma en fábulas de animales.

Así me despidieron mis amigos de Saquara. Con el recuerdo de una risa. Con la fina ironía de un pueblo excelente entre los demás. Mi pueblo.

Festejos agrícolas.

LAS CATACUMBAS DE APIS

Confesaré que «impresionante» es el único adjetivo de que dispongo para describir el Serapeum de Menfis. El largo corredor que constituye la sepultura común de varios toros divinos. Mejor dicho: la encarnación ideal del dios Apis en este bajo mundo.

No es, sin embargo, una de mis ruinas preferidas, como en Roma no podrían serlo las catacumbas cristianas en relación a las grandes obras de arte que la ciudad atesora en la superficie. Pero cierto es que esas turgentes tripas del pasado impresionan enormemente, despiertan en el viajero otros sentidos, desatan percepciones más secretas. Corrientes que podríamos calificar como oscurantistas. Algo que fluye en el fondo, y lo socava.

La muerte de la ruina, que en otras ruinas me empuja a la melancolía o la tristeza, se troca en el Serapeum por un terror respetuoso, la amenaza de la severidad del tiempo; como si la vida, su final, se poblase de presencias amenazadoras; como si un ritual alucinante en lo que tiene de incomprensible, continuase latiendo al otro lado de las tinieblas.

Tiniebla es el Serapeum más que ruina. Fondo tumultuoso que carece de cualquier otro atributo. No guarda ni una sola pieza arquitectónica, ni un relieve, ni una pintura como las que suelen alegrar los residuos de la muerte en este río. La atracción única del Serapeum continúa siendo la oscuridad. Y el sello de lo irracional.

Esta permanencia, esta intuición de los espíritus tiene que parecer ridícula, si se piensa que los muertos momificados en el Serapeum son simplemente toros. Y teniendo en cuenta que la fe que planeó sobre nuestra educación nos enseñaba que los animales carecen de espíritu, esta reunión de presencias oníricas despertará sin duda la hilaridad. Sin embargo, las necrópolis subterráneas que los egipcios dedicaron a sus animales sagrados gastan muy a menudo este tipo de bromas. En el Egipto Medio, en el conjunto funerario llamado hoy Tunah el Gebel, existen precisamente tres necrópolis de simios y pájaros ibis que producen un efecto parecido al del Serapeum. Y en la zona norte de Saquara se encontraron miles de momias de animales, aunque no de proporciones tan considerables como las del Apis.

Ridículo puede parecer, pero las conquistas de la muerte tienen alcances tan vastos que siempre llegan a sobrepasar los límites de la razón. Alcanzan unas dimensiones que ya solo corresponden al mito. Y ninguno tan propicio al disparate metafísico como la muerte en sí o, más aún, la muerte sacralizada. Cuando las ruinas emocionan es porque son un símbolo de la muerte como interrupción, cualesquiera que sean sus credenciales. Y si en su pequeñez los gatos, los simios, los ibis embalsamados inquietan, es porque al igual que las ruinas y las momias humanas hablan de un valor insustituible que se ha interrumpido. No hace falta alma alguna para que un final nos aterre. El final en sí mismo es lo que certifica el absurdo fundamental de la vida, la estupidez absoluta de todos los valores. ¿Cuál podría ser tan importante como para justificar que la vida deje de importar?

Continuamos hablando de animales momificados. La cuestión del alma que sobrevive a la muerte, incluso la tan llevada cuestión de la superioridad del hombre al ser poseedor de esta alma prodigiosa, queda risible ante la oscuridad de estos largos subterráneos egipcios. Parece la coartada de una raza de pequeños titanes que en la capacidad de sublimarse por el espíritu, buscasen una forma más o menos válida de olvidar que la verdad última de todo y de todos es la nada absoluta. O el olvido.

El descenso al Serapeum provoca estas meditaciones y otras tan elementales o más. Es un espacio único, distinto, alarmante. Me siento en el vientre mismo de la muerte. Me convierto en violador de sus entrañas. Solo percibo el eco de mis propios pasos. Y si algún ruido interrumpe el gran silencio solo son las risotadas de los toros, la burla de Apis en todo su esplendor. No quieran los futuros peregrinos del Serapeum conocerlo de otro modo. Niéguense a la compañía y, desde luego, al grupo. Cualquier elemento que recuerde al mundo será perturbador.

Tal vez yo conseguí percibir esas sensaciones gracias a la fortuna de penetrar por primera vez en el Serapeum en soledad absoluta, sin los turistas de hoy. ¡Propicio enero del 68! No he querido repetir la experiencia en las aglomeraciones actuales. Prefiero conservar para siempre el sentimiento de virginidad profanada, como si fuese yo el primer hombre que pisaba aquellas cavernas desde que el último sacerdote de Apis las abandonase a toda prisa, cuando el inefable decreto de Teodosio ordenó su clausura como la de todos los santuarios paganos.

¡La respetable Isis y los gatitos de angora fueron a morir al mismo tiempo!

Al negarme a repetir mi primer impacto por temor a desfigurarlo, ignoro si las cavernas de Apis disfrutan hoy de una iluminación adecuada a su nueva popularidad. Cuando yo estuve en ellas reinaba una noche absoluta, apenas quebrada por la luz de petróleo con que el vigilante intentaba iluminar miserablemente algunos ataúdes que se presentían descomunales. En los recovecos donde no alcanzase aquella débil claridad, solo se intuían abismos infinitos. Y ya era intuir mucho.

Mientras caminaba entre las tinieblas, iban apareciendo nichos descomunales, cavernas excavadas en la caverna; se situaban a ambos lados del corredor, pero sin mirarse de frente. Los sarcófagos eran de una medida titánica, como naturalmente corresponde a la de un toro... o a esos toros que, además, debieron de estar muy bien alimentados, si los viajeros clásicos no mienten en sus *scènes de genre.*

A medida que la luz del guardián iba rompiendo las tinieblas, fueron apareciendo veinticuatro sarcófagos de basalto rojo, y cuando el guía indicó la conveniencia de asomarme a uno de ellos como única posibilidad de apreciar la inscripción del interior y la cartela del faraón Ramsés II, me vi obligado a utilizar una escalera que diríase colocada a posta para recordarme mi pequeñez en relación al difunto. Y al acariciar el basalto que siglos atrás encerraba la enorme momia, violada como las otras por los ladrones de tumbas, no pude evitar uno de esos estremecimientos que no sabemos si asociar con el placer estético, el vértigo de la Historia o el sentimiento de inferioridad que provoca la muerte cuando se empeña en demostrar los vastos alcances de su imperio.

Recordando viejas lecturas del *Diccionario Filosófico* de Voltaire, tuve que referirme al desconcierto de la razón de Occidente, a la hora de enfrentarse a la mentalidad del Antiguo Egipto. Y ciertas tendencias zoofílicas de su religión, desprovistas de su verdadero sentido en el tiempo, se hacen propicias al chiste y al escarnio. Así, no es de extrañar que en la voz «Apis» de su diccionario, Voltaire aproveche el culto al mítico toro para arremeter contra la civilización egipcia en su totalidad. No hay denuesto que no utilice para convencer al lector del Iluminismo de las barbaridades en que podía incurrir el pueblo egipcio. Desde el irracionalismo más banal hasta el despotismo menos ilustrado, Egipto aparece brevemente expuesto ante nuestros ojos como un emporio del salvajismo. ¡Y pensar que apenas un siglo antes los compatriotas de Voltaire comían polvo de momia egipcia, convencidos de sus virtudes curativas!

No llegaron a tal canibalismo los propios egipcios; nunca, que se sepa, al grado de comerse a sus difuntos por incurables que fuesen las enfermedades que les azotaban o aquellos períodos de carestía que, a causa de su ferocidad, quedaron registrados en la imaginación popular y a veces grabados en la piedra, como la famosa Estela del Hambre que se encontró en la calzada del templo funerario de Unas.

Los egipcios se contentaron atribuyendo a los animales unas muy definidas encarnaciones de fuerzas de la Naturaleza, como reclamo y exaltación de sus beneficios o como exorcismo contra sus maldades. En última instancia, sepa Voltaire que no suelo retroceder escandalizado ante el abundante panteón de figuras humanas con cabezas de ibis, perros, mochuelos o vacas. ¡Nunca me reiré de Thot, Anubis, Hathor o el bondadoso Horus! Y es que pienso que en todas las religiones existen mitos que deben resultar forzosamente cómicos a los no adeptos. Empezando por la cristiana. ¿Qué efecto produciría a un egipcio de Saquara la aparición de un arcángel con las alas desplegadas? ¿No se reiría mi buen amigo Kagemmi ante lo que sin duda tendería a parecerle un hombre pájaro procedente de los más desmadrados viajes interplanetarios del aguerrido Flash Gordon? Los mitos religiosos no suelen ser cuestión de barbarie, ni siquiera en su aspecto más relativo. Son materiales de fe o de derribo, según prefiera el lector. Pero el grado de comicidad que puedan producir es siempre ajeno a la cultura que les dio vida, es siempre una experiencia de «extranjeros».

Que se sepa, ningún cristiano vio jamás a un arcángel, al margen de alguna borrachera misticoide. En cambio, los animales divinizados por los egipcios eran presencias palpables de su vida cotidiana, cuyos efectos o defectos se demostraban en todas sus prácticas, estaban presentes en todos sus paisajes. Animales del río, del cielo, los pantanos o los corrales de Egipto. Animales a los que el campesino veía volar, serpentear, trotar entre aquella Naturaleza de la que él mismo dependía y en cuya imitación siempre supo solazarse.

El culto a Apis se inscribe en este típico ciclo de divinización de las fuerzas naturales, y en un principio —o principio de orígenes prehistóricos— nada tuvo que ver con la escabrosa epidemia de zoofilia indiscriminada que sacudió a los egipcios del período helenístico. Ni con la invención más característica de los Ptolomeos: el dios Serapis de Alejandría.

Fue Apis, en sus orígenes, divinidad agraria, asociada a la fecundidad y entronizado como culto durante la Primera Dinastía, si no desde mucho antes. Se le asimiló a Ptah, encarnando la unión entre el alma divina y el ser del animal, simbiosis entre fuerzas naturales y poderes telúricos. Pero como todas las deidades egipcias, era el toro Apis muy dado a compromisos y sincretismos, como el que adoptó con las doctrinas heliopolitanas a base de incorporar entre sus cuerpos al disco solar, que sostenía con donaire singular en manifestación de Ra o Atum. Al morir se le asimilaba con la máxima autoridad en la ultratumba, Osiris. Teniendo en cuenta lo privilegiado de esta identificación, se entenderá la alta alcurnia de un Apis que se estimase. Embalsamamiento y ritos funerarios seguían al parecer la práctica de los humanos; más aún: de los humanos ilustres. Apis derivaba en cierto modo de la figura del faraón. En los primeros tiempos de su culto, fue enterrado en tumbas privadas; después, a partir de Ramsés II, en tumbas comunes, como esas catacumbas de Saquara.

Durante la Baja Época, cuando ya la espiritualidad egipcia se deterioraba, reducida a sus aspectos más periféricos y pintorescos, la compleja liturgia que rodeaba al toro Apis pasó a constituir un divertido anecdotario que gustó mucho a los viajeros griegos. Algunos se complacen en narrar las costumbres de sus sacerdotes, poniendo particular énfasis en los aspectos insólitos de su atuendo, dietas, formularios y hasta conducta sexual. Como primera providencia, aquellos viajeros helenizaron el nombre de la divinidad, que en egipcio se había llamado Hep. Después procedieron a mitificar su santuario, el Apeum de Menfis. No es que los egipcios no lo tuviesen ya divinizado desde sus orígenes. Pero los viajeros griegos lo promocionaron internacionalmente, si se me permite la expresión. Tenían una idea del *marketing* —si se me permite el exceso— que no habían conocido los egipcios, tan felices en su aislamiento, tan conformados con la realidad de su valle como principio y fin del universo entero.

En tanto que divinidad y como rey y señor de su propio templo, el toro Hep gozaba de un fastuoso jubileo parecido al de los faraones. Cada veinticinco años los sacerdotes sustituían al Hep reinante por otro que reuniese parecidas características de divinidad: ciertas manchas blancas en el lomo y el morro. Esta garantía de la raza real y divina a la vez, no se encontraba fácilmente, y en algunas ocasiones las dificultades de la búsqueda mantuvieron ocupados a los sacerdotes de Hep durante meses. Una de estas ocasiones resultó tan ardua que quedó registrada en los anales de la tauromaquia menfita. No es difícil imaginar las grandes festividades que se organizaron, en cuanto se encontró a un Hep que reuniese las credenciales exigidas. Y muy altas y creíbles tuvieron que ser, porque el Apeum no se limitaba al folklore que nos han dejado los griegos. Su oráculo era importantísimo. Incluso acudían los enfermos en busca de curación, tal fuese un Lourdes de la zoofilia andante. Y mucho antes de que los anacoretas cristianos descubriesen las soledades de la Tebaida, los abnegados novicios del culto a Hep vinieron a encerrarse en las celdas de meditación del Apeum, donde algunos permanecieron toda la vida.

Serapis fue otra cosa. Fue el dios de estado de los Ptolomeos, una divinidad típicamente alejandrina por su hibidrismo y sus afanes de internacionalización a toda costa. Que la familia reinante en Alejandría no tuvo de egipcia más que las apariencias externas de alguno de sus cultos, se ha repetido muchas veces. Nunca se repetirá demasiado. Así sus dioses, cuando pasaron a nuevos sincretismos con el mundo griego que se les imponía. Cierto que todo ello no careció de grandeza. Pero fue la de los crepúsculos.

El culto a Serapis lo instauró Ptolomeo I (328-283), a base de sincretizar los atributos tradicionales de Osiris y Apis con otras divinidades griegas, encabezadas por el todopoderoso Zeus. Fue una invención de compromiso, claro está. Se contentaba a la religiosidad ancestral de los súbditos egipcios y a la mitología de los colonos griegos, de importación más reciente. Pero como culto abierto al Mediterráneo y después con posibilidades de irrumpir espectacularmente en los altares más diversos de la Roma conquistadora, el culto a Serapis tuvo que adoptar una grandilocuencia, una retórica que dejó en mantillas a la antigua religiosidad menfita. La simbología clara y directa de las antiguas divinidades agrícolas se hace difícilmente reconocible al convertirse en gigantescas estatuas de oro y marfil. Lo mismo sus recintos. Que superó a todos en esplendor el Serapeum de Alejandría, con sus bóvedas impresionantes, sus múltiples celdas, escalinatas con cientos de peldaños, columnatas marmóreas, y una impresionante biblioteca que contuvo todo el saber de la Antigüedad. Claro que fue un esplendor pasajero. Duró lo que el esplendor de Alejandría. Tres siglos de oropel y bastardías.

En estas circunstancias, tan propicias a los nuevos ricos, el prestigio del Serapeum de Menfis no cayó en el olvido. Continuaba siendo la matriz original del mito, el resorte clásico por excelencia. Y con ciertas facultades de decisión en las materias de tipo religioso. Al fin y al cabo, el sumo sacerdote de Menfis todavía tuvo el poder de negarse a que la ciudad acogiese el cadáver de Alejandro (por otro lado, un muerto rutilante). Alegó, según las leyendas, que la ciudad que acogiese al mozo sería víctima de todo tipo de desórdenes y destrucciones.

Los naipes del tiempo hicieron, más que jugadas, jugarretas. Podemos pensar que el sacerdote de Ptah tuvo razón, que al ser sepultado en el centro de Alejandría, en la legendaria Soma, el espíritu de Alejandro atrajo sobre la ciudad la notable cabalgata de desastres que han caracterizado a su historia toda. Pero no puede decirse que Menfis saliese ilesa. Ni el respetable cementerio de los toros sacralizados. Ni los grandes templos que lo habían rodeado. Estrabón ya los describió como muy amenazados por la arena del desierto. Si la amenaza empeñó su palabra, fue a cumplirla con extraordinario rigor.

¡Gigantesco empeño, el de la destrucción!

Las pistas más literarias que físicas del Serapeum de Menfis —y no el de Alejandría—, sirvieron por lo menos para que Auguste Mariette realizase triunfalmente su primera aventura egipcia. Siguiendo las referencias de Estrabón, fue desenterrando una avenida de esfinges que le condujeron a las catacumbas de Apis. Los caprichos de la arena tendieron un manto de gran eficacia para esconder a los toros de la depredación. Pues hombres de poca fe en Hep fueron los del futuro.

Aunque no todo se había salvado. Que ya en tiempos faraónicos hicieron labor de zapa otras manos de temible alcance: las de los ladrones de tumbas. A estos hombres, prodigio de astucia en lo vivo y atrevimiento para lo sacro en la muerte, no les sería difícil deducir los tesoros que guardaban los descomunales sarcófagos del Serapeum. A pesar de los saqueos, el subterráneo reveló a Mariette algunas sorpresas soberbias, cuando no en oro, sí en interés histórico. No debió de ser el menor la constatación de que las veinticuatro momias estaban a nombre de distintos faraones, desde el Imperio Nuevo a la época ptolomeica. La identidad monárquica de Hep quedaba confirmada. Lo que unido a su ascendencia divina, lo convierte en uno de los animales más mimados del mundo.

De regreso a El Cairo, la sensación de muerte que dominó la mística del antiguo Egipto va cediendo bajo un impulso de vida agresiva, que se confirma en los tumultuosos arrabales que se alejan de la paz y seguridad de Saquara. Con los ojos todavía velados por la oscuridad de la vida subterránea, el contacto con el mundo exterior se convierte en impertinente. El dramatismo de la experiencia cotidiana deslumbra como un sol demasiado potente. Y al chocar contra las multitudes que se aglomeran en los excesos cairotas, ingreso en el desconcierto, pierdo la vista, casi no sé andar...

¡Tanto me había acostumbrado a la eternidad!

Horus-Harpócrates sobre los cocodrilos.

MUCHAS HORAS EN EL MUSEO DE EL CAIRO

En ciertas ciudades «históricas», el museo puede ser una isla ajena al mundo que el peregrino deja tras de sí al trasponer la entrada. En el caso de las culturas muertas, es un mundo cerrado, un *huis clos* al que solo podemos abarcar, comprender y amar en función de sí mismo. Es una sensación que no admite comparaciones: los sentimientos se deslizan sin esperanza, como en un callejón sin salida, cuyo atractivo ningún elemento de puertas afuera conseguirá explicar o justificar, negar o disminuir. Es lo que pienso cada vez que entro con el ánimo sobrecogido en el Museo de Arte Egipcio de El Cairo. Y no me sucede, por ejemplo, en los museos de Florencia, Roma o Atenas, porque el legado cultural que van a proponerme tiene continuidad en la cultura cuyo espíritu anima todavía hoy a la ciudad, a sus edificios, incluso a las degradaciones del gusto.

El Museo de El Cairo es un caso excepcional de supervivencia, una inmensa morgue: atesora los restos de un mundo que fue esplendoroso en ese mismo país, a pocos kilómetros de este mismo terreno, pero que ha sido sustituido de un modo rotundo, abrasador, por otro mundo de formas, psicología y religión que lo ignoran, cuando no lo combaten. Poco importa que la arquitectura del edificio se disfrace bajo modelos neoclásicos que huelen descaradamente al concepto colonial de alta cultura. No deja de ser la gran apoteosis del mejor arte faraónico, preservado en el corazón de un Egipto que ya solo pertenece al Islam y que gasta poca memoria. Es una muerte suntuosa que nos llama de espaldas a la vida actual. Por esto deprime: porque la vida que el interior reclama y otorga, no encuentra respuesta cuando el peregrino, todavía ensimismado, concluye la visita y se descubre sumido en el caos alucinante de la Plaza El Tahir (o de la Liberación) y la masa despersonalizada del «Hilton», justo enfrente.

Después del primer encuentro, conviene denunciar una y otra vez el estado de desorden permanente en que se encuentra el museo. Solo en su propio caos se corresponde de algún modo con el atolladero insoportable de la gran plaza. Solo en el barullo, la suciedad, la acumulación incontrolada, la incuria casi absoluta.

La situación suele ser escandalosa, y en el número increíble de horas que he podido pasar buceando entre mis objetos preferidos (no prefiero otros en todo el mundo), pocas veces he podido salir sin el disgusto de ver constantemente amenazada mi comunicación con ese Absoluto; o, lo que es peor, con su futuro. Porque en los últimos años, y a causa de la invasión turística, me ha sido negado el pequeño consuelo de pasear con tranquilidad por algunas partes concretas, las más famosas y espectaculares. Por lo que se refiere a la conservación, el museo siempre es víctima de obras, reformas, ampliaciones, trabajos de repintado... Que si muy buena falta le hacen, mayor daño que arreglos le administran, pues no sé si en todo el mundo encontraríamos obreros con mayor tendencia a la chapuza y un desinterés más absoluto por las grandes obras de un pasado que al fin y al cabo es el de su país.

Durante las operaciones de repintado de 1982, que aunque eternas darán a las lóbregas salas un aspecto más esperanzador, he podido contemplar desaguisados de tal envergadura que merecen una denuncia. Al pintar el techo, nadie se preocupó de cubrir esculturas, sarcófagos y hasta frescos de vital importancia histórica. Sobre alguno que juzgué procedente de Amarna y que ya empieza por estar colocado en un lugar de altura y luz imposibles, las brochas de los modernos egipcios habían dejado chorrear gotas de pintura blanca, que se secaban con la mayor impunidad sobre los delicados colores de hace cuatro mil años. E idénticas marcas de la desidia aparecían sobre algunos sarcófagos de basalto, entre las orejas de aquella esfinge de granito, o sobre los pétreos lotos de columnas rescatadas al desierto. Por fortuna, las obras de mayor envergadura o fama aparecían ya protegidas en grandes urnas de cristal, pero para cubrir otras piezas importantes, solo se utilizaban hojas sueltas de periódico, que estaban ya empapadas de pintura o eran arrancadas por el codazo de algún turista distraído. Protección parcial y encima torpe.

Como si transcurridos solo cien años de los grandes esfuerzos de Mariette y Maspero para preservar las mejores colecciones de la vida egipcia, fuese boicoteado por los ogros de la destrucción su genio ordenador, empeñados en que los avances de entonces se convirtieran paso a paso en retroceso.

La perseverancia en una ordenación anticuada hace que la visita que en principio maravilla, se convierta en un calvario de la incomodidad, y a veces del gusto. No se trata solo de la insuficiencia de espacio, tema por demás dramático, sino especialmente del escaso provecho que se le obtiene. Debería servir de modelo el reciente museo de Luxor, que se ha construido siguiendo las últimas innovaciones de la museografía. Cada pieza aparece explicada, clarificada por una disposición racional: la ubicación de los objetos en un espacio suficiente, se convierte entonces en su mejor guía. La iluminación calculada para resaltar los mínimos detalles de su personalidad, deviene una forma de análisis. Museo que es atracción, sí, pero reflexión al mismo tiempo.

Avances como los del irreprochable museo tebano hacen más ostentosos los atrasos del museo cairota. El nivel de comparación los hace más evidente; es obviedad pura. Y así, desde nuestra onerosa experiencia no ha de parecernos curioso que Vicente Blasco Ibáñez pudiese encontrar altísimas virtudes en lo que el tiempo ha convertido en puro desastre. Y es que allá por los primeros años veinte, su punto de referencia partía de un edificio todavía más pobre e inadecuado: era el pequeño museo de Bulacq, en Gizeh, que fue donde Mariette empezó a acumular antigüedades antes de que su sucesor, Gaston Maspero, pudiese disponer del actual edificio en la Plaza El Tahir.

Con tal precedente, Blasco Ibáñez pudo proclamar su admiración en licitud y en tono admirativo. Cantó a «la elegante e higiénica blancura y la aireada amplitud de sus salones». Y culminó su teoría de la modernidad con una teoría que, leída desde nuestra experiencia de hoy parece referirse a otro lugar: «Este museo de El Cairo es la construcción más extensa y hermosa de dicha capital. En ninguno de los de Europa se preocuparon los arquitectos de la comodidad de los visitantes y buenas condiciones para su respiración como en este edificio, casi reciente. A pesar de que existen en su interior tantos cadáveres, tantos objetos que permanecieron miles de años en la lobreguez de las tumbas, no se nota el más leve hedor. Su ambiente es más puro que el de los museos de cuadros y estatuas.»

No sé de qué lejano, inalcanzable refugio espiritual nos habla el viajero de los años veinte. ¿Cambian solo los tiempos o también las exigencias de los tiempos? ¿O acaso la conservación de la muerte viaja con las pleamares de los años, igual que viajó fatalmente la vida hacia la muerte? Triunfa en cualquier caso ese tufillo en curso de extinción que es el cotilleo literario. Pues del mismo modo que mi escrito de hoy opone el desencanto del museo a la admiración que su novedad produjo en el escritor de entonces, así se opondrá en el futuro a quienes visiten el museo completamente reconstruido y dotado de los mejores adelantos de la ciencia. Aunque es posible que ya nadie necesite leer estas líneas, porque las imágenes directas, concisas de un video con ínfulas de impertinencia cumplirán con creces su función, y acaso la excedan.

Siempre la pugna fatal entre lo que desaparece y lo que es digno de ser rescatado. Siempre el tiempo.

Y el tiempo me arrastra hacia mi primer encuentro de amor.

Al estado de provisionalidad permanente que todavía hoy es signo distintivo de este museo, había que añadir, aquel primer enero mío de 1968, el estado de alerta constante que decretaba la hostilidad judía. La circunstancia solo concedía una ventaja, y aun a favor de mi propio egoísmo: poder deambular en soledad por las inmensas salas, rescatar en un silencio abrumador el espíritu de cada pieza, detenerse todo el tiempo necesario ante las que hoy están imposibles por la demanda del turismo.

Pero este privilegio de intimidad, que después ya no he vuelto a conocer, no carecía de inconvenientes. La exhibición presentaba aspectos más lastimosos que de costumbre. La mayor parte de vitrinas aparecían mal fortificadas con grandes cruces de papel pegadas a los cristales, lo cual impedía a menudo observar con detenimiento los fascinantes hallazgos del interior. Muchas piezas estaban rodeadas por una acumulación de sacos de arena que casi las escondían. Con tantos parapetos, en medio de tantas obras de arte atrincheradas, era inevitable recordar que estaba, efectivamente, en un Cairo amenazado. La única asociación entre el museo de las formas muertas y la civilización exterior se producía por las miserias de la guerra.

Era el mismo aspecto que ofrecían las calles de El Cairo, acentuando con ello su habitual aspecto de decrepitud. Todo aparecía agazapado tras las barricadas. Edificios oficiales, hoteles e incluso lugares de diversión delataban por sus sistemas de defensa que los ataques de los arcángeles de Jehová podían producirse de un momento a otro.

En el museo, las medidas adoptadas a partir de la guerra de los Siete Días continuaron vigentes hasta el cese definitivo de las hostilidades, y era voz notoria entre los viajeros de aquella época —viajeros escasos y osados— que los objetos más valiosos se encontraban en escondite seguro, en previsión de algún posible bombardeo. Me contaron que el refugio elegido era el Serapeum de Menfis, pero nunca pude ratificarlo.

A pesar de aquella situación, y después a despecho del desorden crónico, la sordidez de este museo tiene algo inolvidable. Incluso el aire despide algo especial: no parece pensado para proteger a la grandeza que contiene, y cualquier especialista en museografía podría considerarlo, con razón, escandaloso. Pero de su mismo enrarecimiento emana el aroma propio de aquellos cofres permanentemente cerrados que, al abrirse un día, empiezan a destilar un cortejo de espectros perdidos. Aroma pernicioso, pero irresistible.

Y es al mismo tiempo la oportunidad más intensa de convivir con todos los pasos de una inmensa procesión cultural: desde lo imperial a lo cotidiano, desde lo maduro a lo decadente, desde las conquistas a las derrotas. La vida surge a borbotones a partir del olvido rescatado en cada rincón del museo. Y por encima de todo tiene el valor de una iniciación completísima a la historia de Egipto. Cierto que el turismo convencional, creciéndose cada día más en la vulgaridad, solo busca los lugares comunes más difundidos por los medios de comunicación masiva (salas de Tutankamón y de las momias, con preferencia), pero el peregrino avisado sabe que cualquier rincón brinda lecciones que requieren horas y horas de contemplación y meditación. El mundo es, por decirlo de alguna manera, un santuario artificial. Pero se exige la reverencia absoluta, la misma que debió de solicitar la sacra penumbra de los grandes templos tebanos. Y, particularmente, es uno de los lugares del mundo donde mi espíritu todavía es capaz de regocijarse, reconciliado con no sé qué noción de lo sublime.

Muchos objetos, pinturas y esculturas del museo son conocidos a través de reproducciones más o menos excelentes, pero cumple decir que su visión al natural ofrece sorpresas inesperadas y no solo en relación a la calidad —¿quién la pondría en duda aun antes de comprobarla?—, sino en lo que se refiere a sus características físicas, tan distintas de como las habíamos imaginado. En las reproducciones se nos antojaron objetos enormes, más ajustados a las proporciones colosales que suele asociarse con el mundo egipcio. ¡Como si aquella cultura no hubiese sido una de las más amorosas para con el detalle!

La delicadeza egipcia es, aquí, exponente de un largo sueño cotidiano, en el que el arte quedase a ras del suelo, sin pretender elevar al hombre a la altura de los grandes dioses, sino ayudándole a encontrar en el placer por las pequeñas cosas su máximo punto de equilibrio. Esta actitud convierte a nuestra sorpresa en cariño delicado, amistad entrañable. Ya en la exposición «Tutankamon et son époque» (París, 1967), oí a una dama parisiense expresar su asombro en términos muy semejantes. Para ella, el abanico del rey adolescente, las tapaderas de vasos canópicos que reproducen su efigie en alabastro, la pintura ecuestre de su caja de ungüentos, y tantos pequeños milagros que los orfebres tebanos dejaron en su tumba intocada, resultaban extraordinariamente diminutos en relación al grado de majestad en que su imaginación, por otro lado francesa, los había colocado. Era la novedad de descubrir que una de las características del gran arte egipcio consiste en su exquisita delicadeza.

Delicadeza y suavidad de las formas se hacen diáfanas en el museo, al contrastar con las muestras más colosales de una estatuaria que encuentra en su enormidad el punto más elevado de representación del poder que recuerda el arte antiguo. Pero aun al margen de los titanes a los que el doctrinarismo oficial obligó a guardar las formas del estatismo durante tres milenios, el neófito se asombra de que los escultores egipcios pudiesen sacar partido de la representación humana en otros campos. Es de justicia que el jeroglífico que determinaba el oficio y la personalidad del escultor significase precisamente «el que da la vida». La dieron y la conservaron, los artistas egipcios, consiguiendo una de las galerías de retratos más impresionantes que puede ofrecer cualquier arte nacional.

A la belleza de las formas, de un acabado perfecto, y que en muchos objetos suntuarios recuerda ora al modernismo, ora al *art-decó*, se añade el descubrimiento progresivo de un itinerario de perfeccionamiento estético que choca con la idea, tan extendida, de la monotonía del arte egipcio. Para no hablar de acusaciones más extravagantes, como la que todavía en 1763 podía suscribir Johann Joachim Winckelmann:

«La primera causa de la peculiaridad del arte egipcio se halla en su propia cultura, insuficientemente rica para traer a los artistas mediante ideas de gran belleza. La Naturaleza no se había mostrado tan generosa como con los etruscos y los griegos, cosa que demuestra cierta configuración achinada que presentan como propia las estatuas, obeliscos y piedras talladas. Los artistas egipcios apenas podían buscar la variedad.»

Discúlpese el disparate del clásico: todos los ejemplos de arte y civilización egipcia conocidos por Winckelmann cuando redactó su «Historia del Arte en la Antigüedad» se reducían a muestras existentes en Italia desde la época romana (incluso para determinar la altura ideal de un egipcio se basó en una momia del museo de Bolonia). Vióse limitado a confiar en imitaciones o textos griegos y latinos, con su habitual tendencia al reportaje de segunda mano. De haberse conocido en su época el cuello de Nefertiti, los labios de Tut, el esbelto talle de los monarcas del Fayum, es seguro que Winckelmann habría abjurado de sus ideas sobre la belleza física de los egipcios. Enamorado andaría del bigote del príncipe Rahotep o de los delicados brazos de cualquier preciosa portadora de ofrendas del Imperio Medio..., aunque le faltasen los añadidos helenizantes de las tanagras de Alejandría.

Para la ternura del romántico contemporáneo, tan entrañable resulta la imaginería egipcia como los esfuerzos de tres generaciones de egiptólogos, abnegados en el esfuerzo para salvarlos del vandalismo, la incuria y el saqueo. Que no fue menor el de las potencias extranjeras, si hemos de juzgar por los sabrosos botines que se llevaron. Muchas piezas del arte egipcio consideradas primordiales se encuentran esparcidas por los grandes museos de Europa y América, a los que la falta de control del siglo XIX dotó de un caudal inapreciable, siempre en detrimento del propio Egipto que, con un mínimo de lógica, debería ser la urna conservadora de sus despojos ancestrales. Y aunque con los objetos no se dé en rotundidad el caso de la arquitectura, que reclama su paisaje para ser apreciada y amada, también cabe reconocer que en ningún lugar se ama tanto a un objeto como en la tierra donde fue concebido, utilizado y, finalmente, olvidado.

La idea de un «al Nilo lo que es del Nilo» apareció todavía muy confusa en los primeros años de la egiptología, cuando cualquier aficionado, y en algunos casos incluso aventureros, arramblaban para sus propios países, o para el que mejor pagase, muchos de los tesoros que contenía el suelo egipcio. ¡Y eran tantos! Basta con una visita a los museos de París, Londres, Italia y Alemania para vislumbrar el alcance de los magnos robos. Si Lord Byron escribió una diatriba feroz contra Lord Elgin (*The Curse of Minerva*), cuando este llevó a Londres los mármoles del Partenón, ¿qué no hubiera escrito al ver que una expedición alemana se llevaba a Berlín las piezas del taller de Tutmés en Amarna? Cuando el peregrino, en el museo de El Cairo, visita con devoción la sala amárnica, percibe en toda su intensidad el sentido del robo y el profundo vacío que dejó. Junto al busto inacabado de Nefertiti, frente al ataúd profanado de Smenkhare, o bajo los extravagantes colosos de Akenatón, encuentra a faltar, y en falta desesperada, aquellas piezas hoy decididamente berlinesas: parientes y cortesanos del rey hereje, cuya compañía resulta imprescindible para comprender el período amárnico, sus logros y sus fracasos.

Hasta que no llegó Mariette..., ¡cuántos tesoros que todavía podían salvarse fueron a perderse en manos de aprendices, buhoneros y ladrones! Monumentos de valor inapreciable, que en la primera parte del siglo XIX pudieron ser reproducidos por los artistas de la expedición de Bonaparte, vestigios que todavía pudo registrar Champollion, veinte años antes de la llegada de Mariette, desaparecieron bloque a bloque, piedra a piedra. Y si esto sucedió con edificios colosales, cuántos objetos diminutos, cuántas delicadas esculturas o documentos de incalculable valor histórico no se perderían en el comercio furtivo, en el paso de una mano a otra, viajando por trastiendas secretas, a veces con la complicidad de las autoridades, o su ignorancia. Descuidos, condescendencias, intereses mercantiles... todo jugó en favor de la destrucción o la diáspora. Y es sabido que durante los años de su gobierno, Mehemed Alí autorizó a algunas potencias extranjeras la libre exportación de antigüedades a fin de asegurarse la inversión en el comercio de Alejandría. Esto cuando no desmanteló zonas arqueológicas enteras para utilizarlas en la construcción de algún edificio nuevo. Tan entusiasmado estuvo en la idea de convertir a Egipto en un estado moderno, que tomó la gloria del antiguo como simple pretexto para sus albañiles. Fue oportuna la famosa invocación que le dirigió Champollion en favor de un control de las antigüedades en el suelo egipcio.

Auguste Mariette llegó para ser el más providencial de los enviados. Le amamos, porque también él fue víctima del mal de Egipto, y su amor y devoción hicieron las veces de pico y pala para rescatar del olvido la madurez y la decadencia de una cultura. Cuentan las crónicas que llegó a Egipto con la misión de comprar manuscritos en las bibliotecas de los monasterios coptos del desierto. Durante una visita a la ciudadela, que planea sobre El Cairo como un nido de águilas campeonas, contempló el atardecer sobre la ciudad; y a lo lejos, en juegos de luz que como siempre serían inolvidables, las siluetas de las Pirámides de Gizeh. Y al no existir como en la actualidad aglomeraciones urbanas que limitasen su visión, esta debió de alcanzar a los espacios ilimitados de Saquara, siempre sigilosa en la emisión de sus mensajes de eternidad. ¿Es exageración hablar de un flechazo a primera vista? Algunos autores lo hacen, dramatizando la decisión final de Mariette: su entrega al rescate de la civilización faraónica. Otros escritores, más cautelosos en sus novelerías, recuerdan que aquel amor llevaba años de fermentación y que esta se cultivó en extenuantes visitas de Mariette a las antigüedades egipcias del Louvre. Un flechazo, pues, largamente anunciado.

En cualquier caso, el amor de Mariette fue de una generosidad sin límites. Y no solo pasional, que a él se debe la racionalización de las grandes aventuras arqueológicas anteriores. Su labor conservadora igualó a su trabajo como excavador, que ya fue en sí misma de una importancia definitiva. Sus beneficiosos rescates en múltiples trabajos de campo se repartieron por todo el suelo egipcio; nada dejó por excavar, hasta los límites mismos de la Alta Nubia. Su labor de conservador, además, se concretó en dos servicios básicos para la salvaguarda de la herencia faraónica en su propio suelo: por un lado el Servicio de Antigüedades, sin cuyo riguroso control sobre todas las excavaciones, en Egipto continuarían siendo una lamentable merienda de aventureros. Y, por otro lado, el Museo de Bulak, donde la resurrección de una historia gloriosa conoció por fin su primer proceso de sistematización.

Pocos amores, pocas conversiones habrán dado tanto de sí como las de Mariette por Egipto. La estatua que se le dedicó a las puertas del nuevo museo le dan un aire de prócer del espíritu: el jedive Ismail Pachá reconoció su autoridad al otorgarle el título de bey. El peregrino sensible lo reconoce, a su vez, otorgándole una recompensa de amor.

Y amor hay, cuando no devoción, en el homenaje que suelen dedicarle los guías diplomados, sensibles como el peregrino. Yo he conocido a una notable dama egipcia, obligada a hacer de guía por las circunstancias de una economía paupérrima (léase las confiscaciones de la revolución nasserista). En sus sabios discursos, en su total entrega a grupos turísticos que en general no la merecen, la señora siempre encuentra un momento para evocar con admiración a Mariette Bey. Es como un respeto que se deshace en los labios, absoluto en su complacencia. Y aun más que agradecimiento, complicidad por sus rescates, porque aceptó ser víctima del mal de Egipto. Y esto tiene que constituir el mejor elogio de esos excelentes guías, por lo que tiene de amor a su tierra, que han decidido mostrar al mundo al margen de la indiferencia total de sus compatriotas.

Bajo relieve con gansos.

LOS ÚLTIMOS GIGANTES

El peregrino que vive al margen de la tiranía del grupo, el enemigo jurado de la dictadura de las agencias, hará bien en proyectar su huida jalonando en un estrecho contacto con el Egipto rural su búsqueda de los tesoros del Alto Nilo. Dirige el paseo hacia la lejana Tebas, pues siempre le contaron que, allí, la muerte aparece revestida bajo las galas más espectaculares. Pero hay mucha vida en medio. Un trayecto de setecientos kilómetros que permiten solazarse con el fervor de los vivos y penetrar en ese marco natural que les hizo y les hace incomparables.

No por ello abandonamos el contacto diario con un pasado prestigioso. ¿Podría ser de otro modo, tratándose de Egipto, de cualquier lugar del Egipto? A pesar de que muchas ruinas carecen de la espectacularidad decretada por el gusto turístico, el trayecto va descubriendo cuán injusto es el viajero apresurado al olvidar las tierras del Egipto Medio y, en especial, la región de El Fayum y su famoso lago. Aquí, las ruinas se combinan en una hetereogeneidad que es a la vez triste y fascinante; despojos de los faraones coinciden con los restos más importantes de la colonización griega, de la dominación romana; y entre los roquedales de la Tebaida, ruinas calcinadas de conventos coptos y angostas covachas de los primeros cristianos. El Egipto Medio propone una dramática exaltación de los desniveles de la historia; y una vez más en lo que oculta, no en lo que revela. Pero en compensación de esta derrota irrumpen los triunfos de la vida. El Valle se convierte en un vergel bendecido por mil contrastes, juegos de colores que combinan todas las travesuras posibles del verde. Y más allá de las reverberaciones que una luz impar les arranca, rompe el desierto con un veleidoso rosado del atardecer o tonos de oro tostado cuando imperan los ardores del día...

Y es que en Egipto no es difícil encontrarse de pronto en plena Naturaleza, frase preferida de muchos viajeros ansiosos por abandonar las grandes aglomeraciones urbanas. De pocas se sale tan a gusto como de El Cairo, y por lógica pocos encuentros con la Naturaleza compensan tanto la huida.

Después de Mit-Rahina, es decir Menfis, el Valle se dispone a recobrar las idílicas proporciones que el desmadre inconexo del Gran Cairo procuró interrumpir. Aun contando con las modificaciones que los nuevos métodos de cultivo han aportado al paisaje, y la irrupción de alguna aglomeración urbana más o menos importante, las visiones y colores del Valle van correspondiendo a las esperanzas previas de todo soñador. Y lo hacen con exactitud y a menudo con creces.

Pasado Menfis, en el largo peregrinaje hacia la inmortal Tebas, el viaje repropone paso a paso las dos opciones que caracterizan a la historia y la leyenda del Nilo. A la izquierda, el esplendor vegetal, exuberante y controlado, lujo y a la vez disciplina de tantos siglos. Pero basta con volverse a la derecha para sentirse agredido por la sempiterna aridez del desierto, la presencia de la Nada. El contraste entre lo fértil y lo estéril es brutal. La oposición entre la vida y la muerte, entre la materia y el espíritu, resulta absoluta. En la luenga franja de arena continúa el desfile de pirámides que sin alcanzar el prestigio y la popularidad de las de Gizeh y Saquara presentan los suficientes puntos de interés como para justificar una parada, visita y meditación. Si bien algunas de ellas aparecen semiderruidas, confundidas con la arena del desierto, como deprimentes *tells*, otras mantienen su estructura y a menudo su enigma. Son estas, en realidad, las pirámides del Imperio Antiguo, concentradas en lo que fue gran necrópolis de Menfis, zona máxima de poder e irradiación. Más abajo, las últimas pirámides de la historia de Egipto, las del Imperio Medio, se agrupan hacia el moderno el-Listh, donde estuvo enclavada la capital que, durante aquel período, sustituyó a Menfis: Itjawi.

¡Aridez de los datos escuetos! Tanto como las del desierto de cuyo seno van siendo rescatados. Mejor conviene a la poesía las formas indecisas que temblequean entre las densas capas de un aire caliginoso, permanencias fantasmales que, al erigirse en páramo absoluto, obtienen todo su valor. Mojones de muerte en el camino hacia la vida avasalladora del Fayum.

Y el encanto remoto de sus nombres, que los tuvo cada pirámide: «La Purificada», «La Hermosa y resplandeciente», «La que es sede del amanecer y el ocaso», «La que es divina entre los lugares»... Nombres que han sido sustituidos por los de los pueblos árabes que brotaron en sus cercanías, o bien por su característica física más evidente. Fue la voz popular quien a lo largo del tiempo, ignorando su enigma o sus razones, proveyó de esta catalogación precisa que le sugerían la forma de la pirámide, las características de su construcción, los colores que el color del día les provoca o disminuye —«La pirámide roja», «La pirámide blanca»...— y también en algún caso —¿por qué no?—, a causa de algún defecto de construcción que las haga pintorescas. Así, se dio el apodo de «La inclinada» a una de las pirámides que mandó construir Snefrú, padre del Keops que impresionó al mundo desde la explanada de Gizeh.

Con esta forma insólita, pero apasionante como la más perfecta, la necrópolis de Menfis entra en el moderno Dashur. Es otro buen punto piramidal del viaje, si se me permite la expresión. Un poco más al Sur de Saquara, cierto, pero con una separación que resulta meramente legislativa, ya que el escenario es idéntico, y también la inspiración. La magnitud del desierto, la fuga de todas las líneas hacia el horizonte infinito reconvierten el paisaje en una declaración de principios espirituales.

Las tres pirámides de Snefrú —pues probó tres veces hasta alcanzar la de forma perfecta que se ha dado en llamar «pirámide verdadera»— son tramos de un itinerario apasionante. Los eslabones que enlazan la invención escalonada de Imhotep, en Saquara, con la perfección absoluta de los tres gigantes de Gizeh.

Irguiéndose en soledad junto a la pirámide absoluta, la inclinada parece un disparate arquitectónico, una charada cuyos efectos jocosos aparecen realzados, todavía más, por el rigor del paisaje. Pero es posible que esto no sea más que una impresión contemporánea; es posible que las víctimas del mal de estética lleguemos al Dashur demasiado animados por la perfección de las pirámides definitivas.

Con todo, las imperfectas pirámides que se desparraman por la arena no son ninguna tontería. Por lo menos no lo son en cifras. La de Dashur, por ejemplo, tiene la altura de la catedral de San Pablo de Londres, de manera que solo el desierto puede empequeñecerla, del mismo modo que solo la perfección de sus compañeras conseguiría afearla.

Continúa la franja del desierto y, en ella, esas de colinas artificiales, que un día fueron pirámides. No solo las inmensas son hoy cúmulos de escombros. Las hay de faraones menos importantes (¡quién se acordaría de ellos, a no ser por su nombre en la gran tumba!) y hay también tumbas privadas, templos funerarios, almacenes de ofrendas... detritus de la eternidad que al convertirse en informes montones de piedras, ladrillos y barro, forman ya parte inseparable del sueño egipcio.

Diríanse guías secretos que van conduciendo a Meidum, donde los ojos acostumbrados a la perfección de Gizeh reciben la sorpresa de otra forma insólita, anormal y por ello famosa: la Pirámide inclinada de Snefrú.

Es como un gigantesco tambor, coronado por una mastaba imperfecta. Vuelve a ahogarnos una percepción contemporánea. Los textos nos dicen que en otro tiempo presentó el aspecto «inusual en Egipto, de una gran torre con terrazas escalonadas en un ángulo de setenta grados». A partir de la angulación, todas las descripciones entran en el terreno de los especialistas, y el profano aprende, a lo sumo, que hubo un intento de evolución desde aquella primera estructura en escalones hasta alcanzar la estructura más compleja de la pirámide definitiva. Pero son en verdad especulaciones que el viajero no debería intentar, so pena de perderse en los laberintos de la técnica. Y aunque es moda actual hablar de la separación entre las dos culturas, es decir este divorcio típico del siglo entre una cultura de tipo humanista y la que se ha desarrollado al socaire de nuestros más estrepitosos avances técnicos, lo cierto es que el divorcio debió de existir ya en el pasado. Tan complejo resulta introducirse en los más recónditos secretos del corazón de una computadora yanqui, como analizar y describir la técnica que llevó al perfeccionamiento de las grandes pirámides.

Una vez hemos aprendido que el formidable tambor de Meidum es el primer intento de pirámide verdadera que se produjo en Egipto, el intento se queda en anécdota y su construcción en pura sugerencia. Por fortuna para la arqueología, existe una reconstrucción ideal, a cargo de Flinders Petrie, que expone las tres etapas distintas por las que atravesó la Pirámide de Snefrú. Pero si queremos completar el impacto de una primera pirámide definitiva, nada mejor que regresar a la tercera, la roja de Dashur. Y dejar para esta zona el impacto de una construcción abstracta y que en lo abstracto se define. Forma insólita no en lo que es, sino por lo que no ha llegado a ser. Casi un monstruo estilístico que se yergue en un terreno monstruoso a causa de su propio material derrumbado, y en el de sus edificios y templos subalternos (entre ellos, un altar de ofrendas que debió de ser parecido al existente a los pies de la Pirámide de Dashur). Altares al aire libre, grandes estelas, todo ello más visible gracias a una famosa «reconstrucción ideal» de Rick que a nuestra propia intuición. Y no podía ser de otro modo.

Al fin y al cabo, la ruina queda con su forma definitiva. Y las formas abortadas de estas primeras pirámides experimentales pasan a nuestra memoria como castillos deformes cuyos restos de majestad presiden la soberanía del desierto y se proyectan siempre indecisas, desenfocadas, tras la cortina de gasa que les antepone el jamsin. Son fortalezas del tiempo, en resumen.

Pirámide de Meidum.

HACIA LAS TUMBAS DE LA DEPRESIÓN

El peregrino, especialista en la poética de la destrucción, buitre presto a conmoverse ante la caída de los imperios más que en su auge, se detiene a meditar sobre la catástrofe. Y es que las últimas pirámides que jalonaron la ruta hacia El Fayum emiten un canto de muerte a la época dorada del Imperio Antiguo. Si su perfección marcó el apogeo indiscutible e indiscutido de los reyes-dioses y la inefabilidad del poder centralizado, hoy evoca un réquiem, más que un himno triunfal. A los reyes posteriores a la VI dinastía no les quedaron oportunidades de perpetuarse en monumentos de tan colosal reclamo. Se ha hecho particular hincapié en la crisis económica que asoló Egipto en las postrimerias del Imperio Antiguo. La dificultad de enfrentarse a empresas de tan alto coste se alza como una de las primeras evidencias de cualquier economía en estado paupérrimo. Pero también importa un problema de tiempo: los famosos cuarenta años que se emplearon en la construcción de la Pirámide de Keops son la garantía de un reinado longevo y seguro, desde cuya certeza la autoridad podía proyectarse a largo plazo. En la última dinastía del Imperio Antiguo, la VI precisamente, se sucedieron los reyes a tal velocidad que ni siquiera entre todos juntos dispondrían del tiempo físico necesario para plantearse una sola construcción de tanta envergadura. La velocidad de los cambios de la Casa Dorada —visión poética del palacio real— quedó registrada en la memoria popular con una tendencia al cambio que roza el absurdo: sesenta y cinco reyes en setenta y cinco días, asegura Manetón, recogiendo la leyenda dos milenios más tarde, desde la óptica analítica de las escuelas de Alejandría.

Existe un vacío pavoroso en este pedazo de la Historia de Egipto que sigue al gran aparato anterior. Pavoroso y actual. Época de anarquía que los historiadores han dado en llamar Primer Período Intermedio (2180-2060), no se limitó a socavar todo un sistema que, radicando en la centralización del Estado, había constituido la base más sólida de la seguridad egipcia: afectó incluso a la figura del faraón. ¡La invulnerabilidad de los mitos fue tocada de pleno! Los autores han apreciado este fenómeno en la estatuaria real: la soberbia majestad en diorita resplandeciente, la expresión serena, el rigor del dominio pleno sobre las dos tierras e incluso sobre los cielos, desaparecen en los retratos posteriores, las esculturas de la época de la crisis, que se convierten en galería granítica de monarcas preocupados, dolidos, exhaustos. La serenidad de quien todo lo puede se convierte en la preocupación constante de aquel sobre quien recae la carga más fatigosa.

Debió de ser el Período Intermedio un tremendo terremoto: la tierra se abrió bajo los pies confiados de los egipcios, y una gigantesca herida llegó a rajar incluso la unidad que había sustentado la fuerza del Imperio desde que el legendario rey Escorpión —quienquiera que este fuese— enlazó las plantas del Norte con las del Sur. Al desunirse Egipto de nuevo, las plantas rituales fueron a navegar en la anarquía, como aplastado por la espesura de los primitivos pantanos. Es lo que el señor John A. Wilson ha definido como «el aturdimiento y la desesperanza con que los egipcios veían el trastorno de su mundo, antes sólido y estable» (3).

¡Qué lejos quedaban, pues, las altivas pirámides del reino próspero! Al descentralizarse el poder real, le sucedieron unos traspasos de poder que fueron más allá de la muerte. (No podía ser menos tratándose de Egipto.) Como arrebatados de sus muros por un viento de ira, los textos de las pirámides, que habían sido privilegio exclusivo de los grandes reyes, pasaron a ilustrar los sarcófagos de los nobles. Y en lo que a todas luces parece una insolencia, algunos estudiosos han visto un proceso de democratización, y los más un avance de feudalismo que caracterizarían a las generaciones siguientes, cuando los nomarcas o gobernadores de los nomos usurparon el poder decisorio que, hasta entonces, perteneciese solo a la realeza divina.

Una cosa quedaba clara: pasadas las grandes pirámides, la inmortalidad se repartió en pequeñas porciones entre quienes antes se contentaban con ser enterrados alrededor de la tumba real y en aquella capital que fue sede del centralismo, en Menfis.

«Las cosas han llegado a un punto en que el país es despojado de la realeza por unos pocos irresponsables. Mira, ahora las cosas han llegado a un punto en que (los hombres) se rebelan contra el uraeus real... que pacificó a las Dos Tierras. La Residencia Real puede ser destruida por una hora...»

Así se lamentaba el que ha quedado como máximo testimonio de aquella degradación, el profeta Ipu-Wer, quien tomaba de generaciones anteriores el recuerdo alucinado del desastre. Un dato mítico constituyó la culminación de la alarma: las pirámides habían sido saqueadas, la eternidad profanada. Si no existía ya el respeto ancestral a la divinidad del faraón, a su culto, todos los descalabros eran posibles. Del faraón abajo nadie estaba seguro. Y con el símbolo, también se quebraba el eje de unificación del país, personificado en el apogeo de Menfis.

(3) John A. Wilson: *La civiltà dell'antico Egitto*, Arnoldo Mondarori Editore, Milán.

Con tales perspectivas, el profeta Ipu-Wer pudo continuar su canto al pesimismo en unas descripciones que evocan tanto el horror del vacío político y moral como una desastrosa situación de desenfreno cívico...

«Verdaderamente, el país gira ahora como en el torno de un alfarero. El ladrón es (ahora) quien se enriquece... Verdaderamente todas las criadas no emplean palabras de cumplido. Cuando su ama habla, molesta a las criadas... Verdaderamente, los caminos no están vigilados. Los hombres se ocultan entre los matorrales hasta que llega el (caminante) descarriado para robarle la carga y quitarle lo que lleva. Es tratado a golpes de estaca y muerto sin causa ni motivo... ¡Ah, cuando llegará el fin de los hombres no habrá más concepciones ni más nacimientos! ¡Entonces cesarían el ruido y las pendencias de la tierra! Verdaderamente, los hijos de los nobles son estrellados contra las paredes. Los niños (en otro tiempo) deseados (ahora) andan por tierra abandonados... Mira, las señoras nobles son (ahora) espigadoras y los nobles trabajan en el taller. (Pero) el que nunca durmió sobre una cama es (ahora) dueño de la cama... Mira, los que poseían vestidos andan (ahora) en harapos. (Pero) el que nunca tejió para sí mismo posee (ahora) lienzos finos. Si van tres hombres por un camino, pronto serán dos: el número mayor mata al menor... Todos estos años son de guerra civil: un hombre puede ser muerto en su (propio) tejado, mientras vigila las lindes de su casa...»

Hay en estas lamentaciones de Ipu-Wer y en las de otros profetas, como Nefer-horu, el retrato inquietante de una sociedad sacudida desde sus cimientos y en la que incluso la propiedad privada es puesta en la picota. En la última parte del texto, parece hablarse claramente de una revolución social: los ricos desposeídos por los pobres, las tierras usurpadas, la vida como precio de la propiedad. Y es posible que hasta que, más de mil años después, llegara la herejía de Akenatón, con su provocativa mezcla de innovación religiosa y reforma social; que hasta el estallido de este trueno sobre las baldías llanuras de Amarna, no conociese Egipto una tergiversación de valores tan apoteósica como la que clausura los fastos de esta primera parte del viaje.

Libro Segundo

EN EL EGIPTO MEDIO

EL PAÍS DEL LAGO

El viajero ingresa en la fogosidad del Fayum, dejando atrás el imperio de la muerte en el desierto: una muerte cuyo prestigio empezaba a navegar hacia el tedio. A pesar de la belleza de las grandes necrópolis, a pesar de la originalidad de las Pirámides de Meidum o Dashur, todo viajero precisa de un contacto con la vida. Y al llegar al Fayum, la vida se revela con tonos tanto más deslumbradores que los del Valle. Asoman vergeles exuberantes que tomaríamos gustosos por encarnaciones de los geniecillos lacustres. Y entre el verdor cambiante surgen, mueren, reaparecen multitud de pequeñas aldeas que dan al Egipto rural todo su carácter, toda su vivacidad inconfundible. Triunfa en delicada apoteosis el tópico del Fayum, que tan de moda estuvo entre los viajeros griegos y romanos. Y gobiernan definitivamente nuestra atención las tonalidades oníricas del lago Karum, el Moeris de aquellos clásicos. En invierno es como una gran plancha de acero clavada en la joroba de las dunas. En verano una densa oscuridad que se va prolongando en el brazo de agua que lo une con el Nilo. El Beni Youssef es este brazo. Río de José, para ser exacto. Recuerdo poco claro de los coptos, que este nombre le pusieron para relacionarle con el José bíblico. Imaginaron que fue él quien mandó abrirlo.

El viajero que se decide a ser práctico, el que aspira a conocer una realidad egipcia a la que ni siquiera se acercará el turista convencional, atraviesa El Fayum en automóvil, idea más que propicia para recorrer, después, todo el Egipto Medio en estrecha comunicación con todas sus facetas, mezclándose con ellas, devorándolas con intensidad. Repito que nunca alcanzará este trato íntimo el viajero que elige moverse por Egipto a base de vuelos domésticos. Ni siquiera el que se acoge a los cruceros fluviales, por lo menos tal como están organizados en la actualidad.

Hace un siglo, y acaso menos, cuando Thomas Cook empezaba a solidificar su monopolio turístico en Egipto, era posible fletar un barco desde El Cairo hasta Assuán, con posibilidades de visitar detenidamente toda la enorme extensión del Valle. Estos trayectos privilegiados podían durar hasta tres meses y de uno de ellos quedó un testamento extraordinariamente ameno: el *Viaje al Nilo*, del señor Gonzenbach. La decisión de alquilar un barco, tripulación incluida, para una familia de solo tres miembros acompañados por un «artista» cuyo lápiz inmortalizase las visiones del viaje y las pretensiones del anfitrión, todavía era en 1887 una experiencia factible en la economía de un teutón acaudalado. Hoy en día son escasos —si existen— los trayectos fluviales tan felizmente completos. En cuanto a alquilar los servicios de un artista, parece poco recomendable en plena prosperidad de las cámaras fotográficas, las filmadoras y el vídeo. Que, por cierto, causa ya grandes temores a las autoridades turísticas egipcias, perfectamente avisadas de las nuevas técnicas y los posibles abusos de sus usuarios tal vez dispuestos a comercializar sus grabaciones. En el año de 1982, filmar en vídeo las ruinas de Karnak costaba alrededor de cincuenta libras. Algunos se extrañan ante esta exigencia que nunca se planteó para una filmación en super ocho ni, huelga decirlo, para la fotografía (excepto en el caso de los museos). Se aduce una verdad considerable: el vídeo inspira la venta a canales privados de televisión, la piratería y otras formas de usufructo comercial del paisaje. Sépalo el viajero que vive sus sueños en época remotas y todavía confía en la virginidad del alma egipcia sin reparar en los grandes paneles publicitarios que ya anuncian los nuevos modelos de las multinacionales de la imagen. Ni en las tiendas de El Cairo, cuyos escaparates empiezan a mostrar los primeros catálogos de largometrajes en vídeo, destinados a lo que todavía constituye un grupo de consumidores privilegiados.

Con vídeo, cámara fotográfica o simplemente pincel en ristre, el viaje en automóvil constituye una de las formas menos alienadoras de pasear entre la realidad egipcia. Y pues serán pocos los viajeros modernos que se arriesguen a recorrer setecientos kilómetros a lomos de un borrico, alazán o camello —¡imágenes de siempre!—, el automóvil continúa ofreciendo la ventaja de mezclarle con el mundo que recorre, paso a paso, sabor a sabor. Y de este inmiscuirse, el peregrino obtiene más de un provecho.

Aunque se necesita gran valor para conducir por Egipto. Pues si el viajero no ha de temer que le ataquen furiosas tribus beduinas, como todavía podían temer los viajeros del siglo pasado, se verá en la necesidad continua de ir luchando a brazo partido contra este auténtico desaforo, esa furia, ese desmadre total que es el método egipcio. Y esto suponiendo que exista un método. Porque más bien parece una sucesión de caprichos que se desborda, que estruja todos los niveles de la circulación y los restituye en mil fragmentos dispersos y enloquecedores.

En Egipto el tráfico es solo un pretexto para una continua batalla campal, torneo de chatarra, ocasión para una lid espectacular, pero sumamente peligrosa. Los coches se acometen de frente, de lado, por detrás, sorteando camiones, tranvías, cabras, asnos, carros abarrotados de mercancías, niños que juegan, mujeres retozonas y alguna que otra gallina. Para no hablar del estado de algunas carreteras y el peligro de encontrarse completamente abandonado y falto de combustible.

Si la voluntad suicida del viajero no es más poderosa que sus deseos de continuar con vida, hará bien confiando en los coches de línea que, con todas sus deficiencias, pueden unirle con las principales ciudades del Egipto Medio y los contactos arqueológicos que tenía previsto establecer. Cuente, sin embargo, con dos calvarios poco soportables: los coches de línea son particularmente decrépitos y suelen acoger el doble de pasajeros que exigiría el más elemental sentido de la comodidad.

En tales casos el taxi privado suele ser una providencia que no agrava las economías en exceso. Aunque no por ello se vende al viajero la garantía absoluta de salvar la vida. Los taxistas egipcios suelen ser tan suicidas como la circulación que alborotan. Y el trato a que someten a sus vehículos suele constituirse en pasmo de varias generaciones de conductores educados en la prudencia. Y ni siquiera en una prudencia superlativa. Un mínimo basta para sentirse continuamente escandalizado y horrorizado.

La fertilidad del Fayum ha sido elogiada tanto por los especialistas en economía como por los cronistas clásicos con delirios de poeta. La Naturaleza parece desplegar aquí todo cuanto puede ofrecer en provecho. Pues una parte muy elevada de los productos agrícolas que Egipto consume, desde las épocas más remotas, proviene de esta región. Y emergiendo entre el esplendor vegetal, las aguas del lago Karum vuelven a cambiar de aspecto, como si quisieran obsequiar al extranjero con continuas mutaciones de su hechizo. Al atardecer, las aguas se han convertido en un espejo cóncavo que al reflejar la cúpula celeste la devolviese convertida en un manto de nácar, arrancado de mil leyendas.

Y no es exagerado el tópico que gusta comparar al Fayum con un vasto oasis surgido de la nada, pues la vega que lo circunda está a su vez encerrada entre las arenas del desierto líbico. Y este luce con una pulcritud sahariana, como una alfombra negada a los escollos de rocas y peñascos que, en la orilla opuesta, cruzado el gran Nilo, van jalonando el desierto oriental, abrupto y tosco en su camino hacia la Tebaida.

Tiene el lago Karum una historia que los colonos griegos supieron hacer suya, por admiración en primer lugar, pero también al repoblar sus principales ciudades, que pasaron a ser los más importantes centros del helenismo egipcio, después de Alejandría (y nunca sin su inspiración). Este proceso de colonización cultural, importantísimo, va surgiendo como una espléndida floración por todo el Egipto Medio, y lo recuerdan los nombres con que fueron rebautizadas las principales ciudades que se encontraban entre El Fayum y Assiut. Nada tan cautivador como ese rosario de nombres fantasmas, como surgidos de una batalla de titanes en la que Apolo vence por puntos a Horus, obligándole incluso a calzarse sus sandalias, a disfrazarse con su chitón olímpico.

De entre la muerte de los grandes centros faraónicos surge continuamente el eco de esos nombre que fueron a morir bajo el mismo olvido: Afroditópolis, Ankyrómpolis, Panópolis, Owyrrinkhos y, naturalmente, Heracleópolis y Hermópolis, tan descomunales en importancia que fueron declaradas magnas.

El lago atrajo siempre a las grandes corrientes culturales. E incluso desde mucho antes que en Egipto se pronunciase cualquier cultura, despertó en sus habitantes la necesidad de acceder a la civilización mediante su dominio. Al igual que el Nilo, la doma del lago Moeris ayudó al hombre egipcio a encontrar sus primeras señas de identidad.

Antes de los tiempos históricos, el lago Moeris se encontraba a unos veintidós metros por debajo del nivel de mar y su extensión era mayor de lo que es actualmente. Sus márgenes eran entonces ciénagas enmarañadas por una vegetación salvaje. Y estaba habitado por una fauna pintoresca que ha ido emigrando hacia el Sudán, molesta por la destrucción progresiva de su medio ambiente. Eran aquellos animales que siempre hemos considerado típicos de la fauna egipcia: en especial el hipopótamo y el cocodrilo.

Muchos cocodrilos debieron de poblar las aguas del Fayum, tanto en el lago como en el río. Esos saurios tuvieron un culto importantísimo en la región, y lo dejó bien sentado el nombre griego de su ciudad principal: Cocodrópolis. Fue más que un toponímico: fue un renombre y un mito. Renombre porque incluso durante el período de la dominación romana acudían los viajeros selectos a contemplar cómo los sacerdotes alimentaban a los cocodrilos sagrados. Las estampas de este tipo de visitas recuerdan a la de cualquier zoológico moderno. O a los turistas que se complacen en asistir al revoltijo de cientos de serpientes en algunos criaderos del Sur de Asia.

Y mito fue el cocodrilo fayumense porque se le sacralizó y tuvo a su cargo algunos patrocinios de envergadura: cuidó de la procreación y en algún lugar concreto, como la lejana Kom Ombo, se le atribuyó nada menos que la creación del mundo. Tal vez por ello su representación no quedó terrorífica, sino casi amable. Ciertos retratos de Sobek parecen de chiste. Como deben de serlo sus lágrimas entre sonrisas.

Divino fue Sobek, el cocodrilo, tanto en El Fayum como en Kom Ombo. Pero no parece que le mirasen con idénticos ojos todos los lugares de Egipto, si hemos de creer los apuntes de Herodoto: «Para unos egipcios el cocodrilo es sagrado, para otros no lo es. Estos le tratan como enemigo.» Pero además el clásico nos aclara que cuando la bestia resultaba adorada, lo era hasta extremos delirantes. Así, en el lago Moeris, cada habitante criaba un cocodrilo y lo cuidaba con esmero mientras vivía. Al morir, lo embalsamaban y enterraban en sepulcros consagrados.

Que cada habitante del Fayum criase su propio cocodrilo parece, más que exagerado, inaudito. Pero aun descontando el grado de exageración, tan típico de los reportajes «de oídas» de Herodoto y otros viajeros griegos, lo cierto es que el culto fue muy próspero, por lo menos en los grandes templos. Y debió de contener un punto muy arraigado de temor ancestral, pues de los muchos atributos con que puede revestirse el cocodrilo no se me antoja que el de la simpatía sea el más destacado. Y como la laberíntica mitología egipcia siempre tuvo soluciones para todas las emergencias que puede proponer Natura, cada uno consideró a la divinidad según las conveniencias de su terror. Y al verse en otras provincias que el cocodrilo no era tan propicio como lo pregonaban los fayumenses, intuyeron en él a un dios turbio y le nombraron compañero de fechorías del perverso Set, el Tifón de los griegos.

Por fortuna, en El Fayum pudo más la mano del hombre y sus industrias que cualquier maldición de las divinidades maléficas. Set quedó en señor de los desiertos estériles o en calidad de patrono —pero sorprendente— de alguna ciudad más temerosa que las otras. En El Fayum se avanzó poco a poco hacia un rechazo absoluto de la destrucción. El reto de la Naturaleza fue recogido y contestado. Los inmensos recursos de las tierras del lago no pasaron desapercibidos para los primeros faraones. Por muy poéticas que resulten las escenas de caza y pesca en los primitivos pantanos, la administración de entonces —y de tantos entonces a partir de aquel— no se conformaron con una utilización tan poco práctica.

Desde los tiempos predinásticos, el afán de supervivencia de los hombres de Egipto luchó por convertir lo catastrófico en provechoso dios de fecundidad. Se obró con el lago Moeris igual que con el Nilo. Todavía hoy existen restos de diques y canales construidos hace más de cuatro mil años. La determinación del hombre llegó a influir incluso en el paisaje, pues se nos dice y repite que no siempre fueron los márgenes del Nilo como los conocemos hoy: que gran parte de su vegetación es un producto artificial; la creación de un edén ordenado partiendo del desorden primordial de la Naturaleza. Así el lago Moeris.

¡Desesperado intento del hombre para sobreponerse a la adversidad inicial de toda vida! En el paso que va del cazador al campesino, del hombre nómada al hombre estable..., ¿cuándo empezó el egipcio a darse cuenta que la peligrosidad de los grandes pantanos podía redundar en su propio beneficio? En este recuerdo que también nos pertenece, los milenios se mezclan con un desorden pavoroso. En el futuro, solo el mito sacaría luz de esas tinieblas. ¿Acaso la magna leyenda de Osiris no esconde el recuerdo de algún jefe primitivo, que enseñase a sus contemporáneos las primeras artes agrícolas? Su resurrección permanentemente renovada es un homenaje a la vida que regresa cada año, como la fiesta de primavera que, todavía hoy, lanza a los campesinos a la calle, vestidos con sus mejores atavíos, entonando sus cantos más exultantes...

Al enfrentarse a la vida, dejando atrás la muerte eternizada por los sueños de la arqueología, la aparente prosperidad vegetal del Fayum propone de continuo la urgencia de sus habitantes. Esta urgencia es dramática: es la necesidad de sobrevivir a cada momento, pura y simple. El viajero puede tener alma de arqueólogo, de etnógrafo, de folklorista o de antropólogo, pero al descubrir lo acuciante de las relaciones entre el *fellah* y la tierra, incorpora a la disciplina que traía consigo la inmediata necesidad del sociólogo. El Egipto rural le golpea con su inmediatez. ¡Lejos quedaron ya los faraones!

El campesino que trabaja su pedazo de tierra con un arado rústico, la mujer que transporta los más pesados haces de cebada; los niños que a partir de los siete años se encuentra incorporados a los quehaceres del labrantío, todos parecen unirse en una sola imagen de fatiga, de existencias extenuadas al margen de cualquier concesión a los dioses del pintoresquismo, a los manes de la tarjeta postal.

Ya informado de tanta lucha, el viajero se pregunta qué sería del campesino moderno, si la técnica que sus antepasados supieron perfeccionar se hubiese detenido en un punto muerto hace tres mil años. Es indudable que a pesar de todos los atavismos que la fiebre neorromántica tiende a agradecer, la agricultura egipcia ha tenido que ponerse al día constantemente, integrándose a las necesidades de cada generación. Así ha sucedido con algunos productos de vital importancia para la economía del país, como el algodón y la caña de azúcar. Aunque se les asocie con los campos egipcios desde siempre, estos cultivos no tuvieron la importancia que hoy se les otorga hasta la época de Mohamed Alí (el fundador de la destronada casa real egipcia e impulsor de la modernización de Egipto, lo cual, a principios del siglo XIX no era un esfuerzo leve.)

El romanticismo más arraigado tendrá que ceder ante los nuevos milagros de la técnica, que aun estando en sus pañales han ido cambiando el ritmo de las crecidas del río, han dictado nuevas leyes, nuevas seguridades, ampliado las cosechas y concedido unas garantías mínimas de regularidad. Así, la conocida proposición de Toynbee sobre el reto del medio ambiente y la respuesta humana a este reto, encuentra siempre su máxima definición en la historia de Egipto y la relación de sus habitantes con el Nilo. Ya no hay que contar solamente con los canales de irrigación, algunos de ellos milenarios, sino también con los diques, auténtica obsesión de los gobiernos responsables de Egipto, en el intento de conseguir un mayor equilibrio entre las fuerzas de la Naturaleza y su aprovechamiento. Si de esto ya se cuidó, como he dicho, algún faraón —y por hacerlo pasó a divinizarse en la imaginación de generaciones posteriores—, están también las grandes presas, que ya se impusieron como necesidad primordial en la época de Mohamed Alí: y aun siendo las de Assuán las más famosas —tanto la primera de 1909, como su ampliación contemporánea, en el gigantismo del Lago Nasser—, existen en Egipto otras cinco presas de gran importancia, destinadas a controlar la distribución de las aguas del Nilo. El Alto Egipto cuenta con las presas de Esna, Nag Hammadi y Assiut. Al norte de El Cairo se encuentra otra doble presa. Y las aguas del Delta son controladas por la de Zifta, en el brazo de Damieta.

Estas obras de la tecnología moderna han contribuido a mejorar las condiciones de vida del campesino egipcio, aun cuando alguna de ellas, la de Assuán especialmente, ha planteado una serie de problemas que habrían resultado inimaginables en los siglos, largos siglos, en que toda la vida agrícola del Egipto dependía de la crecida anual de su río. El señor Arpag Mekhitaran proporciona algunos datos fundamentales a este respecto:

«En otro tiempo la prosperidad del país dependía de las crecidas del Nilo. De junio a setiembre se inundaban los campos y cuando el agua se retiraba dejaba en las tierras una capa de limo fértil. Se ha calculado que este depósito era de cerca de un milímetro por año. Gracias al control ejercido sobre el Nilo su caudal puede ya regularizarse de octubre a mayo. Durante la estación de la crecida se abren las compuertas de las presas y el agua sube pero sin invadir enteramente las tierras. Desgraciadamente, una parte del limo que antes enriquecía el suelo se desperdicia yendo a parar al mar. Lo reemplazan los abonos químicos: constituyen una necesidad vital para esta tierra que no conoce el reposo. El campesino egipcio es un gran consumidor de nitrato de Chile. Emplea asimismo abonos naturales, como los excrementos de las palomas criadas en masa o también el trébol, cuyo cultivo permite regenerar el suelo gracias al azote que fija esta planta...» (4)

La cuestión del desperdicio de fuerzas naturales se revela todavía más acuciante en las polémicas, constantes y furiosas, surgidas desde la ampliación de la presa de Assuán con el añadido fenomenal del Lago Nasser. Mucho se ha hablado de alarmante desequilibrio ecológico, cambios en la atmósfera e incluso amenaza de muerte para los restos arqueológicos que tanto amamos y cuya supervivencia se debía a la extraordinaria sequedad del Alto Egipto, amenazada por un proceso de humedad desconocida durante siglos y provocada hoy por la famosa presa.

Pero estábamos todavía en El Fayum, íbamos a adentrarnos en el Egipto Medio, ninguna imagen de los verdes campos nos recordaba en absoluto la irrupción de la técnica y sus problemas...

La mentalidad demasiado urbana del viajero se encuentra incapacitada para ordenar los elementos que el campesino egipcio ha ido añadiendo al paisaje a lo largo de los siglos. Cuando esperaba encontrar densos boscajes de cañas y papiros, matorrales impenetrables emergiendo entre el lodo del lago o en los márgenes del Nilo, se produce un desfile de bellezas meramente utilitarias, realidades económicas imprescindibles. Busca el viajero poesía en los cultivos egipcios,

(4) Arpag Mekhitaran: *Introduction à l'Egypte*. El Cairo.

y encuentra urgencias acuciantes. Los arrozales del Delta, los campos de maíz y cebada en el Egipto Medio, las plantaciones de caña de azúcar en Luxor o Abydos y, por doquiera, esos palmerales de enhiesta ondulación que diríanse ideados para el placer del espectador occidental, pero que con su gran variedad de dátiles exportables (setenta y dos, dicen) abandonan la función que juzgamos ornamental, pintoresca, y se constituyen en otro de los provechos prácticos de la realidad egipcia.

Pero la poesía renace porque el alma del viajero sabe de disfraces adecuados. Valoriza los aspectos espectaculares de cuantos elementos constituyen para el egipcio una dramática necesidad cotidiana. Y así va surgiendo a cada paso la contradicción típica de los países subdesarrollados; todos los intentos de modernización del país —y son muchos intentos— chocan continuamente con imágenes atávicas, negadas no solo a la industralización última, sino a los progresos más elementales de la técnica agrícola.

Seguramente no se ha exagerado al afirmar que la vida del *fellah,* sus instrumentos, habitáculos y costumbres no difieren en exceso de las de sus lejanos antepasados. Estas comparaciones entre las formas del ayer y su conservación en las estructuras de una sociedad moderna han dado lugar a una abundante literatura, a veces demasiado fácil y, sin embargo, de una veracidad absoluta. ¿Durante cuántos siglos se habrá utilizado en estos campos el *sahiek,* artilugio para la extracción del agua, y que consiste en una noria provista de varios cántaros que se introducen progresivamente en el río o el canal y regresan llenos a la superficie? ¿Y aquel otro tipo de noria, todavía más simple, cuya rotación arrastran pausadamente asnos, bueyes o camellos inseparables del paisaje egipcio? Y el *chaduf,* instrumento que según una conocida enciclopedia era utilizado también en Catalunya, concretamente en el Alt Empordà, donde resido. Pero como el testimonio enciclopédico data de 1913, es posible que desapareciese de las comarcas gerundenses antes de que empezase mi tiempo de vida. En todo caso, nunca lo he visto, y solo a Egipto permanece asociado mi recuerdo del *chaduf,* con su perfil inconfundible: dos postes hacen las veces de caballete para sostener a un tronco sobre cuyo eje oscila una larga pértiga a cuyo extremo posterior se ata una piedra lo bastante pesada como para servir de soporte. Al otro extremo va atado un recipiente que, al hundirse en el Nilo, recoge el agua, segunda vida para el *fellah.*

Aunque la comparación vuelva a ser fácil, casi banal, es imposible sustraerse al recuerdo de las pinturas y relieves antiguos que presentan la utilización del *chaduf* en tiempos faraónicos. Lo mismo podría decirse del *mihrat,* que no es sino un arado de forma muy primitiva: lo compone una pieza de hierro de tres dientes que se van hincando lenta y sucesivamente en la tierra, cavándola y removiéndola a un tiempo. Y nada mejor para remontarse a la época inicial de toda experiencia agrícola que las grandes ruedas de agua privativas del

Fayum: emiten un ruido tan curioso como el que el viento debía de arrancar a los colosos de Memnón, en Tebas. Era inevitable que ambos sonidos ingresasen en la leyenda, cuando no en la poesía. Y poéticamente, el ruido de las ruedas del Fayum ha sido relacionado con gemidos humanos que se perdiesen en la agonía del atardecer.

Egipto continúa jugando con los sentidos de sus devotos. Les engaña como una mala mujer o un efebo demasiado coqueto. Emplea sus melindres en continuos malabarismos, integrando el presente a un pasado ideal, perfecto en su identificación con los relieves de los muertos. ¡Y Egipto miente! Pues aunque en muchos momentos la identificación sea real, en otros se efectúa con productos de implantación relativamente moderna. Y tan grande es la magia del cielo egipcio, que ilumina a lo antiguo y lo moderno con un mismo foco. Lo moderno ha llegado a identificarse de tal modo con el paisaje egipcio que lo juzgamos de procedencia ancestral.

Pero todas esas tretas no afectan a la perfección de la imaginería que fue creando nuestro sueño. Los cultivos se multiplican en un soplo de vida rotunda pero que la Naturaleza podría destruir, deshaciéndola en un polvillo que fuese a mezclarse con los gemidos de las ruedas de agua. Y ante este presentimiento, más allá de la bruma verduzca que forma el perfil de los cultivos, la franja del desierto insiste en su robusta permanencia. Pero retrocede sobre sí mismo. El desierto mortal regresa a su lecho ardoroso. Y las diminutas olas que forman las dunas son sustituidas por el mar onduleante de la alfalfa o el trigo.

Egipto ha vuelto a hacer trampas. Él mismo se ha convertido en espejismo de un instante, podría parecer un prado suizo perfectamente sereno, civilizado, sometido a un orden inmutable y acaso insulso.

Presunción que de nuevo es engañosa. Juzgado desde el vasto horizonte egipcio, el orden de Occidente queda como un proyecto artificial; perfecto, pero sin alma; implacable, pero con la única seguridad de los buenos aparatos de relojería. Todo lo contrario de Egipto, porque aquí el orden alcanza un sentido cósmico, una trascendencia divina —cualquiera que sea el significado de las ignoradas divinidades del mundo—, una tendencia a lo esencial que ayuda a creer en principios dictados por las fuerzas básicas de la Naturaleza. Por alguna razón que se decreta desde el sentido mismo del espacio, en los campos y desiertos de Egipto sé con certeza que el mundo tuvo un comienzo y que tendrá un final.

Juguemos siempre a los engaños, pues son supremos. ¿Qué importa si es reciente o antigua la expansión de ciertos cultivos? Si la flor de algodón se deshiciese en una nube errante, la mirada, al seguirla girando sobre sí misma como en una panorámica cinematográfica, asistiría a una continua reencarnación de espectros, cual si la nube de hoy aceptase solidificar cuerpos y almas que habían permanecido agazapados durante siglos en el interior de las flores. Y estos espectros, al desfilar en una comitiva celeste, nos irían mostrando la expresión egipcia genuina preservada a cada momento. Y no solo en el desierto, no solo en las tumbas.

Allende los cultivos, a veces entre ellos, surgen distintos palomares que diríanse rascacielos premonitorios, cucuruchos desiguales levantados sobre el talud tostado que forman las casas del campesino. Estos edificios —si así puede llamárseles— siguen pareciendo retoños pobres del pilón de los grandes templos, o reproducciones anémicas de las mastabas. Con el colorido típico de sus antepasados, por supuesto: la quemada acritud del adobe, la negruzca amalgama del fango ese que da a los márgenes del Nilo su apodo y su carácter, los techos de paja embravecida, a guisa de penachos o sombreros contra el sol.

Pero aun en esas casas modestas, partiendo de materiales absolutamente rudimentarios, el genio egipcio rescata del olvido antiguas artesanías y recupera, en sus muros, todo un arte de la narración. Aparecen los dibujos más encantadores, las historietas más ingenuas destinadas a dejar fe de una experiencia primordial: el viaje a La Meca de todo egipcio pío.

Una vez más a lo largo de los milenios, el egipcio enlaza con sus antepasados a través de un sueño religioso. Y aunque sea de signo completamente distinto —no hay que olvidar que estamos en el Islam—, el sueño vuelve a servirse de la pintura como de un arma contra el olvido. O acaso como un certificado de buena conducta. Pues es sabido que viene obligado el musulmán a efectuar su peregrinación a La Meca por lo menos una vez en la vida. Después, regresa al Nilo sintiéndose más purificado, y pinta su viaje en la fachada, para información de la vecindad, para gratificación de sí mismo...

A guisa de combinado efervescente, los siglos y las religiones se unen en esta idea del peregrinaje. El que se efectuaba en tiempos faraónicos a la sagrada Abydos, el que solicitaba como destino los toriles sagrados de Menfis, el que dicen los coptos siguió la Sagrada Familia cristiana por los senderos del Delta, hasta encontrar para su cobijo un árbol convertido en postal turística, y, en fin, el periplo que decretó la fe islámica, por los senderos abruptos que, atravesando la Tebaida, conducían al Mar Rojo...

¡Cuán encantadores, los murales que se ofrecen a lo largo de todo el Nilo! Semejan historietas fantásticas que ya nada saben del arte de los antiguos, porque ha pasado por ellos la expresividad islámica, dominándolos completamente. Es importante la representación pictórica de la Ciudad Santa, supremo fetiche, pero todavía más los medios de locomoción de que se ha servido el creyente. Debe de haber una sonrisa fija en los labios del Profeta al ver reproducidos con tanto amor los edificios de La Meca, y como una mancha intensamente negra, la gran piedra santa, la kaba. Pero también tendrá el profeta una mueca de agradecimiento al comprobar las fatigas del peregrino, que para esto fueron expuestas en el recuerdo. El avión, el tren, el barco se adhieren a la imagen ancestral del peregrinaje: el recuerdo de cuando se utilizaba el camello. ¿Podría ser de otro modo, tratándose del genio egipcio? En las cavernas de eternidad, el artesano al servicio del faraón dejó constancia de todos los tics de su tiempo: oficios, diversiones, mitos religiosos, herramientas o animales. Ahora, abriéndose al sol como un anuncio público de la idiosincrasia del propietario, esas pinturas dan testimonios de las adiciones modernas a la vida rural. Y así, una serie de vehículos que solo era pensable encontrar en la iconografía de Occidente, se transfiguran, se convierten en juguetes encantadores imaginados por el candor de un niño.

Y junto a los trenes, automóviles o aviones que sirvieron para la gran peregrinación, se desarrolla una exhibición de imágenes de la mitología musulmana, personajes de leyendas o procedentes del dogma, animales inseparables de la vida del campesino y... muchas flores. Infinidad de flores que surgen de jarrones naturales, deslizándose después por la fachada en forma de cenefa suntuosa, como si toda la riqueza floral de Egipto quedase disuelta en colores procedentes de la tierra.

En un país que ha prostituido su artesanía popular hasta extremos escandalosos, la vitalidad de esas pinturas no puede dejar de maravillarnos. Por fortuna no estamos ya en El Cairo ni en las zonas turísticas, donde los esplendores artesanales de ayer han quedado encerrados en urnas de plástico. En las cuatro mil diminutas aldeas del Valle continúa latiendo el candor popular; la capacidad de ensueño todavía se ofrece en predominio, como un imperio del espíritu reflejado después de mezclarse en ajetreos cotidianos.

Y mientras el viajero prosigue su ruta hacia Medinet el Fayum (una capital de escasas calidades), la vida de los campos impone su verdad, y él la apura con un fervor inusitado. Sabe que a alguno de esos lugares no ha llegado demasiado tarde.

O por lo menos no completamente. Que todavía puede ser fuente de leyendas la configuración del pueblo de Sennuris, parecido a una fortaleza prehistórica que separase la roca de las flores; y la aglomeración de palmeras, ciñendo la cúpula que a su vez corona la tumba de algún santón musulmán, o el minarete deforme de la mezquita más rústica, forma ideal y, por su misma rusticidad, inacabada. Siempre hay una aura de palomas que regresan a sus rascacielos. Y la imagen es un bálsamo.

En el límite de los cultivos, casi al borde del desierto, irrumpe una fantasiosa cabalgata de camellos. Sus jinetes, de tez cubierta contra las inclemencias del sol, son esos niños envejecidos prematuramente, por los trabajos a pleno sol. Pero al aparecer entre las cortinas del viento, diríanse jóvenes guerreros que escaparon a la matanza. ¿Tiene el camello órdenes de realzar su belleza? Gracias al *sfumatto* del viento, no aparecen callos ni rugosidades en las largas patas de las bestias. Se mueven como en un ballet perfectamente ritmado, trote indeciso, altivo, a guisa de un sueño que filmamos a cámara lenta. El camello recupera aquí su majestad; una actitud noble, orgullosa, muy distinta de la resignación, del malhumor con que reposarían sobre sus patas dobladas en la gran explanada de Gizeh, a la espera de los turistas que desean presumir de pintorescos.

El daguerrotipo de pintoresquismo en el quehacer diario de los campesinos de Egipto se presenta con tanta dignidad que es imposible resumirlo en viles estampas de almanaque. Ropajes rústicos ondean bajo el viento abrasador del mediodía y se levantan con el frescor del atardecer, cuando el mundo regresa a la aldea. Es como una danza de galabeyas, esa prenda escueta, esencial, que algunos campesinos del Alto Egipto saben mantener con una limpieza milagrosa que acentúa la nobleza de sus facciones. O el *milayah* tan característico de las campesinas: el largo velo negro, a prueba de tiempos, uniforme que las cubre de la cabeza a los pies, dejándolas en sombras de rigor perenne, destacando sobre el rigor original de las montañas desérticas o mezcladas entre el verdor del Valle. Y en un contraste espectacular como las pinturas en los muros de las casas, la explosión de colorido en los vestidos de las niñas que corren tras el viajero. Son vestidos de estampados casi locos, en la acumulación de todos los colores...

Según cada región, la imagen inicialmente ascética del campesino puede llegar acentuada por algunas notas de exotismo, peculiaridades distintas en los maquillajes —si los hay— o en algún aditamento suntuario —si se encuentra. Pero esas pequeñas coqueterías son más propias del Alto Egipto, y en esto pueden destacar las joyas de alguna campesina nubia, o las mujeres de los oasis del desierto líbico.

Pero estos signos distintivos contribuyen a introducir al viajero en un tema que no tenía previsto: el conglomerado de las distintas razas de Egipto. Variedad que incluye las que vivieron en el pasado y las que colisionan en el presente. Crisol heterogéneo, fascinante, que combina desde el tipo arabizado de El Cairo a las cinco razas que desde siempre convivieron en Alejandría —ciudad ovillo—, para complicarse todavía más con el impacto negroide de los nubios. Pero aseguran los libros que el único heredero del egipcio antiguo es el *fellah*. A su aislamiento, a su continuo contacto con la tradición debería la conservación de unos rasgos étnicos tan prestigiosos. Y en sus facciones finísimas, en sus ojos abismales, se nos va apareciendo un crisol del Egipto de siempre.

Esos rasgos, esos ojos, sorprenden y enternecen a un tiempo porque representan el reencuentro con la muerte que se empeña en superar sus propios designios; muerte que quiere ser vida prolongada mucho más allá de los siglos; superación de este mundo de antigüedades que ya solo son polvo que llama al polvo. Extraña melancolía de un sueño natural. Miembros de extrema elegancia, de sutil elasticidad. Color dorado que puede tener tonos de noche joven. Encarnación e historia auténtica de todo un país. No de uno de sus períodos. No de una de sus tres culturas. Egipto entero. Su paisaje, sus sonidos, sus colores, su muerte.

¿Muero yo mismo, cuando intento describir el rigor absoluto de los rasgos de un campesino del Alto Egipto? Muchos escritores con ínfulas de antropólogo han patentizado su asombro ante la preservación de un pérfil único, milenario, que parece cobrar vida escapando de la clausura de los relieves antiguos, reintegrándose a los quehaceres de la vida en el Valle. Pero cualquiera que fuese mi ensoñación y la de muchos autores antes que yo, lo cierto es que el *fellah* es efectivamente el descendiente directo del egipcio de las pirámides. Son de origen hamítico, y constituyen un 80 o un 90 % de la población actual. Datos escuetos, de enciclopedia o guía ilustrada, que no dan idea del impacto que el físico del *fellah* produce en los viajeros sensibles. La preservación de los rasgos étnicos clásicos —esos contra los cuales despotricó Winckelmann— presentan unas características fundamentales e inconfundibles: el cráneo ligeramente alargado; una idéntica, elegante largura en el óvalo facial; la frente ancha, espaciosa; la estructura cuadrada de las espaldas, que en la primera juventud dibujan una especie de triángulo invertido, que fuese a terminar en una cintura finísima... Y en este conjunto sumamente equilibrado, perfiles severos, rectilíneos, casi esculpidos sobre la carne con un cincel precioso. Y ojos inmensos, que son al rostro del egipcio lo que el horizonte es a su paisaje: regla dorada que domina toda su expresividad, y la condiciona.

Estas características del *fellah* se repiten en el elemento copto de la población, que reclama como nadie su candidatura a la verdadera y única descendencia del egipcio primitivo. Y es cierto que incluso en la mezcla de las grandes ciudades, o especialmente en ella, la pureza étnica de los coptos destaca como otro islote de supervivencia, debida seguramente al aislamiento y al culto aferrado a su propia tradición. El mundo copto es una de las parcelas más misteriosas del gran misterio egipcio.

Otras razas colisionan en el Valle, en los desiertos, en las grandes ciudades: «los beduinos de origen árabe habitan en el Este, los de origen libio o berebere al Oeste y los bicharins de Nubia, que son poco numerosos (unos 100.000). Apartir de Assuán, están los nubios negroides. También existe una minoría de ciudadanos egipcios de raza negra y origen sudanés. En revancha, se encuentra en Damiette una raza muy blanca, de tipo semita y probablemente de origen sirio-libanés. Entre los naturalizados hay que mencionar sobre todo a los levantinos (sirios, libaneses, griegos, etc...) a los judíos y a los armenios».

Seguramente esta mezcolanza de ciudadanías pertenece más a la bastarda Alejandría, que ya nació bajo el signo de la ubicuidad y el equívoco. Al descender por el Valle, al sumirse entre el fango de sus aldeuchas, continúa imperando el tipo ancestral; y a él se remiten los sueños reconstructores del viajero, y a él aman.

¿Puedo eludir la idea de una victoria sobre el Tiempo, cuando en el corazón del Valle tropiezo con la plenitud de la belleza antigua, tantas veces entrevista en las pinturas, los relieves o los prodigios escultóricos que han acompañado mi aprendizaje? Me asalta una reacción demasiado ingenua. Buscaba al hipopótamo que inspiró delicadas miniaturas en lapislázuli. Temblé ante la posibilidad de encontrarme ante Sobek el cocodrilo, o con Sekmet, la diosa de la cabeza leonina; esperé con horror la aparición de la terrible cobra que al convertirse en *faienza* fue a adornar la doble corona de los grandes reyes... ¡Cuánta flora, cuánta fauna fui a buscar donde ya no existía!

¿Qué decir, cómo reaccionar cuando un ejemplar humano de aquella magnífica raza de los jeroglíficos llega hasta mí para anunciarme que no todo ha muerto en Egipto? Pero la aparición se produjo en toda su magnificiencia, imperturbable al paso de los tiempos. Llegó entre rocas ideadas para escondite de mártires, bajo el sol que debió de ser flagelo de tímidos atletas nubios. Y continuaba cantando los salmos a la eterna fecundidad del egipcio.

El que ha recorrido las montañas de Tebas sabe que no existe belleza más dramática a la vista. Tal vez porque la violencia de la soledad esconde un pasado que provoca con más incógnitas que certezas. Tal vez porque el equilibrio de la Nada se pronuncia más asumido, al ser las montañas de los grandes muertos. Ya no es el telón de fondo del sueño, sino de la meditación y el silencio. Otro planeta.

Difícil resulta sustraerse a la tentación de la literatura —incluso de la peor—, cuando un soberbio ejemplar humano, reminiscencia de los mejores mitos del pasado, se proyecta ante aquel decorado único. Y a la majestad del silencio opone una juventud que diríase impertérrita al paso de los milenios y a la agresión de cualquier bastardía étnica.

Pero las apariciones con categoría de mito llegan sin aviso previo, se revelan clamorosamente, como un estallido de luz capaz de despertar a un viajero tan poco observador como lo era yo aquel enero de 1968. La fecha es importante para explicar la soledad inhabitual y la desesperación impuesta por una circunstancia adversa: la de la guerra otra vez.

El lugar era Deir El Bahari, visión única, rotunda, auténtico ceremonial de líneas horizontales que van a encerrarse en el hemiciclo rocoso que sirve de contrafuerte el templo de Hatshepsut. Sus terrazas se abrían como láminas de acero en las que el sol despertaba reflejos hirientes. A causa de la guerra no había turistas, y los obreros que trabajaban en la recostrucción de la segunda terraza del templo o en la cercana necrópolis del Assassif, abandonaban ya sus trabajos por la inclemencia del día. Cuando se ha visto Deir El Bahari en el privilegio de esta soledad, no se olvida nunca. Y se hace doloroso recuperarlo en la actual avalancha de turistas.

En tales circunstancias los guías y vendedores de *souvenirs* ofrecían sus servicios a gritos desesperados, casi abalanzándose sobre los escasos turistas —que se asustaban—, y a veces peleándose entre sus propios colegas. Parecían hablar de agonía.

Surgió entonces la aparición. Un adolescente de atuendo miserable (una *jartila* particularmente sucia y raída) pero impecablemente limpio en los miembros que lá prenda dejaba al descubierto. El contraste era deslumbrador. Y su irrupción maravillaba, porque desde un principio sus rasgos tuvieron algo de museo vivo. ¡Un cadáver andante que surgía del hambre para hablar del esplendor de ayer! Si las facciones eran faraónicas, la esbeltez del cuerpo recordaba a la de cualquier trabajador idealizado en las viñas de las tumbas de Kurna. Sin embargo, no producía el efecto de un subordinado. Ni a dueño, ni a trabajo, ni a ley. Era el imán que atraía la tristeza de los demás vendedores, pero la ascendencia real triunfaba por encima de la necesidad; y, más allá de la venta humillante a que se veía impulsado por las circunstancias, destacaba una nobleza insólita, como yo no había visto en mujer u hombre alguno de los grandes centros urbanos. Sin ceder un ápice en su categoría, me mostraba una mediocre imitación de estatuilla de Hatshepsut. E invocaba al espectro de la miseria con cuatro giros ingleses muy mal pronunciados, que habría robado en la conversación de algún viajero distraído...

—*Boy hungry...! Boy hungry...!* —repetía.

Cuanto acabo de afirmar, y todo cuanto afirmaría, corre el riesgo de ser tomado por tópico o a guisa de devaneo folklórico; pero me arriesgo y permanezco en la afirmación de que la belleza del adolescente (ni siquiera un campesino, simplemente un parásito) era precisamente una belleza de supervivencia, como si a lo largo de los siglos todas las generaciones de su linaje se hubiesen resistido a cualquier contaminación, incluso a la del aire, que en las fábulas deshace los cadáveres, convirtiéndolos en polvillo.

Y el resucitado, el dominador de los sentidos, continuaba pregonando su cantilena (*Boy hungry! Boy hungry!*) E iba rebajando desesperadamente el precio de la baratija que me ofrecía. A lo que comentó uno de mis acompañantes:

—Créame, joven. No la compre. Debe de ser falsa. Mejor dicho: tiene que serlo.

Miré con cara de pocos amigos a la señorona norteamericana. Ante escenas de desesperación como la que el adolescente ofrecía, la petulancia del dólar no podía resultar más insufrible.

—Su consejo es gratuito, madama. Nunca esperaría que fuese menos falsa que la falsedad misma.

—Pues entonces perdemos el tiempo —dijo la otra—. Siempre se pierde con esta gentuza. Son pura bazofia.

Mirar al adolescente después de escuchar los rebuznos de aquella exacta representante de la estupidez yanqui, constituía casi un insulto. Pero no podía dejar de atenderle, porque él continuaba empeñado en asediarme. Era la lección del agobio al turista. La práctica que mejor había aprendido desde niño, y con mayor intensidad debía aplicarla en aquellas fechas, cuando los posibles compradores podían contarse con los dedos de la mano.

Además de ser una estatuilla falsa —lógica y necesariamente—, nunca Hatshepsut estuvo tan fea. Ni siquiera podíamos asegurar que fuese ella, al margen de la garantía ingenua que pregonaba el adolescente. Podía haber sido cualquier otra reina, cualquier diosa o duendecillo. Las imitaciones de Luxor tienen todas el mismo color verduzco, idénticos cortes, parecidas fisuras para darles una cómica apariencia de deterioro producido por su supuesta permanencia bajo la arena. Es una industria que arranca ya del siglo pasado, si no de antes. Ya en 1850 había escrito Amelia Edwards, durante su estancia en Luxor: «Cada hombre, mujer o niño del lugar nos asaltan para vendernos lo que llaman una ganga. Y en el noventa y nueve por ciento de los casos, la ganga solo es valiosa en tanto que representa un ejemplo de la moderna industria de Luxor, pero nada más...»

Incluso aseguran que para dar a estos objetos una apariencia de antigüedad auténtica, los nativos de Luxor los dan de comer a las ocas, obligándolos después a devolverlos. Pero no es cosa que mi ciencia pueda afirmar o negar.

Pero sí estaba capacitado para reconocer en el adolescente de Deir El Bahari a un ejemplar único en el mundo, y así lo aceptó mi embeleso, y así lo comunico hoy a mi recuerdo. En el inútil regateo, habíamos establecido una cierta complicidad y estoy seguro de que pudimos haber hecho frente común para aprovecharnos de todas las yanquis estúpidas que profanan el sueño egipcio. Pero nuestro conato de altísima comedia fue corto, porque el adolescente pasó a ponerse trágico y volvió a invocar imágenes estremecedoras de su pobreza; imágenes que la yanqui rechazaba porque sus términos eran demasiado parecidos a los distintos tipos de miseria que le habían sido invocados a lo largo de un viaje alrededor del mundo que efectuaba con su marido, profesor de Universidad, hombre sensible, antítesis de la vulgar señora.

Diré, de paso, que la verdad o la falacia que pudiesen esconderse tras la desesperación real o fingida del adolescente, no me parecían tan importantes como el hecho de que se viese obligado a representarlas. Pues todo el mundo es teatro, y más que la obra pueden importar los motivos que nos llevan a escribirla.

Si el hambre era cierta resultaba más patética porque pertenecía a un estado de cosas que nos hemos acostumbrado a considerar irremediables. Si era fingida, el adolescente ingresaba en la inmensa compañía de actores que hemos ayudado a organizar nosotros mismos; que mantenemos a diario desde el trono de nuestro bienestar.

—*Boy hungry...! Boy hungry...!*

Su cantilena no remitía. Pero sí tuvo que abandonar la pretensión de venderme la baratija, tan evidente era mi desagrado. Entonces inició otro ataque. Aprovechando la complicidad que acabábamos de establecer, me agarró fuertemente del brazo y, como zafándose a la mirada de la yanqui, condujo mi atención hacia el interior de la *jartila.* Apretaba contra su vientre desnudo lo que era a todas luces un basto pedazo de momia. Un pie, para ser más exactos. Los dedos, larguísimos, como estiletes descarnados; las rugosidades de una carne que parecía de secano; la escisión brutal que habría separado al miembro del resto de la pierna, todo contribuía a convertirlo en una pieza monstruosa. Y su anomalía respecto a la vida circundante destacaba poderosamente al reposar sobre la piel lisa y brillante del muchacho.

El recuerdo del contraste todavía complace a mis ansias de encontrar una simbiosis entre lo horrible y lo hermoso: el cartón turgente que antes fuese carne humana, estaba agujereado por los más variados insectos de los siglos; tal vez roído por alguna rata de las cuevas tebanas. Y el vientre del adolescente, al contrastar con aquella reliquia, anunciaba su propia vulnerabilidad, su condena a marchitarse para ser algún día pasto del olvido.

¡Y para obtener un mejor precio la voz grave, rotunda, del joven vendedor nos anunciaba que aquella basura era el pie de una reina!

Me volví hacia nuestro guía, diplomado y lleno de excelencias, y le pregunté si podía ser cierta la ascendencia real de lo que se nos ofrecía.

—Podría serlo —dijo el guía—. Estos muchachos se pasan días enteros buscando entre los agujeros de las montañas. Pero es probable que ni siquiera sea una momia antigua. Podría ser de su abuela.

—¿Y por qué de su abuela precisamente? —preguntó la yanqui, a punto de desmayo.

—O de su tía. O de su madre —contestó el guía, indiferente—. Se dan muchos casos parecidos. Al morir algún pariente, lo cortan en pedacitos, le acondicionan con ciertos materiales e intentan hacerlo pasar por fragmentos de momia antigua. Es decir: lo que le ofrecen es momia garantizada, pero puede tener unos meses a lo sumo.

¿Bromeaba? Nunca llegaré a saberlo. La yanqui exclamó que su sensibilidad no estaba preparada para aquellos excesos y, limpiándose la angustia facial con un pañuelito empapado de colonia, regresó al automóvil. Yo pensé que la categoría social de la momia importaba poco: aunque se hubiese tratado de la mismísima Nefertiti (momia buscadísima por varias generaciones de egiptólogos), aunque hubiese encerrado en su carne-corcho toda la realeza de Egipto, no me parecía agradable tener su pie colgado en el estudio o el comedor. Era simplemente impresentable.

Pero el adolescente continuaba acuciándome con su necesidad de venta rápida. Empezó a gritar sus rebajas, y la voz se le hizo más y más patética, como los gemidos de *maluf* tunecino. Resonaba contra el hemiciclo rocoso, volvía como un cántico ancestral, lleno de dolor e indignación. Pero no había ruego ni esclavitud. El adolescente dominaba. Era dueño de algo mucho más importante que mi calidad de viajero con posibilidades adquisitivas superiores a las suyas. Estaba lleno de orgullo, y quería hacérmelo notar. Pero yo había regresado al automóvil.

Y entonces, no bien el chófer se dispuso a arrancar, el adolescente recurrió a un gesto genial. Furioso, se arrancó la *jartila* y quedó completamente desnudo ante el gran templo de Hatshepsut. Su cuerpo parecía enmarcado por las columnas, su cabeza coronada por las rocas salientes del hemiciclo. Su piel tenía el tono resbaladizo de la madera noble restaurada en los muebles del museo; y el sol le arrancaba destellos oscuros, como a la proa de los barcos solares.

Sostenía en alto el pie de momia y pregonaba los nuevos precios, cada vez más bajos, cada vez más miserables. Los gritos se mezclaban a la salmodia habitual: *Boy hungry...! Boy hungry...!* Y al ver que nuestro coche se alejaba, se llevó la mano libre a la parte más notable de su masculinidad y la esgrimió sin remilgos, apuntando directamente ante nosotros.

¿Era un insulto? Más bien lo contrario. Incluso la yanqui y su marido pudieron entender que la oferta había cambiado de signo en un segundo. Y que el cambio que iba de un pie de muerta a un pene vivo, tenía algo de desesperado.

Al día siguiente regresé a Deir El Bahari como suelo hacer siempre que visito Tebas. Pero no encontré al adolescente. No volvería a verle siquiera entre la multitud de vendedores y mendigos que aquel año surgían de todos los rincones de la montaña. Pero mientras efectuaba mi itinerario cotidiano, camino del Valle de las Reinas, por senderos de rocas inhóspitas, crueles en su misma arrogancia, mi mente se llenaba de imágenes del pasado y el presente de Egipto; iban alternándose en una loca carrera que me las hacía irreconocibles. La comedia del adolescente había sido perfecta, y la mía también. El gran teatro del mundo nos reproducía a una escala diminuta, personajes de una serie de ciclos cambiantes que podían contener todas las falsas soluciones que quisiésemos dar a los grandes problemas jamás resueltos.

Curiosa comedia entre el viajero estúpido que tembló al encontrarse ante el esplendor de una raza, y el perfecto espécimen que la reencarnó, mendigando.

Pero, además, la escultura humana proyectada frente al paisaje más dramático del pasado, me había producido un dolor insólito, que no me abandonaba. Sentí deseos de llorar, aunque dulcemente, pues la belleza y el dolor de los demás son experiencias demasiado poderosas para sufrirlas a la vez. En un país cuyo cargamento de insólito me acechaba por doquier, yo acababa de descubrir que uno de los actos más hermosos del gran teatro puede consistir en el resplandor de una juventud inasequible, bajo el azul absoluto de un cielo que ejerce de cúpula protectora a la paz de los muertos antiguos. Y no estoy hablando de sexo. Nada más alejado de la sexualidad inmediata que aquella impresión estremecedora. Me refiero a un momento de ensoñación de la carne, de idealización de los instintos, que solo tuvo razón de existir para solidificarse algún día en el recuerdo.

¡Cuántas veces no reviví aquel instante, en otro de mis exilios interiores y uno de mis favoritos! Sí, cuando vivía en Roma, fragmentada la ciudad y sus dioses por los espejuelos múltiples que forma el sol mortecino del invierno al deshacerse entre el humo de las chimeneas que casi ascendían hasta mi apartamento del Pincio. Sí. Entonces solía recuperar el ensueño de Deir El Bahari, la criatura imposible, el cuerpo que ni siquiera pretendí desear. Y mientras Roma se iba haciendo inolvidable a mis pies, me convencía de haber adquirido finalmente la difícil resignación que los años y la madurez nos enseñan a alimentar. En esta suerte de matrícula de honor en los empeños de la vida, la belleza de los demás se convierte en presa de posesión imposible, y la inteligencia del sexo consiste en saber asumir esta imposibilidad, transmutarla en recuerdo. Y así ir forjando dioses.

Pero al día siguiente bordeé los caminos pedregosos de Deir El Medina y accedí hasta el Valle de las Reinas. No bien hubimos visto las tumbas que forman parte del ritual turístico, mi guía me llevó detrás de la montaña por senderos todavía más angostos que convierten a Biban El Harim en un laberinto reseco y mortecino (por más que su nombre faraónico significase Sede de la Belleza). Había allí varias grutas destartaladas, que no eran sino tumbas abiertas desde hace muchos años, saqueadas y a punto de derrumbe. Las paredes interiores carecían de inscripciones visibles, tenían el inconfundible ollín negro de las fogatas cristianas y el desorden alucinante del vandalismo árabe. La destrucción producía un efecto realmente desastroso. Y tiradas por los rincones, con distintos miembros esparcidos por doquier, varias momias femeninas que ya no podían ofrecer el menor interés científico. Los vendajes destrozados indicaban las múltiples ocasiones en que las carnes fueron resquebrajadas por los buscadores de tesoros.

Por algunas placas emplazadas sobre la entrada de cada tumba, supe que estas habían sido abiertas por la expedición italiana, allá en los años veinte. Y que los brazos, pies y torsos destrozados pertenecían a reinas y princesas de escasa importancia.

Así pues, era posible que el adolescente de Deir El Bahari no mintiese al proclamar la identidad real de su mercancia. Que fuese efectivamente uno de los asesinos cotidianos de esos cuerpos que creyeron encontrar la paz eterna en los agujeros del mundo. Y no mintió tampoco cuando su cuerpo se proclamó desnudo como un aullido para recordarme cuán hermosa fue la raza que él mismo mutilaba. Como el resultado de un cruce entre la belleza de Alejandro y la de Hathor. Bellezas sagradas que él reencarnó, esbelto y fugaz.

Fellah natural de El-kab.

BENI HASÁN: LOS CONTRASTES DE LA MUERTE

El paseo entre los huertos y jardines del Fayum favoreció que el viaje se alejase años luz de la gran tradición egipcia, de su profunda ética. Se alejó de la muerte, en resumen. Y de no ser por el espectro de las ciudades clásicas sería lícito pensar que, desde siempre, fue Egipto un emporio consagrado a los placeres más vivos de la Naturaleza. Y el viaje llegó a parecer una *kermesse*.

Por supuesto, la permanencia de imágenes pintorescas no ha de hacer esperar, en Egipto, la barroca concentración de colorido que es, para el turista, cualquier imaginería oriental. Nada de los dorados, acaso relamidos, de los templos thailandeses vendidos al gusto masificado en ciertos productos cinematográficos franceses, con pornografía de guante blanco y perlas cultivadas. Ningún maquillaje de formas estrepitosas, rematado por piedras refulgentes incrustadas en la piel perfumada de las danzarinas de un Bali para uso de ejecutivos. Todo es más austero en Egipto. Es una austeridad que está ya gobernada por el paisaje: se permite a sí mismo la dulzura, no la espectacularidad. Es elegante, como lo son sus contornos. Y marca los límites entre lo clásico-permanente y el exotismo exuberante que las sociedades opulentas gustan de atribuir a las civilizaciones tercermundistas.

Pero cuando el automóvil traspasa los límites del Fayum y se adentra en lo que modernamente se conoce como el Egipto Medio, la dualidad típica del paisaje egipcio vuelve a hacer su aparición; y el Nilo continúa alternando sus proposiciones, siempre contrastadas y, en algunos lugares, amenazadoras. El desierto levanta sus formas más dispares, se convierte en murallas hostiles que recobran el gusto por la muerte. Al acercarnos a lo que en tiempos faraónicos fuese el Nomo de la Liebre, la Muerte revela una carta escondida. Es como si hubiese hecho trampa, haciéndonos creer que solo tiene un rostro. ¡Pero tenía tantos! En realidad, la muerte es polifacética.

A ella regresamos después de haber confiado demasiado en el agradable engaño de la vida. Y las tumbas de Beni Hasán, primer punto de este regreso, revelan la originalidad del Imperio Medio y las profundas innovaciones que las convulsiones sociales aportaron a los caminos del Más Allá.

La circunstancia es conocida del lector; ya quedamos en que apasionaba al peregrino: el desmembramiento de la autoridad real, la progresiva descentralización del aparato burocrático, con el consiguiente aumento del poder de los gobernadores de las provincias (o comarcas), la usurpación de los rituales faraónicos y su adaptación a las tumbas y sarcófagos de la nobleza...

Hay en Beni Hasán treinta y nueve tumbas, de forma hipogeo, es decir: abiertas en la roca. No forman calles, como las mastabas de Saquara, sino una única acera, que las hace aparecer como expuestas en un enorme escaparate. Su interés se divide entre la originalidad arquitectónica y la profusión de pinturas que ilustran sus paredes. Pero es interés que puede convertirse en deleite y pasión de conocedores por cuanto constituyen uno de los escasos, escasísimos testimonios de la vida provincial durante el Imperio Medio. Si se tiene en cuenta que es un período considerado como la edad clásica de la cultura egipcia, que es parcela particularmente fecunda del país amado, hay que conceder a Beni Hasán la altísima categoría de monumento estrella. Un estatuto que el turismo convencional suele ignorar.

Por su situación, bocas abiertas en lo alto del acantilado, las tumbas de Beni Hasán exigen al peregrino que, al visitarlas, rescate soledades. Y nadie se avergüence de fatigarse, que nunca fue esta una excursión cómoda, hágase a pie o a lomos de un borrico. Cuando me fatigué en la ascensión por primera y única vez, me condujeron mis guías por un camino de cabras, una pendiente tan empinada y desnuda como el mismo acantilado. La subida aportó a mi encuentro con los hipogeos un no se qué de fantasioso. Debieron ser los mismos senderos que recorría la comitiva funeral del príncipe Ameni, con peligro de que más de un objeto de su ajuar rodase cuesta abajo, arrastrando consigo piedras y rastrojos.

Cuando alcanzo las tumbas, la mirada retrocede hacia el Valle, verdor ya habitual que palpita allá en lo bajo. Una vez más, el genio del Nilo me dedica una sonrisa de ironía. Hay fuego en el aire que hierve entre los peñascos. Y es fuego que va descendiendo con premiosa solemnidad y empieza a planear sobre el Valle, que ya no respira como antes. El pulmón inmenso de Egipto se sofoca. Su rostro se agrieta. Como si fuese a caer sobre él una lluvia de púrpura abrasadora. Y pues la hora es muy temprana —a mediodía, Beni Hasán se convierte en un horno—, es lícito considerar que el rocío se ha retrasado, y al contactar con el desierto gana en incandescencia para ir a desparramarse después, gota a gota, sobre cada planta del Valle.

Se enciende también el tiempo y, en él, se mezclan las historias. Hay una miscelánea de la vida del Valle y del letargo de la roca, como finísimas capas que se sobreponen. Los muertos del período antiguo en los hipogeos de lo alto, los cadáveres de la cultura árabe en el viejo cementerio que no por estar más cerca de la brisa del río, va a quedar sin el castigo del fuego. Esos cementerios, que semejan ciudades para enanos con sus cúpulas minúsculas pintadas de cal viva, evocan ya un cambio cultural rotundo. Evocan a escala de casa de muñecas el triunfo definitivo del Islam. Una tribu, los Beni Hasán, vino a establecerse en este y otros puntos de la región, allá por nuestro siglo XVIII. De ahí su nombre, como el de otros lugares egipcios que llevan el sufijo Beni. Conmemoran el establecimiento de alguna tribu árabe. Tal vez nómadas que decidieron echar raíces. Y ningún lugar mejor que el valle del Nilo para que floreciesen.

Es poco probable que los flamantes fundadores árabes guardasen siquiera el más remoto recuerdo de los grandes señores que habían gobernado el Nomo de la Gacela. Mucho olvido fue erosionando estas rocas. En los años que corrieron desde la implantación del cristianismo hasta la llegada de los Beni Hasán, los grandes hipogeos del lejano Imperio Medio quedarían relegados al mero papel de refugio contra las inclemencias de la Tebaida. Como en tantas otras tumbas ilustres, los eremitas cristianos no vacilaron en estropearlas con sus fogatas, cuando no en ejercer sus capacidades de castración, que fueron muchas. Por lo que se refiere al campesinado autóctono, no diré yo que destruyesen a voluntad, pero sí, por lo menos, a golpes de descuido. Algunas tumbas de Beni Hasán indican que los miramientos del paisanaje fueron escasos. Por donde pasó el hombre hay anulación del trabajo de los hombres anteriores. Por suerte, algunos pueden valorizar el trabajo de los primitivos constructores, rehaciendo con paciencia los restos de la incuria. La «Egypt Explotation Fund» delegó en los señores Perrys y Newburry la curación de las heridas abiertas en las rocas. El viajero que llegue a prendarse de Beni Hasán hará bien en bendecir su recuerdo. Difícilmente podría hacer hoy su entrega de amor, si no hubiese existido aquel esfuerzo.

No todos los hipogeos de Beni Hasán guardan el mismo interés, ni este se produce por idénticos motivos. En cualquier caso, todos inspiran curiosidad.

La primera es de tipo arquitectónico. Pues aunque la mayor parte de los hipogeos consta simplemente de una o varias capillas excavadas en la roca y en estado un tanto rudimentario, otros presentan una elegante disposición en columnas, y aun estas ofrecen dos tipos distintos. Las fasciculadas, provistas de capiteles lotiformes, y las que por convención se suele llamar acanaladas y, por mayor convención todavía, protodóricas. Tengo entendido que fue Champollion el primero en aplicar este nombre, tomando como referencia obligada el gran modelo griego, y atendiendo una vez más al reclamo de su prestigio en Occidente.

Esta disposición en columnas que se yerguen con esbelta estilización entre la oscuridad, favorece el efecto de un vestíbulo palaciego, cuyo refinamiento no tuviese continuidad en el interior. En el interior no se encuentran las delicias de la corte, sino las incógnitas de la muerte. Y la roca que quedó sin pulir parece una antesala del infierno.

Otro punto de interés, el culminante para muchos, lo constituyen las famosas pinturas que, en mejor o peor estado, llenan los muros de doce de estos hipogeos. Se incorporan los temas preferidos del arte egipcio, el reflejo de la vida cotidiana en sus más distintos aspectos; pero al ser domicilio de una nueva clase social ascendente, surgen las manifestaciones de su poder. La plasmación de la vida militar es un ejemplo y, para la época, una rareza. En algún lugar (en la tumba del príncipe Kumhotep I) vemos por primera vez en Egipto una fortaleza defendida contra los enemigos o, en su defecto, asaltada contra el enemigo. Lejos estamos del antiguo misticismo funerario. Aquí se anuncia el autobombo de los grandes faraones guerreros del Imperio Nuevo.

Las pinturas de los hipogeos de Beni Hasán producen una sensación parecida a los textos de la Pirámide de Unas: tanta acumulación habla de cierto horror al vacío, incluso desde el gran vacío de la muerte. Se mueven multitud de personajes en multitud de actitudes. Cierto que no están menos ilustradas las sirinjas de Tebas; pero por su concepción enteramente nueva del espacio, por la sabiduría en la combinación de los colores y en especial a causa del refinamiento alcanzado por la pintura tebana en la XVIII dinastía, sus frescos se liberan de la sensación de asfixia que pueden llegar a producir las de Beni Hasán. Tal vez porque su disposición, parecida a la de las historietas gráficas actuales, deja escaso respiro a las figuras y concede pocos derechos a la imaginación.

Es probablemente defecto de mi propia óptica que encuentre a estas pinturas un tanto salvajes, lo cual sería prácticamente imposible en cualquier otro lugar de Egipto. Es como si se rebajasen las exigencias de las tumbas del Imperio Antiguo. Buscando ganar puntos en lo narrativo, se pierde el rigor de ayer. Por lo menos el dinamismo es inusitado y, en los ejemplos más conseguidos, magistral incluso.

El dinamismo en detrimento de la línea, el vigor como renuncia a la perfección del trazo, son evidencias rotundas en algunas de las pinturas más famosas, como la de las doncellas que, cabalgando unas encima de las otras, juegan a la pelota (tomando un término propio de dibujantes de historietas, recordaré que esta «viñeta» ha revivido como reclamo en los folletos editados por el ente turístico de la provincia de Minia. Las retozonas doncellas del Imperio Medio, se convierten por decreto del siglo XX en eficaces *public relations* de sus dueños).

La misma expresividad dinámica habrá favorecido que en las narraciones murales aparezca todo un curso de lucha, cuyos contendientes se embisten y retuercen en las más violentas actitudes. Aunque escenas de este tipo no sean completamente nuevas en el costumbrismo egipcio —ni serán las últimas—, su concepción sí resulta original, pues condensa mayor número de movimientos que los relieves de Saquara. Se apreció en estos la suprema elegancia, el rigor expositivo, la representación de la esencialidad del hombre para su reconocimiento en el Más Allá. En las pinturas de Beni Hasán, por el contrario, hechizó la representación de la vida a través de sus acciones; la voluntad de presentar en carácter determinista, y ya no la profunda espiritualidad que caracterizó al Antiguo Reino.

No hay de qué extrañarse. Ya se sabe que la prosperidad del Imperio Medio tuvo que ser edificada sobre las bases de una destrucción previa que fue aquel largo período de anarquía; y es lícito pensar que la casta de los nobles, para acceder al poder, no se resignó a emitir lamentaciones como las del profeta Ipu-Wer, por sublimes que estas fuesen. El poderío de la nobleza se edificó sobre un acto revolucionario, si es lícito utilizar un concepto más adecuado a nuestra visión moderna de la historia.

Asentamiento de derechos. Y no sólo en la administración de Egipto, sino en la representación de la vida cotidiana para la muerte. Escenas domésticas, agrícolas, fluviales y especialmente las de cacería; pero ya no están limitadas por la imposibilidad social y religiosa de acogerse a las fórmulas funerarias reservadas al faraón-dueño, sino que actúan como elección. Porque es muy seguro que, de desearlo, los nobles habrían podido estampar en sus hipogeos las mismas fórmulas religiosas que utilizase Unas, signo a signo, sentido a sentido. Que rechazasen la plasmación del mito oficial en provecho de su vida cotidiana, administrativa y militar representa una opción característica no solo de la nueva moral en el cambio, sino de su carácter como clase social.

El Imperio Medio también marca la popularización del culto osiríaco, o de derechos a inscribirse a él. Las fórmulas funerarias que eran exclusivas de las pirámides reales, fueron a ilustrar el interior de los sarcófagos; son esos textos que el lector habrá visto en todos los museos del mundo, prolijos en fórmulas y explicaciones, guías concretas para los pasos del difunto por el reino de ultratumba, identificaciones divinas osiríacas puestas al alcance de las nuevas fortunas del país.

Esta etapa de los rituales funerarios es conocida como «los textos de los sarcófagos» y quien quiera que inventase la definición no pudo estar más afortunado. Es la transición entre los textos de las pirámides y su selección y agrupamiento posterior en los celebérrimos «Libros de los Muertos» del Imperio Nuevo. Constituyen una característica muy identificable de las costumbres funerarias de las dinastías XI y XII y, como era de esperar al pasar de manos de una clase social a otra, adquieren una personalidad propia, como las pinturas. Permiten notar que la popularización del culto osiríaco brinda a los demás hombres la oportunidad de identificarse con Osiris en la Muerte y disfrutar las ventajas del embalsamiento como Isis hiciese con el gran dios-hombre, al recomponer su cadáver despedazado.

Este paso, sin duda grande, ha sido definido por algunos autores como una «democratización de la muerte». Es posible que se trate de un término exagerado. Fue una muerte descentralizada, desde el momento en que los nomarcas ya no tuvieron que ir a descansar eternamente alrededor de la pirámide real de Menfis, sino en la provincia donde habían ejercido su dominio. Y fue popular porque por primera vez encuentra el viajero en Beni Hasán las tumbas de ciudadanos de a pie. Pero todo lo anterior contiene términos tan vagos y excesivamente modernos como el que coloca aspiraciones democráticas en unas necrópolis donde la jerarquización de la sociedad egipcia aparece tan marcada como en la vida. En uno de los hipogeos de Beni Hasán, el príncipe Kumhotep III podía eternizar su fama en los frescos que describen con todo detalle un árbol genealógico, y su historial político (por cierto, un documento de inmenso valor), pero en las tumbas populares no se conoce del difunto mayor gloria que la que tuvo en vida, y la que proclaman, en los museos, sus caprichosas figuras del Más Allá. Obras de arte para el pobre.

Esas tumbas comunes son una de las sorpresas de Beni Hasán.

Semejan pozos y las hay a centenares, aunque es posible que el turista poco avisado pueda pasarlos completamente por alto. Gracias a su modestia también fueron ignorados por los ladrones de tumbas, quienes debían de saber con certeza en qué rincón del vasto habitáculo de la muerte se hallaban los tesoros y en cuál las simples figuritas de madera. Que es lo único que podía caber en esas tumbas de los habitantes de Manat-Kufú; por cierto, una localidad donde dicen que nació nada menos que el constructor de la Gran Pirámide, Kufú, el Keops de los griegos.

Una sola estancia, normalmente muy estrecha, apenas bastaría para contener el ataúd y un ajuar escueto cuya eternidad no debía de estar asegurada por su riqueza, sino por la buena voluntad. Testimonio, reportaje, acaso síntesis de las desigualdades de la vida egipcia trasladados a los vastos terrenos de la muerte. Y alcanzándolo en todos sus apartados. Como si la eternidad, domicilio de tantas extensiones, funcionase igual que esas estrellas que se colocan en los hoteles; como si se diese a la muerte habitaciones de categorías muy dispares, desde lo más alto a lo más bajo. Y ello contando con que los muertos populares de Beni Hasán tuvieron, por lo menos, su eternidad asegurada en lo mediocre. A lo largo de milenios, otros millones de egipcios no dispondrían siquiera de una caverna pulcra y conveniente. Ya no digo rica y destinada a asombrar a las generaciones. Pulcra y conveniente nada más. Y ya era mucho.

Es posible que esto explique si la amplia popularidad que conocieron en el Imperio Nuevo los llamados «modelos» o «maquetas» era debida precisamente a la estrechez de las sepulturas, que no podían permitirse el despliegue iconográfico de las de los nobles. En cualquier caso también cumplen una función de reportaje, porque no se limitan a continuar, y en algunos casos mejorar, los retratos individuales propios de la gran estatuaria del Imperio Antiguo, sino que incorporan la representación y preservación de la vida cotidiana en conjuntos. Algo se me ha escapado, anteriormente, sobre esas piezas que tanto amo. Pues son las maquetas de madera o yeso que se encuentran en la planta superior del Museo de El Cairo: casas, almacenes, graneros, mercados y los famosos barcos miniatura. Fue precisamente en varias necrópolis del Egipto Medio, desde la de Beni Hasán a las de Assiyut, donde estos objetos preciosos se encontraron en mayor número.

Gracias a estas maquetas que casi engañan a los modernos por su aspecto de juguetes deliciosos, los difuntos pobres conservaron su memoria en la ultratumba. Demuestran que ya no constituía osadía el soñar con un Más Allá al alcance de todas las conductas. Pero si lo habría sido ambicionar una igualdad al alcance de todos los bolsillos. En esta misma medida disminuirían los fastos del ritual funerario: no es dable imaginar, para esas gentes, los suntuosos cortejos que acompañaban al faraón hasta su templo del Valle y, después, a la pirámide real. Ni siquiera el desfile de admirables plañideras que encabezan la comitiva de los portadores de ofrendas, en alguna tumba de los nobles de Tebas. Y está claro que cada una de esas momias populares difiriese de las demás en su «calidad de muerte», si se me permite jugar con el concepto actual «calidad de vida». El mejor o peor grado de conservación era también una cuestión de posibilidades económicas. Todavía en la Baja Época, Herodoto aplicó sus asombrados ojos a describir los tres tipos distintos de embalsamiento, desde el más lujoso al más económico. Y aún este último, con sus deficiencias en relación a las deficiencias adquisitivas del difunto, era por lo menos una garantía de seguridad, un certificado de labor cumplida en comparación a los que presumiblemente irían a pudrirse en esas arenas baldías.

Cuando viajo por los abrutos terrenos del Egipto Medio, nunca dejo de estremecerme pensando en los cadáveres anónimos, polvo acumulado en la arena, pasto volátil del simún violento. Es posible que mi imaginación novele en exceso. Pero debe de ser una novelería adecuada al lugar y al destino de los lugareños perdidos.

Juego de bolas en Beni Hasán.

ANTINOO EN LA TEBAIDA

Entre la suavidad de un palmeral dotado de los más esbeltos ejemplares de la especie, rústicas mansiones más o menos modernas esconden lo que fue un espectacular centro de la romanización, capital primordial de otro sueño, no tanto de expansión —aun siéndolo— como de una muy particular forma de poesía. Roma depositó aquí una rosa. Aunque el Tiempo ejerció su dictadura hasta deshojarla casi completamente, sus pétalos fueron a separar las páginas de muchos volúmenes secretos. La historia del emperador poeta y el esclavo amado a quien convirtió en poesía, perdura como un hito favorito en el elenco de las grandes «amistades particulares» que en el mundo han sido. Y cual si fuere el arpa de Anfión, una historia tan propensa al melodrama hizo surgir, entre los palmerales, una ciudad que se quiso emporio de todos los placeres: Antinoé o Antinoópolis, que de los dos modos se la llamó.

Con el debido respeto a Madame Yourcenar, que escribió sobre Adriano un libro memorable, tengo que decir que en ningún volumen, en ninguna zona, ante ninguna escultura, se siente la presencia del mito como en estas tierras roturadas, entre ruinas víctimas de la depredación más escandalosa. En pocos lugares se desarrolla el *spirit of place* con tales efluvios de ensoñación. Pues al margen de la mayor o menor espectacularidad de los restos y su prestigio, conmueve pensar que en este punto se ahogó el divino adolescente. Y es como si su espíritu se hubiese proyectado hacia lo más alto, convirtiéndose en una de esas estrellas que iluminan la noche del Nilo con mayor intensidad que sobre cualquier otro río de la Historia.

Estamos, pues, en Antinoé. Y la memoria se pone a cantar.

Pero no siempre tuvo la zona cantos de vida. Como en tantos otros lugares, vino a cantarle responsos el cristianismo. Que no podía serle grato el esplendor de Antinoé, y seguramente serían excesivos sus famosos palacios, y la continua algarabía de sus noches. Si a través de su emperador poeta, Roma hizo nacer en esas soledades la última rosa que perpetuase el espíritu cultural del helenismo, la abrupta sequedad del sentimiento monástico los arruinaría, plantando cactos entre los rosales. Ese Adriano magnífico, que prefirió revitalizar el ya perdido esplendor de la Atenas clásica dotándola de bibliotecas en vez de fortines; ese César que en su mausoleo dejó una poesía alusiva a la fragilidad del alma, en lugar de inscripciones que elogiasen sus conquistas, no podía complacer como recuerdo o como fundador a esos monjes, verdugos de la sensible Filósofa Hipatia, incendiarios de la gran biblioteca de Alejandría. El mármol del helenismo más inspirado tuvo la mala fortuna de ceder bajo los tintes más sombríos del fanatismo.

Hacía tiempo que duraban los anatemas contra la ciudad de Adriano. Epifanio e Irineo la consideraban plaza de Satán, y a ese pie de la letra acomodaron sus iras. ¡De cuántos sacros sermones hostiles no sería objeto Antinoé! Pero no solo ella. Doscientos kilómetros río arriba, cerca de los conventos de Sohag, sufrió también la prestigiosa Khemin (actual Akhmín, Panópolis de los griegos y uno de los puntos de escala de Herodoto, en su célebre excursión egipcia). Esta ciudad fue objeto de una cruzada similar: los Monjes Negros cayeron sobre sus esplendores masacrándolos con la saña más encarnizada. Hubo al parecer tanta sangre como antes había habido disipación (esto según los conceptos, seguramente estrechos, de la literatura copta). Pero en defensa de la furia cristiana, y acaso disculpándola con un sensato «ojo por ojo», justo es recordar que ya había tenido Akhmín sus muy notables carnicerías, pero contra los cristianos...

Se ignoran qué ultrajes parecidos pudo haber cometido Antinoé para merecer tanto las iras de los monjes como su caída en la ruina posterior. Para las almas sensibles, queda su aureola poética. Que sigue sin ser escasa.

¿Influiría en el odio de los castos el apasionado origen de su fundación? A saber si andaban aquellos monjes tétricos lo bastante fuertes en Historia como para recordar cuán desorbitada fue la afición de Adriano por su favorito, y qué excelso grado de fidelidad demostró, para las leyendas *outsiders*, el sacrificio del mozo. El asunto se prestaría a muchas mitificaciones, y en el santoral del homosexualismo más selecto la supuesta unión entre el emperador y el esclavo pasaría a ser una especie de blasón privado para idealizar relaciones entre varones. Es una de esas pasiones privilegiadas, de aspecto sumamento noble, a la que resulta agradecido referirse incluso en sociedad, porque se la puede elogiar sin tener que pasar necesariamente por el sexo. Casi me atrevería a decir que el componente sexual se elude con gusto en aras de una composición sublime, como una viril medalla que reprodujese los perfiles inconfundibles de los dos compañeros. Un perfil maduro, lleno de calmo rigor, barba ordenada, mirada meditabunda, contrapuesto a ese otro perfil tierno, de adolescente rosado y acaso mofletudo, rematado por rizos de oro. La pareja es muy completa y, en su perfección, queda cerrada a incorporaciones posteriores. ¿Los ingredientes? Pocos tan adecuados. El intelectual severo, enfermo tal vez de sensibilidad, que no resulta apuesto pero sí atractivo, en la línea siempre oscilante de una madurez capaz de administrar sus propios dones estéticos con la prudencia y la astucia de quien sabe que nunca fueron abundantes. Y opuesto a esa imagen de la serenidad intelectual, triunfa el mito del efebo recuperado en todo su esplendor: los rasgos suaves, la tenue musculatura, el terciopelo de una piel, el estallido de la primavera de la vida. Ni siquiera se sabe si Antinoo fue, además, inteligente. En su culto triunfa la sensibilidad, la abnegación; no el cerebro. ¿Respondería acaso a la famosa orden de Baudelaire: *Soit belle et tait toi?* Los seguidores posteriores del mito de la pareja se niegan a creerlo: después de todo, la fidelidad de Antinoo demuestra que no podía ser una persona vulgar. Se parece más a Jean Marais, reverenciando el recuerdo de Jean Cocteau en sus estupendas *Memorias,* que al inefable Lord Alfred Douglas destruyendo al pobre Oscar Wilde, cuya pasión por aquel petimetre nunca llegaré a entender.

Pero la imagen que de Adriano nos han dejado crónicas y estatuaria dista mucho de la aureola frivolona de la de Wilde, y no echó, como este, margaritas a los cerdos. Sus afectos no dieron en dianas equivocadas. La de Antinoo merece un respeto. De aquí que en el santoral del homosexualismo respetuoso, su sacrificio despierte las mismas cuerdas sensibles que el asaetamiento de Sebastián de Narbona. Pero sin sus componentes de sadomasoquismo. Antes bien, con efluvios de bálsamo rosicler. Según cómo, puede llegar a ser cursi. Con esa cursilería que puede tener el homosexualismo cuando intenta sublimarse mediante la poesía barata.

Para que en el año 132 de esta era, el emperador Adriano mandase edificar toda una ciudad a guisa de memorial, tuvo Antinoo que realizar, antes, el acto supremo que se encuentra en la base de todos los mitos: entrar en la Muerte. Algo tuvo de Alcestes el acto del doncel, pero sin afán didáctico. No pasó a demostrar su superioridad ante los dioses, o en todo caso solo ante los del amor. Lo cual ya es mucho, si bien se mira.

La historia, la crónica, la leyenda o la canción fueron más o menos así: que habiendo anunciado un oráculo la muerte de Adriano si alguien no daba la vida a cambio de la suya, decidió sacrificarse Antinoo arrojándose al Nilo, y pereció ahogado. Hasta este punto, nada obliga al mito, pero el propio Adriano se encargó de que existiese, y al considerar sin duda que en el panteón olímpico, desde la lejana implantación de Apolo, nadie se había encargado de imponer dioses que glorificasen la belleza masculina, convirtió a Antinoo en dios, y se encargó personalmente de que sus augurios llegasen a todos los rincones del imperio. De las representaciones de Antinoo han quedado muchas y muy agradables esculturas, que prefieren mostrarle en el esplendor de su desnudez y obedeciendo a los cánones más precisos de la perfección masculina según el helenismo (aunque pueda delatar, a veces, una alarmante tendencia a la gordura). También se acuñaron monedas con su rostro, tuvo edificios a su gloria y se le cantó en coplas de ambigua piedad. Fue también inspirador de grandes fastos, los llamados Juegos

Antinoos, que se celebraban cada cinco años, destacando en importancia los de Mantinea y Bitinia, patria del adolescente. Todo ello seguía el gusto romano, pero Adriano decidió que si quería hacerle objeto de la adoración de los egipcios —devotos todavía de sus mitos ancestrales— era necesario asimilarle a los dioses nativos, como en las colonias griegas se le asimiló a los impresionantes símbolos de Mercurio, Dionisos y Apolo. Pero ni siquiera este intento de dar al amado Antinoo el rostro exacto que para creer en él necesitaban los adoradores de cada país constituyó una invención original. Por lo menos en Egipto, esta simbiosis, forma de astuta penetración ideológica, había sido ya adoptada cada vez que los emperadores romanos quisieron ganarse la voluntad del pueblo. ¡Cuántos no hicieron esculpir sus figuras ataviados con las galas de los antiguos faraones, o celebrando la epifanía de algún dios local en curso de extinción!

Incorporado Antinoo a la mitología egipcia tradicional, quedaba erigir todavía el monumento más formidable al recuerdo de su fidelidad, abnegación o simple accidente: faltaba la ciudad de Antinoé, digna sucedánea de los desmanes de Sodoma y Gomorra, si hemos de dar crédito a las diatribas de Irineo y Epifanio (los cuales, por otro lado, no harían sido recoger el eco de una indignación a voces entre las cristiandades de la Tebaida).

Animado el peregrino por esta historia de tan hermosas resonancias —y acaso soñando en el fondo de su alma con una relación parecida—, se dispone a prestar un homenaje al alma de las ruinas; pero su ofrenda quedará en el aire. Pues de esta ciudad que llegó a ocupar enteramente el espacio entre el Nilo y la montaña, apenas quedan pedruscos dispersos, y su espectro no puede ser más alucinante. ¡Devenir desesperado de la grandeza! El anatema de los padres del desierto triunfó sobre la poesía al triunfar sobre los deseos de Adriano..., del mismo modo que, en Roma, el Papado triunfaría sobre su hermoso mausoleo, organizando en su interior las terribles prisiones de Castel Sant'Angelo. La ruina actual de Antinoé, agravada por el hecho de que gran parte de sus piedras fueron arrancadas en época moderna para la construcción de una refinería en la vecina ciudad de Roda, esas ruinas destilan el mismo pesimismo, la misma desesperada impotencia que las ruinas de los faraones. Y, una vez más a lo largo de Egipto, los siglos se mezclan en el conmovedor desorden de la muerte.

Buscando entre los restos de la ciudad romana el peregrino sucumbe al vértigo de los tiempos, pues entre los restos van apareciendo vestigios mucho más pretéritos, de la civilización autóctona que Roma anuló. Se trata de un santuario que mandó construir el colosal Ramsés II, 1500 años antes de Jesucristo, sobre otro que, a su vez, databa del reinado de Akenatón. Y en estrepitoso contraste con los mármoles de la refinada arquitectura adriánica, el granito, más violento, de los faraones olvidados evoca la continua mutabilidad de las cosas.

Y es que antes y después de Adriano el altar nilótico de Antinoo conoció los más diversos avatares. Dicen unos que, en tiempos faraónicos, levantábase aquí mismo la ciudad de Besa; dudan otros de si fue Sepach, pero en ambos casos, en cualquier caso, hubo vida ancestral que cedió a la vida nueva, para que esta fuese aniquilada a su vez. Y sobre las ruinas primeras brotaron el circo romano, el teatro, las espléndidas villas, las termas, los arcos de triunfo, los mercados y avenidas porticadas que, al decir de los autores, convertirían Antinoé en un espléndido ejemplo del mejor urbanismo romano... ¡Lindando con el desierto egipcio!

Pues a pesar de los frondosos palmerales, un yermo estéril es lo único que aparece en la memoria del viajero al evocar Antinoé. Tal vez lo que san Irineo y san Epifanio tomaron como epítome del vicio no era, en resumen, más que el símbolo de una gran vitalidad cultural. Los espíritus fanáticos suelen incurrir en tales defectos de óptica.

Cuando Constantino concilió el Estado romano con la Iglesia cristiana, Antinoé pasó a ser la sede del obispado del Alto Egipto, con el nombre de Antinoópolis. En sus cementerios, los sabios de siglos por llegar encontrarían mezclados en la muerte el espíritu de cada época que precedió a la ruina definitiva. Las necrópolis estaban divididas en cuatro partes: la que ocupaban las sepulturas de los egipcios que continuaban fieles a la religión de sus antepasados; otra grecorromana, otra cristiana y una última formada por extranjeros cristianos sepultados después de la conquista musulmana.

Actualmente, la gran Antinoé se limita a ser el pequeño pueblo de Cheikh Ibaba, con sus casuchas de barro agazapadas entre el desierto y el Nilo. Los viajeros del siglo pasado todavía pudieron encontrar, entre las ruinas, motivos de asombro y fascinación. El catálogo de esos restos desaparecidos en tiempos de Mehemed Alí constituye un desafío para la memoria. Pues dicen que quedaba un teatro, varios templos, un arco de triunfo, dos calles perpendiculares con dobles columnatas, un circo y un hipódromo...

Inútil que el viajero actual intente localizarlas como no sea en los muros de la refinería de azúcar de Roda, o en los capazos de los buscadores de *sebak*, ese polvo de las ruinas que tan beneficioso resulta para la agricultura. De donde el peregrino encuentra lícito y hasta poético pensar que, a la larga, lo que quedó de Antinoo fue a alimentar la frondosa vegetación de su ciudad, convertido en memoria que se confunde con el limo secular del Nilo que le engulló.

ANTINOO.

TELL EL AMARNA EN SU TRISTEZA

En algunos puntos culminantes de la Tebaida, el valle estrecha su orilla oriental y la cordillera arábiga se precipita en una serie de *uadis*, estrechos pasillos naturales, angostos valles de rocas erosionadas, murallas sobre el desierto, plazuelas y circos calcinados en los que solo es posible imaginar soledades. Después del Fayum, y hasta llegar a Luxor, el desierto parece levantarse sobre sí mismo, forma explanadas inmensas, montículos retorcidos que van a prolongarse hasta el Mar Rojo; conjuntos de peñas escarpadas, que aíslan del mundo.

Sobre uno de esos parajes desolados fue a fundar su capital herética el famoso faráón Akenatón, quince siglos antes de que llegasen, meditabundos, los primeros eremitas cristianos. Consideraciones políticas aparte, el sueño místico de Akenatón no pudo encontrar mejor escenario. Parece como si al apartarse de la próspera vegetación del valle, la Tebaida hubiese sido creada exclusivamente para la meditación y la búsqueda de la espiritualidad, en cualquier religión, en cualquier manía.

Al mismo tiempo, ningún lugar de Egipto satisfizo de manera tan espectacular mis manías particulares. El día que llegué a Tell El Amarna, el sol me acogió formando un disco rotundo, como si lo hubiesen dibujado para responder a mis expectativas y a la función que siglos atrás tenía que cumplir: dominio del sol, precisamente; capital de este culto, domicilio del dios único; y reclinatorio desde el cual el faraón hereje pudiese levantar no solo sus plegarias, sino incorporar también un sueño. Y algo especial, profundo, inquietante tendrán las soledades de la Tebaida para que en siglos distintos, bajo formas religiosas y culturales dispares, fuesen a coincidir el sueño de Akenatón, el de Adriano y el de los eremitas cristianos.

El sol de mi llegada a Tell El Amarna también iluminó el camino con un esplendor rojo. Trece siglos antes de Cristo me habría arrodillado en la certeza de encontrarme en un lugar sacro. En 1968, ayer como quien dice, me limité a una extraña transfiguración. La de cumplir un viejo sueño: correspondía al mensaje que estas soledades me habían mandado a través del espacio para dominar mi adolescencia tan llena de bastardías.

Algo que partiendo del entretenimiento, acabó perteneciendo a los dominios del espíritu. Y tuve que realizarlo aquí, en el paraje más estéril que puede contener la esterilidad de la Tebaida.

Las inmensas necrópolis tebanas, el rigor de Saquara, los coquetuelos templos ptolomeicos hablan continuamente de muerte, pero la curiosidad pública les hace revivir en la mirada deslumbrada de sus visitantes, o en la fama que proporciona la reproducción de libros y revistas. La muerte de este Egipto dorado conmueve porque permite seguir el itinerario más o menos completo de sus formas más conspicuas. Los restos tienen todavía un crédito, se venden bien. En lugares como Tell El Amarna, triunfa por el contrario la destrucción total. El abandono y la destrucción fueron el final de una experiencia humana apasionante. Tell El Amarna fue la capital del primer monoteísmo conocido. Pero su existencia fue corta: quince únicos años de esplendor desde que Akenatón mandase edificarla usurpando la capitalidad a la Tebas omnipotente. De estos quince cortos años sólo quedan algunas piedras desesperadas. Tell El Amarna no sobrevivió al farón que la había soñado.

Sueño o realidad... ¡Qué nueva paradoja plantea la revelación incompleta del pasado! Causa un dolor, pero lo soportamos. Sabemos que es parte fundamental de nuestra evolución como hombres, nos va quemando, la hacemos revivir con otros rostros y otras voces, repitiendo los mismos vicios y esperando que sean vencidos por virtudes parecidas a las de antaño. Así avanzamos de una historia a otra, contribuyendo de algún modo a que en días por llegar nuestros edificios no sean polvo que se lleva el viento de un nuevo desierto. Y cuando hemos asumido que las únicas verdades inmutables son la muerte y el paso del tiempo, las ciudades que agonizan de olvido se convierten en blanco de singulares fetichismos.

Para convertir el vértigo del tiempo en sentimiento trágico, no hay lugar ni personas más adecuadas que la ciudad de Atón y la familia real que, relacionada con su culto, vio interrumpida brutalmente su memoria futura. Pues llegó a serles negado el derecho más fundamental en todo el sentido egipcio de la vida: la supervivencia más allá de la muerte, la navegación por el Nilo celeste, el río que conduce hacia el tribunal de Osiris, allá donde se pone el sol.

Pero el sol fue dios único en Tell El Amarna, y su manifestación tangible fue el Disco, una forma concreta, que en los himnos de su hijo predilecto, Amenhotep IV, se presenta como fuerza creadora de todas las cosas. Hay un panteísmo evidente, sin vacilaciones, en esta visión del sol que no actúa como el primitivo Ra creando teogonías abstractas, sino que se dirige a todo lo concreto y lo fecunda. En las pinturas amárnicas, el Disco se presenta con numerosos brazos cuyas manos se lanzan a la tierra y esparcen sus dones sobre Akenatón y Nefertiti, la real pareja que los transmitirá a los habitantes de la Ciudad Celeste. Y la ciudad se llamó Aketatón, que significa «Ciudad del Horizonte de Atón» para algunos estudiosos, «Atón sobre el Horizonte» para otros, y «Ciudad del Disco» para un tercer grupo. Es decir: la trágica meseta que en los mapas modernos atiende al nombre de Tell El Amarna, en recuerdo de la tribu beduina que se asentó en ella, muchos siglos después de que la ciudad mística hubiese dejado de existir.

Desnudez absoluta del paisaje. Fulgor que fue a apagarse a orillas del Nilo y en los confines del desierto. Solo algunas estelas fronterizas, milagrosamente preservadas, anuncian los límites de aquel vasto dominio espiritual. Y una maqueta del Museo de El Cairo y algunas reconstrucciones ideales nos recuerdan que al construir su nueva ciudad Akenatón procuró hacerla placentera, abierta, como una respuesta urbanística al reinado del sol sobre la tierra...

Y este era el punto culminante de mi primer peregrinaje a Egipto. Llevaba la historia de Amarna en mi interior desde hacía muchos años, y su interés, su apasionamiento se acrecentaron de manera imprevista una semana antes, durante mi escala en El Cairo. Allí, en el museo, me sentí extrañamente perturbado ante el sarcófago del joven Smenkharé, el personaje menos conocido de la gran saga de Atón; víctima intermedia, eslabón misterioso, provisional, que se coloca entre la locura divina de Akenatón y el orden que la reacción impuso a un rey adolescente y de nombre más famoso que el de todos sus antepasados: Tutankamón, precisamente.

Si bien es cierto que casi todos los personajes de Amarna fueron precipitados en el olvido a causa de la herejía, desconocemos su destino último, ignoramos dónde se encuentran sus cadáveres, de qué atrocidades serían víctimas. Pero el sarcófago de Smenkharé —si es el suyo— estremece porque es una evidencia tangible de la destrucción. Y a este sentimiento se acogió mi sorpresa, y supo desarrollarlo en el horror y la fascinación. Es el sarcófago de un adolescente inocuo que debió de ser muy odiado, pues se le arrancó la mascarilla dorada que permitía su identificación en el otro mundo. Incluso su nombre fue arrancado. Y una momia atrozmente mutilada, le deja en el equívoco de una posición ritual reservada por costumbre a las mujeres. Tantas garantías de olvido no se encuentran siquiera en quienes ya están definitivamente olvidados.

Muchos años atrás yo había oído hablar de la herejía amárnica a través de la novela y el cine, pues en los dos medios conocieron gran renombre las aventuras de aquel médico misticoide llamado Sinuhé que llegó a atender nada menos que a toda la familia de Akenatón y a enterarse de sus pecadillos y pecadazos varios. Era yo un soñador de doce años, con una educación poco predispuesta a saber que existió una pieza literaria de gran categoría en el Imperio Medio: la Historia de un auténtico Sinuhé, médico, exiliado, viajero y, al final de su vida, confidente del faraón. Todos mis conocimientos se debían a una información moderna y deformadora: la que tomando el nombre clásico, había escrito un novelista finlandés, Mika Waltari. Fue el suyo un pastiche histórico que a pesar de todo no careció de cierta grandeza. Por lo menos, la de prestar a mi espíritu las primeras muletas para deambular por los inciertos conocimientos del mundo egipcio. El Sinuhé de la novela, como el del cine, tomó cuidadosamente cuantos detalles de ambientación podían proporcionar los grandes museos, y vino a llenar mi imaginación con otro museo, ideal este, en cuyas salas agónicas fue tomando forma toda mi concepción del Egipto faraónico, centrado entonces en los esplendores de la XVIII dinastía, en la grandeza de Tebas, en la entrañable domesticidad de la ciudad de Atón.

Todo viaje iniciático tiene la autobiografía como base y justificación. No iba a ser menos el mío, ni la mía. En aquella lectura adolescente yo no estuve capacitado para separar la realidad de la ficción, ni distinguir entre la belleza de la Historia y el *kitsch* propio de su conversión en manjar digerible para el estómago utilitario de los contumaces devoradores de *best-sellers* al uso. Nunca se contó este entre mis deportes literarios preferidos. Pero el novelón de Waltari sí ejerció sobre mí algún hechizo indescifrable, que envenenó mi adolescencia con egipcierías más o menos serias. Me comunicó sentimientos encontrados de tristeza por un tiempo no vivido (una melancolía que ya nunca me abandonó). Era como si la Historia se hubiese extraviado mucho antes de mi nacimiento y me fuese restituida en fragmentos dispersos, un *puzzle* obsesivo, de incógnitas indefinidas. Para colmo de obsesiones, el novelista vestía a su personaje principal con un pesimismo que encajaba perfectamente con las depresiones de mi adolescencia, que no tengo el menor inconveniente en declarar solitaria y triste. Una vez más la ignorancia me jugaba una mala pasada: Waltari tocaba el escepticismo de los textos del Imperio Medio, adecuándolos a sus necesidades de novelero. El pesimismo de Sinuhé tuvo el tono de las profecías de Ipu-Wer. Y yo me sentí impregnado de este sentimiento, no por influencias del original, sino a través de una copia. Fui, en esto, hijo de mi siglo.

Mi permeabilidad a tanta fascinación entre exótica y deprimida, daría mucho que pensar a quienes recuerden que me llegaba en la época que describo en mi novela *El día que murió Marilyn*. Interminables veranos de los años cincuenta, frente al mar de Sitges. Desorientación total en la realidad que me rodeaba. Repudio de la misma. Algunos tratadistas podrían encontrar en mi huida al pasado de Egipto el resultado lógico de una adolescencia educada bajo el franquismo. Sería rizar el rizo. Para evadirme, pude hacerlo montado en los corceles de Walter Scott o en los cohetes interplanetarios de Julio Verne. Busqué caminos más recónditos, inesperados bajo el franquismo o bajo cualquier régimen. Caminos de la meditación a partir de las ruinas.

No acepto jugar a la sociología de bajo precio. Pero sí me place recordar por qué tuve tanto empeño en visitar las ruinas donde cualquier asiduo de las metáforas baratas diría que solo anidan serpientes y escorpiones. Catorce años habían pasado desde aquella lectura del *best-seller* que envenenó mi sensibilidad de por sí muy contaminada por los excesos del cine y la novela. Otros quince años han transcurrido desde mi primer peregrinaje a Tell El Amarna. Y tanto vértigo hay en esta álgebra de mis días, en esta mescolanza de mis décadas, como vertiginosos son los siglos que me separan de Akenatón y sus familiares. Y del enigma de Smenker especialmente.

Si lo que iba a buscar en el páramo era una estratagema espiritual, lo que encontré fue desolación de la materia. Que está calcinada en el olvido, convertida en una especie de mapa en relieve que informa sin contentar. Y, sin embargo, su fascinación perdura en la memoria.

Unas pocas notas insisten en esta impresión, casi con machaconería:

... hay que sentir profundamente el espíritu de estas ruinas de la ruina, el sentido místico que emana de un terreno estéril, flagelado por un sol atroz, que desnuda al mundo y lo ofrece con un descaro agobiante. Todo es agrio y a la vez poderoso en estas rocas, como corresponde a la Tebaida, como toca a la destrucción del sueño. Solo el ritmo de las palmeras del río parece recordar que hubo allí un gran palacio; solo el trino de los pájaros errabundos evoca los cánticos acompañados por la brisa del templo solar que se opuso a la oscuridad ritual de los santuarios de Amón «el oculto» y regresó a los grandes espacios abiertos, a los espacios que justificaban la religiosidad por el hecho de recibir las manos de Atón, acariciando...

Ruinas desesperadas, pero que en su misma destrucción han sido una bendición para la egiptología. Gracias a su aislamiento, en principio, pero también al abandono. Pues con la restauración del culto a Amón y el regreso de la corte a Tebas, con la entronización de Tutankamón, la ciudad de la herejía quedó abandonada para siempre. Para algunos estudiosos tuvo un final más novelero: sus edificios serían destruidos piedra a piedra por las fuerzas de la reacción empeñadas en no dejar recuerdo de la herejía. Esta fue, por lo menos, la suerte que corrieron sus protagonistas, cuyos nombres fueron borrados de todas las inscripciones.

Cualquiera que fuese su suerte, lo que hoy sabemos de Amarna se debe al aislamiento y al abandono. Como en tantas otras ciudades prestigiosas de Egipto, las piedras consagradas a Atón sirvieron para edificar poblados nuevos. Pero algo de la maldición contra Amarna debió de quedar en la memoria colectiva durante generaciones, pues nadie volvió a edificar en aquella zona. Gran golpe de la suerte aun dentro de la anormalidad de la tragedia. El rechazo del solar maldito dejó intacta la estructura de la ciudad, el trazado de sus palacios y calles, la organización de sus talleres y oficinas. En 1888, las excavaciones de la expedición alemana pudieron sacar a luz uno de los escasísimos ejemplos de diseño urbano que se conservan en Egipto. Pudo deducirse cómo fue esta ciudad, cómo estaban divididas sus casas. Y gracias a algunas tumbas, a sus relieves, la vida cotidiana de Amarna resucitó con su cargamento de insólito con sus poéticas peculiaridades.

Y esto es precisamente lo que el viajero encuentra en Tell El Amarna: cimientos que se esparcen a lo largo de tres kilómetros, rectángulos que recuerdan donde estuvo enclavado el taller del escultor Totmés, bases de las columnas de la que se supone fue la residencia de Nefertiti cuando esta se separó supuestamente de Akenatón, bastimentos de los grandes almacenes del templo solar o, en fin, la estructura de las oficinas —o como se las llamase en aquel tiempo— donde el despiste de una campesina que iba en busca del preciadísimo *shebak* provocó el descubrimiento de más de ochocientas tablillas en escritura cuneiforme. Nada menos que toda una correspondencia entre la familia de Amarna y el rey de Mitamí.

Pero las guías de buena fe no se cansan de advertir al turista sobre los escasos atractivos del lugar. Y es posible que así sea dado el carácter muy especializado de las ruinas de Amarna. Y lo fatigoso que, todavía hoy, resulta el itinerario.

Fuerza es reconocer que la visita exige una vocación muy especial, sobre todo a partir de marzo, cuando los calores se han convertido en un azote insoportable y el viento del desierto no sabe de contemplaciones. Habrá que cruzar el Nilo, experiencia siempre placentera, y una vez en la otra orilla proveerse de un *jeep* y pedir el concurso de los guardianes de las tumbas de las rocas. Estos acompañan al peregrino con pistolones descomunales, dada la asiduidad de los chacales y las serpientes (aunque al parecer el animal más temible de Tell El Amarna es el escorpión). Y al remontar la montaña, jadeando, con la vista casi nublada por el sol y el polvo, apenas se respira ya. La recompensa también es para especialistas, pero... ¡qué magnífica resulta! Son las veinticinco tumbas que los cortesanos de Akenatón se hicieron construir en previsión de una eternidad que nunca llegó (se supone que al regresar la corte a Tebas) las tumbas también abandonadas y martilleadas de sus muros los relieves que reproducían a Akenatón y Nefertiti. En cuanto a la que mandase construir para sí mismo el rey hereje, se encuentra en lo profundo de un inhóspito *uadi* y está completamente destrozada. Incluso para los especialistas debe de constituir una decepción.

Con tantas afirmaciones de la destrucción total, no es de extrañar que Tell El Amarna no esté de moda entre los adeptos al culto de la tarjeta postal. Pero tiene su rincón asegurado en el corazón de los amantes fervorosos del *spirit of place*.

Herejía, revolución, cisma, borrachera mística, cotilleo metafísico, triunfo poético, delirio plástico... Mucho contiene el cofre, tanto más su tesoro; y tal parece que todavía caben mayor cantidad de excesos a medida que se van descubriendo más amarnerías.

Pero el viajero, orgulloso de haber resistido con coraje las penalidades de los caminos que hoy conducen a las tumbas del desierto, no ha de pensar que los despojos de la ciudad de Atón concentran toda el alma de la herejía. Mejor son su consecuencia. Se gestó el sacrilegio río arriba, en la gran Tebas, y dicen que la ciudad ardió con el escándalo, y sus templos se conmovieron y fue milagro que no se derrumbasen para siempre los colosales santuarios de Amón, el dios oculto. Permanecieron indómitas las tremendas columnas; ultrajadas, sí, pero aguardando con paciencia el desarrollo de los acontecimientos. Y pues entre las columnas esperaban turno los grandes sacerdotes del culto humillado, hay que suponer que fue la suya una paciencia sibilina. Tengo la impresión que los sacerdotes de cualquier culto saben que, a la larga, ellos son los últimos en reír, y a risotadas.

Pero de momento, con su cisma, la herejía de Akenatón desvió en remolinos indecisos el devenir glorioso de la XVIII dinastía. Que tuvo glorias, y muchas. Abarca unos quinientos años (1580-1085) y contiene los nombres más gloriosos del Nuevo Imperio: familias verdaderamente espectaculares, como los Tutmosis o los Amenhotep. Después de la expulsión de los odiados invasores hicsos, en victoria conseguida por los primeros príncipes tebanos, esas dinastías reafirmaron la imagen del poder real, revitalizaron la idea y la fuerza del imperialismo egipcio en el Cercano Oriente y la Nubia, mientras el clero de Amón se reforzaba a su vez en tanto que oligarquía. Estos sacerdotes fueron más temibles que cualquiera de las iglesias egipcias anteriores a la de Amón. Y en Karnak, donde no sabemos si habitaron dioses o titanes, tendremos noticia cumplida de su gran poder.

¡Esplendor de Tebas bajo esos faraones, ante los altares de aquel dios! No sé yo de capital que ejerza tantos hechizos sobre la imaginación. Imperio del hedonismo debió de ser.

El edén de colores poderosos se vio atropellado por los carros desbocados de Amarna. El jinete era místico, y la mística no se detiene, que es caballo demasiado seguro de su infalibilidad para atender a razones. Al no saber de la carne, la mística es implacable. Pretenciosa en lo sublime.

La causa amárnica llegó como broche de confusión y revuelta; con ansias de permanecer y pocas posibilidades objetivas para conseguirlo. Con un simple cambio de nombre, Amenhotep IV hizo tambalear unas estructuras; no quiero decir que las modificase. Es difícil decidir si él estaba demasiado avanzado para su época, o las estructuras demasiado arraigadas en la misma. El nombre de Akenatón es como la nariz de Cleopatra: de haber sido más largo, habría cambiado Egipto. Nunca sabremos qué pensó de todo ello el pueblo llano, cuyas prácticas religiosas en lo cotidiano no han quedado lo suficientemente claras ni para los egiptólogos ni para nuestra mentalidad.

¿No se necesitaría a un nuevo Ipu-Wer para cantar las convulsiones que el cisma amárnico provocaría en las tierras del Nilo? Nada parecido desde los tiempos de anarquía del Primer Período Intermedio. Si no hubo revolución —que es palabra más importante que las especulaciones que suelen hacerse a su costa—, sí hubo innovación; y muy profunda para unas creencias que, de tan arraigadas, erán inseparables de su derivación política. ¿Innovación religiosa, política o social? ¿Todo ello a la vez? En la abundante literatura desarrollada a partir del drama amárnico, cada autor moderno contradice al anterior al poner énfasis primordial en una de las tres opciones. Lo mismo ocurre con el personaje, que se presta a todas las opiniones contrapuestas y, desde luego, a cualquier tipo de literatura. La que protagoniza y la que provoca.

Todo proviene de una profunda sensación de extrañeza. Akenatón desconcierta, desde el momento en que los sabios de una expedición alemana descubrieron su figura extravagante y, hasta aquel momento, desconocida. A principios del siglo pasado, cuando los sabios pusieron los pies en el terreno maldito de Amarna, la idea del arte egipcio todavía estaba dominada —razonablemente dominada— por una representación del hombre que permaneció inalterable a lo largo de cinco milenios. A ojos occidentales, los retratos de los grandes reyes egipcios destacaban en su similitud más que en sus diferencias, apenas perceptibles en una primera lectura. Que entre los colosos propuestos por el arte oficial apareciese la figura grotesca de un hombre que empezaba por no parecer un hombre (¿y lo fue realmente?), justifica el asombro, el desconcierto y casi la desesperación de quienes empezaban a tener ordenado cuanto hasta entonces podía saberse de un mundo desaparecido.

Después del asombro llegó la admiración, o la repulsa. Fue a medida que iban saliendo a la luz —por cierto escasa— la personalidad de Akenatón, sus hechos y sus días. Primero fue un faraón desconocido, que no aparecía en las listas reales de Turín y Abydos, ni siquiera en la que siglos después estableció Manetón. Algo monstruoso había en este olvido: un asesinato efectuado a partir de la muerte. Nada más propicio al misterio. O a la desorientación. En 1913, una enciclopedia española de gran prestigio todavía llamaba a Akenatón por el primer nombre que creyeron leer sus descubridores: Khunaten, y a la divinidad solar que promulgaba se la traducía por Hormakhu en lugar de Atón. Aunque no termina aquí el equívoco. Se nos dice que «alcanzó victorias sobre los sirios y kuschitas, pero al morir sin descendencia, su nombre fue borrado de la lista de faraones y su memoria maldecida...». Ya es dudoso lo de las victorias militares en un faraón que basa gran parte de su prestigio moderno en su fama de pacifista; pero teniendo en cuenta que esta fama ha sido puesta en entredicho más recientemente, entramos de lleno en el terreno de las ambigüedades que se debaten entre sí. Por lo que se refiere a su falta de descendencia, la misma famosa enciclopedia se desdice al contener una voz dedicada a una de sus hijas. ¿Y acaso la insólita costumbre de un Akenatón completamente familiar, que suele presentarse en público acompañado de su esposa e hijas, no es uno de los rasgos que le hacen tan distinto de los demás monarcas de Egipto? Es una de las pretensiones que mejor puede esgrimir para pasar holgadamente por un ciudadano de nuestros días.

«Akenatón, nuestro contemporáneo.» Este podría ser el llamativo título de cualquier artículo de divulgación destinado a descubrir por qué el hereje despierta admiración cuando sus principales rasgos empiezan a ser conocidos. Una vez acostumbrados a la anormalidad que representa en el paisaje de la historia egipcia, vamos cayendo en las redes de quienes ven en él al «primer individualista de la historia». Y se ponen en juego todos los elementos para confirmarle en ese título. Todo un Sigmund Freud, con excepcional imaginación de novelista para la ocasión, subscribe una brillante teoría en la que no solo erige a Akenatón como el primer monoteísta de la Historia, sino que además hace arrancar de él toda la experiencia religiosa y política de Moisés. Aparece también el faraón poeta, otra anomalía singular que forzosamente había de encender la imaginación de sus colegas modernos. Los himnos solares que se le atribuyen son, en efecto, de una gran belleza y algunos estudiosos encuentran en ellos un precedente insólito de los salmos bíblicos. ¡Un faraón escritor es lo último que podían esperar los severos Amenhotep del pasado! Ante esta figura hipersensible, se desinflarían los famosos músculos de su abuelo, faraón-atleta por excelencia. Y rodaría por las empinadas cuestas de Biban El Moluk el casco azul de la guerra llamado *antef*, invención característica del Imperio Nuevo que hace resaltar en las grandes batallas la personalidad de faraón como soberbio conductor de los ejércitos.

Ha habido un Akenatón para todos los gustos, para todas las ideologías. Pueden repartírselo con iguales derechos los cristianos y los marxistas, los burgueses y los hippies. Los cristianos, porque habla de un dios único y, encima, dispensador de bondades sin cuento. Los marxistas, porque en la abundante literatura que la revolución amárnica ha provocado, se habla de igualdad entre las clases. Pero siendo como fue, de hecho, la consagración de una nueva burguesía, también los burgueses pueden ver reflejados sus derechos. En cuanto al movimiento hoy fallecido de los hippies, toda la actitud panteísta de Akenatón se correspondió con su búsqueda de las fuerzas naturales, su mística de las flores y los espacios abiertos. Después de todo, no hace tantos años que dentro del espíritu abierto del grupo «Living Theatre» cabía un actor denominado, precisamente, Akenatón.

Y habría un Akenatón ecologista, y otro crítico de arte, y otro que, al proclamar su fidelidad a la belleza de Nefertiti, podría inaugurar un primer capítulo de las series ilustradas «Grandes amantes de la Historia», cuyo éxito popular se garantiza a través de los milenios.

Y puede llegar Akenatón a través de sesudas desmitificaciones de sí mismo. Como la del señor Cyril Aldred, quien en un libro excepcional, e ignoro si definitivo en sus conclusiones, intenta domar el apasionamiento y dejarlo reducido a un apreciable mezzo término.

«En años más recientes —escribe Aldred— las tendencias de los historiadores modernos han rebajado a Akenatón a una estatura mucho menos atractiva. Su monoteísmo ha sido desmitificado, convirtiéndolo en un simple enotismo, es decir, la creencia en un dios supremo pero sin la aseveración de su naturaleza única. Sus innovaciones sociales y políticas han sido negadas. Su pacifismo e internacionalismo han sido boicoteados. El idilio doméstico con Nefertiti y los demás familiares ha sufrido golpes brutales. Los pensadores que creyeron ver presiones modernas operando en plena Edad del Bronce han aceptado vehementemente que la línea general de los acontecimientos no hubiera variado en absoluto si Akenatón no hubiese existido. Solo se ha dejado en su crédito novedades artísticas, y en verdad que a la vista de sus colosos de Karnak, terribles y conturbadores, resulta difícil afirmar que Akenatón estaba siguiendo la tradición, a pesar de que en estas obras las convenciones del arte egipcio están distorsionadas más que trascendidas...»

El proceso de glorificación y desmitificación en el espacio de pocos años, en el curso de escasos descubrimientos, presenta para el profano una moraleja ejemplar: la de la terrible ambigüedad de nuestros conocimientos sobre el mundo egipcio, cuyos hechos, cuyos personajes dependen todavía de una excavación que no se ha hecho, de un pedazo de jarra que no se ha encontrado. Ante este presentimiento vuelvo a sentir el vértigo incontenible de la ignorancia, la relatividad de la vida entera. El desierto se tragó en su día la verdad o la falacia de una persona. Le admiro o lo odio a partir de la Nada. Y es espantoso pensar que mis besos se posan en los labios de un fantasma.

¡Trampa innoble de Tell El Amarna! Sus arenas maldecidas por el orden arrojaron a la luz el desorden de unas vidas que se anuncian como más apasionantes que las de todo el Egipto que hemos conocido. Pero solo nos conceden este atisbo, más terrible aún que la ignorancia entera. Durante el largo periplo entre las ruinas de los imperios hemos sabido que de las sublimes pirámides, de los grandes templos, queda el nombre de personajes que se parecen extraordinariamente entre sí, que se preocuparon en dejar el impronto de su fama sin que esta fuese trascendida por el recuerdo de su espíritu. Ante la fama desbocada en el afán de colosalismo se impone el respeto, y, arrodillados, efectuamos la cansina letanía de los grandes nombres. No llegamos a pedir el pathos.

Pero Tell El Amarna es una puta que viene a provocar un toma y daca continuo. En las inscripciones martilleadas de sus tumbas hemos podido seguir todo un ceremonial que nos subyuga, que nos acorrala porque no presenta la fama en abstracto, sino a las individualidades, abocadas además a una experiencia completamente original. Y en esto nos subyuga, más allá de todos los descubrimientos que van relativizando lo que creíamos saber. Esta es la verdad primordial de Akenatón, al margen de sus mentiras: que nuestra visión de Egipto nunca será la misma después de haber estado en su ciudad. Es posible imaginar que, además de cuanto es, Egipto también puede ser *otra cosa.*

¿Quién se atrevería a pedir a un peregrino que prescinda de noveleríás, cuando se encuentra ante las trampas de Tell El Amarna? Niéguese este derecho a la ciencia, mientras las arenas del desierto continúen siendo mortaja de la vida.

Idealización decimonónica de Amenhotep IV.

MINIA, UN PUNTO DE ESCALA

La descripción de Minia no invitaría a una visita, y menos a una estancia; pero incluso para quienes no supieran encontrar en lo cotidiano mayor hechizo que el de la obviedad, puede resultar un tanto amena la cita a causa de un motivo secundario: la experiencia misma del viaje. Es un trayecto idóneo para conocer facetas insospechadas de la vida de provincias: esa parte híbrida del país que ni siquiera en tiempos de prosperidad llega a padecer el interés del turista. Y eso que los que se ocupan de la materia han procurado promocionar los rincones atractivos de la zona: de todo el distrito de Minia, para ser exactos. Pues proponen las cercanías de la capital visiones sorprendentes de la Tebaida cristiana, días de mercado en Mellauí con su abigarrada expresión de batiburrillo popular; rutas que van a Tell El Amarna, Beni Hasán, Tuna, El Gebel, Hermópolis Magna, Deir El Bercha... Y para acceder a todos ellos es punto de estancia más propicio la ciudad de Minia, que carece de esplendores.

En ella me instalé como encrucijada de tantos caminos gratos. Y también porque, a pesar de todo, su modesta hostelería era el mejor término medio entre la seguridad de lo cómodo que es propia de un Luxor, y la ya decidida incomodidad de los hoteles de poblaciones más pequeñas (si es que hay alguno). Tenía entonces Minia como lujo máximo un hotel de categoría turística (casi la más baja) y se anunciaba para 1965 la inauguración de un establecimiento de primera junto al Nilo. La promesa de tres años antes no se había cumplido todavía cuando yo llegué; y la más reciente edición de la «Guide Bleu» no indica que se haya cumplido trece años después.

Pero hablemos de Minia, ya que es el punto donde el peregrino encontrará reproducida la vida egipcia equidistante entre las grandes capitales y las aldeas del Valle. El de Minia es el Egipto que más aislado queda dentro de sí mismo. A 150 kilómetros de El Cairo, habla ya de otros mundos, pero sin aceptarlos. Se alza muy cercana a los fantasmas de la ciudad de Akenatón, y sin embargo los ignora completamente. Nada sabe del Egipto de siempre. Quiero decir que al igual que la capital, es un emplasto del Islam en el corazón del Valle. Y tuvo, como Alejandría, vocación de europeísmo. Por lo menos en sus formas.

Y a pesar de ser tan escasos sus hechizos, aunque solo constituya el *ferry boat* que ha de llevarme a mis espectros preferidos del pasado al cual rechaza, algo inaudito me cautivó en la mediocridad de la población. Hasta el punto que la tomé como una suerte de vínculo, dirigido esta vez hacia un destino superior: el de mi propia creatividad. Pues hice arrancar de sus callejas la fantasía diabólica que tomó forma en mi novela *Mundo Macho*, escenario que soñé en un recuerdo confuso, cuando tiempo después escribía en Roma aquella imaginería. Es el tipo de masturbación con la que no solía contar la cultura catalana.

Justo al salir de la estación, Minia ofrece el chocante aspecto de un cementerio del espíritu alejandrino decimonónico: agoniza bajo la incuria una arquitectura del colonialismo europeo. Flores, faunas, hadas que el jamsin va afilando a diario, agotando sus perfiles, convirtiéndoles definitivamente en una ruina habitada. En unas tierras cuyo suelo parece reventar de restos faraónicos, griegos y romanos, el *art-nouveau* que los anglosajones dejaron a orillas del gran río es un cadáver que produce mayor angustia por cuanto nos recuerda lo cercano de su prosperidad y cuán provisional llegó a ser.

Pero hoy es ciudad que pertenece por entero a los egipcios. Rica en comercio, dicen los datos prosaicos; y consuela que luzca en alguna prosperidad. Aunque tratándose de Egipto, siempre puede ser relativa. Pero es centro importante del país, si no otra cosa; y al estar situada en parajes tan propensos a la explotación agrícola parece navegar entre dos aguas, el comercio y la agricultura. Y su hibridez aumenta porque, en el recuerdo, es un alto insulso que, sin embargo, da al peregrinaje un buen reposo y a la fascinación esa pausa que tranquiliza en medio de tantas maravillas. Pues dicen que, de vez en cuando, una pizca de mediocridad deviene un bálsamo.

Se produce esa sensación de paz que en El Cairo ya es a todas luces imposible y que en Luxor, de encontrarla, resulta artificial por culpa del turismo. Los sicomoros abiertos de las calles del centro, los grandes cafés de enormes ventiladores y envejecidos espejos biselados, las escuelas de monjas europeas y un hospital de cierto mérito dan al ambiente un aspecto de *petit rien* que perdura y llega a adjetivar el aspecto de su clase media, gente muy cortés que parece obstinada en permanecer a la altura de su europeización anterior.

Sin embargo, la *Corniche* es la más descuidada que he visto en cualquier ciudad egipcia de importancia: hace tiempo que murieron todas las flores, el césped fue abrasado por el sol o pisoteado a conciencia por la multitud de niños que juegan sobre él; las piedras del Nilo son archivo de basuras sobre cuyas cimas corretean ratas enormes que a pesar de su temible aspecto respetan el pellejo completamente desnudo de un anciano que se baña en las aguas putrefactas, inertes sus músculos descarnados, enjuto como un asceta. Más allá, el «Sporting Club», organización típica de cualquier ciudad egipcia donde los colonizadores plantaron su bota o su esmóquin, sirve hoy como mera impostación de club elegante, reservado para jolgorio exclusivo de los militares nativos, rota así la exclusividad que, como en el «Sporting» de El Cairo, solo permitía el ingreso a los oficiales ingleses y sus clanes.

Todavía más allá, la *Corniche* se va desfigurando, pierden volumen los palacetes de gusto ecléctico, y el Nilo se llena de bultos oscuros. Diríase el nacimiento de otra ciudad. Es el arrabal de los más pobres de Minia.

Empujado por la curiosidad, embebido en la delicuescencia del atardecer, me introduje en el arrabal de los olvidados, pero sin conocer exactamente sus verdades. Una mezquita de apariencias modestas me recordaba la islamización del suelo sagrado, pero ni siquiera así negaba el Nilo sus sortilegios de siempre: se mantenía inolvidable; en la orilla opuesta se oscurecía la estrecha franja del Valle; y del recorte irregular que formaban sus matorrales surgía un cinturón de montañas enrojecidas, a las que la oscuridad naciente dotó de singular rudeza. En mi orilla, en el curso de mis pasos, las casas de la *Corniche* iban desapareciendo, sustituidas por edificios macilentos, sucios, acaso embadurnados con colorines altisonantes, como los de la entrada a El Cairo. Casas de varios pisos, construidas en los años cincuenta, tal vez uno de los primeros esfuerzos urbanísticos del nasserismo para desintoxicar a la ciudad de algún fastidioso exceso demográfico.

Entre las *insulae* y las cenefas desterradas de la parte europea, había un cuartel circundado por un pequeño campo de entrenamiento. Algunos soldados, muy jóvenes, aprendían a utilizar la bayoneta, no sé si en ejercicio, no sé si en jueguecillo de prendas. Bailoteaban más que saltaban, clavando el arma sin demasiada experiencia en un enorme muñeco de trapo que simbolizaría al enemigo judío. Me extrañó que en un país en guerra pudiese el entrenamiento convertirse en cachupinada más o menos selecta. Al presentarme yo como periodista, los delegados del Ministerio de Información me habían paseado por algunas fábricas, laboratorios químicos, sistemas de regadío y otros complejos destinados a convencerme de las excelencias de la modernización. Pero nadie se había preocupado de mostrarme el adiestramiento de los jóvenes egipcios, cuyo destino era tan inmediato y tan dramático para mi conciencia pacifista (o simplemente acojonada).

Diez años después, jóvenes egipcios me han hablado de sus experiencias en la guerra con un deje de desencanto agazapado tras la necesaria declaración de patriotismo a ultranza y la consabida retahíla de fervores islamistas. Solo que mis contertulios, exguerreros, están ya casados y se han colocado con cierto éxito en puestos importantes de la burocracia o la hostelería. Y después de lo dicho, hablan con respeto de los acuerdos de Camp David porque a fin de cuentas los judíos de 1982 se han convertido en una importante fuente de divisas turísticas. ¡Asombro de las décadas!

Al escuchar a uno de esos jóvenes hoy instalados, me pregunto cuál fue la suerte de los anónimos reclutas de Minia. De qué sirvió finalmente aquella guerra.

No parecían entusiasmados en su aprendizaje. Al contrario. Mientras sus instructores conversaban ruidosamente en un grupo aparte, dándole al vino de zanahoria (o cualquiera que sea su nombre), los reclutas interrumpían el entrenamiento, improvisaban histriónicos conatos de pelea, efectuaban actos de bravuconería ingenua ante unas jóvenes dicharacheras que les contemplaban; se metían con los niños que jugaban más allá de la alambrada de espinos, les conminaban a traspasarla y unirse a sus ejercicios... No pude disimular mi sorpresa cuando un adolescente con aspecto de vagabundo picarón saltaba al campo y empezaba a arrojar piedras a un soldadito que a su vez empezó a perseguirle, bayoneta en ristre, ante las risotadas de los demás. Acto seguido, irrumpieron otros rapazuelos y los reclutas se olvidaron completamente del enemigo que un día no lejano podría ser blanco de sus bayonetas, y corrieron tras los invasores, canturreando y riendo. ¡Extraño sarao! Todos parecían ignorar que había una guerra y que el destino más inmediato, y acaso inminente, era uno de los frentes en que se debatían las cuentas. Y cuando pensé en las fotografías que mostraban con qué extraordinario rigor estaba entrenando a sus cachorros el pueblo de Israel, tuve un estremecimiento.

Siguiendo el curso del río me di cuenta de que la ciudad había cambiado de aspecto: un corto paseo había bastado para arrojarme a un mundo alucinante, de un dramatismo vivo, amenazador, que ya no tenía correspondencia alguna con los misterios del Valle de los Reyes, el colosalismo de Menfis o la leyenda de Smenkharé. El sentimiento que empezaba a asaltarme descartaba la emoción y se indignaba. Una irritación abierta, asesina, de la que me fue imposible evadirme.

Si el lector imagina el problema del barraquismo y lo traslada a una ciudad de provincias en un país apenas desarrollado, comprenderá con facilidad la imagen y la impresión que me producía. Cierto que en mi descenso por el Valle había visto la pobreza en muchas aldeas, que noté lo precario de sus casuchas, a menudo con una sola habitación para varias personas; pero sigo en mi idea, en mi experiencia, de que es más consoladora la pobreza rural que la miseria de las zonas urbanas. En la desesperación que surge al amparo de los grandes edificios suburbiales, no existe siquiera el huerto, la era, el campo que permiten una última y desesperada ayuda de los elementos naturales. Aquí, en los arrabales de Minia, solo el fango mezclado con los detritus de la gasolina, restos de neumáticos reventados, podridos ya, chatarra desperdigada entre montones de plástico entumecido y una agobiante olor a putrefacción, como si los restos de alguna industria nociva hubiesen sido vertidos en el aire. Todo se estrechaba, todo disminuía. Cualquier reunión a las puertas de una casucha bastaba para formar una multitud, y esta era triste como el suelo corrompido o los techos en derrumbe.

Niños desnudos, ancianos reducidos a la sombra de una arruga, mujeres prematuramente encorvadas, perros esqueléticos cuyos ojos, si existían, estaban agazapados allá al fondo de unos surcos podridos. Y a medida que me iba introduciendo entre las cabañas, descubría que el Nilo se revestía con mantones siniestros, como anunciando la maldición de una esclavitud consentida.

Y era obvio que así fue durante todos los siglos de su historia; que los mantos del Nilo habían atrapado a los ancestros de aquellos desheredados, sin dejarles siquiera la opción de una estela que recordase su nombre para la eternidad. Un anonimato fatal y perpetuo, que empezaba ya en la fatalidad de una existencia sin remisión.

De repente, me di cuenta de que alguien me seguía. Al volverme, me encontré con un grupo de hombres que pronunciaban palabras para mí desconocidas, pero que tenían el tono inconfundible de la ira, los acentos nada exóticos del improperio. Yo era el objeto de aquel escape de furia. Llevado por mi embeleso —un escandaloso embeleso ante la miseria—, no caía en la cuenta de que mi atuendo no era el más adecuado para inspirar el aprecio en aquella gente: ni el pantalón demasiado corto y coquetuelo, casi un bañador, ni la máquina de fotografiar colgando del cuello a guisa de trofeo civilizadísimo, ni unas gafas oscuras tal vez demasiado espectaculares, podían constituir para los pobres de Minia un divertido factor de exotismo que llegase del frío. Yo no era solo una presencia extravagante: era el insulto, la agresión. Al tomar conciencia de la circunstancia y del ridículo anacronismo que personificaba, apresuré el paso. Sentí que algo en mis nervios se excedía. Sin dejar de caminar, me fui volviendo hacia atrás, y el grupo caminaba a mis espaldas. Hombres de mediana edad y de alarmantes proporciones físicas habían unido su agresividad a cuenta de mi inocencia. Apretaban el paso. Y gritaban. Contra mí, naturalmente.

Me dio un augusto tembleque. Sus gritos no cedían. Sus pasos se esforzaban más y más. Sus pasos derrotaban a los míos. Y entonces eché a correr. Y todos ellos detrás, también corriendo.

¡Majestad del miedo!

Ese día sentí la más elevada dosis de pavor físico que jamás había experimentado. Era consciente de una soledad absoluta frente a la solidaridad que demostraban mis seguidores: una solidaridad en la indignación y el desprecio. En aquel mundo desconocido por el mundo, podría haberme sucedido cualquier cosa y nadie hubiera tenido la menor noticia. Podría haber quedado perdido para siempre, cadáver jamás encontrado bajo los montones de basura, anónimo entre los muertos antiguos, y en Barcelona me hubieran aguardado toda la vida, aunque esperanzados porque nada proporciona tanta esperanza, engañosa esperanza, como una muerte que no llegó a tener su certificado de defunción.

Todos esos pensamientos, rápidos, confusos, negruzcos, acabó por confirmármelos un individuo altísimo, de tez surcada por poros sucios, que salía corriendo de una casa sin puertas y, animado por la estatua negra que debía de ser su mujer, empezó a correr más cerca de mí que los demás, y esgrimiendo un enorme garrote.

No tengo recuerdo de haber corrido en mi vida como entonces. Escalaba mi cuerpo una extraña suerte de angustia que me quemaba, que convertía mi respiración en un quejido seco. Una angustia que, en mi recuerdo presente, llega a parecerme hasta deliciosa porque no tenía nada que ver con la angustia neurótica que me había llevado a Egipto, sino que era como un concierto ejecutado por todas las partes del cuerpo horrorizadas al unísono; sintonía magistral, única, de los miembros del cuerpo convulsionándose de una vez y por todas. El cerebro no intervino. Era un prodigio de los instintos. Y por encima de todo, el de supervivencia.

Créase o no, el sentimiento de masacre de mis perseguidores solo consiguió detenerlo una aparente conciencia de los límites: el haber alcanzado una frontera de intocables. Pues al rozar mi huida las primeras urbanizaciones de la Minia moderna, la multitud se detuvo como impelida por un resorte de frustración. Todavía jadeante, me atreví a volverme y, más allá de la frontera de cenefas neoclásicas, pude ver cómo los desheredados de Minia se resistían a dispersarse, tal si formasen una muralla de carne preparada para proteger su intimidad del ataque de nuevos invasores de la otra ciudad.

Les entendí perfectamente. Era como si quisiesen conservar para el recuerdo la imagen perfecta de un intruso estúpido: el modelo de lo que era necesario evitar. Y así es probable que fuese a protagonizar yo, en su futuro, no sé cuántas anécdotas despectivas.

Casa de baños en Minia.

LAS CUEVAS DEL CRISTO

Como una nueva metáfora de la soledad absoluta, la Tebaida cristiana, su espíritu, abre de par en par sus espacios inmensos o se acurruca en los recovecos de los *uadis* a guisa de angostos Sésamo a los que unos acceden con piedad y otros con miedo. Y para sentir la acritud en todo su sentido, para hallar en lo físico la respuesta a otra intensa búsqueda del espíritu, el viajero tiene que olvidar la fecundidad del valle e introducirse con fatiga en la aridez del desierto o en la montaña desnuda. Pues tanto las múltiples cuevas de los anacoretas como los grandes monasterios históricos aparecen aislados del mundo, incomunicados de la vida, madrigueras que trepan por paredes baldías, ratoneras donde el alma parece a punto de secarse completamente. ¡Y eso que fueron pensados para perfumarse en los efluvios mejor garantizados de la Gracia!

Es «Tebaida» en nuestro idoma un sinónimo de soledades; o lo fue en épocas en que una mayor educación humanista permitía tanta imaginación en los idiomas que incluso un incidente histórico podía formar una metáfora. Para llegar a esta asociación lingüística fue necesario que la Tebaida representase en la mente popular, durante siglos, una forma de vida concreta, un aislamiento absoluto en correspondencia también con un accidente geográfico que en sí misma, lo proclamaba. Y así deviene Tebaida nombre que se pronuncia con los labios resecos y la mirada perdida, adjetivo a su vez de mundos creados para el retiro.

Además de la Nítria (la actual Ouadi El Natrum, cerca de Alejandría), fue la Tebaida el punto más prestigioso del monacato cristiano en los siglos IV y V del cristianismo andante. Pero a oídos modernos, y en la hora en que las historias de carácter religioso, no se encuentran entre los *best-sellers* del mundo, el nombre que se dio a la región puede conducir a un engaño. Pues aun derivando de la ruinosa Tebas, la provincia Tebaida de los conquistadores romanos excedió con mucho los límites de la mítica capital y abarcó todo lo que hoy constituye el Alto Egipto, desde El Fayum hasta Assuán. Era todo el valle del Nilo, en realidad, ya que las otras dos provincias primordiales, la

Iovia y la Hérculea, se repartían entre El Fayum y el Delta. Con esta división administrativa, Roma condensó los treinta y ocho nomos que habían configurado el Egipto faraónico. Y esta enorme extensión en que pasó a convertirse la Tebaida explica que al hablar del cristianismo que buscó refugio en ella puedan abarcarse conventos tan distantes como los de Sohag, cerca de Assiut; el de San Simeón, en Assuán; y el de San Antonio, en las montañas del Mar Rojo.

El viaje por la Tebaida es duro, fatigoso y escasamente gratificador, si el viajero no anda acorazado por la fe, que mueve montañas, o por la curiosidad, que sabe crearlas. No es zona concurrida, ni podría serlo. Exceptuando la cueva de San Antonio, objeto de culto y cuidada con avieso interés turisticoide por los monjes del cercano monasterio, las cuevas de los grandes centros del monaquismo no ofrecen mayor atractivo que el del espíritu del lugar; que es, por otro lado, impresionante. A condición, insisto, de poseer un cierto gusto por la apreciación de la Nada. Pocos viajeros saben valorarlo.

Cuevas renegridas y monasterios abandonados, cuando no semidestruidos. Y el caso excepcional de algún cenobio de pocos miembros, que todavía mantiene el rigor de alguna construcción, que parecen la excepción insólita a la soledad absoluta que ha venido a imponerse a la soledad básica.

El silencio es estremecedor, en la Tebaida cristiana, como si ella misma hubiese formulado el voto que debió de exigirse a muchos de sus inquilinos. Proyéctanse sobre las rocas sombras inquietas, de pajarracos cuyo enorme tamaño hace presentir el águila evangélica, cuando no a los cuervos que solían dialogar milagrosamente con algún eremita. Son pájaros que emiten graznidos espeluznantes al destacar sobre el silencio absoluto. En estas latitudes, castigadas por un sol aplastante —literalmente aplastante—, la meditación partiría de la idea que el Apocalipsis estaba a la vuelta de la esquina. Diríase que en la Tebaida va a terminar el mundo. Y con fuego, como está anunciado.

Resuenan, eso sí, nombres de fama. Es el eco de los grandes profagonistas de una epopeya singular, que solo el desierto egipcio puede explicar. Si al visitar la Nítria recuperamos visiones sacadas directamente de la *Storia Lausiaca* de Palladio, aquí en la Tebaida, la memoria se llena de estampitas coloreadas que reproducen a Pablo el Ermitaño, a Antonio de Kosma, a María Egipciaca, a Pacomio y a San Amón... nombres que llenaron mi educación infantil, cuando la religión era una imposición durísima que, por serlo, conseguía efectos totalmente opuestos a los que buscaban mis educadores. De no haber sido por esta carga, pude haberme acercado a las cuevas de la Tebaida con el alma limpia, la imaginación virgen, el corazón libre de creer en el valor de una fábula.

Ya he dicho que la tradición llegó a mí desfigurada, como habrá llegado a mis coetáneos. El sentido primitivo del cristianismo se disuelve bajo un itinerario posterior, se degrada en fastos coloreados que empiezan y terminan en Roma. De esta religión que vino a encerrarse en sí misma, en la madurez de las rocas tebanas, queda solo un recuerdo leve, agobiado, incluso en su iconografía, por los delirios del Barroco permanente.

Pero aquí en la Tebaida, nació y se desarrolló una mitología importantísima transfondo genuino de Egipto, el que continúa navegando indeciso entre el paganismo faraónico y las importadas doctrinas de Alá. Y aunque hoy en día Occidente parece no recordar que hubo una importante contribución oriental en el desarrollo del cristianismo, esto nunca dejó de estar claro para la Europa medieval y renacentista, que buscó y encontró en las soledades tebanas las raíces de su espiritualidad. Pues como saben los gramáticos aventajados, la palabra monje, en su significado original se refería a alguien que vivía en soledad absoluta, apartado de los demás (del griego *monos*: solo, solitario). Y fue Egipto, con la proximidad obsesiva, contagiosa de los grandes desiertos, cuna indiscutible del genio monástico en la cristiandad. Con los conocidos precedentes de los ascetas budistas y aquella misteriosa secta, los esenios, de quienes se dice que influyeron en el pensamiento y actuación de todo un Juan el Bautista, allá en las orillas del Mar Muerto. (A costa de este gran precursor suele circular de vez en cuando una noticia sensacional: que su cuerpo decapitado se encuentra en uno de los monasterios de la Nítria. Ningún rumor, sin embargo, circula acerca de su cabeza. Es posible que quedase entre las suaves sábanas de la impar señorita Salomé.)

Son corrientes que se comunican en lo subterráneo y que, en lo profundo, van socavando los edificios de la Historia. Es como una voluntad de absoluto, un anhelo de perfección que se reproduce en sus más distintas formas a lo largo de los tiempos. Llegado este espíritu a Europa, sus nostálgicos no lo hicieron privativo del estamento eclesiástico. No quedó en privilegio de la Iglesia, ni en manual para uso de doctores. En su informadísimo libro *Monks and Monasteries of the Egyptian Deserts*, el señor Abu Sali al Armami recoge testimonios escritos de peregrinos seglares que visitaron el monasterio y la cueva de San Antonio hacia el siglo XV e incluso antes, pues no cabe duda de que la fiebre mística provocada por las Cruzadas influiría en el despertar de la conciencia religiosa europea hacia sus orígenes en estas latitudes.

Al imaginar cuán trabajosos debieron de ser aquellos peregrinajes, acuden a mi memoria algunos mapas de la Tebaida concebidos por los hombres del Renacimiento europeo. Aparecen detallados una auténtica caterva de monasterios, en una abundancia que contrasta con la fama de soledad de los desiertos egipcios ¿O acaso lo fomentó la mentalidad urbana de los artistas?

Certifican, estos planos, que la vida comunitaria tuvo en los desier-

POÉTICA DEL CARTÓN-PIEDRA

PARAMOUNT

El regreso triunfal del príncipe Moisés-Heston a Menfis. El cine y Egipto salen perdiendo. (Charlton Heston en *Los diez Mandamientos*, de Cecil B. DeMille, 1956).

EGIPCIOS IMPOSIBLES

FOX

El médico egipcio y la perversa cortesana babilónica (Edmund Purdom y Bella Darvi, genial Nefer-Nefer-Nefer, en *Sinuhé el egipcio*, 1954).

WARNER

El faraón Keops hablaba un inglés de Faulkner en *Tierra de Faraones*, de Howard Hawks (1955). La reina era la maravillosa Kerima.

WARNER

Joan Collins una pérfida de la Quinta «dinastía» en *Tierra de Faraones* (1955).

UNIVERSAL

PARAMOUNT

María Montez, la reina del Technicolor, imita a los jeroglíficos en *Sudán* (1945). Hombreras y topolinos son típicos de los «forties». ¿Fue Ramsés II hercúleo y calvo como Yul Brynner? El director De-Mille aseguraba ser fiel a la Historia. Nadie le creyó.

EN LA CORTE DE AKENATON

FOX

De derecha a izquierda: la princesa Baketamon, la reina Ty, Amenhotep IV (Akenaton), Nefertiti y las princesas bajo los rasgos de Gene Tierney

Judith Evelyn, Michael Wilding y Anitra Stevens. Todos ellos en la versión cinematográfica de la novela de Mika Waltari *Sinuhé el egipcio*, 1954.

LAS CLEOPATRAS

RANK

Vivien Leigh, una Cleopatra de Bernard Shaw en *César y Cleopatra,* 1945.

PARAMOUNT

Claudette Colbert y su Marco Antonio (Henry Wilcoxon) en el Egipto art-déco de Cecil B. DeMille. (*Cleopatra,* 1934.)

FOX

Sólo Liz Taylor podía entrar en Roma de esta guisa. (*Cleopatra*, de Joseph L. Mankiewicz, 1963.)

tos egipcios una vitalidad como no se dio en ningún otro lugar del mundo. Pero esto fue posterior al auge del eremitismo, no se produjo hasta la llegada de Pacomio (236-246), verdadero innovador que dio el paso a la vida contemplativa, aislada del anacoreta a la vida en comunidad, con una instituciones ya plenamente elaboradas. Dicen que tuvo seguidores en tropel y que en los siglos posteriores a sus fundaciones llegó a haber en Egipto «varios miles de monasterios». La cifra, que es descomunal, no se limita a los grandes edificios, sino que incluye tantos y tan variados especímenes como fueron a florecer a la sombra de cualquier ruina antigua, a veces con dimensiones exiguas y escasos miembros. En todo caso, de aquella cifra extraordinaria solo quedan en el Egipto actual ocho monasterios coptos en activo.

Otra pintura ideal del Renacimiento europeo marca las diferencias y al mismo tiempo las aproximaciones entre las diversas formas del cristianismo en la Tebaida. La vio el artista Starnina como un delicioso hormiguero donde alternan los conventos y las cuevas, las ermitas y las iglesias en una de esas visiones casi de juguete, como un sueño *naïf* donde se compendian los múltiples personajes realizando acciones características: de meditación unos, de limosna otros, de trabajo, encuentros y curaciones los más. No falta, por supuesto, alguna revelación celestial, pero sumamente candorosa, muy alejada de las alucinaciones que Flaubert colocaría magistralmente a la entrada de la cueva de San Antonio.

Es un retablo que parece un sueño de piedad, y una piedad de rutilantes colores. Las montañas de la Tebaida, irguiéndose en desorden alrededor de un Nilo surcado por diminutos navíos que diríamos más genoveses que egipcios, ofrece los tonos consoladores de la fe, la ternura que el viajero no encontrará en la aridez que le acoge, sobre piedras que diríase acaban de surgir de un cataclismo cósmico fenomenal.

¡Prosperidad espiritual de la Tebaida! ¿Era en la realidad, esa enorme avenida superpoblada que pretende imponernos dulcemente el retablo de Starnina? Anteriormente a las fundaciones de Pacomio ya fue intenso el tráfico de anacoretas, según las crónicas, y todavía antes lo había sido el tránsito de fugitivos de las persecuciones romanas, especialmente las de Diocleciano y Decio, tan reputadas por su crueldad. Entre fugitivos, anacoretas y monjes fundadores el cristianismo fue aquí más que una flor: fue un huerto entero. Tan importante llegó a ser la zona, que incluso la madre de Constantino, Santa Helena, vino a fundar personalmente alguna iglesia. Y tan secundada se vio, en su santa labor de propaganda, que fueron prosperando las fundaciones doquiera que hubo antes un santuario del paganismo. Así, en todas las localidades cuyo nombre va encabezado por el sustantivo Deir (convento, en árabe), sepa el viajero que hubo iglesia, monasterio o convento de los cristianos.

... LAND OF MEMORY

Según se sale de Assiut en busca de la meta culminante que es Luxor, la carretera va ofreciendo puntos de curiosidad no exclusivamente turística. Se sugiere aquí y allá una o cien referencias históricas, en las que place detenerse. Pena es que en la mayoría de los casos el estado actual de lo antiguo no justifique la visita del profano. No digamos ya que recompensase un viaje a posta, desde lugares más apartados. Pero a pesar de tanta ruina empeorada —así llamo a la que alcanzó aquellos últimos grados de la destrucción que comunican la ruina con la Nada—, a pesar de que en algunas de esas paradas intermedias solo queda un solar con escasas piedras abatidas, el espíritu del lugar continúa cautivándome, y entonces la detención se convierte en acto sentimental por excelencia. Es un homenaje a la vida en sus aspectos menos objetivados. La que existió, la que fue sustituida, la que desapareció después, fatalmente fulminada por el Tiempo.

Así, a pocos kilómetros de Assiut, al otro lado del río, bajo un cálido espejismo añil que dejó el sol al cruzar la orilla de la tarde, surgen los minaretes de Akhmín, cuyo encanto actual (el de una urbanización más o menos formada a base de acumulaciones) no consigue comunicar ningún glorioso deje de su pasado. Y lo tuvo, sin embargo. Fue gran capital consagrada al dios Min, el de las singulares erecciones, y punto comercial de gran importancia desde las épocas más agitadas de entre Imperios. Todavía creció su reputación bajo los griegos, con el nombre de Panópolis, pues en el aspecto juguetón de aquella erecta divinidad de los autóctonos vieron los griegos una asociación con su dios travieso por excelencia: Pan, de donde el nombre de la ciudad. Paradójicamente nació en ella el patriarca Shenuti, autor de importantes reformas en la iglesia copta. Fue famoso por su firme ortodoxia y cierta tendencia al autoritarismo. Sus reformas resultaron ser de severidad exagerada, llevando hasta sus últimos extremos la ley de la obediencia y la transformación de los monjes de Pacomio en siervos permanentes y sujetos a una mayor austeridad que la que exigía el ilustre antecesor. Todo lo cual no le llegaba a Shenuti por una iluminación espontánea. Ya hablé de su cruzada feroz contra el paganismo, haciendo causa común con

Atanasio, que tampoco se anduvo en cortedades a la hora de vengar la sangre de los mártires. Akhmín resultó escenario de las escenas más crueles, primero con los cristianos como víctimas, después con los paganos. Todos fueron a mezclarse con la muerte; y en las necrópolis de Akhmín no solo surgieron importantes restos del período clásico, sino cementerios del período copto, con una importante colección de tejidos que fueron a diseminarse por museos extranjeros.

Planea sobre la ciudad actual una historia de turbulencias, pero nada queda de ellas, ni el recuerdo. Si acaso la posible irrupción de algún bandido, que es oficio practicado con cierta habitualidad en los caminos que parten de Assiut. La amenaza suena a legendaria, pero varias personas me han asegurado que es real. En alguna ocasión entendí que mis interlocutores, en general analfabetos, podían confundir el bandidaje romántico con las reivindicaciones políticas, muy candentes en la Universidad de Assiut. Ha fermentado en ella, con mucha fuerza, el nacionalismo de signo musulmanista, y los famosos Hermanos provocaron en más de una ocasión tremendos alborotos. Las luchas entre Hermanos Musulmanes y nativos coptos revistieron gran virulencia desde siempre. Y la zona fue un foco importantísimo, encendiendo la mecha que iba a conducir al asesinado Sadat.

O así me lo han contado, de manera que en el decidir si uno de los peligros que podían acecharme era el bandidaje o las reivindicaciones políticas, tendrá el lector que echar la confianza a la cuenta de mis informadores. No niego yo que fuesen confusos. Pero eran, al mismo tiempo, generosos en fabulaciones. Me daban a elegir entre ver mi camino cortado por guerrilleros de la fe de Alá (jóvenes influidos por el totalitarismo de Jomeini) o airosos jinetes de a camello, ladrones de caravanas, gallardos violadores de doncellas inglesas y contrabandistas de ámbar que podían asaltarme ondeando sus capas negras al viento huracanado, cortando el espacio sus cimitarras de oro.

Ventajas y desventajas de la transmisión oral. En el mismo trance debió de encontrarse un viajero infinitamente más prestigioso que yo, Herodoto de Halicarnaso, nada menos. Situó en Panópolis una de las escalas de su famoso periplo egipcio.

En todo caso, la industriosa Akhmín de nuestra década de los ochenta continuaba callando para mí sus mensajes de otros tiempos: ni efebos cristianos inmolados, ni matronas paganas escondiendo a toda prisa sus ídolos ante el asalto bestial de los Monjes Negros. Por no guardar, Panópolis no guarda siquiera un recuerdo de la divinidad helénica; solo al antiguo, travieso Min como sufijo milagrosamente preservado en el nombre actual. Y fama de ciudad ajetreada en la fabricación de algunas artesanías, preservadas también como por milagro. Entre estas artesanías los tejidos rayados llamados *chala,* siempre en uso en la confección de galabeyas, chilabas, kaftanes, camisas y demás prendas populares. Y vuelve a destacar en todo ello la proverbial industriosidad de los coptos.

Así, parece como si al adentrarnos en el corazón del Alto Egipto, una cierta noción del encierro histórico se hubiese preocupado por salvar aquellas artesanías que en las zonas turísticas han sido definitivamente desplazadas por las Nefertitis de plástico, las toallas con falsos dibujos faraónicos (dibujos particularmente torpes) y la marroquinería en serie. ¡Qué lejos me encuentro del bodrio turístico, en este auténtico corazón egipcio cuyas arterias se disparan en todas las direcciones de la expresión popular! Los lujosos libros de fotografías a toda página, tan útiles y tan caros, suelen ilustrar esas imágenes con textos solemnes: «*L'Egypte eternelle*», «*fellahin as the real descendant of old egyptian kings*» y cortadillos por el estilo. Y es posible que en las aldeas anónimas del Valle todo continúe como desea la retórica occidental, y que la eternidad se entienda, efectivamente, en la repetición abrumadora de modos de vida ancestrales. Tal vez seamos la última generación que puede contemplarlos. Tal vez la última que visitará las casas de los campesinos sin agua, sin luz eléctrica, sin el confort más elemental. Pero esta circunstancia feliz nos pone en un brete, nos arroja a una meditación sin salida posible. Al fin y al cabo, también somos la generación que regresará a sus ciudades a disfrutar de los últimos adelantos del progreso, de las mejores conquistas de la comodidad.

Entre el sueño y la vida, entre el hastío y la virginidad, en la batalla del plástico contra el barro, de la bombilla contra la vela, nuestras contradicciones quedan desnudas y en una evidencia feroz.

El peregrino ansía regresar a la prehistoria a condición de que no falte un rinconcito para su vídeo.

Continúa el asalto de imágenes bucólicas combinadas con formas ancestrales recuperadas. Al revolverse en los recodos de Nag Hammada, forma el Nilo meandros encantadores, y al cruzar el puente moderno que conduce a Kena, surgen las falucas de velas hinchadas que transportan, como en tiempos pretéritos, las famosas tinajas de la zona. Son las *ballas*, así llamadas por el pueblo donde se fabrican. Encanto del paisaje, simpatía del objeto. Todo está a punto de romperse con la aparición de las nuevas industrias, con sus humaredas color gris-sucio emergiendo por encima de los palmerales. No se asuste en exceso el romántico impúdico: la necesidad de sobrevivir de todo un pueblo no evita que, en las mismas calles de Kena, las aglomeraciones populares se manifiesten en todo el colorido, toda la virginidad a que obliga una circunstancia tercermundista. Las aldeas del Nilo todavía consumen las jarras y tinajas de Balla, apreciando como en tiempos pasados sus paredes porosas, la evaporación que refresca el agua con mayor naturalidad que los frigoríficos. Y aunque muchos habitantes de Kena disimulen sus rasgos milenarios bajo el mono con que les visten en las nuevas fábricas, siempre habrá mujeres enlutadas, kaftanes y galabeyas a las puertas de casas diminutas, o paseando por callejas estrechas y malsanas o sentados a las mesas de cafetuchos disminuidos por la espesura que va formando el humo de los años. Y acaso para continuar deteniendo el tiempo, muchas fachadas están revestidas con pedazos de ballas, tejas y botijos rotos.

Lo genuinamente popular y las urgencias más recientes de la técnica se han mezclado por todas las bifurcaciones de un paisaje de resonancias ancestrales (para seguir utilizando la retórica). ¡Qué historia tan tremenda, la de la urgente modernización del valle del Nilo! Es como un litigio contra su tendencia a la tradición y al recuerdo. Pero la realidad social de Egipto revela que este litigio —o, por el contrario, este pacto— contiene muchas de nuestras ideas recibidas. Consuela que los excelentes salvajes continúen manifestando su inocencia a través de un dulce pintoresquismo. Pero solo es dulce para el viajero que llegó del frío.

Incluso el peregrino enamorado del país cae en esta trampa que Occidente —y no el país— le tendió desde mucho antes de su partida.

Con una tinaja de Ballas, el peregrino culto hará un macetero sofisticado para adornar los jardines colgantes de su apartamento; con los pañolones de las campesinas de Kuft, las madamas europeas se harán foulards preciadísimos que lucirán en las cortas noches de verano de un *resort* estival de moda, o sus hijas, más en progresistas de Universidad, lo utilizarán como cortinas para cubrir lo que las revistas de decoración llaman «un rincón tonto». Y es que la admiración por lo genuinamente popular es fruto de una computadora que programa los últimos restos, los pocos restos de las culturas ancestrales convertidas en entretenimiento de sociedades que ya están de vuelta de todo. Incluso el soplo del Nilo parece llenar los pulmones con un aire renovador, capaz de hacerles creer que son nuevos, que se liberan de una vejez adquirida. No ganada paso a paso, en el decurso de un tiempo sabio como el de los habitantes del Alto Egipto, sino obtenida en la saturación del progreso.

Y este es, seamos sinceros, el lado grotesco y a la vez odioso del peregrino culturalizado. Su necesidad de virginidad a toda costa no contempla el precio que Egipto tiene que pagar para conservarla: está edificada sobre la fatiga del *fellah,* descansa sobre sus espaldas, continúa martirizándole en la lucha por un dudoso imperio: dos acres de terreno las más veces (y esto todavía gracias a la revolución agraria). Ni siquiera se ha hablado del progreso en muchas de esas esquinas. El progreso pasó de largo. Y los villorrios de apariencia encantadora, cual descarada concesión al afán de pintoresquismo que transporta en su alma el neorromántico, se atreven a revelar su carga de necesidades. ¡Cuántas no serán! En la mayoría de esas aldeas se grita todavía por las más elementales. No llegó, por ejemplo, la luz eléctrica hasta hace pocos años, y no a todos ha llegado. En cuanto al agua corriente, bien puede hablarse de lujo; un privilegio que en los casos más afortunados solo tiene una salida colectiva: la fuente de agua potable en el centro de la aldea; el lavadero público para evitar que las mujeres tengan que utilizar el canal, o que en él se bañen los niños, los viejos y el ganado.

Previsión a todas luces vana. También el progreso requiere un aprendizaje; y para colectividades ancladas en la rutina de la miseria, es más cómodo seguir las costumbres de los siglos, aunque el agua del canal pueda estar infectada, aunque apeste. Los vástagos del gran río padre, los canales, continúan cruzando las aldeas, incorporándolas. En sus aguas verduzcas, que es el color multiplicado de todas las cosas del Valle, la vida continúa reproduciendo sus motivos: su encanto es entonces roussoniano y por lo tanto deformador, escandaloso casi.

Pero antes de llegar a Kena, aun antes de que el Nilo se retuerza en la gran curva que se forma en Nag Hammada, los campos todavía frondosos de Baliana anuncian otra maravilla del pasado. El peregrino interrumpe una meditación de actualidad que, para ser francos, ya se hacía incómoda a su conciencia. Se presta a sentir el impacto místico de Abydos. Quiera Osiris acogerle en el más prestigioso de sus altares.

El pájaro Ibis.

Libro Tercero

DE ABYDOS A TEBAS

OSIRIS EN ABYDOS

El nombre árabe de los extensos baldíos donde se levantaba el centro de peregrinaje más importante del Antiguo Egipto no miente respecto a su contenido ni a su estado. Es Arabat el Madfuné, que significa algo parecido a «la ciudad hundida». Y no mintió durante todos los siglos del Egipto islamizado. La acumulación de ruinas bajo las dunas, que a su vez se encierran entre uno de esos inmensos hemiciclos típicos de la Tebaida, dejó sumido al exvoto que fue la ciudad y su necrópolis en una suerte de pozo de la destrucción.

Abydos, tumba de Osiris. Nunca supe exactamente si solo de su cabeza o de su cuerpo entero. En todo caso, origen del mito. O por lo menos del mito que hace su ingreso en los tiempos históricos y los atraviesa de parte a parte. Pues hubo un Osiris anterior, que fue en su vida terrena rey de una ciudad del Norte, Busiris, y otro Abydos celeste, criatura privilegiada de la enéada heliopolitana. Las componendas entre la religión culta o sacerdotal y la religiosidad popular, que siempre tuvo un *faible* por Osiris, hicieron con los años la fortuna de Abydos. Es en este sentido un altar de la democracia en las creencias en esta vida y en la otra.

Cuando se accede a la sacralidad de Abydos, que es indudable, el viajero tiene que decidir entre los distintos caminos de la fascinación, que son múltiples. Osiris dejó la impronta de su leyenda entre las dunas; los hombres, su conciencia en la religión; los reyes, sus laberintos en la Historia. La cuestión de los caminos se hace entonces más intrincada, si cabe. Caminos del arte, porque son excepcionales las pinturas del templo de Seti I. Caminos de la Historia, porque las necrópolis fueron utilizadas desde las primeras dinastías y es uno de los lugares donde las dinastías posteriores fueron actuando con mayor voluntad de acumulación. Caminos de la religión, que ya se bifurcan hasta el infinito, porque contiene la base del mito, el sentido básico del ritual —se celebraban en Abydos los célebres Misterios Osiríacos— y es lugar de peregrinaje preferido y sede ideal para las sepulturas ficticias (o cenotafios).

Y nadie lo dijera, llegando simplemente de los palmerales de Baliana. La rampa de acceso al templo de Seti se limita a prometer otro santuario de interés, y los guías ni siquiera suelen hablar de Abydos en otros términos. Si detrás del santuario colegimos el avance del desierto, y el propio avance de las necrópolis hacia sus soledades, empezamos a calibrar las verdaderas dimensiones de Abydos. El gran templo es, en efecto, una visita más, aunque importante. Pero el desierto condensa toda la espiritualidad del mito, su tremenda complejidad y extensión. Y una vez más las creencias religiosas del egipcio se desarrollan ante espacios vastos y desnudos, aptos para reunir en una misma línea a la muerte y a la vida, el mundo tangible y al sobrenatural. La síntesis es perfecta. Si en algún lugar pudo estar enterrada la cabeza de Osiris tuvo que ser aquí. Digan lo que digan las catorce ciudades que se atribuyen la posesión de un correspondiente miembro de su cuerpo.

La zona desértica de Abydos es una vasta necrópolis que reúne las piedades conjuntadas de varios siglos. Muchos, si se tiene en cuenta que ya se encontraron sepulturas de los primeros reyes tinitas: esto para quien se contente con ceñirse a la historia autorizada. Si continuamos retrocediendo, los abismos del tiempo nos jugarán una de sus habituales bromas pesadísimas. El período predinástico es tan inmenso como los comienzos del mundo. Tiene todas las garantías de perderse entre sus marasmos.

Pero de este período sin fondo llega el mito, siempre más agradecido, especialmente en el espacio místico de Abydos. Es natural que los egipcios más piadosos deseasen tener su sepultura junto a la cabeza del más humano de sus dioses. También es natural que no se resignasen a pasar la eternidad lejos de sus tierras natales, en el Norte o en el Sur, en Oriente u Occidente. Todo ello dio lugar a la curiosa costumbre del cenotafio, que no es sino una tumba ficticia con la que el difunto podía cumplir su doble compromiso. Reyes y nobles llenaron de cenotafios las arenas de Abydos. Y la gente de menos posibles se contentó con una estela. O acaso con el simple peregrinaje. En este aspecto, Abydos se convirtió en centro de la piedad que viaja; la que no se duele en prendas para ponerse en marcha. No sé de otro lugar de Egipto que atrajese a tal número de peregrinos. Cualquiera de las ciudades que fue fundando Isis en los puntos del Nilo donde encontró una parte desmembrada del cuerpo de su esposo, podía tener las mismas aspiraciones para atraer la devoción popular y al turista beato del momento. Pero fue Abydos el centro de irradiación espiritual, La Meca de la devoción osiríaca. Algo muy especial tendría la cabeza de Osiris que no tendrían sus manos o sus pies.

La leyenda osiríaca conoció tantas ramificaciones que es imposible siquiera resumirlas todas. Ya dio su versión más completa Plutarco de Queronea, allá en el siglo I del poder de Roma. Plutarco aprovechó la síntesis para efectuar al mismo tiempo un notable repaso a las costumbres de los egipcios. Cronista brillante, tuvo que actuar con todas las limitaciones de un magnetófono: anotó a partir de lo que quedaba de la religión egipcia en su momento, reminiscencias de la espiritualidad pasada. Supongo que volvería a prosperar la transmisión oral, pues entre las especialidades de los antiguos egipcios no se contó la historiografía. Se preocuparon de estampar en la piedra los acontecimientos culminantes de cada generación, pero no de interpretarlos. No digamos ya en lo que se refiere al análisis de los actos de generaciones anteriores. Tuvo que llegar Alejandría, y siempre a través del helenismo, para que un monarca encargase a uno de sus sabios un repaso a través de los 3.000 años de historia que le habían precedido. El rey curioso fue Ptolomeo II Fidalefio: el historiador, el sacerdote escriba Manetón de Sabennytos, quien confeccionó una lista de reyes egipcios cuya fiabilidad ha ido variando con los siglos. Redactó además un título célebre, *Aegyptiaca,* que se perdió y ha llegado a la posteridad fragmentado a través de las citas de otros autores.

La referencia a los griegos y a los romanos es obligada en Abydos, aún antes de entrar en materia divina. Al fin y al cabo, Estrabón hizo sus especulaciones sobre el terreno, evocó su pasado mítico y suspiró sobre el olvido, dejando bien claro que el centro de peregrinaje más importante de Egipto se había convertido en un villorrio sin importancia. Esto no evitó que todavía en época de Constantino existiese un oráculo mágico, contra el cual cayeron los coptos con su habitual saña. El nombre árabe del sitio parece el más idóneo: todo lo que fue está enterrado en las arenas del desierto. Resurgen, eso sí, los grandes templos de Ramsés II y Seti I, edificio este último que dio lugar a una de las más célebres confusiones de Estrabón. Le llamó el Memnonio, suponiendo sin duda que Seti era el mismo faraón cuyo rostro —cuyo vacío rostro— reproducían los colosos que reciben el mismo nombre, en la orilla occidental de Tebas. El viajero tendrá ocasión de comprobar que no es así. Pero nadie le quita ya la confusión, ni el trabajo que se toma en desentrañarla. Siempre habrá que lamentar que Champollion tardase tantos siglos en descifrar el fenomenal paquete de los antiguos jeroglíficos.

Es seguramente demasiado fácil acercarse con sonrisa de ironía a un sagrario tan significativo. Ciertos conceptos admiten pocas bromas, porque más allá de toda consideración subyace una necesidad de identificación popular. Esto es particularmente cierto en el mito de Osiris, como el de todos aquellos personajes religiosos que renuncian a su ascendencia divina, tan cómoda, y se avienen a sufrir un destino humano. El pueblo suele ser muy agradecido en este aspecto. Todos los pueblos. Los hijos del cielo que renuncian momentáneamente a la comodidad de lo eterno, a la seguridad de lo incorpóreo para sufrir su pasión en este Bajo Mundo tienen ganado su lugar en el corazón de muchas generaciones. Su filosofía es directa porque lo es el derramamiento de sangre. Su liturgia, ejemplar porque se basa en el sufrimiento. La muerte les rebaja a la altura de los pobrecitos hombres, pero al mismo tiempo les eleva hacia lo más alto por el hecho de aceptarla. La resurrección ejemplariza la frustración del hombre ante la idea poco optimista de que la vida puede cortarse para ingresar en un túnel sin final. Es un mal asunto del que suelen consolarle los dioses humanizados. Cada pasión tiene entonces garantías de un éxito absoluto.

La pasión, muerte y resurrección de Osiris ofrece todas las garantías de consolación que para el bajo pueblo no podían ofrecer las complejas cosmogonías heliopolitanas, ni siquiera toda la caterva esplendorosa de dioses celestes que suelen poblarlas. Fue Osiris en su origen un dios de esta especie, pero tuvo que bajar a la tierra para ganar su extraordinaria repercusión popular. Arrastró consigo a su hermana-esposa Isis, y la mandó junto a él hacia el sufrimiento y, si se me permite el salto de una religión a otra, el ganarás el pan con el sudor de tu frente. No debió de ser cómodo renunciar a los ciclos del cielo para ponerse a expresar pasiones humanas, para ser además útil a los humanos. Pero el esfuerzo obtuvo su recompensa: fue el mito que gozó de mayor durabilidad en el corazón de los egipcios y recorriendo un camino inverso regresó a los cielos para adquirir incluso la jerarquía solar. Cuando Alejandría lo sometió a uno de sus más famosos sincretismos, salió a conquistar los corazones del Mediterráneo.

Osiris fúe un dios que tuvo mucho de mesiánico. Cuando hubo desdeñado su ascendencia celeste para vivir entre los hombres, ejerció actividades didácticas: les adiestró en el dominio de las tierras, les enseñó los primeros pasos de la cultura, obtuvo una reputación como gran maestro. Con tales espectativas, se ganó el odio de las fuerzas del mal, el hermano Set y la cuñada Neftis. Sufrió un martirio en manos de aquella personificación del Enemigo que desmembró su cuerpo, arrojando sus partes al Nilo. Después Osiris ingresó en el reino de la Muerte para resucitar gracias a una ciencia muy compleja, que intenta explicar por vías míticas toda la liturgia del embalsamiento. Pues al encontrar Isis su cuerpo descuartizado lo recompuso siguiendo las instrucciones de Anubis, inventor de aquella ciencia, y del juicio y cultísimo Thot, equivalente egipcio de Hermes el griego.

Este Osiris recompuesto se convierte en señor de la ultratumba, y es el presidente del tribunal compuesto por otras cuarenta divinidades, que tiene a su cargo pesar el alma del difunto. Se ha visto en Beni Hasán cómo las prácticas osiríacas constituyeron una faceta importantísima en el proceso de democratización de la muerte, que se oponía a las teorías privilegiadas, selectivas, aristocratizantes de la cosmogonía de Hermópolis. Leo en alguna página moderna —porque no sé leer jeroglíficos— que en los textos de las Pirámides de Unas, en Saquara, existen unos textos anti-osiríacos, lo cual traslada al otro mundo los conflictos sociales inherentes a las postrimerías del Imperio Antiguo. Al bajar entre los hombres, al sufrir la muerte como ellos y recuperar su identidad en el Más Allá, Osiris hizo que los hombres, todos sin exclusión, se creyesen con derecho a un destino semejante. El culto prosperó con esas premisas y llegó a asimilar a otros dioses funerarios locales, como el Soquaris de Menfis, desbancándolos limpiamente de la devoción popular.

El viaje de Isis a lo largo del Nilo, buscando los pedazos del cuerpo del esposo desmembrado por el hermano malo, constituye uno de los aspectos más hermosos de la leyenda, y también sus bifurcaciones son interminables. Reaparece Neftis, esposa del perverso Set, quien se arrepiente y ayuda a su cuñada en su copioso trabajo de exploración. La estratagema es de una astucia política sensacional: a medida que las hermanas/cuñadas van encontrando miembros dispersos de Osiris, fundan una ciudad o un santuario, que es la forma más segura de ir contentando a las principales zonas de Egipto. El curso del Nilo se llena, así, de lugares bendecidos por haber ayudado a las peregrinas o por haber acogido una parte del cuerpo divino.

Las opciones continúan bifurcándose, y dan lugar a multitud de personajes cuya categoría mítica varía según si ayudan a Osiris, a Isis y Neftis o al malvado Set de los desiertos. Escorpiones, serpientes, hipopótamos y buitres se apartan de su primitiva función de animales totémicos y adquieren una personalidad humana, determinada por la opción a favor de las fuerzas del bien o las del mal. Y llega entonces Horus, el hijo.

El hijo es el gran vengador, aquel que en los supremos misterios de Osiris representados en las ciudades más importantes de Egipto se encarga de volver a la vida a su padre, a través de una estatua adornada con atributos vegetales. De los miembros recompuestos por Isis, el simpático Anubis y el culto Thot solo pueden sacar esa carne acartonada, propia de los procesos de embalsamamiento. Pero Horus se enfrenta a la estatua del dios padre, insufla su aliento vital en su boca de difunto y pronuncia las palabras de rigor: «Tú me diste la vida, yo te la devuelvo ahora con mi aliento.» La belleza de la escena, el profundo contenido poético de la intención merecían una permanencia eterna en la memoria popular. La encontraron al convertirse en una de las fórmulas decisivas en el ritual funerario egipcio: la ceremonia de la abertura de la boca, gracias a la cual el difunto recobra los sentidos que tuvo en vida y que necesita para reencarnarse en el Más Allá con todos sus atributos, con toda su fuerza, como hizo Osiris en el mito.

El único miembro de Osiris que Isis no pudo recuperar era el falo, que se lo comió un pez del Nilo. Tal vez por ello el rey engendró a Horus a través de la mirada, que es una forma tan poética como cualquier otra de engendrar a un nuevo dios. Existen otras versiones de la magna cópula. En todo caso, importa a efectos de este capítulo que Isis crió a Horus aquí, en Abydos, y que de aquí salió el halcón para iniciar la legendaria lucha contra el asesino de su padre. Otra versión muy extendida expone los avatares de la madre entre los cañaverales del Delta tratando de esconder al niño de los furores de Set. Como sucedió cuando Isis buscaba el cadáver del esposo, la lucha de Horus contra el enemigo del padre se traslada a distintos lugares de Egipto, y muchos pregonan haber sido escenario de alguno de los asaltos. Y aunque Edfu, en el Alto Egipto, es la ciudad consagrada a Horus —y en esta calidad la visitaremos—, lo cierto es que el lugar que mayor número de boletos tiene para optar en la magna rifa de la batalla, se encontraba cerca de Heliópolis, la de las sublimes teogonías.

La victoria de Horus sobre el hermano malo de su padre incorpora un tema favorito a todas las mitologías, que es la victoria de las fuerzas del bien. (Y esto que Set fue terrible y a veces tramposo, incluso arrancó un ojo a Horus, escena célebre que tiene como invitado de honor a Thot, quien en su facultad de patrón de la medicina devuelve el ojo al héroe.) Pero la maldad de Set, tan demostrada y denostada a la vez, presenta puntos confusos, de una ambigüedad muy moderna, que va más allá de lo que podría parecer una historia de sentimientos elementales. Y es que no se le desterró igual que a un demonio, como se recomienda hacer con las fuerzas del mal, sino que por el contrario se convirtió en dios tutelar de algunas ciudades y, muy especialmente, de los grandes espacios del desierto. Incluso faraones, como Seti I adoptaron su nombre que, en principio, se suponía maldito. Hay algunas versiones distintas sobre lo que en términos modernos podríamos llamar su recuperación para la sociedad. La de Boris de Rachwilts ofrece una síntesis asaz complaciente: «Derrotado por Horus, hijo de Osiris y "vengador de su padre", Set cayó prisionero, pero fue liberado por la diosa Isis. En una de las versiones del mito, una vez en libertad subió a la barca del dios sol Ra. Y ya que Set simboliza a las fuerzas caóticas este aspecto particular del mito se refiere a la concepción egipcia de retener el mal "necesario" y verlo después absorbido por las divinidades solares al final de los ciclos...» (5)

Esta recuperación no se limitó al caso de Set, aunque fue el más espectacular en su maldad. Ya vimos cómo animales inicialmente dañinos como la serpiente, el cocodrilo o el escorpión podían ser considerados protectores según las localidades, según las necesidades míticas, e incluso de exorcismo.

La figura de Set vive en la leyenda dos grandes combates, y en ninguno juega un papel que nos autorice a confiar en él. Al levantarse contra Osiris, el hermano bueno, aprovechando su ausencia cuando este se fue a conquistar con mensaje pacífico a los pueblos del Asia, se juega el tema como un conflicto de orden moral. Cuando Set lucha contra Horus, se incorpora un tema político de vital importancia para la historia del futuro Egipto unificado: es la batalla por el poder entre reyes halcones del Norte (Horus) contra una coalición de reyes del Sur (Set y sus compañeros de maldad). Debió de ser todavía una lucha entre clanes. Pero la ceremonia del semauní, que representa a los

(5) Boris de Rachwilts: *I miti egiziani.* Longanesi and Cia, Milán.

dos enemigos ligando las plantas totémicas del Norte y del Sur, continuó repitiéndose en los monumentos a lo largo de toda la historia del Egipto unificado; y el conflicto permanente entre la vegetación del Valle y las estériles zonas del desierto continuaron personificando esta lucha en el terreno de las fuerzas naturales para toda la eternidad.

Claro que ninguno de los dos enemigos llegó a tener la formidable hegemonía de Osiris en el control y protección de las fuerzas naturales. La idea del nacimiento, muerte y resurrección del dios estuvo estrechamente ligada a la vegetación, e incluso en sus representaciones en el otro mundo se le pinta el rostro con el color verde como el de la vida vegetal a la que ayuda a renacer. Existen muchos ejemplos de rituales referidos a la influencia agrícola de Osiris: las estatuillas de arcilla, incienso y grano que se depositaban en las tumbas; el pilar sagrado que es una respuesta en piedra a la columna vertebral de Osiris, pero también a su árbol ritual, el sicomoro, y que también podía hacerse en forma de diminutos amuletos de *faenza*; las estatuas vegetales que Horus construía en el primer acto de las representaciones de la pasión, muerte y resurrección de Osiris, conocidas como los «grandes misterios» (los «pequeños» eran los de Isis)...

La lista de atribuciones, obras, muertes y fetiches de Osiris en este mundo y en el otro se hace inmensa, casi incontrolable. Es casi seguro, según muchos autores, que todo ello parta de un rey que existió realmente, y que ayudó a los hombres a salir del semisalvajismo adiestrándoles en la domesticación de las fuerzas naturales, lucha que fue la auténtica obsesión, la gran odisea de este pueblo en sus lejanos orígenes. A través de las generaciones, de muchas generaciones, el agradecimiento conduciría a la sacralización y esta a una hábil maniobra de complicación de todas las fuerzas humanas en el terreno del mito. No sé si llamar a esto genio religioso o simplemente genio poético. Representó en todo caso al genio del Egipto y su inigualable capacidad para convertir la experiencia humana en experiencia iniciática. Si después se complicó, vertebrándose según las necesidades de cada localidad en cada momento político concreto, esto no hace sino enriquecerlo todavía más, aportando la complejidad misma que llegó a conocer Egipto a medida que iba madurando.

Ya el día se hizo gris sobre Abydos. Una experiencia casi única entre mis vivencias egipcias. El cielo toma el color de una enorme plancha plomiza, que se abatiese sobre el mundo sin cualidades de espejo. El desierto ha adquirido de repente el color del pesimismo, ningún relieve se destaca en esta uniformidad que, conociendo el desierto, se me antoja enfermiza. Son las cuatro de la tarde, y en cualquier lugar del mundo una interrupción tan brutal del sol bien podría anunciar la inminencia de la lluvia. Pero no lloverá en Abydos. Ninguna nube interrumpe la lisura del cielo, la lisura de las dunas. De ser superticioso, pensaría en alguna amenaza. De ser macabro, temería el asalto de los muertos. Si fuese religioso, creería que de un momento a otro sonará como un trueno la voz del dios.

Y, sin embargo, el silencio es impresionante, tanto como las coloraciones imprevistas del cielo. Ni voces, ni resurrecciones, ni amenazas. Solo una impresionante sensación de severidad. Ante esta muralla rigurosa, emplazada contra los sentidos y las impresiones, estoy dispuesto a creer que el mito y todos los mitos empezaron aquí. La Ciudad Enterrada rinde honores a su nombre. El desierto se deshace en planicies sacudidas de repente por el rayo plateado que proviene de este cielo triste. Los múltiples accidentes de la arena predisponen a preguntarse de qué duna elevada, de qué pozo excavado por los arqueólogos de mi siglo brotaron todos los recuerdos que la religiosidad de Abydos necesita para afirmarse. Pero no lo necesita. Su aspecto certifica sobradamente el prestigio de que gozó. Y cada una de sus zonas arranca a la historia y al pasado una evidencia distinta.

Sobre aquella colina se levantaría el pueblo original, que dicen acumuló tantas riquezas a costa de los peregrinos (destino próspero, por otro lado, de todas las ciudades nacidas al socaire de los lugares santos). Se encontraba presumiblemente alrededor del templo de Osiris, punto álgido del culto y fuente de ingresos de considerable importancia. Por lo menos aseguran los clásicos que sus sacerdotes conocieron una formidable prosperidad económica. Cuando Auguste Mariette excavó en la zona, no vio las cosas tan prosaicas; por el contrario, tuvo una ilusión poética: creyó que bajo las estructuras de distintas épocas que fueron formando el santuario se encontraba la sagrada tumba de Osiris.

Desde lo alto de la duna, que he elegido para recibir la amenaza del cielo, lo sagrado se confunde como un laberinto descomunal. Para recorrer sus pasillos, para sacar un poco de luz entre el desconcierto, hay que adentrarse en el desierto. Y los restos que alberga no son gratificadores. Piedras vacilantes de una antigua fortaleza, montones de desperdicios de piedras de la necrópolis del Imperio Medio, cementerios de perros y pájaros ibis, más detritus sobre los destrozos del Imperio Nuevo, a punto de ser cubiertos por la arena con solo que se empeñe el viento... Y ya a lo lejos, donde la mirada se va perdiendo, indicios relativos a los relativos indicios de Abydos: la necrópolis tinita de Umm El-Gabb, ochenta pozos rectangulares abiertos entre la arena desde mucho antes que los abriesen los arqueólogos. Saqueo inconstante de los siglos, pues los ladrones no respetaron siquiera la sacralidad del recinto osiriaco.

Se mezclan las fechas en el agobio de las necrópolis amontonadas entre sí. ¿No dicen que en Abydos está enterrado Menes, el gran unificador del Egipto más allá de las leyendas, ya en el tiempo histórico que nos ha sido transmitido desde la cuidadosa elección de Manetón e incluso antes, desde las dos famosas Listas Reales de Abydos? ¿No dicen que casi estamos autorizados a identificar a este Menes con aquel legendario Rey Narmer de la paleta de esquisto que inaugura la gran galería de la historia de Egipto desde su vitrina en la primera galería del Museo de El Cairo? Llegó esta paleta desde Hierankópolis, la ciudad sagrada del Alto Egipto durante el período protodinástico. En ella, Narmer vence a los enemigos del Delta, en una fecha que no tranquiliza nuestro vértigo del tiempo. Un aproximado año 3100 antes de Cristo, dicen los rótulos del museo, escritos de manera rudimentaria, gastada ya por uso y la incuria. ¿Y de cuándo data ese otro Menes, con quién desearíamos identificarle para encontrar un sistema o por lo menos una referencia mínima?

Cuando la mirada se vuelve hacia los abismos de Egipto, no parece que mil años tengan importancia. No la tendrían para quienes edificaron toda una vida ordenada hacia la eternidad, para quienes llamaron a sus templos «castillos de un millón de años», para quienes llamaron a la muerte «la noche de contar los años». Al prolongar los confines de la muerte hacia aquella especie de Campos Elíseos que podía alcanzarse al final de la última puerta, después del juicio de Osiris, los egipcios prolongaron el tiempo hasta sus últimos confines. Mil años más, mil años menos no tiene ya importancia en estos desiertos. Pueden tenerla a cuatro pasos, en el valle del Nilo, cuya frondosidad tiene que proporcionar un provecho inmediato, determinado por los días, los meses, los pactos con la luna, el sol, los animales, el cuerpo desperezado de Osiris y la lágrima que dejó caer Isis allá en Assuán para favorecer la crecida del Nilo. Aquí, en los desiertos, los milenios se acumulan, se mezclan, se revuelven entre ellos, y son como serpientes cuya cola surge de entre sus propios anillos y se va alargando hasta el infinito.

Es la impresión que producen las dos listas de los reyes, en los pasillos del templo de Seti. Desde Menes, primero de la dinastía primera, hasta aquel Seti titular del edificio en el esplendor del Nuevo Imperio, transcurren diecisiete siglos de historia; una auténtica friolera que pierde todo su valor, todas sus dimensiones, al quedar fijada en la piedra con muchas más garantías de seguridad que la más segura de las sepulturas (ninguna llegó a serlo). Reyes tinitas, menfitas, heracleopolitanos, tebanos..., dinastía tras dinastía, que es división tan artificial como los milenios. Una selección al parecer rigurosa, en sus nombres originales, egipcios, nilóticos, todavía no tocados por los sufijos griegos. Pero al mismo tiempo, una selección dictada por la arbitrariedad y esta, seguramente, por el odio. Faltan de la lista los reyes de Amarna, falta la gran herejía. El número 35 es Amenhotep III, el 36 ya es Horemheb. Habían transcurrido tres generaciones entre la herejía de Amarna y el templo de Seti, pero algo continuaría incitando al olvido, algo al desprecio total de los hombres que hicieron aquel período o que, simplemente, lo sufrieron. Falta Akenatón, falta Smenkhare, faltan Ay y el niño Tutankamón. Ciertamente, el recuerdo de los desastres pasados hubo de tener raíces muy profundas, que se fortificaban más y más con el paso de los años.

El propio Seti rinde homenaje a la memoria de sus ilustres antepasados, compendiando diecisiete siglos en una sola nube de incienso. Pero en el olvido también hay veneno que culmina la maldición que había caído sobre el linaje de Amarna.

Las tablas de Abydos han sido calificadas de arbitrarias; podemos añadir que son injustas. Borrar la memoria del pasado era la garantía de la muerte absoluta para cualquier egipcio. Son, pues, tablas asesinas. Y Seti I se mantiene al margen, reafirma su nueva dinastía (la XIX) y obtiene con su devoción a Osiris su certificado de buena conducta ante los ojos del padre supremo... una posibilidad que les fue negada a los reyes de Amarna. Seti sigue paso a paso las reglas más estrictas del protocolo de la obediencia. En el exterior del templo las cumple con el Oseirón, cenotafio propiamente dicho que intentó transportar el ciclo renovado de la Naturaleza a las arenas del desierto, dando a una de sus salas la forma de una isla situada en el corazón del océano primigenio. Y acaba de pasar el examen de amor filial dotando a su templo de los relieves más hermosos del arte egipcio. En la desolación de las necrópolis de Abydos, surge como por ensalmo la revelación de la obra maestra. ¡Qué gran ironía! Seti cumple con todas las divinidades, les presenta ofrendas, hace sus elogios, se autoproclama su hijo más obediente, como hiciese con Osiris. Pero mientras él efectúa sus libaciones, el artista o los artistas se llevan toda la gloria, dejándola en la tierra, a nuestro alcance.

Ramsés II, que amplió en tantos hechos y circunstancias la gloria de su padre no fue tan afortunado en la elección de sus artistas. Tanto en su propio templo como en las partes que completó en el de Seti, imprime los mismos certificados de obediencia, deja constancia de su piedad. Pero Osiris se contenta con bendecir su reinado y no tanto su arte. Todo es menos delicado, menos sutil, más dado a la prosopopeya.

La oscuridad del templo encuentra su respuesta en la oscuridad del día. El romántico de oficio sabe que nunca encontrará otro de apariencias tan siniestras en el corazón de Egipto. Aprovecha los tonos insólitos con que el desierto se viste para una gala nocturna en plena tarde. Diríase que, en efecto, Osiris se fue a otorgar sus triunfos vegetales al Valle y que aquí, en el desierto, quedó solo Set, dispuesto a iniciar sus desmanes en ausencia del hermano bueno. Las ruinas se pueblan de espectros. El mal se instaló en las nubes. Es probable que aquí mismo, en días como este, surgiesen de entre los sepulcros los miembros de aquella secta ofítica que rendía culto a Set y no el buen Osiris. Dicen los libros que corría el siglo II de la era cristiana, y que los setianos buscaron en el antiguo personificador de las fuerzas negativas al exponente de una insólita sabiduría. También la nueva religión del Cristo encontraría en estos desiertos sus luchas, disputas, contracciones y absurdos. Pero bajo cualquier ortodoxia, bajo cualquier herejía, Abydos tenía los días contados.

Tabla real de Abydos.

HATHOR EN DENDERA

Al salir de la zona mística los caminos del Valle se bifurcan y surge de nuevo el melodioso estallido de todos los colores (nunca una detonación violenta). Es como si los campos de Baliana, sus huertos y palmerales hubiesen nacido de una sola semilla monstruosa que, por excesiva hinchazón, reventó en prosperidad y fue su pus tan fecundo como el limo del Nilo en otros tiempos. Cuando la serena acritud de los arenales que cubrieron los despojos de Osiris han sido dejados atrás, sueño para el olvido, parece que la sangre del dios fue chorreando, formó un canal eterno que al tiempo que irriga va proclamando en los alrededores el continuo renacer de Natura. Vuelve Egipto a encontrar sus vergeles. Y luce un manto de paz en los sentidos.

Del mismo modo que surgieron del Nilo, todos los canales remiten a sus aguas. Es un agradecido fluir hacia el origen. Y aunque a veces las dimensiones de algún canal me llevaron a engaño, haciéndome creer que estaba en los márgenes sagrados, cuando vuelvo a encontrar aquel brazo de gigante comprendo que su imperio era inconfundible. Reconozco la poética de los canales, cuyas orillas ha ido revistiendo Natura con gran abundancia de dones. Estos disimulan la artificialidad de la corriente con penachos y mantos dignos de soldados que fuesen a preparar una emboscada. Y es que los canales combaten de continuo; son la avanzadilla de la guerra que el *fellah* inició desde los principios de su vida en el Valle. Su frondosidad imita a la del Nilo, cierto. Pero que esto fue apenas un disfraz, un apaño del hombre empecinado, lo revela la nueva aparición del río padre, surgiendo de repente entre el marco que forman para él las palmeras torcidas de Baliana. Incluso el clima ha cambiado. Los ritmos del Nilo reproducen la calma chicha del cielo con un solaz de frescores. El viento deshace sobre ambas orillas un hielo milagroso, invisible, que acaso robó en las lejanías, allá al fondo del nacimiento africano del río, en las cúpulas permanentemente blancas de las Montañas de la Luna.

Ya hizo el río la enorme curva natural que ocupa toda la zona donde irradió la influencia tebana. Empieza esta curva en Nag Hammada y se prolonga hasta el sur de la Luxor que fue Tebas. Es zona que, para dominar el Nilo, tiene como celadoras a dos presas formidables; de donde la cautela con que, en tiempos de la guerra, se obligaba al viajero que aspiraba a llegar a Dendera, hogar de Hathor, la deliciosa divinidad que fue señora de tantas complacencias. Quedaba su templo encerrado en medio de la curva del Nilo, en una zona de alto interés militar. La vigilancia era estricta, el *off limits* un obstáculo casi insalvable para el turista. Luchando contra esos impedimentos que no había calculado, llegué a Dendera, lo recuerdo bien, aquel mi enero del 68. En un taxi alquilado en Luxor y después de haber pasado por la agonía —lenta, por ser egipcia— de la obtención de un salvoconducto. Y era un trayecto que amedrentaba a causa de los constantes controles que custodiaban cualquier acceso al puente de Kena. Cuando el chófer se detenía, intercambiando con el oficial de turno una abundante verborrea que yo estaba muy lejos de entender, soldados indolentes apuntaban con sus metralletas hacia el coche, en cuyo interior controlaba yo los nervios mordiendo el filtro de un cigarrillo Cleopatra a guisa de madero como el que usase el gran Julio en sus accesos de epilepsia. Y me aferraba a una historia del Egipto ptolemaico a guisa de protección, como Linus al agarrarse a su manta con firmeza.

Todas las precauciones eran normales o por lo menos fui comprensivo al considerarlas un mal menor. A siete meses de distancia de los últimos bombardeos judíos, tanto la presa como el puente de Kena serían de destrucción obligada. ¿Se excedía el oficial en tales circunstancias, revisando mis papeles una y otra vez, volviendo sobre ellos, saboreando casi su lectura, musitando las palabras como si se tratase del más alto ejemplo de poesía? La proverbial lentitud de los egipcios venía complicada por el estado de emergencia, y en plena operación los soldados de la metralleta mascaban chiclé con una cierta vagancia, más adecuada para un partido de fútbol.

Y ni siquiera intenté suavizar la situación provocando su simpatía a través de mis ansias por visitar un fragmento lejano de su historia pasada, de su devenir colectivo. Bajo la amenaza de las bombas de Israel, ¿qué sabrían esos jóvenes de la mítica Dendera, de los encantos de la diosa Hathor, de los misterios inherentes a su culto? Rostros certeros, a veces supinos, de soldadesca del Alto Egipto, arrancados de la tierra para servir en un probable infierno. Tenían una urgencia más estricta, más arrolladora que todas las riquezas de sus antepasados. Sobrevivir, simplemente.

Como sea que esto ya era mucho en la crueldad de mi siglo, tomé con paciencia el registro. Y me sentí deliciosamente envuelto en una saga de espías. Marlene llevaba el microfilm definitivo, escondido en el abanico de plumas, camino de Dendera, cuartel general de la intriga.

Pero en caso de guerra no es aconsejable jugar con lo *camp*. Mi comparación, adecuadísima para un salón de Chelsea en aquellos años, no habría recibido el menor aplauso en el control militar del puente de Kena. Y al fin y al cabo a Marlene la fusilaron por sus comercios de secretos, aunque ella tuviese el gesto definitivo de ponerse carmín mientras se contemplaba en la espada reluciente del gallardo oficial que mandaba el pelotón. El joven, claro está, lloró. Marlene secó su lágrima.

¿Quién tendría el coraje de revivir una escena semejante en un remoto control del Alto Egipto? Además, los soldados no sabrían quién fue Marlene. Los *fellahin* tampoco.

En Dendera, que fue la Tentyris de los clásicos, tal vez pudo pasear Marlene cubierta de plumas. Hoy se llega a Dendera por lo calmo. Como si Hathor hubiese pacificado el panorama con la melodía de su divino sistro. Y el rumor de la pluma de Marlene acariciando los relieves del zodíaco resonaría como un clamor en todo el templo.

También el ánimo, hoy, se regocija de antemano. La inspiración es distinta de la que conduce a Abydos. Si a las reliquias de Osiris se llega recorriendo los páramos del espíritu —tan desnudo a la mirada apareció desde siempre su recinto—, el recorrido por los fulgores del Valle predispone a que la iniciación a Dendera se efectúe a caballo del hedonismo. Y esa corriente que empieza a fluir y refluir por el letargo imprevisto del viaje, acompañada de mil destellos distintos de la luz y un aura invasora, de indescifrables perfumes, complacería sin duda a la gran señora de aquel templo, la diosa Hathor de los encantos singulares. La música y el amor entre los principales. Tal parece que el coro ronco de las cigarras, anticipando los trabajos del verano, no es sino la música continua del celebrado instrumento de la diosa. Por los perfumes que han invadido el campo bien pudo suceder que el sistro, además de dar música, hiciese las veces de incensario. Desde siempre y en todo.

El imperio de Hathor es aquí total, rotundo y casi diría delicado. Y a pesar de que Dendera se preció de ser una de las dieciséis ciudades que conservaban una de las partes del cuerpo de Osiris, y aun cuando tiene el dios una capilla en el recinto, la vaca sagrada domina por entero el suntuoso establo.

Complacencias de Hathor, la selecta, con poderes de encantamiento cuya supervivencia desde muy antiguo complacería de igual modo a los romanos y a la casta que vino a depositar, en Dendera, sus propias tendencias al hechizo. Los Ptolomeos. Bastardos, siempre confusos en sus muy numerosos sincretismos, pero con muy clara tendencia a la expansión hedonista. Diré que en Dendera intervino la voluntad de Cleopatra VII, de quien la leyenda nos ha legado tantas seducciones. Que ellas clausuren la historia del país es todo un síntoma. Se estrenó Egipto en lo histórico con una severa paleta de esquisto donde la unificación de Menes adquiere el rigor de una gesta religiosa. ¡Ironía suprema que el libro supremo del Nilo se cierre en Alejandría con la agonía de una magna puta que escribe tratados de cosmética para hacer más pasadera la excelencia de una caída!

El hedonismo que propugnó Hathor desde los tiempos más antiguos tiene en Dendera el signo trágico de aquel final. Habrá un desfile de formas exquisitas, con el lento fluir de las horas en una terraza alejandrina confundida con la eterna homofonía de los cañaverales del Alto Nilo. Son glorias que se confunden a su vez en un mismo sueño imposible. Pero es sueño que se quiebra en cada rincón de las oscuras salas de Dendera, porque entran Roma y su dominio a rematar el trabajo del Egipto derrotado. Augusto, Tiberio, Claudio y Nerón van rindiendo pleitesía a los dioses del Egipto. No juzguemos sincera su adoración. Solo es una estrategema política. La misma que les hace aparecer aderezados con atavíos y símbolos de los grandes faraones: el pacto innoble de los dominadores con el espíritu perdido del pueblo que agoniza. La licencia, el permiso, la dádiva que sustituye a los derechos.

Pero ya he visto que fueron especialistas en esto los Ptolomeos mismos. Su empeño de representar todo el pasado de Egipto (y fue representación en un sentido doble) les llevó a respetar lo que el pueblo egipcio había respetado siempre: la tradición, el arraigo, incluso el inmovilismo de las costumbres. Fue un culto necesario, imprescindible, que llevó a los Ptolomeos a reconstruir los monumentos antiguos, a convertirlos en lugares de visita (incluidas las tumbas sagradas del Valle de los Reyes); pero también se vieron impulsados a un auge en la construcción de edificios religiosos. Los del Alto Egipto, tan abundantes, proclamarían a gritos la tendencia al arraigo con las formas del pasado. Tendencia realista y equívoca. Pues al mismo tiempo la gran capital del gran sueño ptolemaico, la mediterránea Alejandría, se fundamentaba básicamente en la cultura griega. Y los tratadistas nos recuerdan que, antes de llegar al hibridismo casi grotesco de los últimos años, los Ptolomeos se dedicaron a cultivar dos estilos artísticos completamente opuestos: el arte alejandrino, que no debe nada a Egipto; y el arte ptolemaico estricto, que arrancó de la conservación más o menos ortodoxa de las formas del pasado.

Este recoger el legado del Egipto clásico para reproponerlo fuera de la lógica del Tiempo, da al arte de la Baja Época su turbia fascinación, su condición de catálogo de la muerte. En el momento de su construcción, los templos ptolemaicos ya debían de ser un gigantesco almanaque de los espíritus idos para siempre. Así aparece Dendera: perla que se cultivó en vivero.

El templo ofrece un descubrimiento admirable. Tiene el orgullo de los supervivientes, con su belleza destacando entre restos romanos, de materiales menos nobles, endrinos y pegajosos. Pero erguido en la amplia explanada que los arqueólogos le han abierto, el dominio de Hathor entrega ya al viajero una primera impresión rotunda de lo que fue un santuario egipcio más o menos íntegro. Faltan, es cierto, algunos elementos en las dependencias subalternas, y sobre todo los pilonos y el patio de las ofrendas. Pero la estructura esencial del santuario permanece; y es como un cubo prodigioso, cuyos costados se inclinasen ligeramente para encontrarse en un vértice que se marca mucho más arriba, en los vértices mismos del cielo.

Me comentaban amigos conocedores de Dendera que al penetrar en el interior del santuario se siente como si los sacerdotes acabasen de abandonarlo o que fueron a efectuar alguna ceremonia en las cercanías y no tardarán en regresar. La ilusión se cumple gracias a un estado de conservación (o reconstrucción) verdaderamente excepcional. Pero incluso en los desmanes naturales del siglo pasado, cuando las arenas del desierto y los escombros de la vida cotidiana cubrían el templo hasta la mitad de sus columnas, la delicada ejecución de su arquitectura más visible despertó el arrebato de los viajeros que se aventuraron hasta esas soledades nada fáciles. Champollion, el caso más honorable. Pero con algún precedente de gran alcurnia intelectual. Ya habían dibujado el templo, adornándolo con brillantes coloridos, los sabios de la *Description de l'Egypte*. Y la lámina que reproduce el gran cubo de Dendera, con la restitución de la policromía original de sus columnas, se vende hoy en El Cairo, enmarcada en el piso superior de la librería *L'Orientaliste*. Continúa siendo una de las láminas más preciosas a que puede aspirar, en sus compras, el viajero *di gusto*.

Ilusiona pensar en los homenajes que, a lo largo de los siglos, habrá recibido la delicada mole de Hathor. Dicen que cuando los soldados de la expedición napoleónica se encontraron frente a los soberbios despojos de Amón, en Karnak, se cuadraron en un gesto voluntario y le presentaron armas. Es posible que ante la belleza de Hathor en Dendera hubiesen obrado con idéntica actitud. Eso suponiendo que no lo hiciesen aunque no haya quedado en ninguna crónica. Sí quedaron las palabras de Champollion:

«No intentaré describir la impresión que me produjo el gran propileo y sobre todo el pórtico del gran templo. Son la gracia y la majestad reunidas en su más alto grado. Permanecimos dos horas en éxtasis.»

Hay una gracia especial, finísima, rondando por el dominio de Hathor. La visión de esta ruina no me impresiona con la severidad de los grandes templos de Amón, en Tebas, o el de Horus, en Edfu. Tal vez contribuye a este sentimiento netamente hathórico el equilibrio del pórtico, con la extraña donosura de los capiteles cuadrados sosteniendo en cada lado un rostro de la diosa. Son seis coronas soberbias para columnas macizas, cuya aspiración a la verticalidad absoluta se ve interrumpida por muros intermitentes. Este juego de líneas que interrumpen la aspiración de líneas anteriores combina el tema del horizonte con el eterno escape hacia lo alto, típico de la arquitectura egipcia. Capricho es; y, sin embargo, es armonía. Se produce un efecto tranquilizador. Se da la sensación de un agradable palacio de recreo. Diríase que al recuperar las formas del pasado, los Ptolomeos tuvieron que escanciar sobre ellas un vino nuevo, particularmente embriagador. Y aunque la fachada fue terminada bajo Tiberio, su espíritu es completamente ptolemaico. La Afrodita griega se habría hospedado con gran placer en este *boudoir* predilecto de su colega egipcia, mucho más antigua que ella en los misterios del tiempo.

Al entrar en el dominio de la diosa del sistro, vuelve a hacerse inevitable la comparación con el sentido del ritual en otros templos egipcios. Tiene la grandeza de Edfu un punto de severa dignidad, dominada por la expresión malhumorada de Horus, su divinidad tutelar. En la isla de Filé que aquí queda, todavía, tan lejana, los santuarios de Isis dan la idea de un gigantesco tributo al mito de la gran madre, también riguroso, severo a pesar de alguna floritura propia de la arquitectura tardía. Y no digamos cuán severos serían los grandes santuarios de Amón, el dios oculto, dominante desde su misma ocultación. Tremendo, sin duda.

En Dendera, la oscuridad del culto es requisito necesario de la devoción; y la forma en que esta oscuridad es dividida, creciendo a medida que se avanza hacia el santo de los santos, representa la continuidad de la estructura básica del templo egipcio, el profundo sentido místico de su disposición. Un paseo entre las columnas de la sala hipóstila, el lento desfile por la columnata procesional, el acceso a la capilla principal del culto, tienen el sentido exacto de un paseo iniciático. Tal vez sea esta condición, trasladada a la arquitectura, lo que impone todavía hoy en los pocos templos que conservan intacta su techumbre: la dosificación de un itinerario primigenio, un mundo inicial donde la luz y las tinieblas mantienen un combate perpetuamente renovado.

Pero ya he insinuado que en el templo de Hathor no me dejo dominar por meditaciones tan elevadas, y si consigo detenerme por algún tiempo en la sala hipóstila, cuando está libre de visitantes, siento el regocijo de los sentidos, la disposición al placer estético convertido en juego de filigranas. Pues las magnas columnas, al verse coronadas por los capiteles que reproducen el rostro de Hathor centuplicado en un juego de espejos que lo llevarían al infinito, constituyen la síntesis de todo el refinamiento egipcio comunicado en un último, desesperado estertor. Pero corresponde a una caída que, a la sombra eficaz de las columnas, ya no suena con trompetas estrepitosas. Más bien produce el letargo de un licor de adormideras.

En sus capiteles, Hathor resume la equívoca bastardía que fue la expresión ptolemaica; y lo hace con una armonía incomparable. En los quince siglos que separan a Dendera de las grandes construcciones del Imperio Nuevo, el símbolo continúa intacto, la representación intachable. Las orejas de vaca que coronan el rostro humano de la diosa van proclamando a quienes lo ignorasen el auge impresionante que llegó a tener el culto a los animales. Pero insisto en el elemento nuevo de la delicuescencia; el mohín acaso *menefreguista*, como si la estética hubiese sido la última solución ante la muerte. Desde lo alto de sus columnas, el rostro multiplicado de Hathor parece reírse de las influencias griegas y, por supuesto, de los ardides romanos. ¡Se hizo burlona de repente! Basta compararla con los capiteles del mismo estilo que existen en el templo de la reina Hatshepsut, en Deir El Bahari. La representación tebana de Hathor, en la capilla que poseyó en aquel templo, se adhiere al impresionante rigor del paisaje, se vuelve dramático como la utilización funeraria de sus peñascos. Toda la zona de Deir El Bahari estuvo precisamente consagrada a Hathor en su manifestación de «Señora de la Necrópolis». Y no fue su única manifestación. En la capilla superior de aquel templo aparece bajo la forma de la vaca celeste que fue su animal ritual, y al pasar a representaciones humanas le dejó las orejas.

Hathor fue, pues, personaje celeste que mantuvo su autoridad durante muchos siglos, hasta pasar a la época romana. Otros dioses en apariencia más potentes no consiguieron tanto. El inmenso Amón de Tebas, por ejemplo, perdió su hegemonía totalitaria no bien terminó la de la ciudad que le había engrandecido y a la que él engrandeció en términos míticos. A Hathor, con su vaca y su vástago Iphy le vemos reaparecer con mayor frecuencia, casi se nos hace amiga y no es de extrañar que pudiese cautivar a los Ptolomeos, después que los griegos la asociaron con su muy casquivana Afrodita. Asociación que, por cierto, no es exacta.

Y es que Hathor, su vaca y su sistro pudieron personificar cualidades placenteras, pero como todos los mitos egipcios su anexión a otras divinidades amplió sus prerrogativas. En los muros de Filé la encontramos colaborando estrechamente con la gran madre Isis, en Edfu se convierte en la esposa de Horus y en las soledades del Sinaí se transfigura y es la «gran señora de la esmeralda», propiciando la recolección de esas preciosidades minerales en aquellas canteras.

Las divinidades egipcias viajaban mucho, ya solas, ya acompañadas de sus distintas encarnaciones. ¡Qué extraordinaria afición al *travestimento*! La misma Hathor, tan protectora, tan puesta en encantos, jugó un papel desagradable en los principios de la creación, según la mitología heliopolitana. Pierre Montet da una traducción exacta del suceso que nunca imaginásemos entre los brocados de piedra de Dendera. Trata del día en que Hathor se emborrachó de sangre humana:

«Al envejecer, Ra diose cuenta de que ya no podía mantener su autoridad sobre los dioses ni los hombres... Después de los dioses, los hombres se dieron cuenta de que Ra se debilitaba y se rebelaron contra él. Ra reunió a su consejo de dioses, que comprendía a su ojo divino (en este caso la diose Hathor, forma viva de la voluntad de Ra), a Shu, Tefnet, Geb, Nut, padres y madres que estaban a su lado cuando él mismo todavía se hallaba en el caos primordial y que fueron los primeros a quienes llamó a la vida. Con su ayuda, el dios había vencido al caos, Nun. Siguiendo el consejo de todos ellos, Ra lanzó contra los hombres su ojo divino, que tomó la forma de la diosa Hathor. No bien ella hubo extendido el terror masacrado a los hombres, se la apodó Sekhemet, la Poderosa. Ebria de la sangre de los hombres, Hathor-Sekhemet no detuvo sus matanzas. Ra tuvo que fabricar un brebaje mágico compuesto por cerveza y jugo de granadas (?). Siete mil cántaros de este brebaje, vertidos sobre la tierra, dieron a la diosa la ilusión de que estaba bebiendo sangre humana: se emborrachó y se olvidó de la matanza. Así sobrevivió el resto de la raza humana.» (6).

Esta saga de la destrucción, con una Hathor mitad caníbal y mitad vampiro, recupera una constante tremenda de las religiones primitivas. En ellas el placer tiene la compañía inseparable de la muerte. La rosa del amor aparece empapada en sangre. Y si este baño tuvo lugar en los principios del tiempo, su eco se prolongó durante toda la época histórica en una fiesta popular que tiene resonancias báquicas: la Fiesta de la Embriaguez. Se celebraba en Dendera, a los pies del trono espiritual de Hathor, el día 20 del primer mes de la inundación. ¿Podemos ver una asociación entre esta sangre derramada por Hathor en los albores de la Humanidad y la crecida del Nilo que renueva la vida cada año? En todo caso, los elementos del mito y la realidad se casan en la celebración. Y para ampliar el efecto de los biombos que esconden y muestran la extraordinaria elasticidad del mito, aparece en Dendera el motivo de una Hathor-madre que amamanta al pequeño Iphy, mientras otro Iphy presumiblemente adulto los contempla como quien rememora una escena del pasado. Y ya puestos en concesiones al mito amantísimo de la madre, la singular triunfadora en las derrotas, Cleopatra de Alejandría, no aparece en su atribución de amante llena de fogosidad, ni en su aspecto batallador de gran politiquera. Se hace acompañar de su hijo Cesarión, en un intento de perpetuar una estirpe que sin embargo estaba destinada a morir prematuramente, como las raíces del magnífico loto del Egipto.

Por su leyenda personalísima inscrita en el archivo de las más feraces artes amatorias, la presencia de la gran Cleopatra VII en el muro posterior de Dendera ayuda a pensar que la leyenda negra de Hathor había sido desterrada en favor de la asociación, un tanto más venial, con la Afrodita griega. Venial y propicia, seguramente, pues fue Hathor patrona para uso de reinas. Que no fueron Cleopatra VII y Hatshepsut las únicas que se ampararon bajo la advocación de los celestes cuernos. La que a todas luces parece haber sido esposa favorita de Ramsés II, la muy bella Nefertari tiene su templo de Abú-Simbel consagrado a Hathor (es el *speos* pequeño, lateral al gigantesco recinto del esposo). Habrá sin duda otras adhesiones de féminas reales a la diosa, su vaca, su sistro y su retoño.

(6) A. Moret: *Le Nil et la civilisation égyptienne*. La Renaissance du Livre, París.

Era facultad de las divinidades egipcias hospedarse con cierta facilidad y holganza en recintos consagrados a otro de sus colegas. Innumerables fueron los cruces de sangre, afectos y poderes: los magnos familiares se intercambiaban visitas según el flujo de las estaciones, la oportunidad de un sarao e incluso el cruce carnal, pervivencia de primitivos ritos de fertilización. Algunas ceremonias basadas en el tráfico de barcas sagradas correspondían al Año Nuevo y es la más famosa, y la que continúa celebrándose hoy en día, la de la visita del Amón de Tebas a su Haren u «Opet», en cuya capilla privada renovaba su noche de amor con la gran esposa Mut. También a Hathor le correspondía embarcarse anualmente para renovar su relación carnal con Horus, en Edfu. La imaginación, traviesa y asombrada, se complace al visualizar el lento derivar de la barca Nilo arriba, acompañada por fastuosos cortejos, recibiendo desde las orillas el fervor popular. Nunca fuere vaca alguna tan bien servida, diríamos hoy.

Pero a pesar de las visitas, las complejas transferencias y los raros intercambios, tenía cada dios su templo privativo; o lo tuvieron algunos especialmente privilegiados. Sus misterios, su culto, sus servidores eran entonces de una selectividad total, y no es extraño que al estar situado cada templo en nomos distintos, en particiones geográficas que podían ser hostiles entre sí, los dominios privados de cada dios se revistiesen de un profundo significado político.

Pocas concesiones a la política da el pensamiento cuando el viajero actual inicia en Dendera uno de esos paseos que le placen y le caracterizan en medio del turismo apresurado. Si tiene la suerte de visitar el templo a solas —y contrariamente a otros lugares de Egipto no es una suerte imposible, gracias a que Dendera queda lejos de las rutas turísticas organizadas—; si en esta soledad elegida encuentra, además, el tiempo necesario para la delicuescencia, la atmósfera de Dendera irá revelando aquellos encantos que he justificado en otra parte. Conviene sentirse mimado por el claroscuro que ejerce como un tejido de tramas incorpóreas, consoladoras al llegar desde la claridad diurna, azote este que, en el exterior, negaba a la luz su imperio y su consuelo...

La casualidad, felicísima, de que Dendera conservase íntegro el techo devuelve lo que es característica principal de los templos egipcios: la dosificación de la luz interior, la inmensa «puesta en escena» que se va desarrollando en cada rincón, el constante juego que da a los volúmenes, a los relieves, a los espacios vacíos y un sentido mítico y espectacular a la vez. ¡Cuántos escritores se han referido a espacios teatrales al hablar de Dendera y Edfu! Se necesitarían tratados enteros, que sin duda existen, para explicar la ciencia «escenográfica» de los grandes arquitectos egipcios, en una línea que no se interrumpe a lo largo de tres milenios de construcciones religiosas. Para la mentalidad del viajero, loco por el teatro, basta comparar las luces de un templo egipcio con la disposición de los focos en un espacio teatral moderno. Vacío inicialmente, ese espacio va generando en su interior todos los espacios posibles gracias a algún foco cenital violento, que ejerce su impacto sobre el punto central, destacándolo de la oscuridad, recortando sus contornos con el ardor de una puñalada. Pero esta singularización del motivo central (podría ser, en Dendera, la estatua recóndita de la diosa) se va apagando en cuanto se produce el impacto de la revelación, y la nueva oscuridad es quebrantada desde lo alto por luces de batería, que no se preocupan en destacar sino más bien sugerir espacios subalternos, pequeñas claridades que son como grutas destinadas a guiarnos por los espacios inmensos de la ficción. No sabemos ya si reina la semioscuridad o la semiluz. Pero en este espacio sometido a una mutación continua los elementos del mundo empiezan a flotar. Es una singular navegación que hace aparecer la figura de un rey, ora los brazos de una divinidad o las sinuosas cavidades de algún texto mágico... Y lo que resta de sus colores se vivifica con la caricia provisional de un suspiro de luz.

La luz de Dendera llega desde estrechas ventanas situadas en lo alto, en la unión de las paredes con el techo. La sensación del misterio queda ya programada para que a todas horas del día la luz se distribuya por las salas con delicadeza sin igual. Se reparte según los tramos que Ra va recorriendo en su trayecto diario. Ya la mande con la violencia del mediodía, ya con la suavidad del amanecer o la melancolía del crepúsculo. Y al distribuirse, difuminada, por los grandes espacios de las tinieblas, la luz arranca las más variadas tonalidades a los materiales preciosos de la construcción: destello rosáceo del alabastro en el pavimento, brillo pulido, rutilante, en los fustes de granito de las columnas, áspera rugosidad del esquisto, camaleónticas oscilaciones de la calcita...

Y todo ello con poesía en lugar de dramatismo. Por lo menos en Dendera. El señor Daumas dejó unas líneas muy hermosas sobre el simbolismo de la luz en los templos egipcios y concretamente en este: «Penetrando místicamente por las aberturas del templo hasta la estatua encerrada en la oscuridad del santuario, en el seno de una naos sellada, el sol se unía a la imagen divina, y el retorno cósmico de la luz (...) reproducía sin cesar el rito (rito de la Unión al Disco) que daba a los cuerpos divinos fabricados por los hombres la vida luminosa, el eterno atributo de los dioses...»

Oscuridad que envuelve el necesario enigma del dios. Luz solar que acude para triunfar diariamente, imponiendo las leyes de la vida renovada. La identificación con el sol, fuerza primigenia, es esencial en las divinidades egipcias. Cualesquiera fuesen sus prerrogativas particulares, parece como si todos pretendiesen ampliarlas al máximo al atribuirse la fuerza creadora. Cualquier viajero que haya visto la influencia del sol sobre el suelo egipcio comprenderá la aspiración de los dioses por ser como él.

En la sala hipóstila, primera del ingreso actual y que debió de ser la pronaos, la claridad manda todavía mensajeros que se filtran entre las seis columnas de la fachada. Pero es claridad que llega al interior en pleno proceso de degradación y corre a esparcirse entre las columnas, tal vez dispuestas para que la luz zigzaguee entre ellas, como una cobra que intenta llevar su violación hacia el fondo del santuario. Pero en vano. Y en este toma y daca constante, travesura de luces y tinieblas, el rostro de Hathor multiplicado en sus capiteles emerge constantemente del fondo de una atmósfera irreal. Hasta aquí los arquitectos de Dendera permitieron que la luz encontrase su sala de juegos: más adelante, le prohibieron el paso. Y Dendera se convierte entonces en un dédalo intrincado de salas secundarias y criptas subterráneas, y los jeroglíficos que cubren hasta el último milímetro de los muros se aparecen como voces transmisoras de historias olvidadas. La oscuridad las enterró, acaso definitivamente. Pero palpitan en el aire, envolviendo religión, magia e Historia en un mismo recipiente de nácar.

Surge entonces la astronomía incrustada en los muros dc Dendera, conciliando los conocimientos con la fe, fundamentando la investigación del cosmos y la visión popular de sus fenómenos. Ya no está en Dendera el famoso Zodíaco, que se lo llevaron a París dejando en su lugar un molde de yeso. Pero en el techo de una encantadora capilla, antes de subir a la terraza superior, aparecen el cielo y sus prodigios, y vemos cómo Nut, la Dama de la Noche, se dobla sobre sí misma para abrazar a toda la Creación. Será su oscuridad la que presida el descenso a las criptas, sin estrellas que rompan la amenaza.

Esas oscuridades explican que, en la imaginación de muchos viajeros, predominase el sentido de lo mágico, incluso la presencia de un ejército de íncubos y demonios. Fue una parafernalia muy adecuada para la impresión que recibieron del Egipto los siglos oscuros de Occidente. Ninguna cábala puede resultar demasiado improbable a quien descendiese a las criptas de Dendera, donde el ánimo se sobrecoge entre pasillos angostos, escaleras interminables y paredes ahogadas bajo el peso de infinidad de textos. ¿Quién convencería a una imaginación calenturienta de que no son fórmulas mágicas, cuando no maldiciones?

Son criptas que parecen propias de la Hathor vengativa, sedienta de sangre, celadora implacable de los tormentos de sus víctimas. La imaginación, muy en su estilo de locuela, intenta sustraerse a esas impresiones decimonónicas, fascinación de las grutas, terror de *gothic revival.* Los guardianes mismos, analfabetos en los esplendores culturales de su ayer, se complacen tiñendo la visita con los colores de la amenaza. Esgrimen tres vocablos en inglés, entre los cuales no podía faltar una pésima pronunciación de Cleopatra (acaso una de las figuras que aparecen a la luz temblorosa del candil). Y les complace en gran manera remarcar la palabra «cobra», de modo que ignora el viajero si se refiere a uno cualquiera de entre los relieves que siguen representando a la bestia como paradigma de la dignidad real, o a que esta es la prisión donde cien cobras rabiosas asaltarán al desdichado aventurero, como en las más acreditadas peripecias de mis tebeos de infancia. De un momento a otro puede surgir el silbido fatal, amenazador, chocando contra los relieves de esos pozos cuya virginidad no rompió (acaso) viajero europeo alguno.

Es un paseo que vulnera todas las dimensiones de la oscuridad. Y ella se hizo cuerpo, denso espesor capaz de ahogar nuestros espíritus. Tan incrustada está en las entrañas del mundo que solo podría ser iluminada desde un profundo fuego interior, reflejo acaso del averno.

Pero se concede al espíritu una ascensión. Estalla, abierta y gloriosa, cuando se accede a la terraza del templo, que es como decir el techo del mundo. Desde la altura triunfa el sol renovador, el renacer que implica salir de la oscuridad-cuerpo a la luz como masa que nos integra a sus destellos. Llega a despertar los nuestros propios. Nunca fue la claridad tan bien recibida, ni rompió el sol con tantos fulgores las vísceras de la Nada. Se sale del vacío para ingresar en la plenitud. Y reaparece entonces todo Egipto, en la eficacia de su ciclo eterno. De nuevo la pasión exultante de los verdes. El horizonte que parece ampliarse todavía más por la sorpresa de saber que continúa existiendo, después de las tinieblas. Los pliegues del cielo que empiezan a engendrar retoños. Y en todo ello la vista se solaza.

Templo de Hathor en Dendera.

ENTRE Y ANTES DE LA HISTORIA

Al proseguir de Dendera a Luxor, desgrana el Nilo más imágenes adecuadas a su fama. No cabe insistir en ellas por cuanto en su rigor, en su elegancia, tienen los paisajes del Nilo condena de repetición. Las tomará el peregrino a guisa de sinfonía de eternidades, y hará bien si descansa la cabeza en el respaldo del asiento, utilizando la ventanilla como obertura de una linterna mágica que dejase pasar, con somnolencia, un metraje que consigue el movimiento de cada figura por la exhaustiva redundancia de la misma. Puede cerrar los ojos de vez en cuando, apretar los párpados intensamente, morderse los labios y repetirse a sí mismo que quiere archivar en el fondo del alma tantos idilios. Y si el peregrino es archivero mayor de la belleza, tenga por cierto que cuanto guarde del Alto Egipto en el fondo de la memoria nunca perderá su color, nunca ese ritmo pausado, exacto, a cuyos sones parece valsear la conciencia después de haber bebido un ponche de mandrágoras.

Pero el letargo se sume ahora en la visión de un inmenso campo de jazmines, cuyas flores van arrancando equipos de niños, quedo, quedo. La insistencia indolente del paisaje parece perderse por la brisa en forma de cántico de trabajo, rosario de voces también calmadas, homofonía de gusto acaso perdurable que surge de las muchachas campesinas, quienes a su vez surgen con mantos variopintos entre la zozobra que el viento despierta en las cañas. Es una bocanada que al igual que el paisaje tiene voluntad de repetición, pero con brío: un eterno retorno que se produce a intermitencias, perfectamente rimadas cada una. Como *timing*, es un prodigio.

De vez en cuando, el desierto consigue imponer al valle su imperio de invasor, pero en algunos lugares, en vez de la muerte de las ruinas, el horizonte se puebla de imágenes dinámicas y casi aventureras. En los caminos que salen de Kena hay una animación inusitada por lo abigarrada; extraña porque rompe la severidad del valle imponiendo un desorden de figuras, de vestidos, de voces, canciones, imprecaciones y ritmos. Se reunieron en este punto los peregrinos que hacían el viaje a La Meca. Forman una especie de poblado fantasma (en el sentido de que va a desaparecer en pocas horas, en cuanto la colectividad se ponga en marcha). No importa; volverá a formarse a diario, pues de las cercanías de Kena arranca uno de los caminos más utilizados para acceder a las costas del Mar Rojo. Es el punto en que el Nilo se le acerca más y esta circunstancia es aprovechada como lo fue en tiempos faraónicos para llegar a Port Saffaga, en aquellas costas. Y en la misma época, por el mismo camino, se llegaba a las grandes canteras que debían de rendir los mejores frutos pétreos para mejor servir a la piedad de Amón.

Entre la muerte surge la algarabía; más allá de la muerte se pronuncia el griterío como suprema aptitud de un pueblo cuya particular predisposición al rigor, cuya dignidad acérrima, no impiden que al romperse las barreras sea el más dispuesto a entregarse a la alegría. Así lo vemos en los mercados del Alto Egipto, o en las ferias de ganado que se celebran en el límite del desierto. No hay aquí el más leve rasgo de occidentalismo, y es dudoso que en alguna ocasión llegase a retratarlo algún turista. El desierto expele ahora su polvareda de nubes artificiales que levantan los cascos de un caballo espoleado: se prueba su ímpetu al gusto del cliente. Nació de la noche a la mañana algún conglomerado de tiendas que, al igual que las de los peregrinos de La Meca, se levantará cuando la feria termine. Toda la variedad del Alto Egipto se reúne en las primeras dunas y el aire se llena de discusiones, bromas, letanías, insultos amables o insultos ciertos. ¿Qué historias se cuentan esos supervivientes del desierto, con sonidos guturales emitidos desde lo más profundo de una cueva oscura? ¿De dónde proceden esos caballos altivos, negros como nunca vi ninguno, que trotan alrededor de un palo, se incorporan sobre sus patas traseras, levantan el morro a la búsqueda del cielo y agitan las crines milagrosamente peinadas, como bestias palaciegas más que artículo de venta en los caminos?

Si la feria de ganado que vimos al otro lado del río tenía todas las trazas de una andadura provisional, alboroto errante para las grandes ocasiones, el mercado de Kuft conoce una prosperidad permanente y ancestral. Hay en sus calles el bullicio típico de las ciudades que han sido encrucijada de mundos y continúan siéndolo. Hace las veces de segundo camino importante hacia el Mar Rojo, hacia el puerto de Kosseir, concretamente, y esto lo convirtió en enclave primordial desde los tiempos más antiguos. Saliendo de Kuft, el desierto arábigo queda hendido por multitud de caminos secundarios, *uadis* a veces secretos, que devoran las montañas desnudas. Encontrar entre tal laberinto una ruta provechosa para el comercio fue empeño que data por lo menos de las primeras dinastías, y ciertas inscripciones con el nombre de Keops atestiguan esta antigüedad y aquel tráfico. Que se prolongó en la Historia. De aquí salían las caravanas en busca del Mar Rojo. O lo que es lo mismo, en busca del ébano, el ámbar, las resinas aromáticas y demás especies de alto precio en los mercados de Tebas, en sus palacios y templos. Y de aquí se partía para ir a buscar, en las canteras de Uadi Hammamat, la piedra necesaria para el soberbio almanaque que es la estatuaria egipcia.

Puerta del desierto, escape del Valle, control seguro del comercio: estas fueron las ventajas de Kuft, consagrada en su tiempo faraónico a Min, esta vez en manifestación de dios protector de las caravanas. Los griegos la bautizaron Koptos, y ampliaron rutas comerciales, para que fuese ciudad de todas las rutas. El cristianismo no dejó piedra sobre piedra, como era de esperar; pero cuando pasaron los primeros excesos del celo religioso, se benefició de las ventajas como centro comercial, máxime cuando ciudades de mucha mayor importancia, como la gran Tebas, habían quedado sumidas en la miseria. Debió de ser Koptos lugar de reunión de los nuevos dueños, los monjes diseminados por las incontables cuevas y monasterios de la Tebaida. Saloncito ideal para todo tipo de especulaciones teológicas, aquellas incesantes polémicas bizantinas que sacudieron a las cristiandades egipcias a partir del siglo III. Fue zona particularmente propicia a las meditaciones gnósticas, si puede servir de muestra —y debería servir— la espectacular cantidad de manuscritos de esta doctrina que se encontraron durante siglos en los monasterios de la zona (la cantidad más espectacular fue, recientemente, la que se encontró en un monasterio de Nag Hammada).

Para no hablar de las numerosas necrópolis coptas, con sus peculiares cúpulas sobresaliendo entre las tumbas de otras culturas que, antes o después, fueron a buscar el refugio postrero del desierto. ¡Siempre la gigantesca broma de la muerte!

Ni las especulaciones cultistas, ni mucho menos las religiosas, dejaron de estar al orden del día en este rincón de la Tebaida, cuya vegetación deslumbrante vuelve a vendernos el reclamo de una engañosa prosperidad. Al dejar atrás las necrópolis de todo tipo, hermanadas solo en la identidad de unos colores secos y faltos de salud, se recupera la vivaz melodía del Valle. Vuelve a sonar la canción del trabajo o la del trato comercial, que en todo caso nada tiene que ver ya con los salmos dedicados a los dioses faraónicos ni con las antifonarias cristianas, resonando contra los muros estrechos de tantos monasterios hoy en ruinas. Cuando llego a Koptos, su mercado estalla en una auténtica provocación de colores, casi una herida a los sentidos: la acumulación de los colores de una miniatura persa, pero liberados de toda disciplina estética, escapando del temario aristocrático para ir a adornar objetos, muebles y fachadas que adquieren un vigor popular intenso y violento como si peleasen unos contra otros: rojo, amarillo y azul incrustado en un pequeño quiosco de bebidas; y en sus cristales todavía el exceso de unas cortinas pintadas en verde, el ribete de un dorado agresivo, todo ello contra el metal reluciente de los cachivaches a los que el sol arranca destellos de espejo. Parece como si el rigor de Egipto se hubiese vuelto loco, y todos los genios del colorido se acumulasen en un solo asalto, rompiendo filas sin orden ni concierto. Incluso las conductas se distorsionan. En las sonrisas de los caballeros que organizan su ocio a la entrada de las tiendas se adivina una invitación, y es tan gentil al principio, apenas sugerida con una sonrisa bondadosa, que diríamos que el rigor que Egipto perdió en el paisaje fue a engrosar la proverbial amabilidad de sus habitantes. Esperanza vana: cuando el viajero se encuentra ya a su alcance, el hombre de la tienda le asalta con verborrea espectacular, su gesticulación convertida en veloz molino de aspavientos. Quiere venderle algo.

La sensación de festividad otorgada al gusto por la etnografía culmina en Garagos, un pueblecito en el interior del Nilo, perdido entre los senderos del Valle, que ha saltado recientemente a la atención del peregrino en sus intentos de recuperar su artesanía y su folklore. Aunque el verbo solo es exacto en lo que se refiere a la artesanía, y aún contando con innovaciones. Pues son de este pueblo las encantadoras alfombras y tapices que reproducen la inspiración *naïf* de todos los niños de Egipto, cual una respuesta plástica a la virginidad indescriptible de sus sonrisas, al maravilloso asombro de sus enormes ojos. Nos dicen las guías francesas que un jesuita, francés precisamente, organizó el centro de artesanía en cuyos telares, en cuyos tornos y hornos, se hacen realidad esas imágenes de calidad, ese batiburrillo de colores encendidos, con que los niños de Garagos plasman su visión del Egipto contemporáneo, balanceando al mismo tiempo sus impresiones con los recuerdos de las figuras que han visto en los relieves y pinturas del pasado. Es un sueño *naïf*, cuyas imperfecciones guardan el recuerdo del alba y que no hay que confundir con los defectos de las imitaciones pésimas del arte popular, que expenden a destajo los mercaderes del gusto.

Ya he apuntado más arriba que la palabra recuperación, válida para el aprendizaje de los niños de Garagos, ya no lo es tanto para sus músicos, famosos en la región. No recuperan, no, que prosiguen. Se dedican al cultivo de la música popular del Alto Egipto. Forman un simpático equipo conmovedor, porque continúa el mimo de las melodías ancestrales, en fiestas que podrían ser exactamente las mismas de otros siglos. Tocan en las bodas, principalmente, pero también en natalicios, aniversarios, y cuantos eventos sugieren un instante de diversidad en los días siempre iguales de las aldeas del Nilo. Y para los miembros de esas colectividades firmemente aferradas a sus tradiciones, los músicos de Garagos no improvisan la canción de moda o el último ripio promovido por la televisión (aparato que si llega a esos andurriales, es todavía a nivel colectivo: una para todos los habitantes, y en lugar público). En algunas de sus canciones, pasto para etnógrafos entusiastas, parece resucitar el antiguo oficio del narrador de pueblo. Todavía existía esta raza en El Cairo, a principios de este siglo, y alguno debe de correr todavía de aldea en aldea, supliendo con su inventiva el afán de ficciones de quienes todavía no tienen acceso a las aventuras de los americanos propagadas por los *mass media*. En los largos recitativos de los músicos de Garagos, como los de otros lugares del Alto Egipto, surgen y resurgen odiseas peculiares de los grandes héroes del desierto, pintorescas fábulas de jóvenes guerreros, gestas que tendrían un fondo de verdad allá en el medioevo islámico, biografías desfiguradas según las más fastuosas necesidades de la epopeya o la poesía. El recitativo se va prolongando, en labios del más anciano de los músicos, mientras a sus espaldas afinan los demás sus instrumentos, a punto de acompañar la tonadilla que sigue. Y empiezan entonces su guirigay los instrumentos más antiguos de Egipto. Algún día tendrá el peregrino ciencia suficiente para describirlos. En aquella primera visión no tuve otro vocabulario que el de Occidente: un instrumento parecido a la gaita, pero más triste en su emisión de gemido; otro que semeja al tamboril, pero más guerreras sus percusiones, y todavía un humilde rascatripas, que emite como el violín pero con cuerdas tan pobres que su sonido solo parece dotado de sabiduría para dirigirse en una única dirección.

Volveré a hablar de los músicos de Garagos cuando me encuentre con los músicos de Luxor. Una de sus canciones se titula «Rosa de Karnak». ¿Qué lugar mejor para escucharla, y evocarla después, que esos muros humillados a cuya umbría creció y agonizó el esplendor de Tebas?

El itinerario por los meandros del Nilo y los meandros de la memoria se interrumpió momentáneamente por un pasmo de vida. En su búsqueda de Tebas, todavía ansía el peregrino ser buceador de ruinas incluso las que sufrieron destrucción en cuanto a tales. Pero algunas hay que en su depredación son más importantes que las demás. Y si sus restos son paupérrimos, la sola invocación del nombre que tuvieron en su gloria terrena las redime; nos las redime. Triunfará de nuevo el *spirit of place*. Antes de llegar a Abydos, en cierto lugar llamado Girga, se me permitió suponer que existió hace siglos la mítica Tinis, cuna de las primeras dinastías de la historia de Egipto. Estuve allí en los orígenees, o creí estarlo o me gustaría; y la suposición conduce directamente a la sonrisa que despierta mi propia inocencia, nunca escarmentada. Pues otros historiadores sitúan Tinis a unos kilómetros más arriba, otros en la orilla opuesta. Y el emplazamiento al que había consagrado una respetuosa devoción —la que suelen merecerme los orígenes— amenaza con convertirse en otra indecisión sobre el camino.

Vuelo hacia una fecha que, aun siendo hipótesis, es el mojón que necesito en el largo despegue de esta civilización de todos los amores. Tres mil años antes de Cristo, dicen quienes se entienden en las dataciones. Y no se dan cuenta del profundo vértigo, el inexplicable pavor que ha de producirnos a quienes del Tiempo cogimos sus mensajes más peculiares. Llegar a lo que juzgábamos el instante primigenio y descubrir que existe detrás un abismo todavía más profundo, un océano infinito que esconde en sus profundidades esa faceta virtual de lo desconocido que es el devenir de la experiencia humana desde la Nada absoluta.

A ella me arrojo, a ese océano oscuro, y me sirve de trampolín esa desolación; ese páramo del que ni siquiera sé si fue realmente Tinis. Pero la elijo como el punto necesario, la gran referencia para iniciar mis avances hacia la gran historia que he ido recorriendo en fragmentos aislados y casi sin conexión (¡y cuántos otros no recorreré, hasta que llegue a las cataratas de Assuán!). Este yermo de Tinis fue anterior a Menfis, anterior a la altiva serenidad de Saquara. Durante las dos dinastías tinitas, los pueblos hasta entonces dispersos aprendieron a concebir juntos el plan más ambicioso de todo hombre sobre la tierra: un proyecto de civilización. La escritura, el arte, los mitos religiosos, la administración pública son asumidas y en este yermo (o en cualquier otro que se le parezca) nace un bloque que ya es completamente egipcio. Luego, inmediatamente, será el esplendor de aquella Menfis de la que ni siquiera me quedan ruinas presentables. Y, después, el largo cortejo de fortunas y caídas que han de conducir los caminos de Egipto —y los míos— hasta la Tebas de las Cien Puertas.

¿Y detrás de estos comienzos? El inmenso océano otra vez.

A las simas de ese océano que precede a los hechos históricos no alcanza mi memoria; me deslizo en un constante vahído del recuerdo, obstinado a su vez en ir más allá de lo que su experiencia le permite. Y esto se hace particularmente cierto cuando intenta explicarse las ruinas de Nagada, conglomerado parduzco, reminiscencia maltrecha que sobresale como un mar de gargajos en los límites del desierto. Contrasta con las cimas de la cordillera líbica, que empiezan a adquirir aquí el impresionante color rosado que le da su forma inconfundible cuando alcanza la necrópolis tebana. Todavía está Nagada en la orilla occidental, ya a pocos kilómetros de la gran Tebas. Pero está Nagada a muchos miles de años, muchos miles de incomprensiones de distancia. Si el viaje fuese lógico, si pudiésemos seguir a través suyo los esplendores y las caídas como una recta coherente, Nagada debería encontrarse en los tramos iniciales de mi experiencia. A 2500 años antes del esplendor de Tebas; a seis siglos exactos antes de mi vida. Pero el viaje es caprichoso: es una gigantesca broma de estampitas que me van catapultando a ritmos dislocados, entre épocas cercanas y épocas situadas en planetas desconocidos. Y es entonces Nagada planetario de lo más arcaico.

Esas ruinas, así como el tipo de cerámica, figuritas de terracota y sepulturas rupestres que se encontraron entre ellas, han servido para denominar a una de las culturas más importantes del período predinástico. ¿Puedo escribir esta constatación sin sobrecogerme ante la distancia lunar de los milenios? Regresa el vértigo al desplegar el plano gigantesco de este período incierto: tengo que situarme en el eneolítico y calcular que todavía antes hubo otros océanos profundos. Aquí es como si empezasen a hablarse en jeroglíficos. ¡Dataciones de la ciencia intentando ordenar esos páramos inciertos que, una vez más, retroceden hacia los orígenes del mundo! ¿Hasta cuándo, hasta dónde puedo llevar el retroceso, partiendo de la marcha atrás, partiendo de Nagada? ¡Tanto nos intriga lo que ignoramos de la historia —una historia que, en sus cinco mil años, es apenas un suspiro— que ni siquiera nos detenemos a sopesar la magnitud de nuestra ignorancia sobre lo que sucedió con anterioridad! ¿Cuánto duró el largo período de la incubación? ¿Cuántos siglos transcurrieron en la imposición del magno sedimento? Habíamos creído a pie juntillas que Path creó el mundo en su torno de alfarero, según quiso Menfis; nos sedujo la inspiración poética de Hermópolis, que despliega ante nuestros ojos todo un proceso de creación mágica partiendo de la palabra del prudente Thot. Mil y una imágenes de la mente poética para explicar, justificar o cantar el enigma supremo de los inicios. Pero mientras escuchábamos los hermosos cuentos, olvidamos preguntar qué fue de los hombres que los concibieron. Qué fue del hombre egipcio sobre las tierras salvajes, entre las espesas selvas que iban secándose para convertirse en desierto; el hombre que domesticaba paso a paso los pantanos del Nilo, buscándose en las primeras aglomeraciones urbanas, descubriendo los utensilios, entrenándose en llegar a ser, con toda consideración, un *homo faber*. Pero ya, seguramente, con una pequeña conciencia de saber.

En el océano de mi ignorancia de las grandes formaciones prehistóricas, Nagada y su espíritu renuevan a su vez el carrusel de divinidades que danzan en mi cerebro desde que salí de Menfis. Dioses, genios, animales de Egipto forman un tiovivo cuyas vueltas terminan en el vértigo. Buscando el origen en Nagada, retrocedo más allá de Tinis, donde solo horas antes creí estar verdaderamente en el comienzo (una sensación que ya tuve en Abydos). Los dioses ya son cuerpos astrales que me acompañan, arrastrándome casi, entre los cimientos apenas sugerentes de una época tan indecisa, de un Egipto en curso de creación. Anoto las impresiones a que uno puede aspirar al enfrentarse a la historia que todavía no era historia: tumbas dispersas, cuyo sentido último escapa a mi propio sentido. Y, siempre, la gran acumulación: las tumbas de imperios posteriores acumulándose entre los detritus de la primera alba; siglos que se entremezclan, negaciones que renacen aquí y allá, desconcierto del conocimiento. Al otro lado del río, enfrentado al macizo que se va formando en la desigualdad de las montañas, está la Tebas de los vivos.

Y antes de llegar a ella, unas mayores acumulaciones por los caminos del Valle. Como si el tiempo continuase masturbándose. Épocas definitivas en el copioso devenir egipcio, fueron depositando sus restos, maltratados por quienes llegaron después. En Qaw El-Kebir, varias terrazas de la XII Dinastía forman un conjunto funerario rarísimo; tumbas excavadas en la roca, pasillos que hoy ofrecen el aspecto siniestro que las destrucciones posteriores han querido darles: paredes ennegrecidas, techos chamuscados, como si la roca hubiese sido víctima de una lepra fatal. Aañadidos de otros siglos no tuvieron mejor suerte: un templo ptolomeico que se levantaba cerca del río, fue completamente arrasado en los primeros años de nuestro pasado siglo. Estarán sus piedras adosadas a las casas, palomares, pajares o tinas de aceite de las aldeas vecinas.

Dentro de la antigüedad de cada ruina, las más recientes (y es un decir) se incorporan a las más antiguas a guisa de herejía y brotan de ellas como insolentes palmeras bordes. Todavía en Mag El-Madamud, que ya se sitúa a ocho kilómetros al norte de Luxor, esbeltas columnas de capullo cerrado se yerguen con la única altivez de la supervivencia, que ya es mucho; únicos residuos que son de una gran sala hipóstila del templo ptolomeico consagrado al dios Montu. ¡Con qué augusto silencio desafían a sus predecesores esas únicas columnas que quedan en pie! Reposa sobre ellas un arquitrabe aislado, haciendo equilibrios; milagro horizontal que destaca, fragmentado, sobre un cielo decididamente azul. La opacidad más exacta del azul, diría en esta hora. Y brotan alrededor del templo, como buscando las palmeras vecinas, restos que sugieren a varios Ptolomeos y restos de muralla que ya corresponden al apogeo de Roma (suenan Antonino Pío, Domiciano y Trajano). La majestad de la piedra contrasta una vez más con las murallas de ladrillo, con las montuosas sinuosidades que formó, al deshacerse, el barro de las estancias subalternas. Es la alternativa de todos los santuarios egipcios: el dulce dorado que toma la piedra bajo el sol, opuesto a la negra argamasa que la rodea, como una intimidación del tiempo que vino después, desesperado coloquio entre materiales que, a la larga, tuvieron el mismo final.

Y pensar que aquí tuvo su sede Montu, tan importante en la mitología inicial de Tebas. Mag El-Madamud se llamaba entonces Madu, y fue su santuario el tercero en importancia del culto a Montu (los otros, Karnak, Tod y Armant). Y era ese dios, con su cabeza de halcón, precioso patrón del área tebana, segundón de nadie en importancia hasta que llegó Amón a usurparle poderes. ¿Qué misterios propondría Amón a los tebanos para quitar preponderancia a un dios cuya principal característica, la belicosidad, convenía tanto a aquellas primeras dinastías que no solo expulsaron a los invasores hicsos, sino que encima convirtieron a su ciudad en el mayor centro imperial del mundo? La de Madamud fue erigida en honor de Montu, según nos cuentan. Y su identificación con Ra aportó la fuerza primigenia a la fuerza obtenida en la batalla. Ese Marte de la Tebaida prestó su sufijo a varios soberanos de la XI Dinastía, que no en vano fueron los que, después de la expulsión de los hicsos, levantaron el esplendor de Tebas. Y más, y más, y más sustituciones. Al igual que las ruinas, los dioses se acumulan en el Nilo.

Pero...

El «pero» es Tebas misma, que se anuncia ya en lontananza, con las fogatas de sus suburbios imaginarios destacando en la noche del Valle. Todo cuanto a ella concierne, está contenido en sus murallas, y cada una de las notorias cien puertas se cierra para evitar que escapen mensajes. Es necesidad imprescindible de su embrujo que los mensajes sean escuchados en sus callejas, en labios de un mendigo ciego; que sean cantados al son del laúd en la suntuosa fiesta de Nakt o Sennefer; que se esparza como una mirra vaporosa entre los sicomoros de los jardines reales, mezclada con la brisa suave del río...

¡Cierto! El Nilo detiene su curso, porque la noche nos acerca a Tebas. El automóvil se abriga bajo una manta de polvo amontonado sobre la carrocería chirriante, y es polvo de la historia del hombre, escanciado a lo largo de los caminos de la muerte de Egipto. El automóvil se ha convertido en una ruina moderna. Solo los lauros de Tebas parecen revivir; solo ella existe plenamente en la caterva de obeliscos, puertas triunfales, pilonos titánicos, plazoletas mugrientas, templos que desafían, con su propia grandiosidad, la grandeza inexcusable de los dioses poderosos...

Ahora sé que puedo detener el tiempo. Tebas renace, se va haciendo próxima, segura, mía al ritmo de un cuentaquilómetros cualquiera.

Columnata de Madamud, cerca de Tebas.

TEBAS EN LUXOR

Por fin Tebas revela los aspectos más suntuosos de su fascinación y me explica la mía. Sus jeroglíficos, mudos desde la agonía de los dioses, se constituyen en oráculo que revela el porqué de mis caminos. Afirman constantemente que siempre regresaré a Tebas, en los divinos acentos para mí desconocidos. Ratifican el imperio de mis muertos.

Con la sola invocación de su nombre, comprendo que me encuentro ante lo más grande. «¡Tebas! —exclamo—. ¡Tebai!» Pero la grandeza del nombre deviene solo un préstamo, como un vicio adquirido, porque el aliento supremo de Egipto continúa llegándome a través de mediadores que lo desfiguran. Tropiezo de nuevo con el equívoco semántico que impusieron los griegos, y este nombre que me subyuga —Tebas, Tebai, invocación preciosa, llave de cuantos recuerdos inventaré—, este nombre resulta otra deformación prestigiosa. ¡Engaño del mito superpuesto a los mitos más antiguos! Pues la gran capital se llamó en realidad Uadset en tiempos faraónicos, y todavía se pelean los egiptólogos para decidir por qué vías llegó la helenización del nombre inmortal. Dicen algunos que la pronunciación viciada de la voz egipcia para la actual zona de Deir El Medina, en la orilla de los muertos, recordaría a los griegos la pronunciación de su propia Tebas, en la Beocia, tan reputada por los excesos fatales de la casa de Edipo. Pero esta suposición no está confirmada, y excederse en ella y en otras que asimismo especulan sobre el tema exigiría un escrupuloso estudio.

Solo quedan claros, rotundos, invasores, los nombres de los lugares árabes que fueron creciendo al amparo de las enormes ruinas de Uadset, y sobre ellas. Y por un lado es El Luksor, que significa «los palacios», y Karnak, que vale para definir a un lugar rodeado de murallas. La invención es singular e imaginativa. Al llegar de sus desiertos, con sus tiendas ondeando al viento cálido, las tribus que nada sabían del primitivo esplendor de Egipto inventaron una Tebas fantasma, esqueleto de muros inconexos, sudario de resonancias palatinas.

Luxor, resorte turístico, y Karnak, pequeña aldea sin un más allá, constituyen hoy en día la división artificial del terreno que ocupó la ciudad de Tebas. Distan dos kilómetros entre sí, pero sus características son completamente distintas. Luxor proyecta en el cabrilleo del río la sombra de sus hoteles y barcos de recreo, como antes debieron de reflejarse en las mismas aguas las casas del muelle o los palacios de la nobleza. Karnak, por el contrario, se encuentra a unos ochocientos metros hacia el interior, y es un conjunto rural, un amasijo de casas de adobe, simples, paupérrimas, que nacieron al amparo del gran santuario de Amón y, en un pasado no muy lejano, dentro de sus murallas.

La división moderna entre Luxor y Karnak importa poco. Nada quedó de Tebas como ciudad, pero sus piedras sagradas son tan imponentes que consiguen unificarse en la distancia y permiten reavivar a un esqueleto entero, sin divisiones. Son piedras que desafían a la imaginación más novelesca, a la plástica más enloquecida. Increíbles manifestaciones de un arte de titanes, cementerio descomunal que gobierna con una personalidad inconfundible, supera el nombre impuesto por los griegos, lo devora. Uadset, palpitación cósmica en los márgenes orientales del Nilo. Uadset, cuna idónea del desaforo, camino que traspasa todos los muros de la vida. Imperial Uadset sobresaliendo por encima de su muerte y aun de su leyenda.

Y para acoger al peregrino que soñó en ella, un *resort* turístico impersonal, hormiguero de seres provisionales, a menudo innobles, que rescatan paso a paso la grandeza de lo antiguo por el mero conjuro del kodacolor.

Banalidad sobre Tebas a partir de Luxor. Y, aun así, inolvidables mensajes de Karnak emitidos bajo el sol señorial de un invierno que, aquí, parece no existir...

Al llegar a Tebas me domina el onanismo secreto de las ruinas.

Los márgenes del río, que la imaginación se complace en idealizar con los trazos tumultuosos del gran muelle de Tebas, forman hoy una *Corniche* muy agradable, de corte europeo, que tiene fama de ser la más cuidada de Egipto, incluida la capital (aunque tratándose de Egipto, esto no quiere decir mucho). En relación a aquel 1968 de mi primer enlace de amor con la placidez de Luxor, han ido apareciendo numerosos edificios nuevos, de corte decididamente moderno, que sirven para desenmascarar de una vez por todas la vocación antitebana de los planes turísticos. Los grandes hoteles de arquitectura supersónica, los embarcaderos adornados con banderolas y lucecitas de colores y destinados a cobijar los barcos, cada día más numerosos, que efectúan los trayectos fluviales Luxor-Assuán o viceversa, el extraordinario museo de estilo racionalista..., todas esas imágenes se constituyen en avanzadilla de lo que será, presumiblemente, un tremendo supermercado de los viajeros de un día. Fiebre de construcción que irá a lo máximo. Tal es la demanda turística de Luxor y tan insuficiente resulta, todavía hoy, su oferta.

Pero como Luxor es resorte turístico de fama desde el pasado siglo, algunos de sus edificios más vetustos han sobrevivido como un milagro o como un imperativo de la curiosidad. La masa rojiza del hotel «Winter Palace» es, en este sentido, ejemplo excepcional, pintoresco, síntesis y archivo de nostalgias. Evoca un tiempo muy alejado de las construcciones de hoy, que le ahogan. Surgiría entonces completamente aislado, teniendo solo como pareja las columnas rotundas del templo de Opet. Y en una deliciosa anomalía en el paisaje y el espíritu tebano, sus escaleras de planta redonda, divididas en dos desviaciones, recuerdo adulterado de cualquier palacete barroco. Debajo de sus amplias terrazas, destinadas a la contemplación de los crepúsculos sobre el Nilo, se encierran los comercios de artículos típicos, con la pretensión (falsa, desde luego) de alguna antigüedad valiosa. Culmina en la actualidad el negocio, más rentable, de la baratija turística; pero en los rincones más polvorientos todavía es posible desenterrar postales antiguas, libros del período de entreguerras, guías que han sido superadas por las nuevas ediciones, y algún que otro desperdicio olvidado en el hotel, hace cincuenta años, por algún viajero ya difunto.

En los últimos años, la estética sabrosona del «Winter Palace» ha sido violada por la masa impersonal del nuevo hotel, adición pegada a sus paredes vulnerables. Por su dedicación a los nuevos viajeros de la prisa, es un coloso que carece de sabor: ningún desliz del Tiempo le dio estilo. El enfrentamiento de ambos hoteles, reflejo de formas de viajar opuestas, semeja un diorama finisecular al que hubiesen impuesto uno de esos decorados de plástico y formica que suelen encender los sueños de los lectores de revistas del corazón.

Es necesario obviar el edificio moderno, consagrado a los domingueros del viaje. El antiguo «Winter Palace» continúa proclamando sus encantos, emite el eco de un lejano prestigio adquirido cuando este concepto todavía pudo tener algún valor, cuando era galardón en vez de inconveniente. Todavía importaba entonces el detalle exquisito en la decoración, el cartel de una excelente cocina. Un anciano *maître* de la época prestigiosa se lamentaba, en Assuán, de la degradación absoluta en que habían incurrido los servicios a fin de atender al mayor número de viajeros posible. No hubo marabunta que devorase con mayor rapidez los estilos más acreditados. Y el *maître,* caballero vestido de lino blanco, trémulo sombrero de paja y bastón con empuñadura de marfil, realiza con las manos huesudas un gesto de odalisca y explica menús de antaño colocados en oposición a la comida única y siempre igual que se ofrece a los grupos: la armoniosa mediocridad del pollo frío, el pescado congelado, el bistec a la milanesa y la piña edulcorada. Lo que se ha dado en llamar «cocina internacional», a falta de otro término más ambiguo.

El *maître* nació inglés pero se afrancesó a fuerza de finuras. Los espíritus selectos de Egipto todavía suponen que en el idioma francés mandan y ordenan las madamas de Proust, y hacen oídos sordos a la vulgaridad atronadora de los grupos que llenan los viajes del mundo, convirtiendo el gusto y la educación en un artículo de «Prisunic». Es de caridad no desilusionar a los soñadores. Para ellos siempre habrá un París hecho de sutilezas, elegancia y cultura. Que les dure la ensoñación.

A pesar de los grupos, que lo insultan de continuo, el «Winter Palace» se empeña en seguir recordando su antiguo prestigio. Es un despliegue de encantos finiseculares, aroma de balneario, toque de distinción que quedó encerrada entre las hortensias de un umbráculo perdido. Conserva el «Winter Palace» lecciones de buen viajar que se perdieron en la acumulación presente. Se nota en la civilizada exuberancia de su jardín tropical, cuidado con mimo insólito, en sus verandas dedicadas a la comprensión de los macizos floridos, y sobre todo en los grandes salones hoy vacíos porque el turista ya no tiene tiempo de sentarse a meditar sobre las experiencias del día. El arcaico mobiliario, de maderas nobilísimas, queda como un museo del eclecticismo. Sus butacones evocan largas horas de asueto, flojera en el lento deslizarse del tiempo interminable, morbosidad de la holganza que se saborea y apura pasada la fatiga de una excursión al templo o a las tumbas inmortales de la otra orilla. Como sus colegas finiseculares en otros puntos del Nilo, el «Winter Palace» está concebido para estancias largas, privilegio del gusto ensimismado, fantasma ya en esos viajes que proponen recorrer la grandeza de Tebas en una sola jornada, y horas sobran todavía. Es la cultura en estado de putrefacción.

El viento del desierto no se limita a devolver sobre Luxor nostalgias de su pasado faraónico. Restituye los espectros de una olvidada selectividad del espíritu. Debió de ofrecerla en la época de los grandes viajeros «residentes» (por darles un nombre y un estilo). La reputación del lugar fue doble: como centro arqueológico, por supuesto y pretexto, pero también como estación invernal potenciada por la placidez del clima. ¡Paraíso idóneo para la recuperación de alguna dolencia pulmonar! El Príncipe de Gales inició la moda en 1872, cuando eligió Egipto para una larga convalecencia. Eran los últimos coletazos de la fiebre romántica, que a lo largo del siglo había agotado y superado todos los rincones pintorescos de la vieja Europa, pero todavía podía estremecerse ante la delicuescencia de lo desconocido. Y Egipto, y más aún el Alto Nilo, podían sonar como el más plausible de los edenes naturales. Salvaje y domesticado a la vez.

Dos damas inglesas, pluma en ristre, colaboraron en crear la aureola de un Luxor bien adaptado para residentes de alcurnia. Por un lado, la escritora Amelia Edwards, que empezó como turista y terminó en arqueóloga acreditada. Por otro lado está Lady Lucy Duff Gordon, cuyo destino se presenta con credenciales todavía más románticas a causa, precisamente, de una tuberculosis fatal. La damisela instaló su domicilio entre las ruinas del mismísimo templo de Amón, en una casa edificada por Henry Salta. La escritora Sarah Searight (7) informa acerca de la delicada literatura que resultó de los siete años que Lady Lucy permaneciese en Luxor: «Las cartas a su familia alcanzaron una tre-

(7) Sarah Searight: *The British in the Middle East.* Les livres de France. El Cairo.

menda moda cuando fueron publicadas en 1865, y en numerosas ediciones posteriores... El retrato de Egipto que presentan esas cartas no es particularmente original, pero posee un atractivo todavía mayor al ser el epistolario de una mujer joven que va agonizando en un tierra extraña y excitante, que muy pocos entre sus lectores han podido visitar...»

Gracias a la enfermita con ansias epistolarias se cierne sobre las agrestes ruinas de la gran Tebas un tacto de muselina, un primoroso revuelo de pañuelitos de brocado perfumados con unas gotas de lavanda para suavizar la ardorosa frente de doncellas evanescentes. Todo ello mezclado con efluvios de aguas medicinales, tisanas de hierbabuena y tazones de manzanilla con una hojita de menta.

¡Ah, esas enfermedades que solo podían curarse junto al Nilo! Dicen que incluso la omnipotente empresa Cook llegó a disponer de un hotel muy exclusivista, reservado a los inválidos que llegaban atraídos por las descripciones que Lady Duff Gordon hiciese del sol invernal. Sería agua bendita para cualquier tísico que, hasta aquel día, agonizaba entre las nieblas oxidadas de Londres. Pero conviene no resaltar en exclusiva el aspecto más práctico de la cuestión, como si para aquellas mentalidades posrománticas solo hubiese sido Luxor un balneario decorado por jeroglíficos insólitos que, por añadidura, nadie sabía leer. Todo lo contrario. Resurgía en los salones de la metrópoli aquella fiebre de la Orientalia que ya tuvo una primera y potente avanzadilla a finales del siglo XVIII: la de las novelas arabizantes de William Beckford, el *Hajji Baba* de James Morier, las traducciones de poesía persa de William Jones o, ya en el XIX, los poemas de entusiasmo por el Egipto faraónico que soltaron Shelley, Keats y Leigh Hunt.

Correspondería a otro estilo de libro, a otro tipo de remembranzas, esgrimir la larga historia de influencias que determinarían la fascinación que Egipto despertó en el público victoriano. Toda una escenografía prestigiosa y pintoresca predisponía al impacto, influidos por los intereses políticos que Inglaterra tenía en el país..., ¡y eran muchos y poderosos! Estos fueron directamente a una explotación comercial y a todas las trampas de un colonialismo unas veces civilizado y otras decididamente bárbaro. La iconografía, por el contrario, potenciaba un Egipto romántico para cultivo de espíritus inquietos: les empujó al vuelo. Todavía nos conmueven las litografías de David T. Robert, en la trastienda de *L'Orientaliste*, y acaso más por lo que proponen que por lo que ofrecen. ¡Mundos desaparecidos, transfigurados por el color de una mirada amorosa y, seguramente, nostálgica! Me emociona imaginar la paciencia casi heroica de Wilkinson, copiando miles de inscripciones, reproduciendo con impresionante precisión cientos de escenas funerarias en el interior de tumbas inhóspitas, trabajando como los antiguos a la luz escasa de una antorcha o acaso prolongando la luz solar hacia el más profundo interior de las cavernas tal como se sigue haciendo en algunas tumbas del Valle de los Nobles que carecen de iluminación eléctrica: con la ayuda de una plancha de acero que transmite la luz del exterior.

Y como última referencia, pero entre los primeros en el homenaje, esas fotografías de Francis Frith, incipientes obras maestras de un nuevo arte, testimonio que todavía nos estremece al mostrar el estado de los grandes monumentos en 1859. Cinco años antes de que Lady Duff Gordon instalase su hogar entre la ruina.

Gigantes descuidados, titanes masacrados, pedazos de granito divino amontonados por un suelo de escombros, gigantescos capiteles emergiendo como capullos pétreos entre la arena que cubrió todo el fuste de las columnas; testas de los enormes reyes aprisionadas por la misma mortaja de detritus que, durante siglos, amortajó la Esfinge de Gizeh y las de Luxor; enteras habitaciones sepultadas, pilonos convertidos en palomares, arquitrabes que sirven de lecho a los campesinos, pórticos que se convierten en tiendas de campaña, capillas que pasan a ser chozas para solaz del ganado...

Esas visiones de un Luxor que ofrecía al extranjero la visión salvaje de su abandono, la renovación de su muerte, asaltan la imaginación del viajero sensible, del devoto, pero jamás del turista. En algún lugar de este libro he dicho ya que en la década de los setenta del pasado siglo, el señor Cook y su muy aventajado hijo John habían realizado extraordinarios progresos en la explotación turística del Alto Nilo; y el invento de las excursiones rápidas, de las síntesis deformadoras, se ennoblece con un historial, una tradición, que jamás habríamos sospechado, convencidos de que la mediocridad se inventó en nuestro siglo. Pues bien: hace cien años ya tuvo Egipto sus violadores inconfesos. Aunque el largo período de reposo de Lady Duff Gordon, el extenso crucero fluvial del alemán Gozembach y el apasionamiento de Amelia Edwards demuestran que algunos amantes del Nilo comprendieron que este tipo de amor rechaza la precipitación y es enemigo jurado de la banalidad.

Así el viejo «Winter Palace», entrañable anacronismo de una Europa que fue a agonizar sobre la agonía de Tebas. Es choque, pues, de ruinas distintas. Y ruinas más cercanas a nuestra propia agonía son esos muebles, esas marqueterías, ese bar apenas iluminado por los oscilantes vaivenes de cristales multicolores en un lucernario lleno de polvo. Y entre dos ventanales que imitan con desesperación las ojivas de un palacio fatimita soñado en la leyenda, agoniza el piano que pudo amenizar las largas noches de los residentes o el paseo entre las buganvillas del jardín. Sugiere el eco de alguna mazurca olvidada, el trémolo de cualquier voz ligera que improvisaría una canción de urgencia para entretener a los contertulios en la lejanía y el espacio. Y llega la suave fricción de las fucsias contra los jarrones de piedra de la veranda, el runruneo de abanicos frivolones que se van perdiendo en la lejanía, que traspasan el Nilo a la grupa de una brisa irrepetible y alcanzan aquellas rosadas soledades de las montañas donde reposan los muertos de Tebas...

¡Genio único del Egipto, capaz de confundir en una sola melodía su propia eternidad y el momento fugaz de Occidente!

TEBAS DE AMÓN

Al hallarme ante la desolación de Menfis, insinué que su muerte total constituye para mí un regreso ingrato, pero que solicito a la vida un continuo regreso a Tebas. Y aunque hubiese ahorrado esta declaración de amor tan anticipada, el lector que llega con premura a este *mezzo camin* del libro ya es dueño de presuponer cuál era la meta de mi primera llegada a Luxor. A lo largo de tantas páginas, habrá entendido cuáles fueron mis delirios, cuál su cuantía. Si el nombre árabe de Luxor no miente, puede suponerse en licitud que busqué afanosamente los palacios aludidos. Formas gigantescas como la celebridad que sus ruinas merecieron y proclamaron por el mundo, y por los mundos, hasta colarse en mis lecturas de adolescente triste. Y para mi imaginación de aquel enero del 68, todo en el Luxor limpio de intrusos rezumaba a Tebas, olía a cuanto Tebas esplendió junto a esta orilla. A cuanto agonizó junto a sus aguas.

Las mismas lecturas de mis primeros caminos me hicieron aprender que nada quedó en Luxor de la Tebas de los vivos (por cierto, un tópico muy utilizado). Que solo sobrevivieron las grandes construcciones de piedra, imperio de los dioses o ágora de los muertos. Y si en vano busqué los palacios de las zonas más prósperas o los callejones ovillados de los barrios populares, más en vano quise encontrar vida cotidiana en jeroglíficos y relieves que constituyeron, durante siglos, el más formidable archivo de una historia oficial, requerida y ensalzada por las fuerzas del poder. Pero el tópico es cierto: se consumieron las viviendas de ladrillo, por suntuosas que hubiesen sido. La piedra quedó para crónica de los divinos.

Lo que recibí como incitación de mi asombro, como pago a mi devoción de otras épocas, fueron pues castillos. Y ni siquiera fortalezas de batalla, como las que aparecen en los relieves triunfalistas de los faraones guerreros, novedad por cierto apoteósica en una civilización que nunca fue demasiado belicosa. Encontré fortalezas de la propaganda de entonces, con sus ilusorias almenas del espíritu emergiendo sobre el tiempo de la destrucción; es decir, muchos tiempos, en ella, y brutales todos. Y la sola supervivencia de esas ruinas me asombró tanto como la evidencia de lo que habían sido. Tan colosal fue su empeño de seguir viviendo, dotadas de la inmensidad que, en vida, habían proclamado.

La lógica de mi recuperación de Tebas no estaba ya en una topografía que la acumulación de los siglos había procurado aplastar, triunfando en el empeño. Sólo la imaginación de un novelista podía sacar vida del inexistente plano de la macrovilla por excelencia. Tebas no tuvo la suerte de Pompeya: los dioses no hicieron que una catástrofe la convirtiese en tabú para viviendas futuras; no, Tebas murió para que sobre su cadáver multiforme surgiese Luxor. En lugar de una capa de lava protectora, agonizó bajo nuevas cabañas de adobe, tienduchas árabes..., y hoteles ahora mismo, al final de su viaje en el tiempo. Solo existen salidas posibles si se cabalga en los desafueros de la imaginación. Por ella, los palacios que los frescos funerarios presentan en perspectiva abatida se levantan de repente, toman volumen y como un teatro que representase la interminable farsa del ayer, se van poblando de objetos y elementos que las colecciones de los grandes museos nos han hecho familiares, aisladas de su contexto. Surge una blanca arquitectura de formas exquisitas, rodeada de frondosos jardines, salpicada por un desconcierto de colores que estallan en la acumulación de las artes menores, donde fue indiscutible la maestría egipcia. Pero no era solo esto el esplendor de Tebas. En una sociedad tan jerarquizada cabe suponer la enorme distancia que existiría entre las residencias de las clases privilegiadas y los barrios más humildes. E incluso en esta subdivisión cabe imaginar que los gremios se agruparían en unas calles determinadas, en plena ebullición por sus actividades. O que en algún arrabal se levantaban los grandes mercados, con la oferta llenando a rebosar callejas sinuosas, como en los zocos actuales. O que en suburbios todavía más pobres, los miserables se amontonarían con el rostro surcado por llagas supurantes, los ojos pasto de las moscas verdes, el *jamsin* arrancando la pestilencia de sus carnes...

¡Qué Tebas esa, serpiente que se me escapa!

El camino de la ignorancia se hace, de repente, una escalera de dolor. La ignorancia es agonía. Y cada constatación de lo poco que sabré de Tebas es una cuchillada. Y un sepulcro para los sentidos.

Solo ante el templo de Luxor, el más pequeño dentro de la magnitud del culto a Amón; solo ante sus pilonos se hace un poco de luz en mi deseo de levantar poco a poco el tumulto de una calle de Tebas. Y esa calle, si existió como las excavaciones me hacen creer, tiene poco de civil, vuelve a ser una inspiración divina. Es la avenida de las esfinges, flanco ilustre del camino sagrado que unió los dos santuarios principales del gran dios, radicados a cada extremo de la gran ciudad.

¡Luxor y Karnak de hoy unidos por las encarnaciones más altas del animal sagrado, el carnero de Amón. La Esfinge, que fue inquietud en Gizeh, se multiplica aquí bajo la forma del carnero y entra en sociedad convertida en elemento urbanístico. ¡Cuántas callejas dispares, cuántos mercados, cuántos pórticos de mansiones principales no debió de atravesar el curso de esta avenida! Los egiptólogos de hoy rescatan las esfinges mientras el polvo de las mansiones de Tebas se amalgamó con el

Cuando las ruinas del templo de Luxor estaban habitadas.

Hornacina en el antiguo templo de Luxor, transformado en iglesia de la época cristiana.

La Gran Sala hipóstila de Karnak.

Vista general de Philé.

Templo de Kom-Ombú.

Templo de Edfú.

Sala hipóstila de Esna.

Fiestas y saraos en la antigua Tebas.

Entrada al Valle de los Reyes, en Tebas.

lodo del río hace miles de años. Y son esas esfinges supervivientes raras, formas a veces íntegras, otras decapitadas, pero siempre orgullosas no por lo que fueron en el pasado, sino porque en el presente me indican todavía los caminos del dios y, muy especialmente, los senderos de Tebas.

Resulta una tentación recomponer el trazado místico, y ya no exclusivamente urbanístico, que servía de eje axial a la gran Tebas. Hay un profundo sentido del ritual en esta calzada; un sentido que no hace sino complementar otros caminos sagrados existentes en Karnak, y que servían para los desplazamientos del dios en sus festividades principales. Caminos sagrados que unían el domicilio de Amón con el gran padre Nilo y, una vez alcanzado la orilla occidental, se prolongaban hasta el templo funerario de Hatshepsut (inútil es decir que la calzada fue construida en tiempos de la reina). Caminos sagrados que llevaban a Amón al templo de su esposa Mut o al del hijo Konsu, ambos en Karnak. Caminos que no eran sino prolongación en el exterior de los largos pasillos procesionales del enorme santuario, donde reinaba el dios en sus períodos de reposo y, según su fama, de ocultación.

Pero esta ocultación se interrumpía en la ceremonia más importante que uniese a Luxor y Karnak. Llegado el día de Año Nuevo, la barca sagrada de Amón poníase en marcha, la ciudad se engalanaba, el mundo renacía. Y haciendo gala de su omnipresencia secular, el mismo Nilo se convertía también en camino sagrado. La barca de Amón lo surcaba en otro barco mayor, con el concurso excepcional del faraón, supremo maestro de ceremonias. Era la renovación del ciclo natural, y al mismo tiempo del matrimonio divino, el contacto que fertilizaría la vida y la muerte de Egipto. Y después la barca de Amón, a hombros de esbeltos sacerdotes, recorrería las calles de Tebas, y cada uno de sus pasos, resonando como un solemne baldón entre la algarabía popular, daba un sentido a los monumentos que encontrase en su camino, ponía en actividad los cargos múltiples, infinitos, de cada servidor del dios en sus tinieblas. En las paradas rituales en distintos tramos del camino sagrado, un quiosco, una rotonda, un simple altar (o no tan simple; nunca, tratándose de Amón) eran elementos que tomaban vida propia, justificándose en el mito por el solo hecho de servir de reposorio a la barca del dios. Y asimismo adquirían los sacerdotes la consagración de su *status* privilegiado, la pública exhibición, el farde tal vez de tonsuras sacrosantas; la cualidad última, intocable, de celadores de la divina estatua, día a día, año tras año, dependiendo tanto de su celo como el mundo dependía de ella. ¿Quién era nútrice de quién, al fin y al cabo?

Luxor y Karnak desaparecen progresivamente para ser, por la invocación de un solo camino místico, el espectro de Tebas que me alcanza. Y aunque la arteria que la atraviesa en mis sueños, la avenida coronada de esfinges, no estuvo siempre allí, como no estuvo el templo de Luxor antes del gran Amenhotep, el supremo engaño del mito se niega a prescindir de la avenida y el santuario; y una Tebas única, inconfundible, queda fija en la imaginación: sin un ayer de incertidumbre ni un mañana hecho de derrotas. Es una Tebas que permanece inamovible en ese instante del Nuevo Imperio, en esa fiesta de la barca, en la inauguración de la sala hipóstila del Opet. Sucede lo que con la Roma de Augusto: al restituirse su maqueta, los reconstructores nos hacen caer en el error —encantado error— de creer que Roma siempre fue así...

¿Era, soy víctima del encanto de esas reconstrucciones ideales que sirvieron por igual a los arqueólogos, los escenógrafos de grandes *machines* operísticas y a los niños soñadores que no quisieron crecer? La imaginación gasta humos de reconstructor ingenuista y esas maquetas ideales pretenden resucitar el esplendor de Egipto siguiendo la idea, acaso involuntaria, de que en las civilizaciones de grande contenido religioso todo respondía a un concepto del colosalismo impracticable ya en la sociedad contemporánea. Y es cierto que en nuestras culturas materialistas no se llevan los excesos. Ni siquiera los de la imaginación..., por no decir que este menos que ninguno.

Pero ante los restos de Tebas es difícil negar a la memoria sus derechos al colosalismo, y a la devoción sus prerrogativas a lo más extremado. Y en mi primera llegada a Luxor, broté de lo más profundo del letargo de mi tiempo y me encaramé voluntariamente por las escaleras de aquella fantasía, no sé si folklórica, no sé si banal. La perseverancia con que había ido alimentando mis sueños me autorizaba a caer en el ridículo. Y al encontrarme frente a los pilonos de Karnak, y en la privilegiada soledad de aquellos días negados al turismo, me sentí aplastado ante la más exacta representación de lo titánico que hasta entonces había conocido. Nada en nuestras ciudades de hoy me pareció comparable en grandeza. Y mi propia pequeñez, acaso incómoda, me remitió a la época en que nacían esos monumentos más grandes que la vida para poner la piedad de los tebanos a la altura de una humillación permanente. En el maremágnum de las dimensiones, en el lío de las medidas, tuve la sensación de que las funciones de la arquitectura religiosa tebana continuaban vigentes. A la postre sobrepasaron la gloria del dios que potenciaban.

Llegué a Karnak en *carrozzella*... ¡Quién iba a decirlo! Pues en la lejanía de mis lecturas adolescentes había imaginado los corceles de la aventura o la barca del delirio surcando espacios abiertos o introduciéndose en grutas recónditas, pero nunca esperé el trote alegre, aunque disciplinado, de caballitos de feria de abril, jamelgos adornados con los abalorios rimbombantes de una romería selecta. Que así van trotando por la *Corniche*, deleite de turistas, y así sortean coches, bicicletas y peatones, sin la menor concesión a la prudencia. Y saltan por el asfalto quebrado por el sol, junto al Nilo, sobre lo que acaso fueron edificios ribereños de la gran Tebas. Resuena en mis oídos, al evocar Luxor, el tintineo de campanillas, cascabeles y amuletos varios con los que el cochero ha convertido el interior de la capota en un pequeño museo de la superstición popular y sus desviaciones en el siglo (junto a los cascabeles hay sonajeros y manos de Fátima, postales de algún turista agradecido, tarjetas de colores rutilantes que hablan de paraísos extranjedos y alternan con mediocres fotografías de ídolos pop, rostros de una forzada modernidad cuya etnia, inconfundiblemente árabe, choca estrepitosamente con el aspecto occidental que pretenden adoptar a toda costa y los colores chillones, empastados, fruto de una cuatricromía subdesarrollada...).

Al otro lado del Nilo, imperando sobre el paisaje, arrojando hacia Luxor sus más distintas transmutaciones, va dictando consignas de eternidad la pirámide inconfundible del Valle de los Reyes.

Al tomar la última curva de la *Corniche* desaparece el Nilo a espaldas del jamelgo, y diríais que sus orejas apuntan hacia el campo abierto. Karnak le roba hoy terreno, tomando una identidad autónoma, pues decretaron los siglos que la unidad de Tebas se fragmentase, haciendo más urbana a Luxor, pero ya completamente rural a Karnak. Después, cuando se regresa a Luxor por el interior, trotando entre los restos más maltratados de la avenida de las esfinges, reaparece una retahíla de edificios de inspiración y construcción europea: hospitales, misiones arqueológicas, escuelas, algún hotel desvencijado, iglesias de distintos cultos y algún que otro chalet antes espléndido pero que hoy es denuncia viva de la incuria.

Todo esto no existe en Karnak. Es paisaje que, de no ser por las ruinas que recuerdan a la cultura superior de los servidores de Amón, tomaríamos por una primera entrega al imperio de la Naturaleza. Pero a lo lejos, como dando una identidad absoluta a las dos localidades, surgen los picos de los Tres Hermanos, avanzadilla de la cordillera arábiga. Y al volvernos hacia el Nilo que quedó atrás, regresa al otro lado la forma de la gran pirámide natural que cobija a los muertos más famosos del mundo (e insisto en ello porque ello insiste continuamente). A la pirámide la llamaron la «Cima». A su cordillera, la Guardiana de Occidente.

La majestad de Karnak parece imponer respeto hasta a los caballos que, sin embargo, habrán nacido a su sombra. Ya el trote se hizo más lento, pues ocupa la visión entera el descubrimiento de la ruina que anula las voluntades. Entre las casitas de adobe, por encima de sus techumbres de paja, se yergue la indómita majestad de Amón. Sus dos inmensos pilones llenan la visión, anulan cualquier interferencia. Son dos montañas artificiales. Son piedras de otro mundo, caídas en el seno de Tebas y, desde sus abismos, rescatadas de nuevo, colocadas en perfecto orden estructural, apuntaladas para que busquen su lugar en lo más alto. La vertical convoca a todos los himnos de la grandeza, rompiendo la hegemonía del horizonte. Y este queda vencido.

Al enfrentarme por primera vez a los pilonos de Karnak sentí lo que sin duda sintieron todos los grandes visionarios del pasado: que la ruina escapaba efectivamente a todas mis previsiones, a todos mis cálculos, y que su sola sombra me sobrepasaba. La visión no se limitó a hablarme de mi pequeñez: me enseñó la de mi oficio. Pues pretender aportar palabras a las frases innúmeras que esas ruinas han provocado, resultará siempre una pretensión irrisoria. El vocabulario se siente derrotado, los adjetivos se avergüenzan de verse agotados tan aprisa. Pierde el ánimo todo impulso al intentar un elogio, al atreverse a una crítica o a cualquier afirmación del gusto. Ante Saquara, el viajero se siente inclinado a la meditación, pero en Karnak solo le invade el asombro. Son grados muy distintos de la sublimidad. Los espacios abiertos del Imperio Antiguo hacían crecer alas en cada palabra y todo escape se producía hacia la vastedad del horizonte: había en ello una espiritualidad clásica, a la medida del hombre. Los grandes templos de Tebas inspiran, por el contrario, una especie de intimidación, una derrota continua ante la amenaza de un poder que se encierra entre cuatro paredes y, en su interior, aplasta.

Así continúan las evidencias que me hacen sentir más indefenso a cada paso. Me convierto en víctima de mi propio andar.

Y, además, la sensación de abundancia es monstruosa. El gran santuario de Amón decreta miles de visitas prolongadas; y, de poder hacerlas, nunca bastarían para abarcar en su totalidad la inmensidad del esplendor de ayer combinado con el gigantismo del desorden de hoy. Si se piensa que el pilono que sirve de ingreso actual es el noveno desde la construcción de Karnak, se comprenderá que todo aquí actúa por sobreposiciones. Y que mil visitas solo servirían para ir desgranando una playa que se prolonga hasta el fondo de los mares.

El pilono actual, de construcción ptolemaica (es decir, el más moderno) ya se levanta como una especie de escondite de todo el recinto interior. Al caminar entre la avenida de esfinges con cabeza de carnero que conducen al ingreso principal, las maravillas solo se anuncian como siluetas recortadas en un gran recipiente cuyo contenido nada sabríamos si no osásemos profanar su sagrada privacidad. Algo que, por otro lado, no estuvo permitido a la gente del común durante siglos.

Sé que gracias a la destrucción gozaré de un privilegio que me hubiesen envidiado miles de tebanos. Y sin necesidad de creer en Amón.

En el interior del santuario, solo debió de congregarse el misterio, y acaso la vida se desarrollase alrededor de sus murallas. En la soledad absoluta de mi primer enero egipcio, cuando a causa de la guerra estaban las ruinas mucho menos vigiladas, los niños jugaban entre las esfinges de la avenida, o contra la base de los pilonos. Corría entre sus piernas brunas una pelota de trapo, cuya pobreza está más allá de toda descripción. Niños gritones eran, como los de cualquier lugar del mundo, pero se distinguían de todos los demás por ser hijos de Karnak. Y esta evidencia arrebató mi ingenuidad de enamorado, incapaz de prever que siguiesen naciendo y muriendo criaturas a la sombra impresionante de la muerte del pasado. Evidencia que, al mismo tiempo, me comunicaba con la vida. Ese comprender que, en su muerte desproporcionada y cruel, no eran las paredes de Karnak fósiles de museo, sino algo palpitante, vivo contra toda previsión, contra todo ingenuismo. Pero la ruina empequeñecía a sus asaltantes del presente del mismo modo que empequeñecería a sus devotos de ayer. Igual que el viajero y sus acompañantes. Todos parecíamos hormigas sometidas a la imperiosidad de la grandeza.

Y empezó Karnak a ser el pulpo cuyos tentáculos anularon la razón de tantos viajeros.

Al traspasar el primer pilono, abierto durante siglos a los niños juguetones, al viento del desierto y a la inundación de Hapi, aparecieron nuevas construcciones, otros ingresos, paredes gigantescas, tremendos figurones. Apareció el poder de Amón a través de cuanto acumuló incluso en la ruina, incluso en el olvido.

Se inició el lento deambular de mi asombro entre los pilonos diferentes (insisto, nueve en total), signo distintivo de cada nueva ampliación del santuario, auspiciada por el renombre fenomenal de cada uno de sus constructores...

¡Qué renombre y qué hazañas! Resuenan como truenos que hubiesen trascendido al fulgor del rayo al que acompañaron:

... templo de Seti II, colosos de Ramsés III, templo de Ramsés II, sala hipóstila decorada por Seti I, segundo pilono de Ramsés I, tercer pilono de Amenhotep III, santuario de Tutmosis III, obeliscos de Hatshepsut...

Como resulta obvio ante tal elenco de nombres, el santuario de Amón es un conglomerado de construcciones que los distintos reyes de las dinastías tebanas levantaron o ampliaron (a veces usurpando la construcción y el nombre de algún rey precedente) en señal de exvoto, agradecimiento o simple constatación de alguna sonada victoria militar, cuando no el inventario de la dotación económica al clero de Amón en agradecimiento por todo lo anterior.

Es decir: al recorrer el santuario de Amón se repasa la historia de los reyes más grandes del Imperio Nuevo (1580-1090 a. de J.). Restos de un santuario anterior, perteneciente al Imperio Medio, quedan empequeñecidos ante la grandeza que iba a llegar después, cuando la megalomanía se convirtió en arquitectura. Quedó aquí registrado el arte oficial en todas sus variantes, magníficas y míseras a la vez; arte de esplendorosa ejecución, aunque lenta víctima de la arterioesclerosis provocada por la intransigencia de un clero que imponía la tradición contra la innovación, la mitificación contra el realismo, la sujeción del artista contra la libertad creadora. Es al otro lado del Nilo, en las tumbas de los nobles de Tebas, donde hay que buscar aquellas obras del arte egipcio directamente entroncadas con la experiencia cotidiana y el placer de llevar la vida más allá de la muerte, en la plenitud, no en la intimidación.

Tal vez esas consideraciones impiden que en el Karnak de Amón me asalte la simpatía con que suelo mirar otros cultos egipcios. Ningún dios se me antoja menos celestial que esta divinidad acaparadora, numen de alcances terrenales desproporcionados, pero de muy escasa espiritualidad allá en lo alto del mito. Si me inspira algún respeto solo tiende a amilanarme; no hay en él acción de hombre, sublime arraigo en el problema eterno de la especie, como en el mito de Osiris; y si se proclama padre y señor de todo lo creado, no hicieron menos otras divinidades en tantos otros rincones del Valle. Solo me impresiona Amón por el prestigio verdaderamente colosal que le fue otorgado, y por la lista de sus posesiones materiales, que constituyen una cúspide del asombro. Que su santuario fue, de hecho, una gran ciudad dentro de Tebas, lo sabíamos. Pero tuvo que llegar el descubrimiento de un papiro del período ramesida para que se calibrase con justeza el alcance de ese Vaticano.

Cuando sonaba el reinado de un Ramsés IV, allá por el año 1160, Amón poseía 65 pueblos, 2.393 kilómetros de tierras cultivables, 433 jardines, 46 canteras, 421.362 reses de ganado, una flota de 82 barcos y un servicio de 81.322 repartidos entre sacerdotes, campesinos, pastores, artistas, médicos, marineros y, en fin, obreros de todo tipo y enjundia. Esta acumulación de poder material constituye un gráfico verdaderamente escandaloso en un país cuya sola fuente de ingresos palpables procedía de la estrecha franja del Valle. Y es acumulación que explica por sí sola la importancia del clero de Amón: que el Sumo Sacerdote de la inmensa tesorería sacralizada solo tuvo pareja con el faraón y en algunos casos le superó, intrigando en la sombra. Bien se demostró cuando al final de la época ramesida, en un Egipto sumido en un estado paupérrimo, el clero amonita tomó el poder y reinó durante años. La ciudad que creció dentro de Tebas, a la sombra de un dios demasiado ambicioso, excedió con creces sus límites sagrados, salió con ímpetu por las Cien Puertas de la leyenda y se desparramó por todo el Egipto.

Y es lícito y tentador imaginar el impacto que, entre esta expresión majestuosa de la divinidad tuvo que producir la herejía de Akenatón. Que tronó y estremeció, esa herejía, mucho antes del traslado a Amarna: aquí mismo, en el templo que en calidad de corregente viose obligado a levantar el faraón, como elogio al padre de los dioses. Y a fe que, a juzgar por las esculturas que de él se conservan en el museo de Luxor, sería su expresión semilla de inquietud. Rasgos anómalos, histéricos, acaso grotescos que escapando a la rigidez del arte oficial, profanándola abiertamente, denotan el nerviosismo que acompaña a la ebullición de cualquier acto revolucionario. Nunca fue tan herético el arte de Amarna como en estos primeros intentos de ruptura. Y si en el hemiciclo desnudo que un día ocupase la Ciudad de Atón, solo alcanzamos a percibir el aspecto místico de la revuelta, aquí, en el corazón de Tebas, en la inmensa cocina donde hirviesen los intereses encontrados de Amón, calibramos lo que tuvo que ser insulto rotundo, razón política, baza económica. Prescindamos de la fe, del arte y la poesía: se disputó aquí, en Karnak, a sangre y fuego, una cuestión de poder.

¡Abrumadora lista de hallazgos la de Karnak, una vez Amón fue solo olvido! Y abrumadora no solo en lo que queda en pie, sino en los copiosos almacenes del derrumbe. Pocos muros conservan hoy su integridad y cuando lo hacen forman una suerte de modestos edificios aislados, cuerpos que diríanse reconstruidos con cubos y cilindros recogidos entre el rompecabezas descomunal que fueron a ser las mil estancias del santuario hasta bien entrado nuestro siglo. Pero esas piedras que en el caso de algún pórtico o arquitrabe se sostienen como por milagro, casi haciendo equilibrios sobre hipotéticos talones, esas piedras guardan en su mayoría la crónica de las gloriosas jornadas de Karnak, desde su modesta fundación del Imperio Medio hasta los añadidos de los Ptolomeos. Relieves hay para todos los votos, para alarde de todas las victorias y presunción de las más altas piedades atribuidas (piedades que tuvieron, en el fondo, un algo de intereses financieros). En todo caso, la infinidad de relieves, jeroglíficos y esculturas convierten a los muros de Karnak en el vademecum de la fanfarronería.

¿Cómo ir descifrando ese cortejo interminable de reyes que se hicieron esculpir por acumulación, jugando al quién puede más y más usurpa? Son figuras arquetípicas, mil veces repetidas, que ostentan atributos de majestad con el mismo donaire «casual» que emplea Amón para lucir sus plumas. Ya sea en su atuendo ceremonial, ya luciendo su rutilante casco de batalla (el *antef* contrapuesto, típico de los faraones guerreros) el encuentro entre la majestad y la divinidad se produce en un plano de desafío. Grandeza contra grandeza. Choque de hegemonías.

Continúa el vértigo de Karnak, en sus despojos. Es un inventario que alucina. Todo un imperio, sus peldaños hacia la cumbre por la conquista, sus rellanos en la prosperidad de alguna paz, se convierte en pozo de la abundancia y en laberinto. Con qué impresionante lentitud transcurre el tiempo entre este catálogo de los milenios. Aun antes de ingresar en la maravilla inigualable que es la gran sala hipóstila, descrita a menudo como pétrea floresta de columnas, aun antes de que la atención encuentre puntos culminantes en que concentrarse, emerge por doquier el impacto de la verticalidad. Columnas de santuarios menores se alternan formando recintos autónomos, conjugan sus formas esbeltas con otras más achaparradas. Luego surge alguna donación más espectacular, estatuas tremendas, pilares esbeltos, obeliscos afilados como un dedo de virgen guerrera. Son como caprichosas incorporaciones a esas ruinas que ya de por sí parecen nacidas de un capricho o de ciento.

Así, al traspasar el primer pilono, que es el último en el tiempo, brota en soledad majestuosa la esbelta columna de Taharqua. Es un soberbio ejemplar de 21 metros de altura, rematada a guisa de *capello* espectacular por un loto abierto. Esta columna es la única que queda en pie —¡y vaya pie!— del descomunal quiosco de aquel faraón etíope que, en pleno descrédito de Tebas, pretendió renovar su grandeza reinstaurando el prestigio de Amón, en un intento de entroncar con el prestigio del faraonismo clásico. De las magnas proporciones de esta edificación, que servía de reposorio a las barcas sagradas, nos dan idea las medidas y proporciones que pregonan las guías: dos hileras de cinco columnas como la que hoy ostenta el privilegio de considerarse única. Desafío fenomenal debió de ser ese quiosco levantado ante el ya enorme pilono de Ramsés el Grande, pilono segundo en la forma actual de Karnak. Y ahí aparece Ramsés, en su coloso más célebre, con Nefertari adosada a las piernas de granito. Y estalla el sol sobre los capullos cerrados de las columnas del santuario de otro Ramsés, se desliza entre las estatuas que también le reproducen, va a morir sobre los carneros petrificados de un resto de la avenida de esfinges...

Agonizó el aliento de mi interior. Y ni siquiera había progresado en el itinerario de las maravillas.

Al trasponer el pilono de Ramsés, la imaginación recibe un nuevo golpe que ya no puede devolver, que se ve obligada a resistir, indefensa. La sensibilidad es sustituida por una coraza distinta, ideada acaso para poner a prueba nuestras capacidades de asombro. Es que ingresamos en la gran sala hipóstila, punto álgido de la expectación que la arquitectura egipcia puede llegar a despertar en el peregrino desde mucho antes que decidiese su periplo. Y el que vio la sala reproducida en libros, calendarios o fascículos descubre ahora que cualquier intento de reproducirla es una pura gratuidad, un acto dirigido hacia la nada. Aun careciendo del techo como elemento imprescindible para que se realice el ritual entre luces y penumbras típico de todo santuario egipcio, aun cuando sobre los gigantescos capiteles solo quedan oscilantes los arquitrabes, a guisa de esqueleto profanado o vísceras destinadas a escindir, en su despliegue, la uniformidad del cielo que hoy les sirve de corona, esta sala parece el máximo reclamo egipcio en la demostración palpable de que, a veces, la arquitectura se ve obligada a superar las dimensiones, la ubicuidad de la Naturaleza. Con su eterna referencia a los dones vegetales del Nilo convertidos en símbolos de granito, las columnas de Karnak han elevado la Naturaleza a unas dimensiones que solo pudieron habitar seres celestes. Y ni siquiera ellos las controlarían.

Las medidas oficiales no escapan a la continua esclavitud ante lo superlativo. Es un espacio de 102 metros de largo por 53 de profundidad, que alberga ciento treinta y cuatro columnas de tamaños distintos según sean las del pasillo central o las del crucero. En todo caso, a ninguna podría acusársele de raquitismo. Y en los ejemplos más clamorosos, los capiteles tienen 15 metros de circunferencia y dicen los expertos en número y medidas que podrían permanecer sobre cada uno de ellos cincuenta personas. El esplendor ya entra aquí en el terreno del gigantismo. Alturas de 23 metros, reducidas en un tercio para las columnas laterales, evocan plenamente el más certero despegue hacia las alturas de la divinidad. Absoluta, en este caso.

Pero la maravilla de la gran sala no consiste solo en su enormidad, en el gigantismo que la adjetivó para siempre: brota del equilibrio supremo de unas masas que, por sus mismas proporciones, corrían el riesgo de convertirse en un emplasto grotesco. Tanta elegancia hay en la distribución de los volúmenes, que ni siquiera se intuye un resquemor de aquel riesgo. En esta sala alcanza su más alto exponente el concepto tebano de lo grandioso en la tierra como respuesta a los poderes del cielo. Es perfectamente renacentista en su distribución racional del espacio, y barroca en llevar a su culminación todos los juegos posibles de las luces y las formas. Se hace extraño recordar que fue construida bajo soberanos distintos (Amenhotep III, Horemheb, Ramsés I, Seti II y Ramsés IV). Extraño y probablemente milagroso, pues la sensación de unidad es absoluta, e incluso la diversidad de los capiteles según cada hilera de columnas evocan el momento más excelso de la inspiración de un único arquitecto. Brotan esos capiteles como flores indomables en la tiranía del tiempo: papiros completamente cerrados-abiertos en una expansión alegre y exaltada; papiros cerrados como en un gesto de severidad y recato. Subsisten restos de la policromía original, cúmulo suntuosos de colores planeados para flotar como un ensueño en medio de la penumbra proverbial, rompiendo una escasa pero mágica filtración de la luz exterior que llegaría desde lo más alto, debidamente calculado, proyectada con el rigor de un estilete animado.

En ningún lugar como en el bosque pétreo de Karnak se sume el peregrino en la saturación misma de la espiritualidad egipcia, trasladado al plano obsesivo, orgulloso, de una constante superación de la Naturaleza. Muchos siglos transcurrieron desde las delicadas, tenues columnitas lotiformes de Saquara hasta esa manifestación de una flora hecha para regocijo de titanes. Allí, en la inmensidad que llama al horizonte, los impulsos míticos de Imhotep nos dieron la emoción del primer descubrimiento, el atisbo de una madurez, la floración de una sabiduría que se descubría a sí misma, todavía con asombro. En Karnak, la perfección es acaso más resabida, tiene gusto de empacho, todo estalla más allá de sus propios límites, la Naturaleza se rinde y el arte, cualquiera que fuese el concepto que de ello tuviesen los egipcios, se hace aullido contra la mediocridad del mundo. Sin comparación ni competidor posible en el inmenso tiempo del Nilo.

Cierto: nada preparó al viajero para enfrentarse a esta magnitud, y toda imitación solo sirvió para evidenciar las limitaciones del arte que la efectuaba. Al enfrentarse a Karnak, carece de ubicuidad la fotografía, se queda sin dimensiones la pintura, ya no tiene palabras la literatura. Y por otro lado los eficaces números de las guías carecen de espíritu: solo convocan a la razón. Entonces es necesario invadir de nuevo el reino de Imaginaria, declararnos sus esclavos en Egipto, desgarrar uno a uno los velos que intentaron ocultar el acceso a sus fronteras. Finalmente, las leyes de Imaginaria se imponen, sus enviados rompen el silencio, van reconstruyendo la misteriosa penumbra de la sala hipóstila, los sonidos de la oscuridad bajo el silencio del techo que reconstruimos, el susurro de un pájaro diminuto que se filtró entre las ventanas claustra de lo alto, el rumor metálico de un incensario, el arrastre melodioso de unas sandalias sobre el pavimento rosado. La fantasía reconstruye el misterio mágico que rodeaba a Amón, su reserva, la imposible comunicación con un pueblo que solo tuvo acceso a las primeras salas de su enigma. La pompa de ayer vuelve a convertirse en misterio de muchos presentes acumulados y convertidos al cabo de un instante en otro de los rostros del pasado. El sol, que ya es pálido ante la muerte inminente del día, resbala entre las masas gigantescas y otorga a la muerte un signo definitivo, de belleza que será perenne. Entre los jeroglíficos todavía coloreados de uno de los arquitrabes, la firma de Champollion recuerda aquel pasado reciente, y todavía salvaje, en que los fustes de las columnas estaban cubiertos por la arena. En la trampa del tiempo, Champollion todavía conoció el instante justo de depositar en la piedra muerta una soberbia impronta del progreso humano. Él, que fue vencedor de todos los sepultureros.

Una parte de Karnak diríase depósito de desperdicios y se indica, sin embargo, que es un museo (singular por cierto, ya que se requiere un permiso especial para visitarlo). En este descampado, se ofrecen miles de fragmentos dispersos, bloques encontrados entre los escombros, también titánicos, por ser derrumbe de la grandeza. Es como una metáfora del desorden de Karnak, reunido en un cementerio de las piedras. Desorden dentro del orden sobrehumano impuesto por las reconstrucciones de los arqueólogos, quienes tuvieron que buscar una lógica en el laberinto de destrucciones que eran esas ruinas hace apenas un siglo. Todavía llegaron a tiempo de registrarlo las cámaras de Frith: las piedras abatidas llegaban a formar colinas entre los restos de los pilonos, las columnas se desparramaron por el suelo, su fuste formando un luengo, pintoresco acordeón; las pilas de detritus se levantaron hasta alcanzar los capiteles de la sala hipóstila y se quebró el obelisco de Tutmosis I, quedando tendido para siempre como un descomunal lapicero cuya punta ya no apuntaba al sol, sino al infierno.

En esta apoteosis del desastre, la ruina se confundió con la basura, la Historia alternó con sus verdugos. ¡Campo enorme de la piedra masacrada! Al pensar en la reconstrucción de Karnak no invocamos en vano la imagen de un desorden domesticado: fue creación pura el esfuerzo de arrancar de los escombros todos los vestigios de una gloria pasada, incluso los mínimos (si alguno hubo que llegase a serlo). Karnak fue así reinventado con un rigor y un respeto que ya quisieran otras ruinas (las de Cnosos, por ejemplo). Y tuvo aquí su gloria la egiptología francesa en una lista abrumadora encabezada por el gran Mariette, a quien conviene reverenciar cuando paseamos hoy entre las soberbias ruinas, apuntaladas, redimidas, a salvo ya. Y si en el auge de la muerte que empieza a dominar el mundo, tanto nos emociona el esfuerzo de los salvadores como el del creador original, tres generaciones de devotos arqueólogos imponen, además, nuestro homenaje: suenan así los nombres de Sir Gaston Maspero, de Grebaut, Daressy, Legrain y Chevrier. Y entre los egipcios que han consagrado su vida a la salvación de Karnak, las melodías secretas del santuario remiten a una generación de arqueólogos que han revitalizado el recinto desde su trabajo en el Servicio de Antigüedades junto a Zaccariah Goneim.

No ha de encontrar el lector afán de pedantería en esta relación de eruditos enamorados de Karnak. Si también yo amaba, si nunca amé tanto, es porque mis pasos entre la ruina, la mirada alucinada hacia lo más alto de las columnas, se producía en paz y seguridad gracias al esfuerzo de aquellos hombres. Y si los antiguos dejaron cartelas, papiros y sarcófagos como garantía de una vida eterna, los científicos, en su amor, también dejaron la impronta de la reconstrucción como garantía de que el recuerdo de los antiguos no moriría. Sobre el desorden del tiempo, impusieron el orden sobrehumano gracias al cual Karnak revive en nosotros.

Pero es desorden que a fin de cuentas estaría ya como condición ancestral en la lenta gestación de Karnak, pues ya apunté que no existió un plan preconcebido en las edificaciones del gran santuario. Se deslizó con lentitud y mezcolanza al paso de las generaciones. Y al recobrarlo en Karnak, los datos históricos y las descripciones topográficas se mezclan a su vez; se acumulan, rechazan o interfieren organizando una especie de cafarnaum inclasificable. Tantos templos, tantas capillas, tantas salas subalternas, tantos almacenes reducidos todos a su espectro van formando auténticos laberintos, especialmente en la zona más recóndita, el santo de los santos, refugio oscuro de Amón. Y ya es irónico que la suprema madriguera aparezca abierta al sol y dispuesta a la curiosidad de los profanos. El muy emplomado señor del escondite queda así como el cadáver de una bestia sagrada cuyas entrañas hubiesen quedado al descubierto para su total humillación.

Esta agonía de la divinidad regala con una soledad de privilegio, pues el azote de los grupos turísticos tiende a esquivarla. Son para ellos salas poco habituales, que constituirían una desilusión después del gigantismo de la sala hipóstila. De noche, cuando los estertores del «Luz y Sonido» ahuyentan a las posibles cobras de Karnak, el laberinto queda completamente a oscuras, y solo se concede al turista el provecho de los rincones más espectaculares antes de conducirle en rebaño, y según indicaciones de la voz cantante, hasta el anfiteatro situado junto al Lago Sagrado. Es una platea de privilegio, y gracias al imperio de las nuevas luces, tintillea sobre las aguas negras la majestad de Tebas convertida en diorama.

En cuanto a la majestad de Amón..., ¡todos calvos!

Vuelvo a considerar que nunca he entendido su preponderancia, apenas su existencia. Se encargaba de atribuciones que ya existían desde antiguo y que estaban por cierto muy acreditadas. Los triunfos de Tebas le hicieron dios supremo, pero sin que presenten sus atributos nada apasionante. Tal vez por la falta de unas características que le singularizasen, arrebató las de otros dioses, especialmente las del gran creador Ra para convertirse en Amón-Ra, señor y artífice de todo lo creado. Y tomando el aspecto momificado de Osiris, pretendió extender su dominio hasta los vastos terrenos de la muerte. También tomó el nombre de Amón-Min, revistiéndose con galas de fecundidad en el templo de Luxor. Y fue en esto muy propio, pues ya vimos cómo culminaba entre aquellos muros la noche nupcial con su esposa Mut. Con ella y el dios lunar Konsú formó la Sagrada Familia de Tebas. Y es que incluso un dios tan dado al secreto como Amón, tenía que cumplir aquella ley de consagración de lazos familiares a que se refirió muy certeramente Pierre Montet.

Qué impacto no tendría en Egipto el culto a ese dios, que su nombre no se limitó a ser sufijo en los nombres reales más famosos del Nuevo Imperio, sino que incluso en la hagiografía cristiana aparecen y reaparecen varios santos varones, de nombre Amón, siendo el más famoso aquel que fue amigo personal de Antonio de Kosma y buscó refugio espiritual en la Nitria, después de haber malgastado dieciocho años viviendo con su esposa en virginidad absoluta. Personaje singular ese Amón del Cristo. Además de su matrimonio blanco, tuvo a gala principal abominar abiertamente de las prácticas higiénicas más elementales.

Poco tendría que ver ese fanático con la entonces pretérita, agotada divinidad de Tebas. Al contrario. Como sus compañeros de religión, podía observar los gloriosos relieves solo para asociarlos con quién sabe cuántas cohortes de íncubos maléficos. Para no hablar de la cuestión de la higiene. No diremos que se pueda acusar al Amón de Tebas de faltar a ella. Su estatuilla tuvo fama de pulcra gracias al ejército de sacerdotes que se ocupaban de asearla cada amanecer, como, por otra parte, hacían los servidores de cualquier deidad egipcia. Y si los sacerdotes de Amón se parecían a los de Isis, tal como los describe Plutarco de Queronea, serían de una limpieza absoluta, no solo en el abominar de comidas impuras, sino incluso del cabello, cuyo crecimiento salvaje, incontrolado y presto para ser habitáculo de piojos, inspiró tanta complacencia a los eremitas cristianos. No es de mugre, no, la idea que nos ha quedado de las grandes celebraciones egipcias. En Luxor o Karnak, los sacerdotes que transportan la barca sagrada huelen a perfumes varios, y todos sumamente higiénicos. La literatura se complace en añadir un áureo resplandor a esos cráneos rasurados, una blancura impecable a las túnicas que se deshacen en pliegues livianos, cierta elegancia natural en la caída de la piel de leopardo que remata el atuendo del gran jefe del clero. Hideputas serían en sus actos entre bastidores, pero en donaire y limpieza no los igualara un cardenal del Renacimiento. Amén.

Y ya puestos en onda de comparación entre Amones separados en el tiempo y en la distancia infinita que va de una fe a otra, recordemos que el más modesto ejerció activamente como verdugo del renombre del primero. Hubo choque de cruces, hubo sustitución victoriosa de una forma por otra. Llegó primero la de Amón, el *ankh*, llamada comúnmente «cruz de la vida». Y puede ser también aliento renovador, amuleto que pende de la mano de los difuntos ilustres o de los dioses que han de guiarles por los caminos del Más Allá.

Siempre recuerdo la forma característica de la cruz de Amón cuando, en las profundidades del templo de Karnak descubro una gigantesca cruz latina, la del Cristo, pero aplicada a la destrucción. Se trata de un grupo escultórico que representó a la tríada divina de Karnak o, ¿por qué no?, a un faraón acompañado por dos divinidades. Cualquiera de las dos opciones sería sumamente romántica, pero lo es más todavía la forma de su destrucción. Pues para darle la forma de la cruz cristiana, los verdugos mutilaron las dos figuras laterales quedando solo sus pechos en imitación del transversal del leño sacro. La figura central, axis de la cruz, permanece íntegra con todo el esplendor del genio egipcio. El transversal es la miserable supervivencia de dos troncos aislados, reminiscencias monstruosas que algún día tuvieron forma humana.

Este crimen no constituye una atracción turística. No podría serlo, tanto por lo desagradable de su atrocidad como por su radicación en la parte más oscura del recinto, trastero del olvido permanente. Solo el viajero individual, el que concede su tiempo al tiempo de cada ínfima experiencia, accede a esta muestra de sinrazón, de absurdo total.

Es el mismo absurdo que se vende en los comercios de Luxor (que, por cierto, están regentados en su mayor parte por coptos). Me refiero a las cruces de Amón, también llamadas «cruces de la vida». Es una mercadería tipificada, que va de lo elegante a lo hortera. Cruces de Amón en todos los materiales, para todos los usos y bolsillos. Medallas, broches, sortijas, arracadas si quiere el cliente. Así mostrado, en joya o bisutería, el antiguo símbolo de la divinidad terrible pierde todo su significado, rebaja el mito a la más banal de la experiencia cotidiana.

Así terminó Amón. No me da pena, pues ya he dicho que nunca le tuve demasiada simpatía. Pero demuestra que el destino de los dioses es, a la larga, tan estúpido como el de los hombres.

REMEMBRANZAS EN EL TEMPLO DE LUXOR

Brota como maravilla menor del culto a Amón el templo del Opet en Luxor. Aunque menor es un decir. Solo resulta segundón porque tiene que vérselas con los grandes santuarios de Karnak, de tan probados esplendores. Surge ecléctico el Opet, cimero también en su amalgamar prodigios y no solo de la cultura tebana en sus grandes jornadas, sino de lo que fueron depositando los siglos, deformadores y al mismo tiempo pósito de la garantía de eternidad del recinto. Si pudo habitar entre sus piedras la tuberculosis de Lady Gordon Duff, quiere decir que su adaptabilidad está asegurada para siempre. Y sus conglomerados de tiempos son como una provocación continua. Desde la suprema indiscreción de Alejandro, que instaló sus reales en el mismísimo Santo de los Santos (¿acaso se le apareció, a fin de cuentas, Amón en el oasis de Siwa para declararle hijo predilecto y abrirle al mismo tiempo el dominio de Egipto?), pasando por los exquisitos frescos romanos que, hasta hace menos de un siglo, ocupaban la capilla que aquellos dominadores habilitaron para sus usos. Casi completamente perdidos hoy en día, los frescos quedaron registrados gracias a la paciencia, siempre ponderada y nunca en exceso, de Sir John Gardner Wilkinson (hacia 1856).

Tiempo que sigue llamando al tiempo. Más que la majestad de los dos pilonos triunfales parece destacar el obelisco que cantó, no por casualidad, las glorias de Ramsés II. Canta de soledad, sin embargo, pues eran dos, pero quedó sin su compañero, que sufre los excesos de tráfico de la *Place de la Concorde,* en un París cuya misma lejanía parece un chiste arrojado contra la severidad de su emplazamiento original. En mi primer viaje, en mis primeros textos sobre Luxor, lloré por el sacrilegio: «pobre huérfano perdido entre los signos de una civilización que le es extraña, extraviado en medio de un barullo infernal, condenado a que solo podamos observarlo a gran distancia. Contradicción de los trasplantes, ironía que le hace superfluo entre los despojos ostentosos del Segundo Imperio Francés, o simplemente parisino. ¡Cuánto le echa en falta su hermano gemelo aquí, en Luxor, frente al pilono del Opet, irguiéndose majestuoso como un preludio de la doble hilera de esfinges...».

Poseen esos renglones la inmadurez de mi primer viaje, la tierna ingenuidad de mi conversión a Egipto. No sabía entonces que coincidían casi exclusivamente con la nostalgia y la indignación expresadas por Flaubert en sus cuadernos de viaje. Cuando los leí años después, en noches de tormenta casi góticas, en el Ampurdán donde elegí vivir, no pude evitar la sonrisa ante lo que me parecía una coincidencia, y no apetitosa. Un gran maestro del pasado y un aprendiz del presente coincidimos en una idéntica falta de gusto literario. Pero verdad es que la ausencia del obelisco y su absurda ubicación parisina, justificaba y justifica todo exceso.

Y eso que el traslado no se confió a mentes indoctas ni sospechosas de falta de amor a Egipto. Todo lo opuesto. Pues fue Champollion el Joven, egipcio por adopción y sabiduría, quien arrancó de Mohamed Alí la promesa de que uno de los dos obeliscos de Ramsés iría a enriquecer la perspectiva urbana de *la Concorde*, a recibir frío del Sena y nunca más la savia ardiente del Nilo, sustento y vida. Fue trasladado para ir a convertirse en lo que según una mediocre revista francesa de consumo sería, ya para siempre, *«une des vues qui, a travers le monde, figure dans le plus grand nombre d'albums de photos-souvenirs»*.

Los númenes del buen gusto maldigan a los franceses relamidos.

No lo hubiese sospechado Champollion, a quien por cierto amo demasiado para presuponerle el mal gusto de sus compatriotas. Como tampoco podría imaginar que a un siglo de distancia de su magno desciframiento, los amados jeroglíficos se utilizarían en las tiendas del «Hilton» o el «Meridien» para hacer placas donde el turista de ciertos posibles puede ver reproducido su nombre en la antigua lengua del Nilo. Los John Smith, Otto Schulberg o Jean Dupont del mundo han de sentir no se qué intenso frenesí al verse encerrados en cartela faraónica y sus letras convertidas en ánades, plumas, hombres sentados, montañas y río ondulante. ¡No se sabe que ningún yanqui de Ohio se haya quejado por faltas de ortografía!

Volviendo al obelisco huérfano de *la Concorde*, fue sintomático que no llegase a verlo instalado el propio Champollion, quien moría a los cuatro años de su viaje a Egipto, tal vez como pago trágico del hermoso sueño realizado. Se encargó de convertir el proyecto en realidad su hermano Champollion Figeac, personaje admirable en su fidelidad a la obra de Jean Françoise, abnegado en su voluntad de continuarla, entrañable en su decisión de permanecer a la sombra del hermano genial.

Pero continúo mi paseo por el Opet, centro de irradiación del encanto de Luxor. La placidez del clima, la tranquilidad del lugar en mi enero del 68 hacían pensar que la proverbial monumentalidad del recinto había sido de algún modo domesticada. Era el esplendor propicio para un paseo tranquilo al atardecer, cuando los cambios multicolores del cielo sobre el Nilo pacificaban el impacto de las lejanas necrópolis. Entre las gigantescas columnas de la sala procesional, exenta hoy de paredes, aparecía aquella línea carmesí que forma la Guardiana de Occidente, por donde se pusieron todas las barcas de los dioses...

Hay que dejarse conducir por la pereza, en un flujo casi mortuorio, que convierte al suelo sacro de Luxor en una nube, distante del mundo e incluso de los sueños. Al filo del atardecer, tienen las piedras el aspecto de un baño de oro, polvillo deshecho en el halo de las luces acaso diversas que se van deslizando sobre las columnas, en busca de los amplios capiteles que pretenden engrandecer, en la piedra, la delicada imagen del papiro cuando se abre para mirar al cielo. A medida que pasan los minutos, la oscuridad despega del pavimiento torturado y se va encaramando por el fuste de las columnas, como persiguiendo a la luz que escapa en ascensión. Es como la estela que deja tras de sí la barca de Ra, que está alcanzando las montañas de Occidente.

El disco solar se ha convertido en una inmensa naranja divinizada, corre ya a esconderse tras las cimas escarpadas de la Guardiana, siguiendo a la barca del dios que le representa en el mito. Pronto llegará Nut a tender su mando cuajado de estrellas, pero antes de esconderse definitivamente, el Disco todavía envía un último reflejo que envuelve a Luxor en otro manto de magistral dulzura: sus pliegues, al retirarse, serpentean entre los colosos de piedra, ronronean por las profundas capillas del Amón escondido, a las que pronto abandonará también. Le deja allá al fondo, abandonado a su necesidad de ocultarse. Y en última instancia, como resumen de su viaje hacia la noche, la luz sería lengua amorosa que lame, sin picardía, los mil juegos inscritos en la piedra.

Mas, a fin de combatir a las tretas de la noche, echó el siglo mano de sus ingenios nuevos; y la oscuridad que fue durante siglos misterioso emblema de la fascinación de Tebas, se ve profanada por la iluminación artificial. Pero no hay peligro de desencanto. La luz pasó por la botica de algún mágico prodigioso. Columnas, capiteles, pilonos y colosos emergen de entre un halo blanco, difuso y evanescente, que los hace parecer piezas flotantes. La imagen es delicada, preciosa en sugerencias contra la certeza implacable de las sombras. Milagro de Luxor, que convierte en belleza los posibles desmanes del Siglo. Pero mayor todavía es el milagro de Karnak, porque su grandeza ha conseguido superar incluso la prueba del «Luz y Sonido». Y tiene mucho mérito. Y se necesita ser en verdad grandioso.

El peregrino temía lo peor. Mezclado entre la multitud que se aglomeraba ante los dos grandes pilonos, perdidos en la oscuridad total que precede al encendido de las luces, recordaba para sus adentros otro instante de 1968, cuando descubrió la noche de Karnak bajo las prestaciones de la soledad, bajo el único foco indiscreto de la luna llena. Durante años llevó en su corazón el filtro mágico que destilaba la luna sobre Karnak, y en este nuevo instante de las postrimerías de los años setenta, cuando el peregrino ya estaba en disposición de añorar su juventud como Karnak añoraba su grandeza, deseó con todas sus fuerzas que los focos del «Luz y Sonido» no se encendiesen, que los templos quedasen bajo el imperio de Nut, al abrigo de las miradas que nunca podrían comprenderlo. Y, sin embargo...

La técnica del siglo hizo el prodigio de recrear un instante de magia, tan pálido como años antes lo fue el paseo de la luna llena sobre la ruina vacía. Sonó un tremendo clamor, y una voz que diríase arrancada de lo más profundo de la tierra, anunció la solemnidad del encuentro: «Estamos ahora ante el principio del mundo.» O un axioma por el estilo. Rotundo. Perogrullesco. Pero eficaz, porque al fin y al cabo yo sí me encontraba en el origen mismo de todas mis cosas.

Y los pilonos se fueron iluminando —se iluminan todas las noches desde entonces— y emergió de tal modo la grandeza de Karnak que sentí un nudo en la garganta, un vértigo clamoroso porque gritaba, aullaba, cantaba, todo a un tiempo. La multitud desapareció, volví a encontrarme completamente solo, o a lo sumo junto a Majó, que era al mismo tiempo una parte total, una parte hermana de mi soledad. No noté ya ningún empujón, no me preocupé de correr por la plataforma inclinada, entre las esfinges de carneros; desatendí los consejos de mi amigo para encontrar el mejor sitio posible durante todo el paseo entre las ruinas iluminadas (pues el espectáculo es nuestro propio paseo entre y bajo las formas). Si éramos parte de un rebaño inmenso, conducido por senderos señalados paso a paso, no me di cuenta ni me importó. A cada detención frente a un espacio oscuro, emergía entre luces alucinantes una de las piezas que amo. El artificio reivindicaba su belleza de ayer, la arrancaba del conjunto para exhibirla como una hermosa joya colgada de la oreja de un etíope (Romeo dixit). Y al llegar a la sala hipóstila, la técnica llevó su triunfo al terreno del arte y al del espectáculo. Algo que se alzaba en supremacía, más allá de la vida. Una voz retórica, en inglés o francés según los casos, rememoraba las horas de gloria de Karnak, pero ni siquiera su pomposidad podía empequeñecer la pompa de la gran sala. Me sobraba el sonido, por supuesto; pero la luz me elevaba por encima de mí mismo, e incluso creo que por encima de Karnak. Y aunque la multitud se apiñaba en el pasillo central, conmovida a pesar de ser multitud, Majó y yo imitamos a otros soñadores que se perdían entre las columnas laterales, bajo los capiteles sobrehumanos, bañándonos en chorros de luz y sombras.

Después, en los bancos dispuestos sobre el lago sagrado, la luz artificial corroboró sus habilidades, dio cartas de nobleza a sus tretas. Luz a veces roja, blanca o azul, según si los momentos evocados por los textos eran violentos, dramáticos o idílicos. Pero luz que, al fin y al cabo, intentaba resucitar de entre las sombras la historia entera de Tebas. Y convertidos también en joyas aisladas, como antes las columnas, aparecían y reaparecían los obeliscos de Hatshepsut, los capiteles de las salas los portales ptolemaicos, los arquitrabes maltrechos del templo de Mut. Parecía que la ciudad estaba efectivamente a mis pies, que existía tal como la soñé, tal como la literatura —y ni siquiera la *grande literature*— la inculcó en mis venas, gotas de sangre que habían de recorrer todo mi cuerpo hasta hacerme tebano enteramente. Y, como quiere la superstición, acaricié tres veces el escarabajo gigante del Lago Sagrado y di tres vueltas en torno suyo para asegurarme de que siempre volvería a Tebas.

Y un momento supremo me acercó a la eternidad: allá al otro lado del río, en línea recta, la Cima de los Muertos pareció encenderse con luces melancólicas, como anunciando que en aquellos mismos momentos estaba recibiendo al cortejo funerario que desde el templo de Amón navegaba hacia las tumbas de los Reyes.

Pero tal vez lo soñé, porque no creo que la técnica alcance a esos cinco kilómetros que nos separaban de la Montaña de los Muertos. ¿O acaso lo conseguía? Poco importa un simple problema de extensión de cables eléctricos. Había visto Tebas desde mi siglo.

Si incluso en la anomalía del «Luz y Sonido» conserva Karnak su grandeza, ¿qué le queda al escritor si no sentirse indefenso una vez más? Su frustración ante la imposibilidad de abarcar lo que no abarcó nadie, se traduce en la retórica de las impresiones. Alguien aconsejó al espíritu romántico que no se detuviese demasiado tiempo ante realidades demasiado gigantescas: terminan por aplastarle. El espíritu romántico no hizo caso del consejo. De ahí su tendencia al suicidio.

Pero un *pathos* soportado durante las veinticuatro horas del día, puede llegar a convertirse en carga insoportable. Incluso en Egipto conviene de vez en cuando la serenidad. O la dulzura. Y mucho más de ello hay en el paseo por el Opet de Luxor que entre las excesivas presencias de Karnak. Pero no implica que dejemos de sentir en todo momento la presencia de la monumentalidad. Y se desarrolla entre sus columnas una singular batalla de monarcas. Partiendo del mismo estilo, y con idénticas pretensiones de devoción y grandeza, marcan los dos aspectos de la monumentalidad en el Nuevo Imperio. Con el primero de estos monarcas, Amenhotep III, el conjunto central de Luxor se benefició del refinamiento de la XVIII dinastía. Con el segundo, Ramsés el de las bravatas, la delicadeza y la gracia derivaron hacia la hipérbole. Y le dieron permiso para instalarse. En el largo intermedio entre las dinastías, adiciones menos importantes de Tutankamón y Horemheb. Sin ir más lejos.

El ingreso y el primer patio porticado pertenecen a Ramsés, y la exhaustiva repetición de su fisonomía —o la que el arte oficial ordenó idealizar— lo delatan en todo momento. Pero ni obeliscos ni colosos ramesidas quitan la gloria primera de Amenhotep, cuya construcción permanece como uno de los períodos más bellos del período clásico, aunque en rigor no fuese la primera en el tiempo, del mismo modo que hoy no es la primera en el espacio. Hubo antes un templo que mandó edificar Tutmosis III como reposorio de las barcas sagradas en la fiesta del Año Nuevo. Y en el espacio están las construcciones de Ramsés II, quien a medio siglo de distancia consiguió la grandeza definitiva con la adición de un primer patio y los pilonos. Estos, con los correspondientes colosos, formaron una gran puerta triunfal que anexionó el primitivo templo de Tutmosis, diminuto en comparación.

Mucho hablan de Ramsés los pedruscos ilustres del Opet, y mucho le retratan y cantan sus hazañas y poder, aunque a la larga fuesen sus fastos tebanos un compromiso, pues ya sabemos que fue a fundar en el Delta la estratégica capital que le nombraba: Pi Ramsés. En cuanto a Amenhotep III, es monarca tan grande como pudo serlo el otro, pero tal vez sin su extraordinaria capacidad para el autobombo. No es que se negase a él, que no habría sido faraón ni habría sido tebano. Pero lo de Ramsés parece virtud que no se hereda: nació con las leyes del *marketing* bien aprendidas, y la excepcional longevidad de su reinado —unos sesenta y dos años— le dio todas las oportunidades para aplicarlas. O acaso quedaron más restos suyos que todos los ancestros juntos (pues también en esto de las reminiscencias es el tiempo bien bromista), de tal modo que a la luz de todos los paseos por la inmensa muerte de Egipto diríamos que el país y su historia fueron un gigantesco feudo ramesida.

Los relieves del primer pilono de Karnak expresan la síntesis de la bravura de Ramsés, en aquella famosa batalla de Kadesh, la que cantó el poeta Pentaur y adornó los muros de Karnak, el vestíbulo del speos de Abú-Simbel y seguramente muchos sitios más. Luchó Ramsés en Kadesh contra el rey hitita y una confederación de soberanos asiáticos, cuya enumeración es de elogio ahorrar al lector. Ramsés aparece enorme en su carro de guerra, y las escenas frente a él, a su alrededor y a sus pies, se empeñan en reproducir un mundo de mequetrefes: desde los reyes que contemplan la llegada de las tropas egipcias hasta los prisioneros, heridos, combatientes y fugitivos, todos parecen empequeñecidos entre la admiración y el horror que inspira el gran guerrero, a quien los textos dan un tratamiento sobrenatural, potenciado todavía más por la cifra, presunta o cierta, que componen las filas enemigas: noventa mil almas, lo cual, en aquellos albores de la edad del hierro, da un campo de batalla superpoblado. Habrá que esperar hasta Abú-Simbel para comparar las dos versiones de una misma hazaña, y decidir cuanto hubo de verdad y cuanto de falacia.

Continúan las pretensiones de Ramsés en el primer patio, que sufre por cierto una humillación imprevista en aquellos lejanos tiempos: una humilde mezquita, que fue instalada en el siglo XIII de nuestra era y consagrada a la devoción del santón Abu El Haggag. Con las grandes construcciones de Amón medio sepultadas por la arena, no es de extrañar que, en la distancia, los minaretes de Alá presumiesen de exceder en grandiosidad a los mismísimos pilonos. Es solo un engaño de la acumulación de tiempos, complicadísima por demás, si se piensa que, anteriormente hubo en el Opet una iglesia cristiana. Cuesta imaginar lo que habría dicho Ramsés de encontrar así profanados sus retratos. Lo que han ido diciendo los egiptólogos a lo largo de los siglos es fácil de suponer. Pero por más que se ha exigido la demolición o traslado de la mezquita en beneficio de la integridad del monumento faraónico, la empresa se ha visto imposibilitada ante el riesgo de crear un conflicto religioso de grandes repercusiones.

Este primer peristilo, que es un hermoso conjunto de setenta y cuatro columnas de doble hilera y con capiteles de papiros en flor, tiene unos curiosos relieves, donde Ramsés llega al extremo de reproducir con toda exactitud los pilonos que mandase construir a la entrada, obeliscos incluidos. No hablemos ya de su tendencia obsesiva a hacerse retratar. Aparece con toda su majestad sedente y en un trono descomunal. Insiste en un tema favorito e inmutable a lo largo de las generaciones: la unificación de las Dos Tierras. Destaca la imagen doble de Hapi, el genio eterno del río, que ata la caña y el papiro, plantas heráldicas del Alto y el Bajo Egipto, como hemos visto hasta la saciedad. Y las diosas serpientes de las dos tierras protegen la cartela del faraón, en una voluntad, también eterna, de no dejar ningún cabo suelto. Aunque esto mejor fuere decirlo de los dos Hapi, que son quienes al fin y al cabo están realizando la ligazón...

Cubiertos los delirios ramesidas, se accede a la delicadeza que inspirase Amenhotep, un siglo antes de Ramsés. Suya es la prodigiosa sala procesional, de esbeltas columnas rematadas por capiteles de papiros que esta vez se abren. Reencontramos el tema de la recreación de la vida vegetal del Nilo con fines rituales y vuelve a tomar brío impresionante la recuperación del camino sagrado, penumbra y silencio a la vez, imitación de las riberas del Nilo y los caminos místicos del desierto. Y al fondo, el gran patio flanqueado en tres de sus lados por una doble hilera de columnas con capiteles de papiro cerrado. El efecto es, en la actualidad, fulminante, y debió de serlo todavía más cuando el espacio abierto ejercía la función de clamorosa salida a la luz solar después de atravesar la delicada tiniebla del culto. La solemne parsimonia del avance procesional se abría por un instante a la vida, antes de ingresar con ínfulas todavía más solemnes en las capillas interiores, sede absoluta del misterio de ayer; pero hoy laberinto profanado por cuantos invasores quisieron creerse más poderosos que Amón, aunque ni Alejandro, ni Roma, ni Cristo, ni Alá consiguieron superar a los servidores de aquel dios en lo de dar en la tierra de Luxor un equivalente de la belleza de la divinidad y al mismo tiempo del propio poderío. Los invasores se limitaron a incorporar, sustituir, o simplemente a demoler allí donde antes había triunfado la invención. De nadie fue la fama usurpada, ni en lo divino ni en lo sagrado; y sí quedó, en permanencia, el recuerdo de Amenhotep, transfigurado más adelante en Memnón, nombre prestado a los colosos que, en la Orilla de Occidente, emitían silbidos matutinos a causa de sus heridas en la piedra. Volveremos a ello porque es leyenda que, en su hermosura, informa sobre el profundo desconocimiento que el turista grecorromano tuvo y retuvo de la historia anterior de Tebas.

Entre añadidos y usurpaciones, la posteridad también ignoró durante siglos que la belleza de Luxor tuvo un artífice del mismo nombre que el faraón: Amenhotep, hijo de Apu, arquitecto supremo y mimado de los príncipes. De su aspecto en el mundo nos llegó un retrato que parece hecho al minuto (eso sí, un minuto de suprema inspiración). Es una escultura de granito negro, que se encuentra en el museo de la *Corniche*, a pocos metros del templo, como corresponde. Reproduce al personaje en el humor y actitud que eran típicos en los escribas: sentado en cuclillas, con las piernas cruzadas, despliega un papiro sobre su regazo y, aun sin ojos, lo observa con expresión serena, paradigma diríamos de la meditación y la prudencia, imagen exacta de la sabiduría en el respeto siempre cauto de las civilizaciones antiguas por quienes poseían aquel don.

Con el emblema de tantas virtudes, bien pudo ser que, además, escribiese algunas máximas morales, aquellos «Libros de instrucciones» que tanto prestigio conocieron en Egipto. Fue más lejos todavía en lo de crear el milagro de Luxor y otros edificios de alto prestigio, y por todo ello resultó admirado y hasta objeto de culto. Obtuvo de su homónimo el faraón una merced casi única: tener su estatua en el supremo santuario de Karnak, y beneficiarse así de las ofrendas a los dioses.

La visita a Luxor culmina con la posibilidad de revivir los grandes fastos de la visita de Amón, el recibimiento multitudinario a su acto de amor fermentador de todas las tierras. La escena aparece reproducida en las paredes de la sala procesional, en relieves inmensos que, si bien se hallan destruidos en sus tres cuartas partes, todavía muestran lo que debió de ser una impresionante muestra de júbilo popular...

Así aparece reproducida la renovación de la vida en el Nilo: las barcas salen de Karnak. Barcas capillas con la estatua del dios transportadas por los sacerdotes de cráneo rasurado. También hay barcas auténticas que surcan el Nilo. Multitud alborozada bajo los sicómoros. Se hinchan las manos de los remeros, en el río; se encorvan las espaldas de los sacerdotes en el transporte por tierra. Se multiplican las tonsuras en los cargos subalternos de la gran fiesta. Los sacerdotes más importantes del culto acompañan al faraón en sus libaciones. Los sacerdotes matarifes inmolan a los animales elegidos. Sabrosa caterva de frutas y viandas en las mesas de ofrendas. Gigantescos racimos de uva, ánades que agonizan...

Las barcas del río transportan ya las barcas capillas. Presumible alboroto del pueblo alrededor de la avenida de las esfinges. Desfilan los soldados blandiendo sus estandartes. Danzan las bailarinas de pelo rizado, con todo el cuerpo hacia atrás, como si fuese a quebrárseles la cintura. Pausado avance de los músicos. Cortejo delicado entre la algarabía: son de timbales, tintineo del sistro, delicado murmullo de los pífanos...

La voz de Tebas entera resuena en sus muros derruidos.

Pero yo tuve el privilegio de asistir a la resurrección de la gran fiesta, cierta mañana de un julio de 1969. Era mi segundo viaje de amor a Luxor. No conocía la costumbre anual que renueva, sin saberlo, los fastos de las antiguas barcas de Amón. Es la fiesta del santón Abu El Haggag, el mismo que tiene su culto en la mezquita emplastada contra la sala de Ramsés. Las coincidencias de este tipo suelen ser muy gratificadoras. La reminiscencia de las barcas sagradas en el estío de Luxor, asombrosa. Así se desplegó ante mis ojos, así sonó a mis oídos, precisamente delante de la ruina del gran templo cuyas paredes relatan la ceremonia antigua...

Salen las barcas a la calle, transportadas no como antaño por sacerdotes de cráneo rasurado, sino por jóvenes ebrios de alegría (y de algo más que alegría, se supone). Tienen a veces ruedas, las barcas, pero el montaje es tan rudimentario que se tambalean de un lado para otro, conservando acaso el rito, pero no el respeto. Y en lugar de las estatuillas sagradas de la tríada tebana, transportan a una caterva gritona de niños que hacen ondear banderas de la República. Increpan al público a risotadas y, con ellas, reciben sus imprecaciones. Gritería exuberante: melopea descomunal de agudos y bajos, aullidos cantarines y cavernosos, coros disonantes, pachanga de resonancia indescriptible.

Continúan avanzando las barcas, que ya no son severas, sino ilustradas con los colores más vivos, pasquín multitonal que anuncia a los cuatro vientos lo más espectacular de la sensibilidad árabe para el colorido. Agresivo todo. Como cohetes que estallan a la vista.

Cabalgan dromedarios disfrazados con chales morados, verdes, amarillos, y algunos palanquines que a duras penas se sostienen sobre su joroba. Más rumbo todavía en los colores de la lona, hostiles unos con otros. Manchas chillonas. Y coronas de laurel, sombreros de siemprevivas, penachos de magnolias sobre la frente ridícula de los animales.

Fanfarria abundante en el desfile, breve pero significativo, de los jóvenes de la milicia. Truenos que surgen de los enormes tambores de piel de cabra, estentóreo ruido de trompetas pobres, marchas triunfales que van a unirse a un desenfreno juvenil, salvaje, que recuerda, al baile de antiguos gerreros. Baile de bastones frente al Nilo: se atacan los danzarines, esgrimen el bastón a guisa de agresión y defensa, sostienen su pelea sin perder el paso de una percusión que va acrecentando el ritmo, hasta que parece el anuncio del asalto a una fortaleza. Y otro grupo de jóvenes guerreros, empapados de sudor, redondea pasos que recuerdan el delirio de los derviches, círculos continuos que parecen ir a chocar unos contra otros. Sostienen espadones terribles, la punta en lo alto, pero agitados también contra los curiosos y al ritmo de los contendientes. Rito de sangre debió de ser en algún momento muy lejano de la historia de este pueblo.

Prosigue el rito agitado y lento, risotón y gritero, tumultuoso y aislado, choque de mantos al viento, tremolo de galabeyas aspirando al viento bajo sus fisuras, sinfonía de turbantes que se van deshaciendo en la carrera. Prosigue, sobre las cabezas, otro desfile multicolor: gigantescos ramos de acacias, como árboles que tuviesen andares propios, estandartes piadosos en todos los colores, banderas nacionales, en todos los colores, atributos escritos de la Luxor de siempre, en la sublimación de los colores...

Ese torbellino vi y escuche, un día de julio cuyo ardor no comparo a ningún otro. En este torbellino me sumí, arrastrado entre los bastones del baile, retrocediendo ante un encantador de serpientes (cobra maldita, tomada como trofeo en las domas de Luxor), arrullado de repente por la brisa que despedían los ramos de olivo, arrojado finalmente a una pared del templo y, desde ella, confundiendo todas las palabras con las de aquel otro idioma perdido, que debió de sonar con el mismo ímpetu, cuando llegaban las barcas del dios en celo.

Y el Nilo se pobló entonces de falucas: sus velas, empujadas por el viento tórrido, proseguían la suprema ceremonia de la vida en el corazón del mito.

Luxor en el siglo XIX.

USOS DE CIERTO EROTISMO

El paseo por el candor de Luxor se remata cuando el sol, considerablemente debilitado, abandona ya los fustes de las columnas para completar sus desvíos en lo alto. Empieza a ser noche sobre los faraones que viven la noche de contar los años. Las sombras inician su dominio, perfilan los espacios cincelados de la sala procesional, como dando mayor ostentación a los relieves de la ceremonia de la barca: arrancándolo tal vez del muro. El canto del muecín en la mezquita suena como una herejía, dado el lugar donde se pronuncia, el poder milenario que, por su emplazamiento, usurpa. Y en este juego de contrastes, cuando los relieves de ayer escondidos en la penumbra del ritual sagrado rompen la piedra para abalanzarse sobre el mundo, en ese holocausto de colores que es todo crepúsculo sobre el Nilo, un gigantesco Min de los muros de Luxor esgrime su falo a guisa de espadón violento, y su sombra se proyecta sobre el deseo de los hijos de Tebas. El falo de Min rompe con su pía tradición de ayer y se convierte en propaganda de las disponibilidades de los tebanos modernos. Peligra entonces la virginidad probable del viajero por caminos inesperados, que nada tienen que ver ya con la egiptomanía. Pasa a ser anécdota de un ahora bien candente. Es carne para la carne que busca.

Las sombras realzan lo que es maravilla de la libido de algunos peregrinos: Min es la única divinidad egipcia que le acogerá con el pene erecto (si no existen en los sótanos del Museo de El Cairo algunos de esos ejemplares —deleite de erotómanos en especial franceses—, que por sus características demasiado espectaculares estén vedados a la curiosidad de los visitantes, como ocurre en algunos museos de Grecia o Italia).

Min, el itifálico, señor de la fertilidad, justifica lo descomunal de su erección al patrocinar de algún modo el rito de copulación que efectuaban, en el Opet, Amón y su señora. Merced a este acto, y a la siempre asombrosa capacidad de ósmosis de las divinidades egipcias, se convierte Min en una encarnación de Amón en el Opet. La función de su miembro enarbolado en forma de lanza no fue, por supuesto, la pornografía. Solo a una mentalidad occidental podría parecérselo. Pero es inevitable pensar que, incluso en el mito, incluso en el fervor de la Naturaleza renovada, una erección como la del travieso Min es más bien una hazaña. En algún momento, esa deidad singular llegó a aparecerse al mismísimo Alejandro. Si son ciertas las tendencias homosexuales del hermoso dios soldado, la aparición de Min, con su pene en ristre, debió de tener consecuencias sabrosonas. ¿Acaso no se creyó Alejandro un dios? Pues, ¿qué mejor *partner* que otro dios, cuya representación prometía, además, penetraciones tan singulares? Tendré que escribir, cualquier día, algún cuento sobre tan magno choque de potencias.

Mucho menos dados al respeto fálico que el hermoso Alejandro fueron los eremitas de la Tebaida: cuando vieron el pene excepcional de Min, debió de darle soponcios singulares. Martillaron con tal saña que dejaron en la pared un agujero descomunal. No se dieron cuenta de que precisamente el soberbio agujero no hacía sino destacar, todavía más, el pene que pretendían borrar. Así, mientras otros relieves del templo se han ido gastando a través de los siglos, la erección invicta de Min resalta gracias a la cavidad efectuada por manos cristianas, y que es imposible borrar.

Los nativos de Luxor, moros o cristianos que sean, parecen contagiados por el flujo erótico de aquella divinidad: pasea el turista entre los recintos semioscuros, y uno de estos elegantes descendientes de los faraones se levanta la *jartila* para mostrar una erección como la del dios que patrocinase la fertilidad de sus ancestros.

Los aguerridos cuerpos del Nilo se ofrecen al turista con un notable sentido de la cortesía.

Pero también de la pesadez..., pues en Egipto al viajero inmaculado puro y honesto (el viajero que cuando besa siempre besa de verdad) conoce el calvario de verse, en todo momento, asediado por deseos incontrolados y, a veces, exhibicionismos que no son para contar. Decididos a entrar de una vez en las tretas de las sociedad de consumo, los nuevos egipcios van aprendiendo las leyes de la publicidad, y las aplican a lo que pueden ofrecer más de inmediato, y sin necesidad de pasar por interminables trámites burocráticos. Así, se levantan las vestiduras al paso del viajero y le muestran su espléndida mercancía, pronunciando en un inglés francamente horripilante los tres o cuatro epítetos de rigor. Los de rápida identificación internacional.

Se produce entonces un raro prodigio: que no parece haber corrupción en esta insistencia, en esta búsqueda del placer entre las ruinas prestigiosas. Los donceles egipcios se ofrecen con una apariencia de pureza que resulta casi conmovedor; las prestaciones que invocan diríanse ingenuas, como un juego entre adolescentes; incluso la delicada cuestión del precio se debate entre sonrisas y palmaditas en la espalda.

Aunque casi debería escribir mis elogios en pretérito, pues desde mi primer viaje a Egipto a este octavo itinerario, muchas cosas han cambiado debido al turismo que, después de haber abandonado el país a causa de la guerra con los judíos, volvió a invadirlo de la manos de las multinacionales del viaje. El turismo de masas —y en este caso el homosexual de masas— contribuye a envilecer a esas comunidades privilegiadas que continuaban conservando lo mejor de su vida y la oportunidad de hacer del sexo un sueño dorado.

Tal vez el soberbio Min, de falo egregio, se verá finalmente castrado por las multinacionales de la rutina, de las neurastenias, del tedio convertido en programa apresurado. Y, sin embargo, nunca se prestó Min a tales desvaríos; tampoco el doncel egipcio, hasta que llegó el turismo.

En su admirable ingenuidad preservada, el doncel egipcio guardaba su pudor, y hoy se ofrece con reservas. Sabe que, finalmente, ciertas cosas resultan feas y acaso insultantes para su masculinidad. Pero conoce, en el turista, a una víctima potencial del deseo que él dicta y determina. El doncel egipcio se yergue entonces en dueño absoluto de la situación. No ha de sorprender que en un primer intento de acercamiento proponga que el turista le haga una *felatio* entre ruinas, y que, encima le pague 25 libras (que puede terminar en 20 piastras, según la eficacia del regateo).

Se tiene la impresión de que los papeles han sido invertidos. ¿Pues no era el turista el colonizador, y el pobre indígena el colonizado? En términos más estrictos: ¿no es el turista el verdugo, y el indígena la víctima? Pero el *fellahin* del Alto Nilo no ha leído seguramente al Marqués de Sade y aplica el vocabulario en otro sentido. Finalmente, las víctimas, en su país, sirvieron para construir las pirámides; y los verdugos se hicieron enterrar en ellas.

Banalizo, seguramente, la cuestión colocándola en la estantería de las más baratas nociones de sociología o sexología. Las cosas no están tan claras, en el incesante trato erótico que se produce en Egipto. Si he empezado refiriéndome al trato que se desarrolla bajo las imágenes fálicas de Min es, simplemente, porque convenía a mis intereses de narrador. Pero en el Nilo cazan —o intentan cazar— todos los machos con potencial para hacerlo. El propietario de un bazar y el licenciado en derecho; el campesino y el oficinista; el camarero y el conserje; el taxista y el que pesca en ruín barca. Y el turista, que llega con su sexualidad abarrotada de nociones previas, podrá elegir de acuerdo con ellas: el efebo nubio —la raza de Aida, para colmo—, que puede complacer a los amantes de las indecisas formas de la adolescencia; pero, también, los robustos marineros de los cruceros por el Nilo: marineros a menudo atléticos, cuyos músculos hinchan considerablemente el jersey azul que les impone la compañía «Hilton». Y, como sea que el nombre de la empresa se ve considerablemente aumentado al ir a reposar sobre los pectorales en acción permanente, algunos occidentales se consuelan con este amago de sofisticación. ¡Extraordinario! Solo las mariquitas con mentalidad de clase media pueden considerar sofisticado cualquier cosa que huela a «Hilton».

Si salimos del Alto Nilo, volveremos a aquel predominio del mundo árabe que caracteriza a El Cairo y también, a pesar de todo, a Alejandría. Los rasgos del personal han cambiado completamente, pero no la saludable ingenuidad con que se lanzan al placer. Por el contrario: en cierta confitería italianizante del centro de la capital, el *flirt* se produce de una manera más espontánea, tan por peteneras que es un placer el hecho mismo de sentarse en una mesa y contemplarlo.

El turista curioso de ciertas sublimidades hará bien en pasar una tarde en alguno de los *hammams*, o baños de vapor, de la parte antigua de El Cairo conocida como Khan-Khalili; es decir, el famoso bazar que ocupa la mayor parte de lo que fuera la principal arteria de la ciudad en tiempos medievales. Allí, en casas de baños abiertas entre monumentos que van desde el período fatimida a los emplastos otomanos (no menos bellos en la culminación de cierto barroco muy delicado), allí se accede a una quietud donde el sexo pierde todo contacto con un presente neurótico para evocar ensueños de libertad absoluta. El sexo como terapéutica.

Para empezar, el *hammam* es un rito y, como tal, toda explicación racional queda excluida. Nos contaba un amigo que uno de estos locales había sido cerrado a causa de los excesos que cometieron un puñado de homosexuales italianos. La estupidez crónica del mundo exterior ofende a este pequeño mundo de tolerancia, donde todo está permitido mientras no se viole un sagrado derecho de intimidad.

Y es cierto que el *hamman* tiene algo de diorama prodigioso: juego de luces que combinan, entre el vapor, todos los colores del espectro, suavizados y como entrevistos a través de un filtro de seda. De tan serena combinación surgen formas marmóreas, de una elegante arquitectura con cinco o seis siglos de vejez, pero que se encuentra muy lejos del acartonado prestigio de los museos; es, por el contrario, una arquitectura pacificada por el uso permanente de los vivos. Y, entre estas formas perfectas, los cuerpos desnudos, instalados en una tranquilidad beatífica, donde ningún acto puede ofender, donde ningún exceso ha de resultar excesivo.

En lugares como este, que parecen conservar íntegros los últimos restos de una Edad Dorada de la carne, más provechoso resultará observar que participar. Y permitir que, ante nuestros ojos, pacificados como un tributo al ensueño, se desarrollen estampas singulares, cuyo atractivo nos aparta definitivamente del mundo para elevarnos a esferas de una categoría superior.

La altísima categoría de Egipto.

TEBAS EN LA ETERNIDAD

Muchas veces he cruzado el Nilo, camino de las montañas de los muertos. Muchas veces volveré a cruzarlo. Y nunca superé, ni superaré jamás, el asombro de un nacimiento, el temblor y acaso el trauma de una primera vez. Suelo recibir el impacto renovado de una revelación que no sucumbe: en el paisaje, en la historia, en los hombres, en el conocimiento o la incógnita. Pero hubo una vez que fue ciertamente la primera. Y esta marca el corazón.

Toda la voluntad de la memoria no es capaz de reconstruir con exactitud, de saturar en el recuerdo, el ardor con que mi tiempo más joven se enfrentó al descubrimiento de los muertos de Tebas. Recupero la neblina que se cernía sobre Luxor, cuyo templo veía yo empequeñecerse, desde la barcaza que me conducía a la orilla opuesta. Neblina que hoy puede ser la del recuerdo o la que el sol tebano filtra entre los biombos de la madrugada, envolviendo a la ciudad y a su templo en una transparencia sutil aunque un tanto rugosa, como si se hubiese extendido sobre el amanecer una pantalla cosida con vendajes de momia real. Y al revés de este recuerdo, remembranza de una acuarela de contornos disolventes, la orilla de los muertos se me va acercando bajo el imperio de una luz concisa, y a medida que el barco penetra en los pliegues inferiores de la bóveda celeste, esta dispone sobre el valle y las montañas una compleja luminotecnia cenital.

Pero es un parpadeo de la memoria, el escape hacia una ilusión personal, la búsqueda de una profunda realización íntima. Y habría así que añadir, en otro año distinto, por los albores de un mayo definitivamente ardoroso, la visión de Luxor según se accede desde la otra orilla, a una hora ya avanzada de la mañana, sobrevolada por un manto de arena refulgente cuya concentración sobre los edificios contemplábamos mis compañeras de aquel tiempo, Ana María Moix y Colita, y yo, agazapados bajo el toldo del transbordador que nos devolvía a la ciudad desde el desierto. Y no había consuelo en el punto de destino. La nave íbase adentrando en la cortina espesa que, surgiendo de nuestras espaldas, flotaba sobre el Nilo como una plaga bíblica de efectos aplazados. Y sentí cómo mi hermana, lábil a los excesos del clima egipcio, íbase hundiendo en sí misma, mientras la cortina prodigiosa se cernía sobre los espacios que separaban nuestros cuerpos, parsimonioso manantial de fuego licuado. Si volvíamos la cabeza, agradecíamos escapar de la madriguera donde se había engendrado aquel infierno. El desierto. Pero él nos burlaba, persiguiéndonos; revoloteaba sobre nuestras cabezas, para convertirse en lluvia perversa sobre Luxor.

Evoco con ternura el terror, un tanto exhausto, con que Ana María formuló su pregunta fatal:

—¿Se queda allí esa nube?

—Hasta que nos hunda —dije. Y envuelta en su *jartila* a rayas, préstamo encantador, y con un gorro ofensivo calado hasta los ojos, tuvo Ana María la más perfecta expresión de un condenado.

Se mezclan de nuevo los tiempos sobre el Nilo. Y ya no son los de Egipto, que son míos. Han de seguir mezclándose, confusión de personas en los mismos paisajes para años que se me van antojando un día idéntico.

Fuego de arena. Es imagen de pesadilla en el punto álgido de la primavera, que puede pasar por verano potente en el Alto Egipto. Hay entonces hornos en el cielo, burbujas de ebullición en el río, parrillas incandescentes en las rocas. Por esto dicen las propagandas que conviene escoger el invierno para sentir en toda su ternura la primavera tebana, anticipada a las del mundo.

En los febreros dulcísimos de Luxor, la iniciación a los muertos de la orilla de Occidente va tomando el ritmo monódico, insistente, de la navegación espiritual por ríos infinitos. La travesía es placentera y las caminatas entre los templos y las tumbas de las grandes necrópolis pueden parecer un convite. Pero cuando empiezan los calores, aunque sean breves (si alguna vez lo fueron en Tebas) conviene el madrugón tanto por una necesidad elemental de supervivencia como para mejor abarcar la totalidad de tesoros que, a pesar de los hurtos del Tiempo, todavía contienen las montañas. Y hay que decir que se necesitan muchas horas, tal vez muchas vidas, para agotarlos. En cuanto a sentirlos, basta con mirar a la Guardiana de Occidente y saber que sus valles perduran.

Con la simple travesía del Nilo, frontera de pliegues altivos que nos aleja de la pulcra Luxor, el espíritu se traslada a un universo-otro, pergeñado por esferas superiores. Dícese desde los tiempos más remotos que el Nilo nunca fue igual dos veces, y esto se afirma al poner los pies en el pequeño desembarcadero cuyos escalones pudieron ser, en la imaginación, los del Palacio Dorado del gran Amenhotep. Aquí, en la orilla de verdor rutilante, interrumpido solo y a lo lejos por la muralla de montañas rosáceas, se abalanzan sobre el viajero multitud de personajes arrebatados de cuajo a las urgencias de la vida cotidiana. Es una barahúnda babélica, propia de las ágoras que sustituyeron la filosofía por el trato comercial. Barullo incontrolable de guías, asneros, taxistas, grupos de turistas, vendedores de *souvenirs* estúpidos, mozos que revenden los tickets para el ingreso a los monumentos, niños que apremian con un constante reclamo de la *bachish*... y entre este subespacio de voces y coloraciones diversas, los *fellahin* que llevan sus productos al mercado de Luxor, los niños que se cuelgan de las barras del barco, camino de la escuela, los ancianos que apoyan la vetusta barbilla en el bastón de la paciencia acaso preguntándose cuántas mutaciones del río han contemplado en una vida ya larga, a punto de inserirse en el olvido... Y si el tiempo es de fiesta, unos músicos ambulantes hacen sonar el *arghul*, otros la *darrabukha*, instrumentos de antigüedad indescriptible, que unos dicen haber visto reproducidos en las tumbas faraónicas y otros en las primeras crónicas de los árabes. Aire y percusión coinciden en una tranquila homofonía, cuyo gemido en notas prolongadas con largueza añaden calma a la calma chicha con que el sol empicza a sepulcrar los ritmos del Nilo. Y un tercer músico danza solemnemente, con pasos etéreos, movimientos soñolientos que evocan todas las tristezas de las historias sabidas desde siempre. Parecen prescindir de la algarabía que mezcla el gritar de los nativos y el rebuzno de los turistas. Se deslizan en sus pasos y en sus notas, mientras los niños intentan vender a los americanos convencionales imitaciones de Horus, y a los alemanes collares de un ámbar amarillento y a la francesa escuálida un pedazo concreto de su cuerpecillo bruno. Y en medio de este altercado de formas y colores, adormecido por el asalto incontrolado de su homogeneidad y la monodía insistente de los músicos, conozco que el cielo es aquí mucho más azul que en cualquier parte del mundo conocido.

Tebas se ha manifestado única en la pureza de su cielo en vida, en la majestad de su río para lo perenne, en la púrpura de sus atardeceres de muerte. Lentamente va a certificar su incomparabilidad en el eterno regreso, en la constante devolución de sus reliquias. Pues si hay en todo el mundo un museo vivo, formado entre las piedras del olvido humano y los elementos del terreno eterno, este es la orilla occidental de Tebas. Para improvisar un catálogo útil, diríamos que además del celebérrimo Valle de los Reyes, se encuentran repartidas entre las montañas otras ocho necrópolis importantísimas, y además los templos funerarios de cuatro monarcas estupendos, y además la ciudad de los obreros y además los colosos llamados de Memnón...

El prestigio de esas ruinas lucha contra todos los intentos de banalización que pretende aplicarles mi siglo de plástico. Cualquier sugerencia de frivolidad es condenada por la estrecha comunión de las piedras seniles con la acostumbrada escisión del paisaje: frondosidad contra esterilidad a cortos pasos. Mientras el Valle prosigue como una vereda compañera del río, el mundo se transmuta en un feroz repente, y la eternidad adquiere su inmenso prestigio.

Es prestigio que surge de la tierra misma. Canción permanente de esas tierras.

Pero también aquí llegó la comercialización de la muerte sacra, y la orilla izquierda de Tebas es ya un supermercado gigantesco, donde se vende a pedacitos lo que Luxor anunció con fervor casi místico. La muerte ha sido convertida en espectáculo, a cada uno de sus rincones se accede mediante pago, los sueños de los difuntos de ayer son oferta del lucro de hoy, los grandes dioses actores y actrices puestos como de prestadillo para que representen su comedia en sesión continua; una comedia que se interrumpe y reanuda sin obedecer ya a los ritmos de la Naturaleza, sino a las fluctuaciones de las masas que llegan desde primeras horas del alba. Y como en todo coliseo del *show-bussiness*, la calidad de los monumentos viene determinada por sus ingresos en taquilla. Como era de esperar, dado el carácter del siglo, Tutankamón es el máximo recaudador. Y han de seguirle en ingresos los monumentos que obedecen con mayor exactitud a la fama de gigantismo que la publicidad les otorgó durante años.

El espectáculo está a punto de empezar. Y en las taquillas del desembarcadero corresponde enfrascarse en la batalla por las localidades para acceder al mayor espectáculo del mundo. Ringling y Barnum morirían de envidia porque la farándula que llena lo que fue necrópolis de Tebas sobrepasa con creces a las tres pistas de su mítico circo.

El Rameseum.

SOBRE MEMNONIA

Antes dc alcanzar el límite habitual de la vega del Nilo en su transición a las montañas desérticas, aparecen dos espectros de alta enjundia. Representaron en otros milenios el esplendor de Amenhotep III y hoy son torres vulnerables, que miran hacia Tebas desde un vasto terreno ya desnudo. El solar y los colosos anuncian que aquí se levantó un recinto grandioso.

El renombre de los dos colosos los propone como un alto obligado en el camino, aunque los autocares apenas den tiempo a que el turista se apee unos instantes, cámara en ristre, para apresurar una foto arquetípica, popular entre los golondrinos de los distintos consumos mundiales. En otro tiempo, cuando los artilugios del lago Nasser no habían regulado los ritmos del Nilo, las aguas cubrían los cultivos, se arreman saban bajo el trono de los colosos y estos reflejaban su tembleque en el lago improvisado. Era la época dorada de la gran inundación. Se han visto dibujos, y todavía fotos, de los nativos de Kurna paseando en barco bajo las plantas asombrosas de los sosias de Memnón. Una Venecia provisional debió de ser, renovada anualmente en la quintaesencia de la muerte misma.

No así hoy. Ya no se escapan de su recipiente los caudales del Nilo, y los colosos quedan como dos impresionantes mojones de piedra sacra, cuya verticalidad diríase eje destinado a romper el equilibrio de un paisaje donde la horizontal vuelve a ser ley del espacio. Quedan también como mercado de una turbamulta infantil, adorable en su fatigosa pesadez, que agobia a los viajeros en busca de la *baschis*, que así se llama en Egipto a la propina. Los vestigios de esos niños son como una falla de colores, mezclados sin ton ni son; y ellos mismos, correteando en medio de la carretera, reclaman la atención de los autocares, quebrantan con algarabía la tremenda austeridad de las líneas desérticas. Diríase que existió un acuerdo preestablecido respecto al estilo de cada zona, tan cercanas sin embargo. En un contraste humano, las mujeres de la vecina Kurna, pueblo sobre las tumbas de la roca, son severas manchas enlutadas, galabeyas de un negro intenso, sin siquiera el intersticio de un rostro, solo ojos difusos entre las ondulaciones que el sol arranca a las formaciones de caliza y pedernales. Pero los colosos se encuentran todavía entre cosechas; y a su alrededor el arco iris se hizo agitación disparatada, gracias a los niños. Desempolvan sus artesanías más rudimentarias a cambio de unas piastras. Sablean con la insistencia habitual, pero les redime un intercambio que ya no es limosna: muñequitas de trapo que ellos mismos han confeccionado tal vez con retazos de muerto para la carne y, en los vestidos, un resto de colorines histéricos como los suyos propios.

Las peponas que ofrecen los niños de Memnón parecen una réplica del visaje de los colosos: pozuelos a cuenta de facciones, palidez erosionada por los vientos del desierto o la carcoma que habita en los sepulcros.

A los pies de Memnón rescataremos más poesía que historia, pues más ficticio que real es el recuerdo que proclaman. Figuras que debieron de ser soberbias, augustas encarnaciones de la majestad sedente de Amenhotep III, único resto de lo que fue su gran templo funerario, a cuyos pilonos estaban adosados siguiendo el modelo del Opet de Tebas. Pero en su estado actual solo son gigantes con pies de barro, y sobre él. Nadie ha hablado de cualidades arquitectónicas, al mitificarlos. Ni siquiera de crónicas históricas importantes. Erguidos en sus tronos descomunales, a una altura que, en perspectiva llega a superar a la de los templos funerarios del entorno, las dos réplicas sin rostro de Amenhotep III entran de lleno en los climas de la leyenda. Diríase incluso que el tiempo solo les permitió durar para cantarla.

Si el tiempo erosionó sus rostros, a cambio les dio una voz. Y, además, cantarina.

Otra vez el apodo es griego y, como sabe el peregrino que no carece de lecturas, nada tienen que ver con su origen verdadero ni con la función para la cual fueron concebidos con formidable ostentosidad, por cierto. Ni los griegos ni los romanos les conocieron en su cualidad de guardianes eternos de la paz de Amenhotep; solo como titanes aislados, nacidos de su propia desproporción. El desconocimiento de la historia del milenio anterior, creó en los viajeros de la clámide o la toga una confusión destinada a perdurar: un terremoto destruyó completamente el templo, y los propios colosos quedaron dañados por numerosas resquebrajaduras. Se producía entonces un fenómeno que encendió vivamente la imaginación popular: cuando los primeros rayos del sol empezaban a calentar la piedra resquebrajada, el viento se introducía por sus heridas y producía un atractivo sonido musical. Partiendo del vocablo egipcio «mennu», que se aplicaba a los monumentos destinados a perpetuar la memoria de un hombre o especialmente de un rey, los griegos hicieron de las suyas, como en tantas otras ocasiones de sus periplos egipcios, y convirtieron aquel genérico en el nombre de un personaje. Memnón, dios del viento, hijo de la Aurora. La relación era fácil de establecer, y no carecía de encanto. El Memnón original, que según Homero murió en manos de Aquiles, cantaba cada mañana al recibir las caricias de su madre.

Con ese hermoso mito dado en traducción, los colosos reflejaron año tras año, siglo tras siglo, las ansias poéticas de los viajeros más célebres, incluido Adriano. Para quienes despotrican contra los fetichistas aficionados a dejar su nombre escrito en los monumentos, las bases y el trono de los colosos tienen el poder de un consuelo de pocos. El Tiempo ha dado carácter de «curiosidad histórica» a lo que en su momento fue grosería. Hoy son como enormes álbumes de autógrafos, páginas donde estamparon su firma los viajeros de muy distintas generaciones. Como en otros momentos de Egipto, los caracteres griegos alternan con los nombres latinos y algunos apellidos franceses. Si Flaubert levantase la cabeza sabría querellarse contra los «cafres» de otro tiempo, con la misma violencia que empleaba contra quienes, en el suyo, ensuciaban con su firma y la fecha correspondiente las cámaras de las pirámides. Aunque tal vez la perspectiva le haría encontrar en ello el vértigo de las cosas que pasaron. (Pues deviene asunto extremadamente poético el verbo «transcurrir» conjugado en aquel tiempo, y los contemporáneos de Flaubert ya son para nosotros curiosidad que place rastrear.) No despreciemos, os lo ruego, el encanto de las acumulaciones, pues junto a las firmas de Adriano y la emperatriz Sabina, y entre muchos otros autógrafos de los clásicos, se encuentran los versos de una cierta poetisa, que acompañó a los señores en su admirable viaje al Alto Nilo. Ignoro si la dama dejó escrito un soneto, una endecha o quizás una anacreóntica. ¡Quién tuviera la ciencia que ayudase a descifrar tantas lecturas entremezcladas! Dejemos en que dejó a los colosos algún florilegio autorizado, en el ímpetu que proponía su alta fama. Cierto que Septimio Severo, al ordenar su restauración, eliminó para siempre de su anecdotario el llanto del Memnón griego, su melodía y el reclamo de su madre, que solía despertarle tan temprano. Poco importa. Los colosos continuaron enarbolando su prestigio en lo legendario. Y su dramatismo en el recuerdo permanente del fin de las cosas, por lo que se refiere al augusto templo que sostuvieron y del que, repito, quedaron como pobre testimonio.

Aunque en algo parecido a una etiqueta quedaron, al prestar también su nombre a la zona. Se llamó Memnonia este terreno, y en el siglo XIX de nuestra era, ayer como quien dice, un poeta inglés bautizó con nombre extravagante a otro faraón de las grandiosidades, cuya cabeza titánica yace todavía entre las ruinas de su templo funerario. Se da por cierto, al concederle el atributo, que fue Ramsés II, de quien tanto retrato hemos ido viendo, pero que tuvo aquí, en esta zona, su consagración de eternidades. El poeta inglés, jinete en inspiraciones románticas, le llamó Ozymandias, y sin haber estado nunca en Egipto, describió la caída de su lujo, asoció los vestigios desperdigados por el suelo con la fugacidad de toda experiencia humana y sacó, de la invención, moraleja muy propicia a su propio siglo. El poeta fue Shelley. Que es decir mucho.

Buscó a Ozymandias en el límite mismo de los cultivos, en su templo llamado «el Ramesseum». Termina aquí el valle, y se extiende entonces una primera estribación de la montaña agujereada por bocas profundas, avanzadilla de la necrópolis tebana. A medida que las laderas van ascendiendo, como creciéndose para albergar en su seno el mayor número de cuevas posibles, la roca adquiere sus tonalidades equívocas, trampa para los sentidos. Desde Luxor, separados de la muerte por el brío del Nilo, creí que la Guardiana de Occidente tenía el color rosáceo de la carne de efebo, porque tal es color de la calcárea tebana, suavizada en la lejanía. Pero al acercarme al montículo donde se asienta el pueblo de Kurna, el carácter de las rocas se dramatiza: es piedra neurótica, torturada en sus cantos, vulnerada en sus entrañas, cerrada a la muerte y abierta, según se dice, a la codicia de los vivos (y eso durante siglos). Pero hablaré después de Kurna, objeto que es de mi culto. Contiene las sepulturas llamadas de los Nobles, una de las cumbres artísticas de esa gran necrópolis que la publicidad ha querido limitar, para el turista, al Valle de los Reyes, más al interior de las montañas.

Aquí, en el límite entre la vega y las rocas de Kurna —peñas forradas de guijarros dispersos—, empieza la cordillera funeraria, álbum de imágenes que desgranase las grandes instantáneas de la historia de Tebas. Disperso en una amplia zona de varios kilómetros, cada uno de cuyos recodos recibe un nombre distinto en lo moderno, se levantaron los grandes templos funerarios que caracterizasen a las innovaciones del ritual de la muerte durante el Imperio Nuevo. Hoy quedan parcialmente en pie el templo de Ramsés II —es decir, Ozymandias—, el de Seti I y, superándolos en conservación, el gran recinto de Ramsés III, en la zona de Medinet Abu. Otras ruinas de esta Tebas de dioses y difuntos resultaron mucho menos afortunadas en su conservación: terrenos baldíos de hoy para lo que fuesen los grandes templos funerarios de otros soberanos. (Como el de Menepta, destruido.) Y en el último extremo de las montañas, se dispersan con cierta iniquidad los despojos de la espléndida residencia de Amenhotep III, en la zona llamada hoy malgatta porque dicen que significa, en árabe, «el lugar donde se encontraron las piedras». (¡Y pensar que hubo allá en Malgatta un lago inmenso, y que a sus orillas creó auténticos vergeles Amenhotep, grande también en su afición a la jardinería! No lo deduciría alma alguna, en el yermo absoluto del presente... «Lugar donde se halló la muerte», deberían decir los traductores. Y el peregrino con ansias de poeta ha de recordar que transcurriría aquí mismo la infancia de Akenatón y sus quimeras.)

El viajero que quiere saber, pregunta por qué se encuentran los templos funerarios tan alejados de las sepulturas reales, que se concentran —lo saben todos— en el recóndito rincón del Valle de los Reyes. Los siglos, lo hemos visto, modificaron incluso las modas de la muerte. Y si durante el Imperio Antiguo el templo funerario estuvo normalmente adosado a la sepultura real, fue característica de los faraones del Nuevo Imperio disponer de su santuario en el Valle, mientras la momia reposaba en las montañas. Dijera el buen tino burgués que esta duplicidad buscaba una mayor rentabilidad de la muerte. Era como no dejar ni un cabo suelto. Ya se vio en Abydos la costumbre de la tumba ficticia, o cenotafio. Dos salidas para el alma. Dos provechos. Y aún se complicó el asunto cuando algunos faraones se hicieron sepultar en Tebas pero mantuvieron otra tumba en Saquara. Control de las dos tierras, en resumen.

Los templos funerarios de la orilla occidental de Tebas despliegan alrededor de sus ruinas de piedra una asombrosa cantidad de montículos de barro, o de ese color negruzco que forma en su devastación el ladrillo sin cocer. Son los restos de las abundantes dependencias subalternas, almacenes para ofrendas, capillas rituales... Todo el conjunto estaba atendido por los sacerdotes, y el mantenimiento del culto sería sumamente práctico cuando el faraón se había convertido ya en un Osiris, encerrado en las tripas de la roca. Dejó, sin embargo sus manías esculpidas en las piedras colosales. En las estancias internas, escenas rituales, motivos religiosos, confirmaciones de piedades en la tierra. En el exterior, gigantecos relieves con motivos no menos favoritos: escenas guerreras, victorias exageradas, católogo de prisioneros asiáticos con los brazos atados a la espalda, cantables al valor de faraón en vida y demás panegíricos de la fuerza que caracterizó a los reyes del Nuevo Imperio. No digamos ya a Ramsés II, de quien llevamos conocidas muchas ínfulas. Dicen que su templo funerario no solo cayó víctima de los estragos del tiempo: vino a colaborar en el destrozo algún que otro terremoto, aparte de la mano del hombre. (¿A cuántas casas de las aldeas vecinas no serviría de soporte las ruinas del Ramesseum?) Rastros y certeza quedan todavía de la primera *grandeur*, y esta continúa erigiéndose en rasgo típico de las construcciones de aquel largo reinado. Es difícil considerar mayor colosalismo que el que Ramsés propuso. Aun sin tener en cuenta su nueva capital en el Norte, Pi Ramsés, de la que nada queda, es evidente que fue la suya una época de alta prosperidad constructora. Si solo hubiese quedado Abú-Simbel, bastaría para pregonar la justicia y adecuación del epíteto que Shelley le dedica sin conocer acaso una cuarta parte de sus hechos («*King of Kings*», le llama).

Pero quedó, además, el Ramesseum. O su esqueleto. Que es como el de aquellos monstruos prehistóricos, guardados bajo las claraboyas de algún museo de paleontología. En Egipto, los restos de Ramsés no necesitan claraboya: tienen el sol por sombrero; su desgaste, por divisa.

¡Rey de reyes! Parece título que cuadra a la voluntad superlativa de todos los faraones del Egipto, incluso los más tristes. Ramsés fue, seguramente, más grande que la vida. Otros, que no lo fueron tanto, han visto su templo funerario más respetado, no digamos su tumba. En esto último, el pobrecito Tutankamón anodino hijo de la casualidad. En lo primero, Ramsés III, cuyo templo en Medinet Abú se anuncia en lontananza como una ciudadela triunfante de la Nada.

Fue este un gran remesida, título que le cuadra y conviene, pero no el linaje. Parecería lógico pensar que, a juzgar por el número, llegó justo después del gran Ramsés; y no es vergonzante para una persona culta suponer que fue su hijo. Nada más erróneo. El hijo de Ramsés fue Minepta (1223-1211), que tuvo también su templo funerario en Medinet Abu, pero nada o casi nada ha quedado. Fue un probo continuador del prestigio guerrero de su padre, y mezcló conquistas y rechazos de enemigos con los achaques de la vejez, ya que a causa de la longevidad del Invencible, subió al trono a la edad de sesenta años, que no es moco de pájaro ibis. Rechazó por Occidente algunos ataques libios, tan usuales, y aceptó las leyes expansionistas de los nuevos tiempos conservando la hegemonía egipcia en el Asia Menor. Dicen algunos que fue el faraón del Éxodo, porque en una estela de su época, la llamada «Estela de Israel», se menciona lo que pretende ser una destrucción total de este pueblo. «Israel ha sido aniquilado, su raza ya no existe.» Ahora se discute que los hechos narrados en el Éxodo acaeciesen bajo su reinado, pues otra estela hallada en Menfis parece indicar que Moisés inició su complicado periplo espiritual y político unos doscientos años antes, durante el reinado de Amenhotep II. Dada la escasez insólita de referencias a Israel en los textos egipcios, la cuestión queda, como de costumbre, en polémica de conocedores o material idóneo para revistas especializadas en las llamadas «rarezas de la Historia». Y en esta lucha por llegar el primero en la noticia de los milenios, el que no corre vuela. Freud realizó un texto delicioso sobre el tema, ensayo que parece una novela, aduciendo que Moisés había tomado toda su experiencia mística de alguna tradición desfigurada en la memoria popular a lo largo de medio siglo y que arrancaba nada menos que del monoteísmo de Akenatón. Otros, en fin, apoyan la candidatura de Ramsés II para el título de Faraón del Éxodo. Entre los máximos partidarios de su candidatura estuvo Cecil B. de Mille, con muchos millones a cuestas, la ventaja del «Technicolor» y la seductora calva de Yul Brynner. Si Hollywood habló, fue para decir, en síntesis, que todo sucedió porque una incauta Nefertari estaba enamorada de Charlton Heston. Ramsés II no podía sufrirlo.

La voz de Hollywood tuvo mayor fuerza que el rumor popular prosperando a través de los milenios. No en vano hablaba con sonido estereofónico. Y su voz me fue restituida, precisamente, por una señora americana que paseaba por las ruinas en la más perfecta imitación de la estupidez turística que yo haya conocido. Tan perfecta era que corrí el peligro de tomarla por auténtica.

A la dama la aburría sin duda la empecinada voluntad de un esposo bajito por no apartar la vista del objetivo de una filmadora de lujo. Se me habían pegado en la *rest house* del Ramesseum, y ya conoce el lector un avance de su estilo si recuerda con que desdén racista trató en Deir El Bahari al adorable adolescente, sobrino de los dioses. Compartíamos el mismo taxi y esto le otorgaba sin duda algún derecho sobre cómo programar mi visita, dirigiéndolo hacia lo más cretino de sus percepciones. Me contó que en El Cairo había escrito una postal a su amiga Edna, de Cincinatti, comunicándole con cuánto gozo visitó aquella Esfinge a cuyos pies se conocieron Vivian Leigh y Claude Rains en cierta película sobre César y Cleopatra. Cuando alcanzó el Valle de los Reyes, sus referencias fueron más a la par con los intereses del siglo: la tumba de Tutankamón constituyó, por supuesto, una decepción. Demasiado pequeña para lo que hiciera presagiar la visita al tesoro famoso, en el Museo de El Cairo (donde, aparte de esos objetos pasados por el gusto *Tyffany's* había «tan pocas cosas que valiesen la pena»). Tebas empezó a interesarle cuando alcanzamos algunos monumentos de referencias conocidas. Entornando los ojos en una precisa elevación hacia el cielo (ese cielo increíblemente azul, cuya perfección presintiese ella años ha, en alguna película cinemascope), me hizo compartir su placer ante la testa caída de Ozymandias:

—¿Se fijó, joven? Es, pues, la cabeza de Yul Brynner.

Huelga decir que me cogió de sorpresa. Hubo un tiempo, y bien luengo, en que el cine configuró mi imaginación como buen hijo del siglo que soy; pero diré en mi defensa que jamás el veneno llegó hasta esos extremos. Mostré mi desconcierto con un cumplio *I beg your pardon?*, y ella pareció complacida de verse empujada al didactismo.

—Supongo que habrá visto usted *Los diez mandamientos* —y al dar yo mi afirmación con sonrisa de mochuelo, prosiguió—: Pues haga el favor de acordarse de quién interpretó al gallardo Ramsés en aquella memorable cinta.

—*Helas!* —suspiré—. Usted se refiere a Yul Brynner.

Los publicistas de la «Paramount» habrían notado con orgullo que sus campañas surtían efecto al cabo aún de quince años. Pero fue un error por mi parte fingir, en ley de cortesía, que aplaudía el ingenio de la dama. Pues sintióse animada por la acogida y ya que el ojo de su marido seguía sin apartarse del ojo del tomavistas —y todavía ignoro el sonido de su voz, si la tenía—, me tomó ella como consuelo de soledades y me adiestró en el conocimiento de monumentos y tumbas. Así, ante la de Seti I, cayó en la cuenta de que no fue otro que Sir Cedric Hardwicke.

Mi asombro cedió el paso a una suerte de tolerancia que profanaba los misterios supremos de la muerte, la grandeza ilimitada de la fe antigua, el arte como permanente celador de un instante que se quiso eternamente vivo. Nunca esperé que en estas montañas de picos agresivos, en esos valles desnudos que soñé desde niño, encajase la mitomanía americana puesta en activo. Pero ella prosiguió con su juego de asociaciones e hizo evidente su desilusión cuando, en el Valle de las Reinas, nos comunicaron que no podíamos entrar en la tumba de Nefertari, la esposa preferida de Ramsés, señora algún día mítica. Es una tumba en permanente reconstrucción, dañada desde hace años por unos aluviones subterráneos que la hacen incluso peligrosa. Y aunque pude visitarla más adelante, con los correspondientes permisos y compañía oficial, quedó arruinada para mi percepción por las frases que, la primera vez, pronunció la yanqui estúpida:

—Mi amiga Edna se compadecerá de mí cuando le diga que no nos permitieron visitar la tumba de Anne Baxter.

Era una nueva concesión que tuve que asumir. Más adelante, a medida que ingresábamos entre los uadis resecos que conducen a los hipogeos de otras reinas o sus hijos, me preguntó dónde podía estar la tumba de Yvonne de Carlo. Y encontré un placer seguramente sádico pudiéndola engañar con cierto estilo:

—Me temo que no ha de encontrarla por esos andurriales, *madame*. Si no recuerdo mal, en aquella película de sus sueños, Yvonne hacía de judía: la señora Moisés, creo. ¿Su tumba? Quien sabe si en el Sinaí, como muy cerca...

Pero esto debía de ser precisamente lo único que ella no estaba dispuesta a aceptar, y alteró con garbo los sentidos de la historia al afirmar que allí, en la necrópolis tebana, los egipcios estaban practicando una escandalosa discriminación contra los judíos. Cabalgó toda la mañana a lomos de una fustración que me hizo intensamente feliz. Y cuando ya en el hotel escribió la cotidiana postal a su amiga Edna, le dijo que Egipto no era *exactamente* como suponían en Cincinatti.

Todos los estragos de tiempos, hombres y Natura no evitan que despliegue el Ramesseum, en sus destrozos, los elementos más notorios de la monumentalidad ramessida: típicos relieves que muestran la victoria de Ramsés desde su carro, partes de uno de los enormes pilonos que servirían de ingreso al recinto, pilares osiríacos de proporciones descomunales —si se me permite la insistencia de adjetivos—, colosos del monarca, alguno en derrumbe; y 29 magníficas columnas que han quedado en pie, de las 48 que formaron originariamente la gran sala hipóstila.

De tanta grandeza se conserva con especial donaire la parte central, la que he descrito con ánimo de escolar aventajado que jamás sustituirá, para el lector, el auxilio de una buena guía. Pero una vez más, lo verdaderamente impresionante son las dimensiones de la ruina, baste con decir que, en la entrada, se encontraba uno de los habituales colosos sedentes de Ramsés que coronaba su propio prestigio al alcanzar, simplemente, los 20 metros de alto. Y pesaba, en el decir de los doctos, unas mil toneladas de las de antes de todas las guerras.

Pero el asombro ante las dimensiones puede pasar fácilmente por horterada yanqui, si no se tiene en cuenta el paisaje en que se encuentran inscritas. Entre el Valle y la montaña, especialísimo calidoscopio de colores, la mezcla de materiales eternos y perennes que son esas ruinas envía un singular mensaje plástico. Los tonos son indescriptibles, maravillosos: marcan todos los posibles contrastes de la acritud. Dábamos por descontado el contraste, lógico en Egipto, entre la vivaz vegetación del Valle y el espectral relumbrón de la montaña. Nos aguardaban los contrastes distintos de la piedra: destrozos, guijarros, terraplenes duros, salientes sinuosos, todo bajo la pureza habitual del cielo tebano. Así, el ocre de la piedra envejecida en los monumentos (ocres, digo, aunque según la hora del sol) destaca contra el blanco de los riscos, abiertos a su vez en bocas múltiples, rojo encendido del suelo pedregoso, restos renegrecidos de los habitáculos de barro que formaron los almacenes y receptáculos de los templos... El contraste entre elementos que parten, sin embargo, de una misma matriz original, crea un nuevo espectro de colores nacidos de un color básico, que es de la tierra misma, pero puede ser también el del olvido.

Olvido que se confirma cuando el peregrino se apoya en la gigantesca cabeza de Ramsés II, aspira a hacerse una fotografía que es, desde siempre, todo un rito. La cabeza pudo caer del mayor de los colosos que concibiese el arte egipcio, y el granito todavía responde con tacto delicado cuando el peregrino posa los dedos a la altura de la frente del monarca-monstruo, en espera de que suelte el fotógrafo su pajarito. Pero el instante, inmortalizado para que amenice después una fiesta entre amigos, propone una doble meditación que atañe a Ramsés y atañe al peregrino. Esta testa coronada, esos rasgos vacíos, hacen comprender al viajero, por comparación, su propia pequeñez. Pero si en la batalla de las dimensiones vence el difunto, inmediatamente queda derrotado cuando se piensa en su derivar hacia el olvido. Aunque tampoco vence en ello el viajero: ¿Qué será dentro de cien, mil, dos mil años el recuerdo de su paso por el mundo? Ni siquiera una cabeza rota en el desierto, a los pies de los mitos.

La victoria es del vate inglés que, a pesar de no haber estado nunca en Egipto, comunica al viento de Tebas su lamento sobre la inevitable fugacidad del mundo...

Ignoro si traducir a Shelley es una osadía desvergonzada por mi parte. Tómela el lector como un servicio al viento de Tebas, y a las palabras que traen consigo...

«Mi nombre es Ozymandias, rey de reyes.
Desesperad, oh poderosos, al ver mi obra.»
De lo pasado, nada permanece. En torno a la caída
del colosal deshecho, la arena solitaria
desnuda, inmensa, se extiende hacia lo lejos.

Si a Shelley le inspiró una imagen que había oído contar «a un viajero de una antigua tierra», más le hubiera inspirado, por sus dimensiones, el templo de Ramsés III en la vecina zona de Medinet Abú. Ya apunté que era este un ramesida raro, que llegó en otra dinastía —la Vigésima— y no fue hijo del gran conquistador, por más que su título lo aparente. Casi cien años separan a los dos monarcas y algunos faraones no siempre triunfales. Lo fue, como he dicho, Minepta, pero salieron débiles los tres que le siguieron. Mal asunto para Egipto. Tal parece que las hiperbólicas construcciones de Ramsés el Grande habían sido un réquiem hecho piedra, cisne que al cantar por última vez buscó la nota más difícil del pentagrama. A la muerte de su hijo Minepta, perdió Egipto una parte muy importante de su hegemonía internacional, y se produjo el corto período de los tres faraones incapaces y uno de aquellos intervalos de anarquía interna que parecen ser los más asiduos incordios de la prosperidad egipcia cada tantos años.

El llamado «Papiro Harris» cuenta que el orden se reestableció por mérito de un faraón de origen desconocido, Stnakt, quien reinó solo tres años. Seguramente un tiempo récord para la paz que consiguió. De este anciano restaurador fue precisamente hijo Ramsés III, el constructor de Medinet Abú. Y escriben los que en ello entienden que fue el faraón más prestigioso de cuantos poblaron su dinastía. Después esta empezó a navegar entre los gargajos de la decadencia. Todavía tuvo otros once soberanos que tomaron prestado el nombre glorioso de Ramsés. El fundador de la nueva dinastía ya fue el sacerdote Harithor. Con un golpe entre militar y religioso, forjó su gloria, pero no la de Egipto.

Si de gloria hablamos, Ramsés III dejó la suya en Medinet Abú, computadora de hazañas para llenar la otra vida y todas las demás posibles. Como los templos funerarios de sus antecesores, levanta enormes muros y pilonos ante las primeras estribaciones de la Guardiana de Occidente. Más que un templo diríase una ciudadela, y no es metáfora. De todos modos, comunicaba con el palacio real, lo cual justificaría su aspecto fortificado.

Complace pasear entre sus muros y encontrar casi a la perfección todos los indicios que los demás templos de la zona nos niegan. Complace menos a la ciudadana de Cincinatti que a las almas que encuentran en la soledad un espejo preferido de la grandeza. Lo recorrí en cierta ocasión con Josep Maria Benet i Jornet, autor teatral, íntimo coetáneo, compadre de barrio y compinche de posguerra. Por deformación de su oficio, me sugirió que el inmenso escenario era un decorado corpóreo, prodigiosamente conseguido. Coincidí en ello. La impresión de gran teatro o inmenso *plateau* es una de mis obsesiones plásticas desde que me encontré en una ruina egipcia. Para colmo de ayudas al ensueño, en las colinas de Kurna había nacido en los últimos meses una mezquita de cartonpiedra que los americanos utilizaron para el rodaje de una película llamada «La Esfinge». Cuando se fueron dejaron la mezquita en pie, no sé si como recuerdo o como desafío a los mejores hallazgos de las tumbas de los Nobles.

¿Era Medinet Abú, también, un decorado que dejaron los americanos para deslumbrar a la Guardiana? En cualquier caso, la imagen era precisa, tenía gancho para cualquier mitómano de los *mass media*. Con Benet i Jornet recorrimos los amplios atrios, los suntuosos pasillos procesionales, el consabido laberinto de salas subalternas; nos sentimos hundidos bajo el peso de poderosos arquitrabes que conservaban intacta su policromía, aplaudimos las filtraciones de la luz en los ventanucos superiores donde tal vez anidan cigüeñas extraviadas o aquellas golondrinas que, en el cuento de Oscar Wilde, decidieron emigrar a la eterna primavera de Tebas antes que morir ateridas, como su compañera enamorada de la estatua del Príncipe Feliz. Y en el mirador desde el cual se supone que el faraón contemplaba las ceremonias del templo, imaginamos sin dificultad suntuosos cortejos que se apartaban de la realidad y se parecían a aquellas recargadas escenografías que Chaperon ideó para el estreno de *Aida* en El Cairo. Mucho había que admirar en los muros de Medinet Abú: colosales escenas de guerra en las partes exteriores, deliciosas, representaciones de ceremoniales cortesanos y religiosos en el interior, sensacionales muestras del colorido original preservado..., muchas cosas. Pero la memoria es tramposa, y cuando se alía con la imaginación es como si saliese de juerga. De modo que Medinet Abú fue menguando, menguando hasta quedar convertido en una deliciosa maqueta. Y no precisamente una maqueta digna de figurar en el museo. Una maqueta para uso de los niños tristes del ayer. La imitación de aquellos decorados de papel, suspendidos en los telares del juguete prodigioso que llenó nuestros años cuarenta: *El Teatro de los Niños.*

Entonces, entre las ruinas policromas de Medinet Abú surgió la policromía de los sueños de infancia; algo que si nunca llegué a mitificar de manera obsesiva, sí debió de quedar en lo más hondo de mis percepciones, inseparable del sueño egipcio. Si el baúl se abría, era para arrojar al exterior un contenido barroco, fornido en provocaciones, robusto en añoranzas. En el escenario más pequeño del mundo —el de aquel juguete, precisamente—, me había yo enamorado de un Egipto reducido, un Egipto de colorines que, al llegar a mi barrio, había pasado ya por los escenarios de ópera del mundo. Nuestro teatrito degradó amorosamente un estilo de gigantes de cartón, columnas de llamativos colores, cicloramas temblorosos que reproducían no sé cuántos amaneceres sobre el Nilo. Cuando los encantos de esta realidad disminuida llegaron por primera vez a mi casa, yo ni siquiera sabía de Egipto y, por supuesto, no podía imaginar que un maestro de nombre Verdi, aliado con un escritor ocasional que era el egiptólogo Maspero, habían creado el paradigma de la *grande opera,* situando en Menfis una historia de amores triangulares. Tampoco creo que lo supiese Benet i Jornet cuando recibió su *Teatro de los Niños,* juguete o tal vez varita mágica que, según sus propias declaraciones, le llevó a convertirse en escritor de teatro. Nada podíamos saber de las grandes cosas, cuando tan enamorados estábamos de las más pequeñas. ¡Educación sentimental de pobres mendigos del gusto en un barrio popular del Mediterráneo, en callejas entrañables, fatídicas, y tan mías antes de que decidiese que nací en Alejandría! Educación que nos llegaba a borbotones, sin avisar, como un tumulto que solo el tiempo domesticaría..., y entonces a cambio de renunciar a los pequeños sueños. Aprendimos la «Marcha de las Trompetas» del señor Verdi pensando con toda seguridad que era, en efecto, el anuncio de una casa de marcos, cornucopias y santas cenas. Conocíamos de memoria el preludio de *La Traviata*, pero asociándolo siempre con el anuncio de una crema de belleza. Supimos de la existencia del mundo faraónico gracias al día en que María Montez fue vendida como esclava por el malvado visir que aspiraba a robarle el trono...

Benet i Jornet tenía razón: Medinet Abú había quedado reducido a la escala exacta de los juguetes que no tuvimos a su debido tiempo. Todo Egipto se convertía en un suntuoso collar del que colgaban, tintineando, mis primeros fetiches. Un teatro para mi compañero. Y, para mí, una pantalla alargada, un lienzo *miracle mirror* para desplegar ante mis sentidos fascinados «el nuevo milagro que presenciaré sin gafas». Medinet Abú víctima del tiempo. Yo, sin saberlo, esclavo de la imposibilidad que el tiempo se repita. Y al final resultaba que había ido a buscar entre los osarios de la Guardiana los sueños perdidos de mi vida.

Aspecto interior del pabellón en Medinet Habú.

LOS ANTOJOS DE LA REINA HATSHEPSUT

... y yo venía a buscar entre los osarios de la Guardiana, los sueños perdidos de mi vida...

En tales circunstancias, jugando con tantos calidoscopios privados, no ha de extrañar que un edificio tan respetable como el templo funerario de la reina Hatshepsut pudiese parecerme una estampa bicolor propia de alguna aventura maléfica, poblada de peligrosos orientales. Podía ser uno de aquellos templos fumanchunescos, incrustado en las entrañas de la tierra, nido de cobras viboronas y refugio de sectas destructoras, con puñal de filo ondulante, presto a hacer rodar cabezas blancas. La ubicación del templo en uno de los parajes más insólitos de la montaña tebana justifica mi alocada concesión a mitomanías de escasas referencias faraónicas, más propia de los tebeos de mi pasado.

Pero la disposición del templo, el aprovechamiento racional del paisaje, la sacralidad del lugar, me enseñaron a sentar la cabeza con una primera inspección. La soledad hizo el resto.

Ya hablé antes del terreno. Es el circo natural o acaso muro de acantilado pavoroso, ante cuyos riscos encrespados se me apareció el perfecto adolescente réplica de los dioses (aunque griegos). Y anticipé del templo las serenísimas excelencias arquitectónicas que superan con creces mis escarceos con impresiones dadas al más inadecuado de los infantilismos.

Soledad de 1968. Trabajaban en la reconstrucción de la segunda terraza —ahora se ha reconstruido la tercera— los miembros de la expedición polaca. No había más turistas que el peregrino y el matrimonio americano con ansias de postales vivientes. Era, seguramente, el fin del mundo. Pero tuve el consuelo de que llegara en punto, y ante un edificio tan armonioso.

La situación era más realista; era concisa y rotunda como una lección de geografía. Nos encontrábamos al otro lado de la Cima, que es como decir pegados a la espalda del Valle de los Reyes. Es una enorme depresión que perdió hace siglos el hermoso apodo poético que le diesen sus embelesados contemporáneos: Djeser Djeseru, que significaba «el Sublime entre los Sublimes». Se la llama hoy Deir El Bahari (en castellano, Convento del Norte) como recuerdo de un monasterio que los cristianos tuvieron la humorada de construir en el mismísimo interior del templo de Hatshepsut. Como en tantas otras partes de la Tebaida, encontrarían los hijos de Cristo que el lugar era adecuado para la meditación (ya lo dije: Fin del Mundo). Algo tiene de encierro, algo de cárcel, serrucho que es de picos agrestes, violencias irregulares. Tal vez por ello sorprende más la limpieza de líneas absoluta del templo. Y no solo el de Hatshepsut. La precedió en más de cinco siglos Mentuhotep I, el triunfador de Tebas cuando la primera eclosión del Imperio Medio. Parece ser que él fue el primer inquilino a perpetuidad de Deir El Bahari.

Los arquitectos de Mentuhotep ya habían planteado soluciones espaciales muy adecuadas para la peculiar disposición del paisaje: un juego de amplias terrazas, rampas de acceso y enormes columnatas. Todo ello coronado todavía por una pirámide, referencia tardía a las costumbres funerarias del Imperio Antiguo. Siguiéndolas, el recinto reunía en un mismo conjunto el templo funerario y la tumba real, así como las de algunos familiares. También se mantuvo la vieja costumbre menfita de que los altos dignatarios construyesen sus sepulturas alrededor del faraón.

El conjunto de Mentuhotep y las tumbas privadas señalan que la montaña tebana conoció una mitificación en la muerte aun antes de que la capital tuviese sus formidables triunfos en la vida. La religión se anticipó a las victorias políticas y militares. Llegó y se quedó desde aquellas primitivas edades en que los hombres de una Tebas sin importancia pretendieron explicarse el mundo tomándole el pulso todos los días, todas las noches...

Deir El Bahari fue terreno consagrado a Hathor, aquí mandamasa de eternidades. Se la revive constantemente en sus dos representaciones más conspicuas: la vaca celeste, retratada en los frescos de la capilla principal, y su forma humana, que preside la terraza superior del templo como motivo de los capiteles denominados, precisamente, hathóricos (capiteles cuadrados con el rostro de la diosa a cada uno de los lados. Aunque su forma sea femenina, se adorna con las orejas de la vaca celeste).

Pero la eternidad de Deir El Bahari no tuvo solo a Hathor por presidenta y corifea: el entrañable Anubis, vigía impertérrito de la Muerte, también disfrutó de su capilla de honor en la segunda terraza. Y es curioso notar cómo vigiló sus propios intereses: la sala principal de la capilla se encuentra en estado de conservación casi perfecto, y al igual que en los mejores frescos de Kurna maravilla la viveza de sus coloridos. Otros dioses que vinieron a instalarse en las terrazas de Hatshepsut fueron Horakhty, el Horus solar, y, como era de esperar tratándose de Tebas, el gran Amón.

La violencia del círculo rocoso que encierra al templo queda rota, solamente, por el equilibrio de la propia construcción, supremacía del racionalismo arquitectónico. Fue edificado por el arquitecto Senmut, de quien ya enuncié un agobiante sobrecargo de títulos y que se hizo construir su tumba aquí mismo, en Deir El Bahari, aunque al parecer acabó ocupando otra en Kurna. Junto a Imhotep y Amenhotep hijo de Apu, forma el triunvirato estelar de los arquitectos egipcios cuyo nombre ha trascendido las edades. Ciertos datos autorizan a pensar que tuvo sus escarceos amorosos con Hatshepsut, pero esto queda en mero cotilleo de gineceo cuando nos enfrentamos a la majestad del monumento que edificó para su señora. Y pues en nuestras percepciones continúan siendo los cánones griegos la llave capaz de abrir todas las reglas doradas, justo es decir que el templo de Senmut es una premonición perfecta del equilibrio dórico antes que una muestra más del colosalismo tebano. (Las columnas acanaladas de la primera terraza fueron llamadas, con razón, protodóricas.)

Visto en perspectiva frontal, desde el reposorio de la *rest house,* el templo parece una maqueta de la perfección: todo él es blancura impecable, con sus rampas y terrazas lanzadas de tal modo al espacio que diríase van a perforar el corazón de la montaña. Además, la combinación entre la blanca calcita y los frondosos árboles que, según dicen, poblaban entonces sus jardines debió de ser una delicia.

Observado desde el inhóspito panorama que es el yermo actual, todo el conjunto da la idea de una obstinada lucha contra ese paisaje que es como una trampa: un encierro poco adecuado para desarrollar la idea de infinitud propia de la arquitectura religiosa egipcia. La roca parece aprisionar las líneas de fuga que, de no existir ella, seguirían viaje hasta el infinito.

Es un desafío formidable. Y en pocos lugares como aquí puede hablarse de una victoria empecinada de la ciencia sobre la Naturaleza.

Deambulando entre las pinturas de su templo se llega a la fácil conclusión de que Hatshepsut fue, en la historia de Egipto, el colmo de la singularidad. Alguien me comentó que, a fin de cuentas, una hembra tan poderosa como fue Cleopatra VII no parece sino una aventajada discípula suya. Fina ironía de sobremesa alejandrina, sin duda. Pero Hatshepsut tardó tiempo en conocer, en Occidente, la fama y la leyenda de la gran ptolomea. Le faltó la publicidad indirecta del mundo grecorromano, la intervención en sus asuntos. Ni siquiera los viajeros clásicos pudieron promocionarla desde sus apuntes *en route.* Quedó así desconocida para Occidente durante los mismos siglos que permanecieron mudas la crónica y la historia de su tierra. La egiptología la dio una resurrección espectacular. Cautivó la imaginación de los primeros arqueólogos su famosa tendencia a hacerse representar bajo los rasgos de un hombre y además de pelo en pecho, si vale el eufemismo poco riguroso. También encendió muchas fantasías el hecho de que sus representaciones apareciesen martilleadas, forma bien poco elegante de borrar su recuerdo histórico.

Este intento de sañuda anulación de personalidad hace pensar que no fue el suyo un reinado fácil. Tuvo que hacer prevalecer su autoridad (poderosa, al parecer) contra los partidarios de su esposo-hermano y contra todos los organismos que no vieron con buenos ojos que la realeza quedase en manos de una hembra, a pesar de que era ella la heredera legítima del trono y Tutmosis un bastardo. El efecto de su imposición resulta, todavía hoy, impresionante. Cuando en las listas dinásticas no estamos acostumbrados a leer junto al faraón, ni siquiera entre paréntesis, el nombre de la esposa favorita, afecta la imagen de una reina que, en las paredes de su templo y también en otras latitudes, adopta todas las prerrogativas de los grandes faraones, incluido el inevitable diálogo con los dioses. En todo ello continúa condensándose una larga serie de intrigas para la consecución total del poder y, *the last but not the least*, la imperiosidad de mantenerse en él durante veintidós años. Pues no bien consiguió apartar del trono a su esposo-hermano, la reina tuvo que vérselas con un enemigo más iracundo, más implacable: su hijastro, el futuro Tutmosis III. Fue él quien, erigiéndose en vengador perfecto, martilló la efigie de la madre, cuando no usurpó sus monumentos consagrándolos a su propia gloria. Que fue, por cierto, sensacional. Bajo el reinado de ese Tutmosis, la expansión egipcia en la Nubia y Oriente Medio alcanzó uno de sus puntos culminantes.

No tuvo tantas ínfulas guerreras Hatshepsut. Su reinado parece haber sido pacífico, comedido en su prosperidad. En cualquier caso, se dedicó a mitificar su persona y su poder hasta extremos que dejan chiquitos a los faraones más megalómanos de esta historia donde cada rey es un dios sobre la Tierra. En algunas pinturas de Deir El Bahari, la reina hace reproducir su «nacimiento divino». El mismísimo Amón engendra en la reina Amhosis a la niña Hatshepsut y esta se amamanta en la vaca sagrada de Hathor a fin de que los escépticos conozcan para siempre que una faraona puede tener el mismo origen celeste que un faraón y se convenzan de que sus acciones llegan de una misma inefabilidad insuflada desde lo Alto. (Esta es, por cierto, una pretensión que no fue privativa de Hatshepsut. Años después, en las piedras sagradas del Opet de Luxor, el segundo de los Amenhotep mandó registrar las escenas de su procreación en una singular noche de bodas entre su madre y Amón. Notable publicidad para hacer olvidar en lo posible que Amenhotep no era de sangre real.)

El anecdotario del personaje Hatshepsut resulta sumamente agradecido para los adeptos al pintoresquismo de la Historia. Pero los frescos más famosos entre todos los de su templo —los del Viaje al País de Punt—, complacen mayormente a los amantes de la geografía exótica, que descubren en detalles encantadores lo que podría constituir el primer importante capítulo de cualquier serie en fascículos dedicados a las Grandes Exploraciones.

Hay ritmo de fiesta en los frescos del viaje, campanillas de acontecer insólito, algarabía de violación de lo nuevo. El recibimiento asombrado a los exploradores que regresaron a Tebas cargados de prodigios podría ser la imagen más entrañable del reinado de Hatshepsut; también la menos clamorosa en relación a la entrada triunfal de cualquier gran faraón guerrero. Pero lejos de Hatshepsut la fanfarria de la guerra. En los anales de su reinado se loan expediciones comerciales, no militares. Y aunque en el texto del lejano Speos Artemidos, en el Egipto Medio, tiene Hatshepsut la suprema cara dura de atribuirse la expulsión de los hicsos —algo que sucedió en tiempos de su tatarabuelo—, lo cierto es que durante su reinado la expansión imperial de Egipto quedó paralizada.

El clamor de las trompetas, el silbido de las flechas, el grito de agonía de los prisioneros castrados están ausentes de la alegría que se desprende de los frescos del viaje a Punt. Solo hay en ellos felicidad por el descubrimiento de cada cosa, asombro por el hecho de pintarlas, seguridad porque están ya adaptadas a la patria tebana. Una vez más, la expresividad egipcia busca la crónica, la inmortalización de las *choses vues*. No aparecen solo los motivos favoritos, sino todos los elementos extranjeros, insólitos, capaces de despertar la imaginación de Tebas. ¡Es como un vídeo del exotismo primitivo, un reportaje sobre los encantos del país de Punt! Las cabañas de cúpula redonda, habitáculos levantados en empalizadas sobre el agua, el árbol del incienso, las figuras deformes de los monarcas pigmeos; el exquisito acuario del Mar Rojo, verdadero catálogo de la vida submarina, con peces luna o peces espada, desconocidos en el Nilo... Y en el gran torneo de lo sorprendente, los soldados egipcios transportan árboles desarraigados que, con toda probabilidad, irían a perfumar los jardines del templo de Hatshepsut.

Dicen que el país de Punt era la actual Somalia. Que la presunción sea cierta o indecisa, pocos laureles quita o añade al ramillete, ya pletórico, de los expedicionarios. En la lejana época en que incluso las dunas del desierto podían ser receptáculo de maravillas, el viaje a Punt, cualquiera que fuese su ubicación, deslumbra por lo que tiene de intuición del Nuevo Mundo. Y la necesidad del hombre de ir cada vez más allá de un descubrimiento anterior.

En la soledad elegida, el cenit de Ra, que diríase detuvo su viaje en el centro exacto de la cúpula azul, hace que cada paso por Deir El Bahari constituya una prueba decisiva para la paciencia de los sentidos. El sol despide ahora el color blanco intenso de un hueso calcinado, y por su intensidad se apagan todos los tonos del paisaje. Se pisa fuego, se recibe fuego. Lo es la tierra, lo desprende el cielo. Pocos viajeros, o ninguno, aceptan la agonía del mediodía. Y si bien el precio es alto, la recompensa es absoluta: la sublimidad de Deir El Bahari, cantada ya por los antiguos, se revela sin intermediarios. Ninguna contaminación moderna puede anularla.

El sol arranca tantas evidencias a las terrazas desnudas, a las amplias rampas inclinadas, que la realidad se revela entonces con perfiles de una crueldad inusitada. Cada perfil destaca sobre su entorno, como facciones separadas de un rostro que se abalanzase, feroz, sobre el viajero.

Reafirmo mi voluntad de regresar a Deir El Bahari completamente a solas. Me añado a la libertad de esos jóvenes que llegan desde el Nilo en bicicleta o a lomos de un borrico. Es la hora clamorosa del mediodía en que el sol desafía a los turistas, y les vence, obligándoles a buscar refugio en sus barcos de recreo, amenizados por el runruneo del aire acondicionado. Se comprende su opción de comodidad, aun a costa de la belleza. Avanzar entre esas rocas, descender al fondo de las tumbas, constituye una tortura que es, sin embargo, mi ofrenda de amor a la luz de Tebas. Evoco instantes así, en la comodidad suprema que solo se consigue a cambio de la agonía. El paisaje, que es sede de fantasmas, se convierte en un fantasma mucho más fatigado que yo porque soporta el flagelo de este sol desde hace milenios. En la gran noche de los tiempos, se hizo un intersticio para que pasase la luz; y, en cambio, se coló una hoguera.

Recuerdo otro de esos días elegidos. Ya regresaba a Luxor la masa de turistas, y solo Enric Majó y yo cruzábamos el río, junto a algún otro loco, en línea recta hacia la cortina de fuego que se anunciaba sobre la necrópolis. En la elección suprema que siempre es el momento de la soledad, elegimos el templo de Hatshepsut, y es cierto que nunca apareció tan desnudo. Corría en nuestro calendario un cierto 1978, o sea una distancia de diez años desde que tuve el privilegio de ascender las rampas de Hathor en la soledad también absoluta que decretaba la guerra. Ni una sombra de hombre en el paisaje, ni una voz de pájaro en la lejanía. Comunico al pie de la letra la íntima satisfacción de estar a solas con mi amigo en el lugar donde empezó mi mundo. Y Enric, que no fue previsor ni intuyó la irracionalidad de mi entrega a Egipto, el espolón alocado que me lleva a desafiar a los elementos para conseguir un sabor total, Enric se arrastra por el circo de Deir El Bahari demasiado cargado por el peso de un fastuoso equipo fotográfico. En esta incógnita que para mí es una cámara, un juego de filtros no sé si mágicos o simplemente ahumados, servirán para que la luz se suavice al penetrar en el objetivo. Pero fuera de la cámara, el mundo continúa siendo una hoja de papel en blanco. Y las montañas tienen el tono tostado que deja la llama de un cigarrillo al hincarse en el papel.

Así quiero recordar también la sorpresa del Valle de los Reyes, en el ardor insoportable que no admite otras visitas que la de los locos.

En ciertas circunstancias la agonía deriva hacia el placer, al paso que se culmina a sí misma. La agonía y el placer tienen su meta en la iridiscente punta de la Cima, *capello* de la pirámide natural que cobija a los muertos reales de la XVIII dinastía en adelante. ¡Por fin la certeza de que, detrás de esas rocas encrespadas, se encuentran los sepulcros más famosos de Egipto y de los sueños egipcios! Que para acceder a la sorpresa de su descubrimiento repentino basta con remontar el sendero que va serpenteando sobre su espina dorsal, como si fuese un marabú de guijarros milenarios y después, al descender hacia el otro lado, realiza la misma figura traviesa, pero ya entre sepulturas inmortales, ya hacia el corazón de la leyenda...

Siempre es presidenta de la ascensión la pirámide natural, madre del paisaje en esas depresiones naturales, celadora del reposo más ilustre. Como el terreno es sacro, los nombres se complacen en el mito: nunca tantos dioses protegieron a nombres de tanta resonancia. Tutmosis, Amenhoteps, Ramesidas... Durante los cinco siglos que duró su utilización, como necrópolis, el Valle condensó toda la religiosidad de Tebas. Durante ocho siglos, cuando ya Tebas no existía, condensó para Occidente todos los misterios de Egipto.

Serpentean ríos inexistentes, caudales formados por acumulaciones de guijarros. El Valle, en sus angostas sequedades, es garantía de unicidad, pero también un tópico que esclaviza a todos los recuerdos y se erige en símbolo único, con pretensiones de sintetizar con su solo nombre a todos los muertos de Tebas. Como suele suceder con las síntesis vendidas al gusto público, es un equívoco. Pues el Valle de los Reyes —lo sabemos ya— solo es una de las varias necrópolis que formaron un gran cementerio de Tebas.

Se esparcen las otras zonas a lo largo de las montañas, doce kilómetros de bocas negras abiertas en la piel rosácea que tiene la piedra calcárea en la lejanía. Sus nombres árabes, cuya significación no nos es revelada, arrojan una magia parecida a la que debieron de tener los nombres antiguos. Dra Abu El Neggah y El Assassif, Cheik abd El Gourna, Gurnet Murrai, Biban El Harim, Deir El Medineh...

No busquéis el significado de hoy, para no sentir que es el mismo que, en signos árabes y tinta azul, vienen estampados en las localidades que se expenden junto al Nilo. Nombres en uso, han traspasado con creces las barreras de lo concreto, y se sitúan en un universo tan irreal como el pasado al cual denominan. Superaron la barrera del misterio, literario para nosotros, y real, amenazante, para quienes los invocaron por primera vez ante los despojos de tanta grandeza que no entendían. Pocos nombres griegos quedan ya en esa orilla —tal vez Memnón y Ramesseum—, y el árabe que vino a instalarse en ellas poco sabría de griegos y romanos. Dieron una explicación a los fantasmas según avanzaba su convivencia. El parecido de un coloso comparado con algún santón, los restos de algún monasterio cristiano, el efecto de terror por algún pozo de fondo desconocido, fueron forjando la nomenclatura moderna de la Tebas de los muertos.

Desde Dra Abu El Neggah a Biban El Harim, se reparte un rosario de cargos y oficios. Visires, escribas, terratenientes, artistas, sacerdotes y princesas aúllan por las noches la secreta melodía de Tebas.

Vuelve a imponerse la diversidad, juegan de nuevo los caprichos de la Historia, su afición a crear laberintos. Como una inmensa capital funeraria que hubiese sido dividida en barrios, cada zona combina períodos alejados entre sí, incluso grados distintos en la jerarquía social. Aunque siempre son grados resguardados dentro de la jerarquía superior del privilegio. El Valle de los Reyes encerró a la culminación momificada de la jerarquía, pero las llamadas «tumbas privadas» no bajaron demasiado de tono en cuanto a los ocupantes se refiere. Privadas dentro del privilegio; no reales, pero sí nobilísimas. En la muerte de Tebas se mezcla todo, menos las clases bajas. Nunca sabremos en qué rincón de la vega feraz se pudrieron sus cuerpos.

Así pues, la gran ciudad de los muertos de Tebas solo está compuesta por barrios elegantísimos. La amalgama que ofrece la historia revela al mismo tiempo una drástica ordenación, que no puede sino estremecer. Cada cosa en su sitio; cada roca en su instante. Con el simple paso de una colina a otra, el peregrino apasionado salta de tiempo a tiempo, sin detenerse en ninguno. A la entrada del gran anfiteatro de Deir El Bahari, aparece reventado el suelo por las excavaciones en la zona de Assassif, cuyas tumbas principales son ya tardías, de las dinastías XXV y XXVI. Es un paso adelante en el tiempo, porque un corto sendero comunica con las tumbas de Kurna, de la XVIII dinastía. Recorrido de diez siglos con solo remontar una colina. Excursión hacia atrás, desde la decadencia a la plenitud. Y los caminos se multiplican. Otros que se hunden en los collados de la Guardiana de Occidente ligan con lo que los antiguos llamaron Sede de la Belleza y los modernos Biban El Harim. Algo tan sencillo de traducir como Valle de las Reinas; algo tan sencillo de reconocer como las sepulturas de algunas soberanas importantes —como Nefertari, señora de Ramsés II— y otras de interés menor y, en fin, de algunos principitos ramesidas que desaparecieron prematuramente del mundo de los vivos para llenar los pasillos de la muerte con los colores más hermosos y rutilantes del arte tebano. Que yo definiría la tumba del joven Amon-her-Khopechef como una «sinfonía de azules». Y no erraría.

Toda la montaña debió de sangrar continuamente, horadada día a día por el empeño de aquellos tebanos píos. Pero acabó el tiempo de calcular el alcance de las demás necrópolis. Ya mi camino me instaló en el Valle de los Reyes.

Tardaron siglos los monarcas de Tebas en aceptar las ventajas míticas del Valle que se retorcía a los pies de la Cima. Con anterioridad al auge de la XVIII dinastía, los Antef se hacían enterrar más al Noroeste, en las colinas de El Taref. Esto sucedía en el Imperio Medio, dos mil años antes de Cristo. Y aún lejos del Valle, más allá de un espeso ovillo de senderos, depresiones, elevaciones y anfiteatros naturales, otros lugares sagrados o de poder albergaron a su vez cadáveres de reyes y nobles tebanos de dinastías posteriores. Conoció un gran auge la zona de Dra Abu El Neggah, con sus tumbas de tipo hipogeo.

La primera tumba localizada con certeza en el Valle de los Reyes fue la de Tutmosis I (1525-1512), tercer nombre grande de la XVIII dinastía y con prestigio adecuadísimo para inaugurar una costumbre que iba a durar cinco siglos. Y es su resultado el hallazgo consecutivo de 62 tumbas (lleva este número la última que se descubrió; la del dulce Tutankamoncito). Pero algunas no son de carácter real, y se discute todavía la personalidad de sus dueños. No obstante, todos los monarcas de las tres grandes dinastías, de la XVIII a la XXI, encontraron a la larga su morada de eternidad al amparo de la Cima. Se exceptúa como siempre a Akenatón, quien llevó su originalidad a desaparecer del mundo de los muertos con el mismo misterio que desapareció del mundo de los vivos. Como parte fundamental de su herejía, mandó construir su tumba en Tell El Amarna, pero en la destrucción actual es imposible averiguar si llegó a ocuparla, ni siquiera si su cuerpo quedó conservado en algún rincón del suelo egipcio. Una tumba sumamente conflictiva, en el Valle, puso de actualidad el enigma, incorporándolo, por si fuese poco, al enigma de Smenkharé. Es la número 52, en pésimo estado, saqueada no se sabe si por ansias de venganza de los seguidores de la ortodoxia de Amón o, como tantos otros sepulcros, por vulgares saqueadores. Se encontró el famoso sarcófago de tonos azulinos al que se arrancó nombre y mascarilla. Ya conoce el lector mi impacto al encontrarme ante esos restos, en el Museo de El Cairo. Desde su descubrimiento han venido discutiendo los expertos si fue de Smenkharé realmente, de Akenatón o de alguna noble dama, por la postura de la momia, más decrépita que de costumbre...

¿Merced a qué maldito imperio de mi obsesión regresa el alma a las soledades de Tell El Amarna cuando los pies me llevan, con fatiga, por el sendero que conduce al Valle de los Reyes? Miro hacia abajo y son más hirientes que nunca los destellos del templo de Hatshepsut. ¿Por qué, pues, Tell El Amarna? ¿No he de serenar esos torbellinos que van mezclando en mi mente todo el abandono de Egipto?

Y ello a pesar de que me impuse adiestrar al lector en la necesidad de no condensar toda la fascinación de la necrópolis tebana en el reclamo único y persistente del Valle de los Reyes. No le aconsejo, con ello, que lo omita. Todo lo contrario. Aunque hoy es un hervidero de turistas escandalosos, su leyenda, su folklore, su prestigio no se dejan asesinar. Cuando llegué a él por primera vez —y todavía por varias primeras veces—, yacía dormido a mis pies, completamente aislado en su profunda selectividad.

En lo imposible de hoy, pueda yo recordarlo como entonces.

En cierta ocasión vi la noche sobre el Valle de los Reyes. Y aunque sentí un terror infinito —o acaso por sentirlo—, no habrá nunca experiencia que brille tan alto en mi vida.

Todo adjetivo sería impertinente ante la magnitud del acto: la noche era más diáfana que nunca al conjugar su soledad con la del Valle; el parpadeo de las estrellas más intenso, al desfilar sobre las sombras de la Cima y, después, la luz primera de mi día único tiñó de blanco las rocas, que fueron a tomar el tono contradictorio de una nevada, a falta de rocío. Después se completó hasta convertirse en una enorme cuartilla como nunca llené otra, ni lo espero. Ciertas experiencias parecen arrancadas hacia afuera de la vida: se sitúan en dimensiones y sentidos que no sabíamos siquiera que existían. El Valle de los Reyes, en las sombras nocturnas y al nacer a la luz, es una de ellas.

Ningún lugar como el Valle para devolver al viaje su más poderosa carga autobiográfica. También para rescatar el caudal de arcanos —potentes unas veces, horteras en ocasiones— que su sola invocación despierta. Es nombre que tiene poderío. Es un cortejo de asociaciones que envenena el ánimo. Más que ningún otro lugar de Egipto —¿del mundo?—, la imaginación se encuentra sin defensas. Arcanos ciertos, posibles, de la vida dispuesta para una eternidad a todo riesgo. Y arcanos preparados por las especulaciones de la fantasía, la imaginación, la voluble inconstancia de la experiencia directa. Como vértigo, igual que una náusea prefabricada.

Fascinación en la desnudez del terreno erosionado, senderos guijarrosos, riscos que se retuercen en el páramo, y al encontrarse, van conjugándose en racimos de inexistencia. El reino mineral reducido a su esqueleto, en la muerte viviente de sus súbditos. Y es como si la Naturaleza hubiese dejado a sus accidentes desprovistos de los elementos que acaso los llenaron algún día. Ríos sin agua, valles sin sombra, umbrías sin arboledas. Pero no es la desnudez escueta, lisa, ilimitada de Tell El Amarna. Aquí, la desnudez tiene dotes de aglomeración barroca. Tierra y arena entremezclados, racimos de roca, dedos que ascienden hacia el cielo y, en la ascensión, convergen cual si sus yemas fuesen estalactitas que van a acariciar a las que penden de la montaña...

Aunque el fondo de las aguas ígneas no hubiese vomitado el descubrimiento que mayor publicidad dio al Egipto antiguo, conservaría el Valle de los Reyes su derecho a engrosar con todos los excesos —y todos ellos lícitos— el mundo de las fabulaciones. Aunque Tutankamón no hubiese sido rescatado de su vientre para convertirse en fetiche dorado de un Egipto vendido a las mentalidades más banales, el Valle de los Reyes seguiría ejerciendo un imperio extravagante sobre los sentidos del peregrino sentimental. Es voluptuosidad de la muerte. Lujuria secreta. El esplendor como alcahueta de lo eterno.

¡Inmenso sueño, no de sus orígenes privilegiados en el mito, sino incluso —y simplemente— de su salvajismo de hace poco más de un siglo! ¿No cuentan los libros que, todavía a principios del Diecinueve, los viajeros no se atrevían a llegar a esas montañas ni siquiera envalentonados por el afán de la aventura? Temibles fueron, y mucho, los bandidos que vinieron a buscar refugio tras las casas de Kurna, abiertas en los sepulcros, o entre los senderos del valle favorito. El antiguo solar de Hathor, dominio tan sagrado, se convirtió en cuartel general de forajidos. Y algunos gobernadores de la Tebas que ya era Luxor, se vieron obligados a organizar batidas que no siempre triunfaron, ni en limpieza parcial ni en exterminio. La ubicuidad de la fantasía vuelve a revelarse, aquí, con impactos únicos. Que nadie calcule el sufrir de quien tiene que escoger entre tantos azogues de la fantasía, de la fascinación, por mejor decirlo. La que tuvo el Valle al encerrarse en sí mismo, sagrado cuando servía para albergue inmediato de difuntos reales. La que fue adquiriendo, años más tarde, cuando los proscritos, feroces e inhóspitos, le pusieron las cancelas de su voluntad despótica, haciéndolo de nuevo virgen a la atención del mundo.

¡Qué impresionante acumulación de silencios a través de los milenios, en este anfiteatro, sede del terror!

Biban El Moluk, lo llaman los árabes desde el principio de su conquista. Puerta de los Reyes, comunican los traductores. Y el peregrino, que es todavía indocto en arabismos, tiene que creerles a pie juntillas. Y las bocas negras que se abren en las rocas no dan pábulo a la desconfianza; puertas son, en efecto, que introducen en las entrañas del mundo. Y por su peculiar disposición de largo pasillo que desemboca en la cámara central, o del sarcófago, las llamaron los griegos «siringas», que dicen unos fue por la luenga pipa de los pastores del monte, o fue acaso por recordar una jeringuilla. Mas tampoco anda fuerte el peregrino en helenismos, y es de buena fe y se limita a constatar las especulaciones de otros tiempos, convencido de que en lo del lenguaje, como en todo, al final de cien años todos calvos. Como mínimo.

Pero tiene el nombre árabe su lógica, que viene de la profunda observación del pueblo indocto y, como suele suceder, le viene riquísima. Biban el Moluk: Puerta de los Reyes. Es muy exacto, y no solo por las tumbas. Según se llega por los collados de la montaña rosácea, la entrada de ingreso al Valle favorece la impresión de una puerta mayor, cancela inmensa. Y más lo sería en los tiempos gloriosos de su abandono, cuando solo guardaban las tumbas reales algunos guardianes, varios chacales, serpientes y otros bichos raramente hospitalarios. Cuando el paso no lo cerraba, todavía, el ruidoso aparcamiento para uso de doscientos autocares o los tenderetes permanentes de los vendedores de *souvenirs* y bagatelas, auténtico mercadillo de la artesanía prostituida.

¿Será posible olvidar el descrédito de este presente? Lo conseguí en mis primeras visitas, y quiero complacerme en la memoria. Solo me pudrían el cerebro cuatro sueños culturales que suelen ser, de todos modos, sueños de ley. Esperaba yo el impacto, y lo sabía de antemano; y aun sin saberlo, sin tenerlo anotado en mis registros más íntimos, el solo hecho de presentir el Valle me habría producido alguna herida de consideración. Cierto: dos mil años de contagios culturales nos han enseñado a conocer que estamos ante la más prestigiosa de cuantas necrópolis legó la Antigüedad. Pero si este contagio no existiese, si ignorásemos incluso la función de los pozos abiertos en la roca, decidiríamos que hemos llegado a otro planeta. Sea pues aquel amanecer, hora prohibida, instante ideal porque estalla antes de que almas menos nobles se decidan a invadir Biban El Moluk. Antes de que empiece a derramarse, sólido, compacto, sucio, el vómito turístico...

De repente, la magia se interrumpe, cesa el *pathos*, y el mundo se llena de vulgaridad. Las agencias profanan incluso la majestad del amanecer para que los grupos no tengan que sufrir los ardores del día. A las cinco de la madrugada, empieza el crimen.

Aunque he repetido a menudo, como un lamento, que el Valle de los Reyes es hoy un hormiguero de multitudes vocingleras, prisión y trampa de quienes son incapaces de distinguir entre el profundo sentido de la muerte y un envase vacío de coca-cola en la *rest-house* que se levanta, indecorosa, ante la eternidad de Tut y a un recodo de la de Seti; aunque la soberbia inspiración del pasado queda hoy en carnaval de las formas, horrísono intercambio de rebuznos internacionales, vuelvo a Biban El Moluk para sentir mi integridad, y todavía descubro rincones que escapan a la profanación cotidiana. Algo se salvó, y me salva. Si incluso aquí me sintiese profanado, una parte de mi vida escaparía para siempre, y sé que ya no habría escondite alguno en esta tierra.

Por fortuna quedan tumbas poco frecuentadas. La sublimidad encuentra sus defensas en el empeño con que el vulgo la rechaza. Lo sublime contiene una suerte de originalidad que no resulta fácil poner a la venta. Lo sublime requiere una sensación de sorpresa renovada, el nacer y renacer a unos espacios que nunca agotaremos. Y si invoco a la fortuna —pues algún dios habrá que la convoca—, es porque la gran manada rechaza todo cuanto no le ha sido decretado de antemano; y gracias a esta falta de libertad deja libres algunos lugares, y así les permite una vida renovada.

El consejo es fundamental para quien desee encontrar en Biban El Moluk sus sueños inviolados: tranquilice su indignación a base de conocer la síntesis a que están sometidas las visitas de las masas. ¡Ven tan poco, pobres víctimas de la prisa! Se las conduce a dos tumbas, tres como máximo, y se les da un refresco que es obsequio de los genios antiguos, en agradecimiento de que no asalten más lugares. Ni se atreverían a intentarlo. Apartarse de los tres caminos marcados implicaría la pérdida de esta identidad que el turista adquiere solo a partir de su asociación con el rebaño. No importa que los otros caminos estén a viraje de un recodo, que los senderos de las tumbas no disten los cien pasos. ¿Quién los daría, sin el eco protector de otras quinientas pisadas, exactamente iguales a las que oye a diario en los boulevares de su ciudad inicial? ¿Quién se atrevería a perderse en el silencio del Valle, dejando atrás la prevista barahúnda del idioma que conoce y en cuya retahíla de estupideces se siente señor absoluto de sus recursos? En ningún lugar parecen tan vulgares las conversaciones de Occidente; en ningún lugar como en los escalones del dulce Tut, se presenta tan vergonzosa la humillación de Egipto, sus guías obligados a dirigir al extranjero las bromas más banales, las explicaciones más asequibles, el compendio más escandaloso de la gran verdad de Tebas reducida, además, al lenguaje sintético que el viajero oyó algún día en la televisión sin escucharlo.

Ninguna avenida de capital moderna pareció tan concurrida como la tumba de Seti, paseo subterráneo entre cuyos muros, de suntuosa ornamentaria, se levantan en una misma nube asfixiante el griterio de las masas, el sudor de sus sobacos y el polvo de sus pasos. Ninguna discoteca vio reventar sus paredes con el desgarro de las de Tutankamón. Entran los sacrílegos al son uniforme de un mismo clarín, agrupados bajo un tótem que no es sino el emblema que les cuelga sobre el pecho, reclamo aglutinador de la agencia que les arrastra. La masa ha sido dividida en tribus, y cada una de ellas tiene nombres pintorescos, donde el inglés y el egipcio se hermanan: «Isis Travel», por ejemplo. O bien «Osiris Trips». O «Nefertiti Excursions».

Esperan frente a la tumba, en recuas, ordenados según el emblema de la agencia. Tienen que esperar la salida del grupo anterior, que a su vez cuenta con cinco minutos precisos, exactos, para admirar la eternidad de Tutankamón o hacer sus necesidades sobre ella. ¡Letrina innoble del prestigio! Continúan bajo el sol, indómitos en la espera; se distraen en la propia contemplación, en un limpiarse uñas, o mastican ruidosos caramelos mientras el guía les explica su firme seguridad de que Tutankamón no fue *exactamente* Marlo Brando. Y con el grupo que sale de las tripas de la tierra, otro guía exhala los espíritus del humor, y solaza los sudores del personal con una broma a la altura de Bob Hope:

—*You have seen god Tutankamon. Now you will see god Coca-Cola!*

Conviene aquí un *sic* rotundo, no fuese a suponer el lector que la estupidez es invento o licencia del que escribe. La estupidez prospera. Hay celebración en el ambiente. Aplausos y risotadas para la broma escupida contra el rostro mismo de la muerte. Y es posible que el guía, que estudió esa muerte en profundidad y acaso llegó a amarla, que el guía cuyo rostro se parece a los antiguos relieves, escupiese al rostro bonachón de los cretinos. Y ya ven que no trato al turista de perverso. Nada se siente tan bondadoso, nada tan santo como la cretinez.

Salen unos para que entren otros. La comitiva ya no se detendrá nunca. Son esos cinco minutos por grupo que destruyen la eternidad que el peregrino quisiera dedicar a los espíritus de esta tierra. Ya no es posible detenerse ante el féretro de Tut y darle amor, evocar los labios temblorosos del adolescente en el trance de recibir la cruz de la vida, provocar con la imaginación el salto a la realidad de los babuinos sagrados que protegían su sueño. Ya no es posible apoyarse en la barandilla que nos separa de la momia y aspirar el aire viciado de los milenios envolviendo los objetos funerarios, enriqueciéndolos con un moho parecido a la neblina que aparca por la mañana sobre el Nilo. Todos los gritos, toda la estupidez, todo el imperio de la prisa y el jolgorio impiden que la memoria se llene de tinieblas, que a lo lejos resuene la suprema violación del silencio, cual debió de ser la piqueta de Howard Carter violando la piedra al cabo de dos mil años. Y pues tenemos la luz eléctrica, ya no surge como un dardo violento la luz que empieza a abrirse paso, el sol que vuelve, que viola el polvo acumulado en cada objeto y va a posarse, travieso, sobre la oreja erecta de Anubis...

Puestos a destrozarlo todo, los nuevos invasores han destruido incluso la ternura, única oferta que pudimos hacer a Tutankamón. Porque se nos ha repetido hasta la saciedad que fue un imberbe, que no tuvo el respeto, que pasó sin pena ni gloria por el Nilo. Quedaba, entonces, llegar hasta su tumba y conmovernos por lo que no hizo, acariciar sus restos por lo que no llegaron a ser y, en el estado de su momia, lo que no son siquiera. Este acto de dulzura está hoy prohibido. Ya nunca más podré ofrecer mis respetos al muchacho cuyo rostro, forrado de oro, dibujaba en las libretas de limpio, en la frialdad de un colegio de curas. Ni siquiera en el Museo, atiborrado de infieles, podré exclamar como Carter: «Veo cosas maravillosas.» Solo acierto a ver tomavistas, pantalones bermudas, gafas de sol, todas iguales...

Es la acumulación de vicios de Occidente que descubro en Egipto, cada vez que se pronuncia el nombre de Tutankamón. ¡Y todo por la menos espectacular de las tumbas reales! Lo grandioso, que es su tesoro, está encerrado en el Museo, y, como he dicho, quedó prohibido para el peregrino sensible. Este tiene que limitarse al homenaje en la memoria. Los babuinos sagrados, el escarabajo navegando en la barca solar, el propio Tutankamón convertido en un Osiris de *kindergarten*, el gran padre Ay, cubierto con la piel de pantera de los sacerdotes, efectuando la ceremonia de la apertura de la boca, para garantizar la perfecta restitución del adolescente en el otro mundo, las cruces de la vida que penden de sus manos, manos que fueron heréticas en los extensos solares de Amarna..., todo parece surgir de alguno de mis dibujos infantiles, como si mi arte forzosamente ilimitado cruzase pleamares de eternidad, confundiéndose con el sueño de un niño egipcio...

Pero la manada de turistas continúa gritando, y es Enric, de nuevo, quien se subleva ante la estupidez, y la califica de sacrilegio. La momia del joven Tut continúa en su féretro, pero el reposo le ha sido negado. A cada nuevo viaje, Enric insistirá en su peregrinaje, a pesar de la media hora larga de cola, a pesar del asalto continuo y provocador. Y solo para salir de la experiencia más indignado con ese bajo mundo incapacitado para la ternura. Yo me resisto a la prueba. A partir de 1978, me resigné a no secundar nunca más el insulto al reposo del personajillo más entrañable de Egipto (y el menor, seguramente). Desistí de mezclarme con el común, cuando común se ha vuelto sinónimo de insensibilidad.

Prescindo de las largas colas ante las tumbas programadas, que son las más cercanas al ingreso del Valle. Reanudo el paseo por los senderos ocultos, hacia las tumbas más selectivas. Y la palabra es mágica, pues como dije me permite sentir que algo íntimamente mío no ha sido profanado.

Los adeptos del esplendoroso instante del arte egipcio que fue la pintura tebana, y su madurez espectacular durante la XVIII dinastía, dejan sorprender su ingenuidad ante el exceso temático que triunfa sobre los valores pictóricos en las tumbas reales. Ingenuidad si la tuviesen, claro está, pues pocos llegan a Biban El Moluk desnudos de información previa. Pero supongamos que existe un viajero semejante. Efectúa su ingreso en la más prestigiosa de esas tumbas y queda completamente deslumbrado —¡faltaría más!—; pero aparte de algunas obras excepcionales, su aproximación a las pinturas requerirá la ayuda del mitómano más que del experto en arte. La decoración que acompañase el largo viaje de los reyes de Tebas lleva a su culminación —una culminación acaso fatigosamente expresada— el sentido de lo religioso. El arte se da por descontado.

En la antecámara de la tumba de Tutmosis III se esculpió un catálogo de 741 divinidades, reunión que sería un récord en cualquier religión, un pináculo en cualquier muerte. Lo pongo en condicional para excusar que la afirmación pareciese pedantería. No la desea, una vez más, el peregrino. Pero anota el elenco porque ha de ser la tónica de todos los descensos a las tripas del Valle, convertido en paseo por las mil y una letanía a las dos mil divinidades del Egipto. Y pedantería no ha de ser, en todo caso, porque el peregrino humilde confiesa que depende de la sabiduría de otros. Por ejemplo, de quien tradujo, en la tumba ya dicha, que «solo aquel que conoce todos los nombres del sol y de todas las distintas divinidades puede ser identificado con el sol-dios-sol». La duda moderna es lógica: ¿tendría el faraón tanta ciencia, o la memoria que se requiere para retenerla? Si antes de convertirse en Osiris le tocaba reconocer uno a uno a los dioses que formaron su demasiado copiosa parentela... *¡en fin!*

Gajes serían del oficio, brete puesto al dios en la tierra, o simple protocolo del que acaso prescindía, preocupándose más por reconocer a su parentela en este bajo mundo. Se me da que llegaría la momia ilustre a su eterna clausura dejando tras de sí a los únicos que se habían ocupado de aprenderse el celestial catálogo: los sacerdotes, que en inventariarlo pusieron esfuerzo y maña a lo largo de los siglos; y los artistas que pintaron o esculpieron uno a uno, y con paciencia, a los habitantes del panteón divino. Pero importa poco quien consumiría, al final, tales industrias. Ellas son el acompañante y guía del peregrino en sus descensos fatigosos a las tumbas reales. Que no se andaban, como los nobles, en fruslerías en esta tierra, y así adornaron todas sus paredes con alusiones mitológicas, que o bien campaban por sí solas o cuidaban del guiar al Ilustre en su camino por el Más Allá. Nadie regresó de este camino y esto lo sabían mejor que nadie los egipcios; pero tampoco ignoraban que, puestos a caminar por veredas celestes, mejor pisar firme y en buen terreno. Este se dividía en doce complejas regiones, correspondientes a las doce horas del día y celadas por otras tantas puertas de cierto compromiso. Incluso al faraón, que en vida había sido un Horus, le hacían falta guías excelentes en el delicado trance del viaje: por ello se le muestra acompañado de los grandes dioses; pero sin hacerle por ello más pequeño. La dignidad se le presuponía; las amenazas de que iban a tenderle seres malignos (como la serpiente, por citar solo uno), era de temer. Y no estaría de más una excelente pronunciación en el recitado de las fórmulas rituales en vigencia. Que son las que abarrotan las paredes de las tumbas, y han sido agrupadas en los siguientes conjuntos:

En Amduat, o bien «Libro de lo que se encuentra Más Allá», que describe el viaje del Ilustre por lo desconocido y aspira a enseñarle la recta ruta.

El «Libro de las Puertas», título de gran conveniencia, pues enseña al difunto todas las reglas, leyes y triquiñuelas que es menester para traspasar los doce dinteles.

Los «Himnos al Dios Sol», donde Ra aparece transfigurado en setenta y cinco nombres distintos.

El «Libro de la Apertura de la Boca», fundamental por ser esta ceremonia la que garantiza al difunto el uso de sus órganos en la otra vida (entre otras variadas propiedades).

Todas estas letanías y muchas otras, adornan con tal profusión las sepulturas reales que diríanse las obras completas de la religiosidad faraónica (como objetivo y como substantivo, como paciente y como destinatario). En la angostura a veces agobiante de algunas tumbas, la acumulación de dogmas se precipita sobre el peregrino, confundiéndole por un exceso que —él lo sabe con dolor— nunca llegará a descifrar. Y no hay que atribuirlo a que es analfabeto en jeroglíficos: mil historias mitológicas aparecen, también, dibujadas, repetidas, agotadas a la manera de tiras cómicas dominicales, y si bien son más claros los dibujos que los textos (porque también para el profano una imagen vale por mil jeroglíficos), lo cierto es que el peregrino no se desespera menos, por faltarle valiosos elementos de asociación, luego de reconocimiento. ¡Qué distinto de las tumbas de los nobles, en Kurna! Allí, cada dibujo recoge la experiencia humana en su plenitud, y es digno de amor porque cada acción es reconocible, como las nuestras propias, espejo de actividades, sueños y deseos del peregrino trasladados a una antigüedad que pudo ser la suya. Solo el atuendo, la forma de los objetos, la actualidad de los ingenios. Lo demás, por ser humano, es eterno.

En el Valle de los Reyes el relato, al ser divino, es pasajero. La iconografía de cada religión es fugaz, oscura para los no practicantes y, a veces, un chiste para los no creyentes. Si alguien hubiese dicho a un egipcio que el cocodrilo encaramado a lomos de un hipopótamo (en el zodíaco del techo de Seti I) parece sacado de una caricatura, lo hubiera tomado a sacrilegio. Y, sin embargo, a quienes desconocemos su sentido religioso (que debió de ser profundo, a no dudarlo), nos parecen pintorescos personajillos de Walt Disney.

Todas las leyendas relacionadas con los dioses van apareciendo en las paredes de los reyes, para hacernos creer que el reino de ultratumba estuvo tanto o más superpoblado que el Valle del Nilo. ¡Compleja, excesiva demografía! ¿A cuántos dioses tocaría por kilómetro cuadrado? En las paredes, pilastras, bóvedas, pasillos, dinteles y sarcófagos de las tumbas reales aparecen diosas, dioses, genios buenos y genios malos en ordenados desfiles —generalmente en fila india y siempre de perfil, siguiendo las convenciones que la pintura egipcia utilizaba con los mortales—. Las criaturas del otro mundo suelen presentarse en su mayoría con figura humana y cabeza de animal que les distingue, como el Ibis de Thot, el carnero de Amón, el escarabajo de Ra, el chacal de Anubis o el buitre de Nekhmet. Hoy nos hemos acostumbrado a reconocer esta iconografía y a respetarla y disfrutarla. Pero no cuesta trabajo comprender lo que de insólito, e incluso alucinante, debió de tener para los hombres del pasado: griegos, egipcios, cristianos, árabes que viniesen a buscar refugio en la tremenda oscuridad de estas tumbas y, en el oscilante vaivén de las antorchas, viesen aparecer tantos fantasmas inexplicables. ¿Quién no los tomaría por íncubos frutos de la imaginación de cualquier diablo?

Siguiendo aquel punto de vista de los profanos alucinados, el variopinto panteón egipcio va ofreciendo a cada tramo soberbias lecciones de imaginación: serpientes aladas, pájaros con cabeza femenina, serpientes con patas, abejas gigantes y cocodrilos risueños. Y aunque el peregrino se ocupó de conocer por los libros el significado exacto de cada símbolo, se le aparecen ahora, en la acumulación, como un desconcertante bestiario del absurdo.

Los sentidos se emborrachan doblemente, en la acumulación de datos y en las tonalidades deslumbradoras de los colores mejor conservados (y las pinturas de mejor calidad, se entiende). El color induce continuamente a un batiburrillo hedonista, que pudiera triunfar sobre todas las demás percepciones si, de repente, en las tumbas más prestigiosas del Valle, no triunfase la lógica, el exacto seguimiento de un orden que ya no se limita a cultivar: viene para exigir nuestro respeto. Prescindimos de las copiosas letanías, damos la espalda al impacto de lo legendario, salimos de la embriaguez en que la misma sorpresa nos sumía y es entonces cuando lo mejor del arte tebano revela su método y se hace magisterio. La perfección de algunas tumbas reales —como la de Nefertari, como la de Seti— conmueve todavía más cuando se piensa que la perfección de las estructuras no se alcanzó desde la libertad. El artista anónimo no se limitó a hacer brotar su inspiración, tuvo que sujetarla a unos preceptos establecidos, una ordenación decretada. Parece un milagro que en algunos casos pudiese alcanzarse lo maravilloso. Cuando surge, lo preferimos al resto, pues el arte egipcio oficial suele escapar a nuestras nociones modernas de la individualidad del artista; resulta exótico, pero no gratificador. Siempre parece el resultado total de un trabajo en común, que, en todo caso, tiene sus momentos más entrañables en las pinturas inacabadas. Estas permiten seguirlo trazo a trazo, en un itinerario conmovedor por lo que tiene de viaje a los secretos de la expresión artística. En las tumbas de Amenhotep II y Horemheb, por ejemplo, las partes inacabadas se presentan como gigantescas libretas de apuntes, como si una circunstancia que nos es desconocida se hubiese encaprichado —capricho a su vez de la fortuna— en dejar simplemente constatación de las bases del pintor. Sobre la capa de yeso destacan trazos indecisos ejecutados con sanguina; trazos que algún ayudante se encargaría después de reseguir. Otras figuras en negro insinúan rectificaciones más inmediatas; otras, la primera prueba de un color; alguna acumulación de figuras proclama el orden a seguir en el desfile clásico dentro de una perspectiva uniforme, monótona, esclava del dogma.

Tal vez esta esclavitud a los modelos establecidos hace que la pintura del Valle de los Reyes vuelva a ser menos espectacular que la de las tumbas de los Nobles, en Kurna. Cuando se consigue la obra maestra, es como si el precio de la perfección fuese el orden mandado, la respuesta limitada al encargo. Los mamposteros tenían que asegurar las paredes de la tumba; el pintor, o cualquiera que fuere su nombre, tenía que garantizar que los pasos del difunto no se apartarían del recto camino preestablecido. Y aun dentro de estas coordenadas estrictas, de ese inevitable cortejo de tópicos funerarios, y la repetición infatigable de un canon común, el milagro del arte surge a veces a borbotones, explícito, directo como una agresión. Entre los equipos de artistas que efectuaban sus trabajos en el fondo de las cavernas, flotaría en algunos días elegidos un geniecillo travieso, que explica que de dos figuras efectuadas por decreto, y con los mismos atributos (coronas idénticas, faldones con los mismos pliegues, colores parecidos) una sea maravillosa y la otra mediocre.

Conmueve la individualidad del arte en un cosmos, atlas divino o Who's Who del otro mundo, que llegó a negar la individualidad a las representaciones de los dioses mismos. También ellos están sometidos a un canon uniforme, pueden ser aburridos. Cuando el geniecillo del arte les roza con sus alas o les espolea con un polen travieso, incluso el dios adquiere una personalidad que le hace más atractivo. ¿Llegó a saberlo el artista tan singularmente dotado para la obra maestra? ¡Si conociésemos sus sentimientos en el trance definitivo del dar por terminado su prodigio! ¡Su pensamiento cuando, terminado el último trazo de la máscara de Horus, echaría atrás la cabeza y, limpiándose el sudor, se recompensaría con una jarra de cerveza! A quien llegó a sublimar mediante el arte individual la esclavitud del cincel, el carboncillo o la espátula le reconocemos al instante y le amamos, flor rara y estupenda en el catecismo de miles de páginas inscrito en las paredes del Valle de los Reyes.

Cuando salgo a la luz del sol, al flagelo del sol, pienso menos en los faraones que en aquel artista del milagro. Sé que hay un tributo que le debo, y lentamente lo extiendo a todos sus compañeros, si no iguales en maravillas, sí en esfuerzos. Los ojos se me quedaron hastiados de tantos seres divinos. Aspiro a solazarme con la vida cotidiana de Tebas expresada con mucha menor solemnidad en las paredes de las tumbas de Kurna. Pero antes doy un rodeo por las montañas; acudo a depositar una rosa de afecto, un clavel de complicidad ante las murallas desplomadas del poblado de los obreros, en Deir El Medina...

Los trabajos en las tumbas de las distintas zonas de la Guardiana, dieron lugar al nacimiento improvisado de pequeños campamentos de obreros y artesanos, cuyos restos o más bien destrozos se han encontrado a menudo en las excavaciones modernas. Carter cuenta que uno de sus presentimientos más sólidos en la búsqueda de la tumba de Tutankamón lo tuvo al comprobar la existencia de uno de aquellos campamentos provisionales, que nació durante la construcción de la tumba de Ramsés IV, situada justo encima de la del faraón niño. (Uno de los tópicos más acreditados sobre el insólito salvamento de la tumba de Tut, consiste precisamente en la creencia de que los escombros de la tumba de encima, y ulterior en el tiempo, cubrieron la entrada, preservándola así para siempre de la codicia de los ladrones o la furia de otros cultos por llegar. Y se consiguió casi por entero. Valga el casi. Hubo un hurto en la tumba de Tut, pero de pequeño alcance. Los oficiales volvieron a sellarla.)

Pero se han escrito muchas y memorables páginas sobre todo cuanto pudo contribuir al rescate de Tut, y pocos tributos —o pocos que yo conozca— sobre el modo de vida de los obreros de las necrópolis. Sus itinerarios para llegar al lugar del trabajo me resultan apasionantes. Pues estaba su pueblo confinado en una de las estribaciones de la Guardiana que linda ya con los cultivos. Sus emplazamientos ante las tumbas eran, pues, provisionales. Se conocen los senderos que recorrían, sorteando las zonas menos arriesgadas de la Guardiana, remontándose entre sus peñas, descendiendo después por detrás del Valle de los Reyes, como hiciese yo en mi primera visita, sin saberlo. U otros caminos, más cercanos, que les conducirían por la cercana colina hasta el circo de Deir El Bahari, o a las necrópolis civiles de Kurna y El Assassif...

Los campamentos provisionales sustituían al largo trayecto, que habría sido fatigoso efectuar a diario. Permanecían los obreros al pie de su trabajo durante diez jornadas, y según los papiros y ostracones, regresaban al pueblo de Deir El Medina, para tomarse uno o dos días de asueto. (Había también otro poblado para los guardianes de la necrópolis, situado en una depresión entre Deir El Bahari y el Valle de las Reinas.)

Tenía la ciudad de los obreros un nombre cautivador, *Sede de los servidores de la Verdad*, y al amparo de este nombre sus restos sacuden la sensibilidad del peregrino con una intensidad todavía más pasmosa que la que pudo sentir ante los mitos programados en las tumbas del Valle de los Reyes. Pasmosa digo, y lo repito, porque el pueblo es un simple entramado de piedras que los egiptólogos han ido reorganizando, con la paciencia habitual y sin la menor pretensión de restituir esplendores. Pasmosa porque no habría aquí belleza, sino utilitarismo. Y, sin embargo, la belleza salió de entre esas piedras. Y si la traducción del vocablo egipcio para definir al escultor era, realmente, «el que da vida», justo es recordar que todos los habitantes del villorrio llenaron de vida la eternidad de las montañas tebanas consagradas a la muerte.

Intensa emoción del peregrino cuando se encuentra en los lugares donde se forjó el arte de otros tiempos. Y ya no solo las obras realizadas, sino los sencillos habitáculos entre cuyas paredes el obrero, el artesano o el artista repartían su cotidianidad a partes iguales entre la vida y el trabajo. Su casa, su estudio, sus instrumentos, la remuneración que recibía, sus relaciones gremiales, todo ha sido salvado del olvido en Deir El Medina. Y por fortuna. Pues, ¿quién no deseó alguna vez que se conserven para siempre las *bothege*, seguramente desordenadas, donde los artistas florentinos enseñaban a sus discípulos la cauta perspectiva? ¿Cuántas maravillas no han mostrado los escasos restos del taller de Tutmés, entre la arena de Tell El Amarna, de cuyo manto surgió a la luz esa hoguera radiante que son los bustos de Nefertiti? La emoción de encontrarse en esos íntimos lugares de los grandes partos sería, a la larga, una especie de masturbación apasionante.

La encontramos en Deir El Medina, a los pies del actual edificio de la Misión Francesa, nido que parece vigilar, con notable ciencia heredada, la perfecta ordenación de un ayer que, por ser cotidiano y por ser artístico, se nos hace tan íntimo. Antes de la Primera Guerra Mundial, los italianos (y después, en un largo período de 1917 a 1947, los franceses) fueron recuperando paso a paso esas casitas, esas callejas que a efectos prácticos resultan de valor incalculable por ser con Tell El Amarna uno de los pocos casos de estructura urbana que ha sobrevivido del Antiguo Egipto. Y a efectos de estricto deleite artístico, las tumbas que se abren en la pared que cierra la ciudad forman algunos de los ejemplos más bellos de toda la zona tebana. (Y así es particularmente hermosa la de Sennedjem, maestro de escultores de la XIX dinastía, tumba presidida por dos grandes y hermosos retratos de Anubis, orgulloso sobre sus patas dobladas.)

Conmueve pensar que los miembros de esta pequeña comunidad (albañiles, mamposteros, cargadores, pintores, escultores) transformaron su vida en un servicio continuo al arte anónimo, encerrados sin juguetes lejos de la gran Tebas. Las hogueras de la ciudad debían de lucir como diminutas estrellas, deslumbrantes, inalcanzables al otro lado del Nilo. Me pongo en el lugar de uno de esos jóvenes encerrados durante días enteros en las entrañas de la tierra, cincel o pinceles en ristre. Por las noches, desde el limitado jardín de su casa junto al imperio de los muertos, miraría con envidia los fastos de la gran capital. Y tal vez algún día cruzaría el Nilo en busca de diversión, errando como un dominguero anónimo bajo cualquiera de las Cien Puertas (por demás hipotéticas).

Ya se ha dicho que el pueblo resulta hoy un testimonio incalculable para comprobar la estructura de los habitáculos egipcios (en este caso, durante las últimas dinastías del Nuevo Imperio). Son bastimentos que presentan una disposición clara, sencilla, en todo utilitaria; casas de dos habitantes, una cocina y tal vez terraza. Y si estas ruinas proporcionaron una información valiosísima, no fue menor la que se encontró en un profundo pozo colectivo: cerca de cinco mil ostracones, piedras que los trabajadores de la necrópolis utilizaban como borrador de dibujos, textos, planos e incluso cartas y referencias a su vida cotidiana. En algunos casos, el esbozo inicial presenta una absoluta libertad del creador. Ante el ostracón, no se encontraban coartados como en el momento de ejecutar, en los muros de las tumbas reales, el trabajo definitivo y por lo tanto supeditado a las imperiosidades del arte, la moral y la muerte oficiales.

Este pueblo que fue para los vivos, parece una más entre las Ciudades Mortuorias que lo rodean. Es como un esqueleto de piedras sobrepuestas, nunca titánicas como las del templo de Amón, en la lejana Tebas. Es un imperio de las rocas y la arena, modesto en la ruina como debió de serlo en su actividad. Cobijo de pedernales y lagartos. Comulga en la soledad y el dramatismo de los otros valles de la cordillera e inspira la misma sensación de angustia que los senderos que le comunican con ellos. Con el circo de Deir El Bahari por un lado (pasando, además, por un pequeño templo ptolemaico); con el pueblo de Kurna remontando la ladera. Y como aquí no se detuvo jamás turista alguno, y solo peregrinos respetuosos, destilan las rocas humores de soledad opresiva, silencio total, mudez que otorga al sitio una solemnidad, un orgullo, que no esperaríamos encontrar en un insignificante villorrio de obreros (es decir, artistas y artesanos) a quienes ni siquiera fue permitido firmar sus obras maestras.

Los caminos que salen de Deir El Medina parecen más propicios si se remontan, en lugar de intrincarse en la base de las montañas, como hace el que va al Valle de las Reinas. Es en ambos casos rescate de soledades, pero hay un respiro en la elevación, y en cambio uno se siente prisionero sobre la tierra. Hay paredes que amenazan por ambos lados del paseo, como ríos blancos que se propagan entre afilados despeñaderos.

La roca se ha vuelto removida de repente, sin que sepamos si es la superficie que le corresponde —el habitual despliegue de guijarros— o los escombros que forraron la colina hace milenios, cuando fueron abiertos los crepúsculos. Y entre los pedernales aparecen las puertas de las mansiones mortuorias privadas; y en la acumulación se van levantando el ocre tosco de las primeras casas de Kurna. Desde esa altura, los cultivos aparecen inmediatos. Y reaparecen las formas dispersas de los grandes templos funerarios; fantasmas heridos unos, colosos humillados otros...

Pero en la pared de la montaña, cientos de agujeros que pertenecen a los muertos. Kurna, al fin.

Cuando en el privilegio de más soledades desciendo a las tumbas de los grandes faraones, siento que mi devoción es furtiva, y recobro el pavor de los primeros violadores, hace más de tres mil años, época en que el lugar estaba sacralizado y el concepto profanación podía adquirir su sentido más terrorífico. Los tuvo para los ladrones contemporáneos y coetáneos que, por serlo, conocían sobradamente el alcance del sacrilegio. De existir una literatura de la profanación, complacería sin duda a nuestra fantasía.

Pero existió, por lo menos, una crónica. No la de los egiptólogos, que vinieron a hincar su pasión en lo que ya era abandono, sino más allá de todo tiempo, en las lejanas dinastías de estos reyes, cuando Biban El Moluk todavía era lugar de culto. Se han encontrado testimonios escritos (¿cómo, si no, sentiríamos su pálpito?) que tratan de escandalosos procesos contra ladrones de tumbas. Uno de ellos está en el llamado Papiro Abbott y se conserva en el British Museum. Cuenta con todo detalle una larga serie de hurtos ocurridos bajo el reinado del faraón Ramsés IX, de la XX dinastía. Este y otros relatos tienen todas las características de una novela negra, donde el detective fuese descubriendo que el malhechor, lejos de actuar a solas y desprotegido, está respaldado por altos cargos de la administración local, los sindicatos y la misma policía. Durante la indagación van apareciendo nombres importantes, la red se complica, el cerco se cierra. Y al final es toda una colectividad la que se encuentra complicada en el hurto, y el cerco de los vivos, en la perfecta organización del delito, se estrecha contra el tabú de la eternidad y lo derrota. Cuentan a veces los acusados que todos los habitantes de las zonas vecinas a Biban El Moluk conocen escondites que llevan a las tumbas; detallan todas las piezas del botín, lo que tocó a cada uno y los medios de que se sirvieron para acceder a ellos. Ni siquiera se libran de sospecha los obreros de la necrópolis. ¿O ellos menos que nadie? Durante meses, durante años, esos hombres han trabajado desde el seno mismo del secreto, conocen todos los caminos que conducen a él. Nada parece más razonable que cobrar, en la muerte, el trabajo que fue mal pagado en vida. Y lo que se pretendió secreto infranqueable de la muerte, termina en indiscreción que se susurran los vivos entre los peñascos de los agrestes valles, o agazapados bajo la llama que ilumina su trabajo diario al fondo de la tumba.

En algunos casos, incluso altas autoridades locales se vieron complicadas en el feo asunto. Pues es sabido, tanto en la ciencia como en las novelerías, que ni la roca más profunda de la Guardiana de Occidente consiguió proteger a los muertos de la rapiña. A lo largo de los siglos, desde la época faraónica, el secreto de las tumbas se fue transmitiendo como una especie de herencia compartida en el silencio más absoluto. Es incalculable el número de tesoros que se habrán perdido en estos lances.

Las grandes familias de ladrones de antigüedades llegaron con cierta tranquilidad al siglo XX, y al parecer fue desde siempre su capital la aldea de Kurna, que no en vano había sido edificada entre y sobre las tumbas de los nobles. Ni el miedo a la muerte ni el terror de penetrar en el terreno exclusivo de los difuntos debieron de contar mucho a juzgar por los resultados. Podemos suponer algunos castigos poco gratos: la amputación de la nariz y las orejas, entre los principales. Sin embargo, ningún difunto con todos sus guardianes, pudo evitar que su tumba fuese saqueada, ya por sus mismos contemporáneos, ya por los kurnenses de generaciones venideras, que la descubrieron y guardaron el secreto para sus hijos y los hijos de sus hijos, siglo tras siglo.

Con el tráfico incesante entre tumbas, reanuda Egipto aquel envío de misterios y aventuras que solían colmar con absoluta puntualidad los devaneos infantiles de Occidente. O de Barcelona, si no he de ser hipócrita trasladando a un contexto general lo que fue síndrome de una educación sentimental concreta. Y dentro de ella, ¿cómo separar racionalmente lo que fuesen fantasías de tebeo, con sus residuos del espíritu decimonónico banalizado a pequeñas dosis, y lo que ya fue presentimiento racionalizado de una cultura?

Corría el año 1881 cuando un asistente del egiptólogo Maspero descubrió un importante lote de antigüedades en el mercado negro de Luxor. La frecuencia de tales apariciones, así como su importancia histórica y artística, llevó a investigaciones en profundidad, que a su vez condujeron hasta una importante familia de Kurna. Después de muchas indagaciones, y no sin contar con la indignación popular, dado el prestigio que los ladrones tenían en la aldea, el miembro más joven de la familia acabó confesando la existencia y conocimiento de una gruta en la montaña de Deir El Bahari. El botín superó todas las expectativas del Servicio de Antigüedades. No se trataba de la tumba de un único faraón, sino de una auténtica fosa común en la que los sacerdotes de la Baja Época habían conseguido esconder nada menos que cuarenta momias reales de siglos anteriores y entre ellas las de algunos faraones básicos: Seti I, Ramsés II, Amenhotep I y Tutmosis III. Después de que sus tumbas habían sido saqueadas, los sacerdotes intentaron salvar las momias, amontonándolas en el escondite más remoto de la montaña.

Este formidable descubrimiento no constituía un caso aislado en las experiencias de la egiptología. Y mi devoción se enciende al imaginar que el suelo de Egipto puede contener todavía muchos escondites de este tipo, cuevas anónimas donde se arremolinan en confusión y desorden los reyes de otros períodos, de otros paisajes. Es seguro que el temor a la profanación no sucedió solo en Tebas. Al igual que se hizo en Deir El Bahari, los sacerdotes de Menfis pudieron temer por los cuerpos de sus grandes monarcas del pasado, y correrían a salvarlos de la depredación. Irían una noche de tumba en tumba, en una actuación sigilosa, último deje de la piedad de antaño. La avidez de los vivos quedaría limitada al oro, las piedras preciosas, el mobiliario real y todo un etcétera de tesoros presumiblemente fabulosos. Escondida para la eternidad junto a la de otros grandes reyes, la simple momia descansaría en algún lugar ignorado, donde ya no pudiese despertar codicia. Solo carne embalsamada. Solo el silencio natural de una gran fosa común, como la de los pobres. Y algunas momias reales tuvieron que hacer más de un viaje, de un escondite a otro más seguro. ¡Ironías de la vida en la muerte! Las ansias de una inmortalidad que se pretendía asegurar con suntuosas ofrendas, solo serían garantizadas en adelante por un pedazo de carne acartonada, podrida a veces por ungüentos y resinas; y sin las entrañas que seguirían desperdigadas por el suelo de la tumba cuando, presumiblemente, los ladrones se llevasen los vasos canópicos destinados a contenerlas.

Pero la anécdota que me subyugó no tenía como protagonistas exclusivos a los grandes monarcas rescatados del olvido, sino al Padre Nilo, o más bien a su gente de siempre. Al aliento que continúa impulsando historias de muerte y cantos de vida. Aquellas momias reducidas a la extrema miserabilidad de la carne perdían su cualidad de sueño ancestral y eran destinadas a ser piezas de museo, víctimas idóneas para la curiosidad del siglo XX. Cuando los sacerdotes decidieron protegerlas, colocándolas en una gran fosa común, no pudieron suponer siquiera que sus reyes serían a la larga pieza de mobiliario en la llamada «sala de las momias» de un museo destinado a cobijar las cenizas de su cultura. En una ciudad, El Cairo, que no estaba ni siquiera prevista en el tiempo.

En el viaje hacia El Cairo de esos cuarenta faraones del escondite de Deir El Bahari, recordaba lo que vi en los ojos del adolescente desesperado que, en la misma zona, pretendió venderme un pie de momia; veía reflejado su sueño colectivo que era el de la continuidad del mundo. Mi imaginación buscaba esta continuidad en el efecto que el traslado de las momias río abajo produjo en los campesinos de aquel lejano 1881...

Corrió como rugido de tam-tam la voz del descubrimiento. De aldea en aldea, de palmeral en palmeral, conocieron los campesinos que algo suyo había brotado de las entrañas de Tebas, nombre que, por otro lado, no existía ya en ningún registro. Pero algo había quedado soterrado en el laberinto de los siglos porque a lo largo de seiscientos kilómetros se vestían de luto los habitantes del Nilo, salían de las cabañas de adobe, abandonaban sus rudimentarios utensilios; y empujados acaso por el espíritu de Hapi —aquel que preside todas las inundaciones—, seguían el paso del barco que transportaba a El Cairo a los grandes soberanos de un tiempo del que ningún campesino podía tener noticia histórica. Y era noche cerrada, porque los miembros del Servicio de Antigüedades habían trasladado las momias desde Deir El Bahari con un secreto que se quiso riguroso, en previsión de posibles altercados. A oscuras y a toda prisa.

Previsión inútil. Secreto a voces. A salmos, mejor dicho.

¡Qué imagen para recordar que en la gran muerte de Egipto todavía hubo vida que se correspondía con otra vida, lejana y siempre inalcanzable! Mientras las momias de los faraones surcaban el río, hacia su vivienda definitiva en las vitrinas del museo, los *fellahin* lanzaban a la noche aquel cántico dolorido, cargado de siglos, de muertos, de días que nacen para convertirse, al cabo, en muerte. El murmullo eminentemente popular, indocto, genuino, iría saltando entre las palmeras, de aldea en aldea, renovando al cabo de tanto tiempo la melancólica melodía de una dama de Tebas que convertía sus senos en lotos abiertos a las caricias de un amante díscolo. La tonada, que nunca fue recogida en texto, también pudo expresar siglos antes la nostalgia del doncel que se embarcó en la expedición de Hatshepsut hacia las tierras ignoradas de Punt. ¿O eran los gemidos de dolor de las hermosas plañideras que acompañaron el feretro de Ramsés hasta su tumba en Kurna? ¿O las notas jubilosas con que Akenatón acompañaba sus elogios a su única divinidad sobre la tierra? Tal vez las palabras no fueron las mismas, en aquellos salmos con que los campesinos enlutados seguían a sus reyes de tres milenios antes. Pero ya fuese ritual de herencia, ya lamento improvisado, queda por lo menos el consuelo de que no pudieron ser letras dictadas por la mediocridad de inspiración típica de una clase media influida por el disco o la «teúve». Tal vez las muchachas *fellahin* de los años veinte habrían cambiado el texto de la copla cuya música aprendieron de su madre, como ella la aprendiese de sus abuelas; pero la tergiversación importaría poco en este caso, porque la música permanecía; y en cuanto al texto, era el fruto de las inspiraciones naturales de la tierra. Era un tiempo en que el pueblo todavía creaba su propio cancionero, con seguridad absoluta. Y cada deformación, cada nuevo legado, sería creación renovada que hoy ha quedado obstruida por los comerciantes de la sensibilidad.

Dos mil años después de que se agotase su poder sobre las Dos Tierras, aquellos faraones que yacieron amontonados en un escondite secreto abandonaban de noche y en silencio una Tebas que tampoco era la misma: jamás regresarían a su morada de eternidad, porque durante medio siglo de encierro en las vitrinas de cristal, serían espectáculo dado a voracidad del turismo extranjero; hasta que en 1980, con muy buen criterio, el presidente Sadat ordenó que se les diese trato de jefes de Estado y su exhibición quedase prohibida al público.

Pero más aún que los reyes condenados a la humillación de los museos, sobrevive en la poesía ese desfile del nuevo pueblo de Egipto (1). Recordad siempre esa imagen del *epos* inmortal del Nilo: mientras el día agonizaba sobre las montañas del Oeste, allá donde suele detenerse la barca de Ra, las riberas se llenaron de velos negros, bocas mordidas por muchos soles, voces piadosas que, desde un diapasón modesto, rendían homenaje a una historia que ni siquiera había podido aprender en escuela alguna. De la cual sólo tenían noticia por unas ruinas que han podido ver desde siempre, en la noria de sus trabajos, en la cansina repetición de sus días. Ruinas inexplicables e inexplicadas.

La fascinación de las momias.

(1) Es un tema que recogí, ocho años después, en mi novela *La herida de la esfinge* (1991).

Libro Cuarto

DE TEBAS A ABÚ-SIMBEL

UN CRUCERO NILO ARRIBA

Por un conjuro de los elementos, que en Egipto tienen tanto hechizo, el viaje abandona ahora la tierra firme. En Egipto, el río es la distancia más corta entre los puntos, y así las surco a partir de ahora, en ruta a Assuán, y aún a riesgo de perder en el capricho fragmentos importantes de la historia del país. Nada espectacular, nada clamoroso; pero, por lo menos, una colección de pedruscos evocadores de un instante del período predinástico, el exvoto de algún faraón, la avanzadilla de alguna guarnición militar...

A partir de ahora dependeré de cuatro enclaves básicos que, no por antojo, se asoman al Nilo; ruinas que diríais surgen de sus aguas, como náyades maltrechas. El medio de locomoción que he escogido está tan condicionado por una ruta previa, inamovible, que ya no se detendrá más que en esos lugares que el turismo de masas puede encontrar espectaculares, románticos, titánicos y misteriosos: muy *ancient Egypt*, en resumen. No hay sorpresas en la ruta propuesta desde Luxor a Assuán, o viceversa, pues que la travesía es reversible. Las escalas atenderán principalmente los templos ptolemaicos de Edfú, Kom Ombo y Esna. Que es como decir un periplo entre los esplendores y las vergüenzas del arte de la Baja Época. El arte del crepúsculo, como se le ha llamado.

La elección del crucero es drástica, y plantea un dilema al viajero que gusta inmiscuirse entre el paisaje, cotilla que hurga entre todos los rincones de la ribera. Compensa, sin embargo, la tan reconocida placidez de la travesía, el continuo despliegue de imágenes idílicas que ayudan a comprender desde el centro mismo del mito por qué desde los tiempos más remotos el Nilo fue tan de Egipto y Egipto tan del Nilo.

Renuncio a la medición exacta del terreno, a rastrear el mundo palmo a palmo, pero gano el privilegio incomparable de sentirme en el centro mismo del mito, inmerso en la fuente de vida del país después de haber estado durante tantos kilómetros coqueteando con los manantiales resecos de su muerte. Porque la vida del cielo se precipita sobre el río al amanecer, y yo estoy en el centro; porque se repliega con dramáticos oropeles de colores cuando atardece, y yo estoy en medio del combate que la luz del cielo desarrolla contra su propio reflejo en las aguas.

Siento el privilegio de la Creación renovada mientras la proa del barco rompe las aguas que le atacan, espoleadas en su marcha por el largo trayecto desde el corazón de las selvas africanas.

Y en última instancia, renuncio a las exploraciones en tierra firme para sentirme de lleno en la ilusión de otro mundo. En este sentido, un crucero por el Nilo es una experiencia inolvidable. Cierto que no hay nada más bello. Ni más corto. Ni por desgracia y horror más manipulado.

Amparándome en la tradición fluvial, suprema en la historia de Egipto —y no solo de su turismo— he surcado el Nilo de todas maneras y en barcos muy distintos. Desde el todo-lujo *Osiris* de la cadena «Hilton», colmena de turistas prepotentes, hasta el más modesto, pero infinitamente más placentero *Karnak*, cuyos cuarenta camarotes garantizan una cierta tranquilidad y la sabiduría, en otro tiempo, de mi muy querido Joaquim Bas ejerciendo de mánager. Es un encantador tipo de embarcación que intenta reproducir el decorado y la intimidad de aquellos barcos de vapor de finales de siglo, o bien cuando el trayecto podía tener las garantías de virginidad que relata E. V. Gonzenbach en su libro felizmente reeditado (8). Es lo que un inglés de modales irreprochables llamaría «el compañero indispensable para un perfecto trayecto fluvial a bordo del *Karnak* o algún navío de características similares».

Los cruceros fluviales del momento actual no requieren pamela ni binóculos. Siguen el imperativo de la prisa, fomentan la enfermedad que carcome al turismo en Egipto *e dovunque*. Como de costumbre, el tiempo es demasiado corto, el contraste entre lo ofrecido y lo necesario produce una frustración siniestra. Sobre todo si se piensa que el crucero culmina con una estancia de apenas dos jornadas para recibir en comprimidos todos los tesoros de Tebas.

No son esas estancias, no, las que pueden entusiasmar al viajero exigente. Pero no desespera. Su peregrinaje —y muchos peregrinajes anteriores— ya le llevó a agotar todos los recursos de Tebas (si se agotan). Precisamente busca en el crucero un reposo de su febril actividad en tierra firme. Lo conseguirá si en los estrechos límites de la nave puede hacerse con un lugar vacío que le permita recuperar su soledad. Se deja balancear entonces por pleamares de quietud. El espíritu se encuentra más abierto, más receptivo, dispuesto a coger lo que le echen, a digerirlo sin preocuparse en profundizar. Solo cuando en las escalas se le obliga a visitar los templos en poco más de dos horas se da cuenta del despropósito, llora por la libertad con que podía disponer de su tiempo en tierra. La dosificación del placer se le hace más evidente. De nuevo se empeñan en administrarle la belleza en píldoras de inconsistencia.

(8) E. V. Gonzenbach: *Viaje al Nilo*. Editorial Laertes, Barcelona.

En una primavera ya ardiente de 1982, estrenamos barco: el *Horus* (nombre que me es particularmente propicio, porque lo es la deidad). Es un magnífico armatoste, provisto de todas las comodidades que permiten asistir al supremo desfile egipcio sentados en algún palco de privilegio. Tiene un agradable equilibrio entre lo necesario y lo excesivo, y ofrece un itinerario más completo que otros barcos, al proseguir su viaje hasta Abydos, incorporando la vista a Dendera. Y esto es importante, porque lo hace más exclusivo. Como parte de los pasajeros más apresurados se quedan en Luxor para proseguir viaje en avión hacia El Cairo, los viajeros sensibles quedan dos días a solas, dueños absolutos del barco.

Después del bullicio promocionado por las agencias, la soledad confirma rotundamente la belleza de un crucero fluvial en Egipto. Se navega de lleno en el corazón de los tópicos, por supuesto... Pero, ¡qué admirables tópicos! Desde la cubierta del *Horus*, veo transcurrir el paisaje como en una panorámica cinematográfica, que se va adueñando de los sentidos hasta embriagarlos. Y por muchas veces que se haga este itinerario, siempre es nuevo, y siempre perfecto. En resumen, la imposibilidad de que el Nilo sea igual dos veces.

Como las visiones son muy primitivas y de auténtica ensoñación, habrá quien recurra siempre a un tópico que ha hecho fortuna. «Se ven paisajes que parecen sacados de la Biblia», suelen exclamar los entusiastas. Pero esto es una contradicción sonada, que revela un escaso conocimiento de los textos santos. O acaso una lectura excesiva, pues no recuerdo yo demasiados fragmentos de la particular odisea del pueblo hebreo que se dediquen a describir el Egipto. Si al «Éxodo» nos remitimos, es tan urgente la necesidad de salir del país, por parte de los hebreos, que el cronista no se excede en descripciones. Ni las hay en la particular peripecia de José, lógicamente alejada de todo reclamo turístico. En cuanto a Jeremías, sus proféticas alusiones a la caída del Egipto tienen el peso de un destructor, nunca de un admirador de la belleza. *E così via...*

Una definición, tan arraigada en el hablar de los viajeros que regresan de Egipto, debe de significar, que por «bíblico» entienden las reminiscencias de una vida pastoral la cual, por otro lado, es normal en muchos otros pueblos semíticos. Pero yo prefiero parangonar mis cruceros por el Nilo con las admirables pinturas de las tumbas o los barcos funerarios del museo. Allí es efectivamente donde cumple encontrar su originalidad y supervivencia.

Dejémoslo en que las imágenes que se deslizan al ritmo exacto de la navegación son, simplemente bucólicas. O casi. Imágenes que no han sido contaminadas completamente por ese amago de sociedad industrial que puede verse en El Cairo y en ciudades más pequeñas como Kena, Minia y Assiut. Ciudades en que a los detritus ancestrales vienen a unirse los charcos de gasolina, los escombros de plástico y otros encantos de la civilización del desperdicio.

Lo idílico, en Egipto, es y será siempre ese Nilo que se aleja de los centros industriales y turísticos para proseguir una existencia secular, una repetición de motivos de vida. Ninguno de los barcos que efectúan la ruta turística se detendrá en las aldeúchas desparramadas a lo largo del trayecto, o junto a aquellos espléndidos palmerales a la salida de Esna; y mucho menos en las canteras que, pasando por El Sisileh, rompen el verdor proverbial del valle para ceder ante el ímpetu provisional de las arenas del desierto. No se detendrán los barcos, no; pero las visiones continúan como una película, surgen como un ensueño y quedan fijas en el alma. Para siempre, además. Pues en el Nilo, lo idílico es la permanencia. Y no sé si esta aura de poesía que arranco a la visión se la otorgarían también los habitantes más antiguos del valle. Lo que para ellos debió de ser una experiencia cotidiana, es para mí una belleza rescatada del olvido. Algo que quedó aquí, por milagro y no sé para cuánto tiempo.

Tendido al sol, junto a la piscina del *Horus*, domino el itinerario; y el mundo sigue transcurriendo a mi alrededor, como si fuese un amanecer permanente.

En esta incursión al mundo de los sueños de anteayer, no todo podían ser maravillas, abanico de paisaje o relicario de restos históricos. Justo será olvidarlo ahora, en provecho de un capítulo posterior. Es tan poderosa la necesidad de exorcizar los fantasmas de la estupidez, que resultará más práctico liberarme de ellos en un solo trazo. Que los desmanes de una cierta tripulación no invaliden el paseo entre los caminos más seductores de Imaginaria.

Si el lector tuvo la desdicha de contemplar, ante un aparato de televisión cierto engendro titulado *Vacaciones en el Mar*, habrá tenido también la ocasión de comprobar cómo ciertas amalgamas humanas están destinadas irremisiblemente al fracaso de la inteligencia. Si algo enseñó esta serie americana es que la inmadurez mental de una colectividad puede ser de veras contagiosa. Y que la mediocridad general es más agresiva que la agresividad misma, sobre todo cuando la colonización cultural yanqui impone sus modelos. En este caso, como en otros, conductas y sentimientos de personajes perfectamente idiotas. Ya resulta dramático que partiendo de esas premisas subiese la demanda de plazas para cruceros marítimos en todo el mundo que queda bajo el influjo de las series televisivas USA.

¿Exageración? Tal vez sí en lo de ceñir ciertas degradaciones de la inteligencia a una sola nacionalidad. Gracias al invento de los viajes en grupo, el crucero por el Alto Nilo nos enseña hasta qué punto la estupidez es universal. La clase media, con ínfulas de imitar modos burgueses, arrolla todo cuanto todavía pudo quedar de sensibilidad en el viaje. Con tal concurrencia, un Byron pudo haber caído víctima de infarto ante las puertas de cualquier sirinja. Dichoso él, que pudo recorrer los montes de Grecia con su joven servidor, los caballos y el escritorio portátil (una de las piezas que más me conmovieron en la exposición «Byron and Grece», celebrada en Atenas en 1973).

También el famoso cuadro en que Byron aparece ataviado con el traje de los suliotas. Este recuerdo, inolvidable, se contradice en la memoria con los disfraces que improvisasen los «selectos» pasajeros del crucero, Nilo arriba. Como sea que el organizador exige que los disfraces se refieran a figuras de la antigüedad de Egipto, y también es requisito que los viajeros los viesen a lo largo del crucero, asistimos Majó y yo a auténticas aberraciones. La alemana que improvisó el aspecto de Hatshepsut a base de una toalla y papel de plata, las dos ancianas francesas enteramente envueltas en papel higiénico a guisa de ventaje de momia, la mariquita suiza que dedicó sus ramalazos a imitar a Tutankamón... Quedamos alucinados. Incluso una pareja digna de todo respeto sucumbió a la tentación de pasar por César y Cleopatra dando rienda suelta a un ridículo que por su conversación cultísima jamás hubiésemos sospechado. El ridículo de los demás concursantes lo dimos por cierto desde las primeras conversaciones, que no eran, de hecho, sino negaciones de la negación absoluta.

Si algo nos emociona en la decisión de *travestimento* de Byron (aparte su punto último de narcisismo), es lo que en él adivinamos de devoción a la causa griega. No estaría demasiado lejos la muerte en Misolonghi, pongamos por caso. Naturalmente, la muerte más heroica a que podrían aspirar los viajeros que conocimos en el Nilo era, a todo tirar, una sobredosis de hamburguesas, bien provistas de catsup.

Huelga decir que, entre tanta ostentación de oropeles, contrastaba con singular ternura la genuidad del pueblo egipcio; al que ese personal llegado de las nubes estropeas, envilece día a día. Los admirables marinos que cargan con las lámparas de petróleo para iluminar las salas más oscuras de los templos, los apuestos mozos de recepción, impecables en sus uniformes azul celeste y los dulces camareros nubios ya solo buscan en los viajeros el recurso fácil de una propina, por pobre que sea (y suele serlo). Los camareros especializados (algo así como una ascensión social) se muestran orgullosos de servir, con sus manos limpias, a los augustos dominadores que les mandan las agencias. Su puesto les coloca por encima de los demás trabajadores del barco y lo hacen evidente despreciándoles. De este modo se produce entre los mismos servidores una alarmante división clasista.

Nuestros países potentes siempre tuvieron a gala convertir en espectáculo a los pueblos considerados como subdesarrollados... *et pour cause!* El crucero no tiene por qué ser una excepción. Los mismos guías —por demás excelentes— ya empiezan por prevenirme contra sus compatriotas, recomendándome cuándo tengo que negar una propina, o el regateo, a veces innoble, que debo hacer ante determinada pieza de artesanía; o, en fin, el modo más sencillo de mandar a la porra a los molestos solicitantes de propinas (por otra parte una plaga irritante de todo el Egipto).

Al mismo tiempo, los guías de las más recientes promociones detestan, con razón, a esta masa de invasores nuevos del Nilo y sus maravillas. No se trata ya del guía improvisado de otro tiempo, con muchos menos conocimientos que los que pudiera ofrecer el más banal de los folletos turísticos; son, por el contrario, hombres y mujeres diplomados, que conocen al dedillo la egiptología y, en días de suerte, pueden ofrecer explicaciones verdaderamente interesantes de los monumentos visitados.

«En días de suerte» significa, ni más ni menos, las escasas jornadas en que la sed de conocimientos de los grupos coincide con los propios conocimientos del guía. Esto, sucede en raras ocasiones, según me aclaró una elegante princesa venida a menos que gana su sustento en tal menester. Cuanto más corta es la explicación, mejor la agradecerá el turista. Y concretamente en una visita a Edfú, en que una joven guía se dedicó a explicar con pelos y señales la lectura de los jeroglíficos, unos jóvenes franceses se quejaron diciendo: «Es una buena guía, pero habla demasiado. Apenas da tiempo para tomar fotografías.»

¡El kodacolor vence por puntos a la experiencia de varias generaciones de egiptólogos!

Había vivido yo siete viajes a Egipto y la inclusión en uno de estos grupos se debió, simplemente, a que era la única posibilidad de realizar el crucero y aprovechar, a determinadas horas, determinadas visitas. Pero me maravilló sobremanera la supina ignorancia que los turistas tenían del país que estaban visitando. Llegados a Tebas, verdadero emporio de las ruinas, unas jóvenes italianas preguntaban a gritos qué podía haber en aquel lugar que justificase permanecer en él un día y medio. Y una pareja de mariquitas yanquis —particularmente feos y vestidos a cuadros— se escandalizaron de no encontrar, en Tebas, las Pirámides de Gizeh, que asociaban a un viejo film llamado *Tierra de Faraones*. Se lamentaban, eso sí, de que por una semana habían perdido la oportunidad de ver a Bette Davis rodando, en Assuán, el film *Asesinato en el Nilo*. Por último, entre tantos dislates, no fue la menor de las maravillas el jovencito suizo —particularmente afeminado y feo— que me preguntó si existía algún libro publicado sobre cuanto estábamos viendo. Le sugerí algunos títulos. Prefería los novelados. Me arriesgué a sugerirle el *bestseller* por antonomasia de antaño, *Sinuhé el Egipcio*, pero con el temor de que me mandase a la porra por banalizar la cuestión. Ni siquiera sabía que existiera tal novela. ¡Y eso que no era *grande literature*!

Vistas las circunstancias, visto el personal, recordé irónicamente que un par de años antes, visitando las ruinas de Micenas, comenté con una guía griega algunos pasajes de *La Orestíada* (por otro lado, una referencia más que obligada en el espíritu de aquellas ruinas). La joven, de algún modo cultivada, consideró prodigioso que un «turista» le hablase de aquella obra, más aún que la conociese siquiera. Lo encontré una exageración, o un falso halago. Pero al incluirme en el crucero por el río de Egipto, comprendí que no lo era; que era perfectamente posible que miles de personas pasasen por Micenas u otros lugares míticos sin haber oído hablar en su día de la tragedia de las Atridas, o de cualquier tragedia.

También las piedras del Egipto se ven maltratadas diariamente por una ignorancia que no se atreve a decir su nombre, y se disfraza con todos los atributos posibles: el de la indiferencia en primer lugar. ¡Extraña forma de gastar el dinero tiene la gente! Porque es muy probable que, de las mil posibilidades que concede Egipto, solo un par de ellas permanezcan en el cerebro de esos conservadores del museo de la vulgaridad.

Volviendo al tema de la relación entre el turista rico y los nativos, se produce un hecho que culmina todos los atentados contra el buen gusto. En la obligada fiesta de despedida (cuando todo el mundo, tal para cual, se intercambia direcciones y planes para el futuro), el barco del «Hilton» ofrece un espectacular *buffette* de especialidades africanas (con un montaje a lo Hollywood) y, acto seguido, en la pequeña pista, los obreros de la tripulación brindan actuaciones basadas en el folklore nubio. Saltan a la pista esos jóvenes, e inician con cierta pureza las danzas de sus ancestros. Pero toda pureza es excesiva para el viajero occidental, a quien los cabarets de El Cairo han sabido acostumbrar a las más vergonzosas adulteraciones del folklore egipcio: entonces, los jóvenes nubios empiezan a desfigurar su propia tradición, su apasionante personalidad, y las danzas van degenerando hacia una variante de la conga discotequera, y los viajeros son invitados a unirse a ella. Los hijos de Occidente se lanzan al bailoteo. Huelga decir que, frente a la flexibilidad de los bailarines nubios, el barrigudo banquero americano, las varices de la francesa cursi, la papada del alemán rojizo, resultan risibles, ridículos e irrisorios. Pero ellos se mueven con la seguridad de los perfectos compradores. Sus dineros estrepitosos, sus variopintas tarjetas de crédito, contribuyen a la degeneración última de un mundo que fue bello.

Este mundo aparece ya contaminado completamente por los compradores de maravillas al por mayor. Como muestra, un contrasentido. En el crucero, todas las mesas estaban dominadas con el cartelito con el nombre de determinado grupo. Solo dos mesas solitarias ostentaban el cartel de «individual», la que ocupábamos Enric Majó y yo; y la de un matrimonio, que resultó ser el director de un museo de San Francisco y su esposa. Y esta categoría de «individualidades», que debería ser la aspiración suprema del viajero, solo sirvió para que los grupos nos mirasen con cierto desdén. Sentimos que nuestra voluntad acérrima de independencia nos marginaba. Estábamos desnudos con solo nuestra costosa libertad por taparrabos. Y en un país que tiene su paisaje vendido a las multinacionales del turismo con varios años de antelación, se dio la irónica circunstancia de que los únicos cuatro huéspedes que viajábamos a pleno lujo, fuimos los peor atendidos, los últimos en las comidas, los despreciados por el servicio.

Las reglas del viaje se invirtieron completamente. Hoy en día, Byron solo sería respetado en Egipto si llegase formando parte de una convención de tejanos horteras, prestos a confundir Karnak con Las Vegas. Y sería mal mirado por su tendencia a malgastar el tiempo ante las ruinas, porque las reglas del grupo son implacables, porque su ley carece de generosidad. Y la norma de los turistas se convierte en dogma que llega a arruinar incluso la libertad de los demás. El sueño terminó. Esas aves de paso solo permanecieron en las zonas sacras el tiempo justo de comprar baratijas y darse cuenta de que la inmensidad de Egipto excede con creces el tiempo que pensaban dedicarle.

En este punto me di cuenta con horror de que la avalancha turística que se ha precipitado sobre Egipto desde que terminó el peligro de la guerra, me hace tender a un cierto elitismo del viaje. Ignoro si la elección es lamentable. Me da igual, en todo caso. Pues teniendo en cuenta que la mal llamada «democratización» del viaje solo ha conseguido acentuar la banalidad absoluta de los visitantes y la degradación de los visitados, no conozco mejor solución que la soledad para complacer mis urgencias de lo auténtico y devolverme mi deleite en la belleza. En el estado actual de los viajes por el Nilo, ambas cosas ya solo están dentro de mí mismo.

Los primeros turistas europeos.

HORUS EN EDFÚ, SOBEK EN KOM OMBO Y ROMA EN ESNA

Por culpa del itinerario decretado, la majestad de Edfú no proporciona el encuentro espectacular de otros lugares de Egipto. Las calesas que transportan al selecto rebaño transcurren por calles impersonales, trotan entre la mediocridad, descargan frente al más decepcionante de los tópicos. La pared que esconde al templo de Horus pudiera ser un vulgar cañizar de baile de pueblo, y a su alrededor prosperan varios tenderetes de recuerdos pelones, los mismos que han asaeteado hasta el horror el espíritu del peregrino. Y un merendero tanto o más vulgar, que ni siquiera tuvo la delicadeza de engañar con alguna artesanía típica. A unos cien metros, la espalda tostada del gran santuario, lleno de promesas pero sin ninguna realización de primer impacto, como he dicho.

La decepción no proviene solo de lo mediocre del itinerario que lleva a los turistas del barco al templo, encerrados en calesas colectivas; tampoco de las lamentables compañías. Es que se trata del primer gran coloso egipcio cuya majestad no se nos ofrece de frente; el primero que nos da la espalda. ¡Lo conquistamos por el trasero, cosa que en el terreno de las perspectivas espectaculares queda sumamente antiegipcio! La sorpresa de los tremendos pilonos emergiendo en un paisaje inmenso, se pierde en Edfú. Cuando el viajero accede a la fachada, ya caminó un rato junto a los flancos del templo, siempre al trote del rebaño conducido por el guía-pastor. Ha podido anticipar consecuencias no demasiado favorables sobre el estilo bastardo de los relieves exteriores.

Y entonces, al girar por una de esas acanalanaduras típicas en los bordes de los pilonos, aparece por fin la plataforma completamente despejada, única perspectiva propicia para calibrar el gigantismo de Edfú. Pero hay que ir hasta el extremo de la explanada, hasta las paredes de algunas ruinas que fueron la casa del nacimiento de Horus, es decir el *mammisi*, hoy desperdigado. Conviene dar la espalda al templo hasta que se ha alcanzado este especie de mirador público. Avanzar sin querer conocer antes de tiempo el sueño de cíclopes que está a punto de atacar la mirada. Y cuando se alcanza la atalaya, volverse lentamente y descubrir, por fin, los dos grandes pilonos que guardan el dominio del dios halcón. Por su magnitud, las piedras inspirarán entonces una sensación de gigantismo espectacular. Pero las dos esculturas de

Horus en su forma zoomórfica, custodios impertérritos de la puerta que se abre entre los dos pilonos, darán a lo sensacional su auténtica dimensión de majestad.

Contribuye sin duda al efecto el que Horus es una divinidad por quien siento una deliciosa simpatía.

Su templo parece emerger de la realidad, sobrepasándola, y de hecho toda la plaza es una excavación tremenda para sacarlo a la luz, para despejarlo de la tierra acumulada que interrumpía su ingreso y llegó a ahogarlo. Es como si brotase de un cráter provocado por un cataclismo, sumamente providencial, y que otro cataclismo hubiese dejado al descubierto. Una ciudad entera pudo haberse desarrollado sobre su techo, que no llegó a hundirse. En este caso, habría quedado oculto para nosotros. La fortuna lo preservó parcialmente, haciendo que solo la parte superior de los pilonos y la pronaos emergiesen parcialmente de entre los escombros (quedaron sepultados el patio central y dependencias laterales). Cuando la expedición napoleónica llegó a Edfú en 1799, los soldados pudieron escribir sus nombres en lo alto de los pilonos, entre los gigantescos relieves de reyes y dioses. Alguno bromeó, diciendo que más inscripciones francesas encontraría en Edfú la posteridad que jeroglíficos faraónicos. Y si no es cierto es, por lo menos, bien hallado. Solo que las generaciones venideras, que tendrían la suerte de encontrar el templo completamente despejado, pueden poner esta aseveración en tela de juicio. Pues es difícil encontrar paredes más abundantes en figuras y signos jeroglíficos que las del templo de Edfú.

Pero ya dije —y se ha dicho mucho— que Edfú tiene la fama de ser el mejor conservado de los templos egipcios. Y aunque el viajero se consideró curado de espantos ante el esplendor de Karnak, no preveía que su asombro volviese a despertarse a tan escasos kilómetros (aunque a tantos siglos de distancia). La integridad de Edfú autoriza a la imaginación a juzgarse realista cuando, de nuevo, invoca a sus espectros preferidos. Al igual que en Dendera, diríase que los sacerdotes del culto salieron por unas horas a hacer alguna excursión mística. Bastaría con esperar su regreso para que Edfú volviese a revivir.

Excelente ocasión para que las yanquis cándidas puedan exclamar:

—*At last! That's my Egypt! The grandeur that was Egypt.*

—*Indeed!* —sabremos suspirar, con ironía.

Pues la indudable majestad de Edfú, y la seguridad que se deriva de su estado de conservación, son el reflejo más pálido, el espejo un tanto engañador de la decadencia del Egipto verdadero. Es como la impresionante máscara que perdió el alma, o la olvidó, en el largo camino de las corrupciones. Solo que fue tan rico aquel arte, tan prodigiosa aquella cultura, que incluso su corrupción merece un asombro. Obtiene, por lo menos, un respeto.

¿Qué es, sin embargo, esta bastardía? ¿De qué elegantísima caída nos está hablando?

En Edfú asalta al viajero profano la primera intuición del arte ptolemaico, tónica general del crucero. Y el santuario descomunal de Horus satisface todas las expectativas menestrales: los amantes fervorosos del *comme si vous y étais* encuentran donde complacer sus pretensiones de que es posible revivir escenas del pasado a guisa de diorama. No es necesario. Edfú ya era un diorama del verdadero Egipto. Pero al mismo tiempo, comunica el desesperado intento de la cultura antigua por sobrevivir a los nuevos imperios. Cuando se empezó el santuario (237 a. de J.), daba sus últimos esplendores el poder de Alejandría; cuando fue terminado (52 a. de J.), el nuevo poder empezaba a anunciarse con timbales romanos. Por lo menos cuatro Ptolomeos echaron los restos en Edfú, en esos 185 años que duró su construcción. Y a pesar de todos los avatares su planificación sigue el espíritu de los santuarios del Imperio Nuevo. Todos los efectos que debía de producir el gran recinto de Amón en Karnak están revividos aquí en sus mínimos detalles. Descontando solo las traiciones habituales en el arte del pastiche dictado desde Alejandría.

Para que naciese en esta extrema latitud del Alto Egipto una imitación tan perfecta del espíritu antiguo, tuvo que existir una razón que justificase con anterioridad el derecho de Edfú al mito. La gigantesca tramoya no surgió de la Nada; ninguna de las tramoyas ptolemaicas o romanas surgieron, en Egipto, sin un contenido religioso previo y a menudo impulsor, determinante. Se han encontrado vestigios de templos anteriores, hasta retroceder a uno del Imperio Antiguo. Y aún más allá podría ir la marcha atrás. Parece ser que un rey halcón reinó en esta zona en tiempos pre-dinásticos, y que aquí tuvieron lugar algunos torneos culminantes en la gran batalla de Horus contra Set. Es un capítulo más de la leyenda osiríaca, que tan rica en ramificaciones se va revelando a cada descubrimiento. Acompañaron al halcón titular del santuario una pintoresca caterva de guerreros partidarios de su causa, y por extensión de Ra: los arponeros sagrados, los *mamcisis.* Eran cazadores de hipopótamos que persiguieron a los enemigos de Horus por todo Egipto. No se limitaron a intervenir en la lucha ancestral contra su malvado tío: le ayudaron también contra Apopis, la serpiente-dragón enemiga jurada del Sol, y que en el más allá simboliza a las fuerzas del mal. Tan malévolo fue el reptil en este caso, que en algún momento de la historia de la teología egipcia se le asoció con Set. Ósmosis lógica, en la que el mal se funde con el mal. Y una vez más, auténtico desbarajuste de divinidades. Porque también hubo en el panteón egipcio sierpes muy benéficas.

Con tales antecedentes, nada hay que objetar a la preferencia de Edfú por Horus, enemigo jurado de los malos sujetos. Y nada más halagador para la población local que uno de los puntos culminantes de la batalla por la reivindicación de Osiris la efectuase su buen hijo en en este punto. El desarrollo del drama se fue paseando a lo largo de todo el Nilo: Isis buscando el cadáver desmembrado del sacro esposo, llegó hasta más allá de Assuán. Horus, persiguiendo al asesino, alcanzó los confines del desierto. Eran mitos a los que complacería mucho ir fundando ciudades a su paso.

La noble causa de Horus nos lo hace más cercano que otros dioses egipcios, envueltos en especulaciones teológicas a menudo indescifrables, simples pregoneros o espejuelos de fuerzas naturales. Horus es el hijo por excelencia, y aunque la figura del padre permanece inigualable en la piedad popular, él forja su propia personalidad, desarrolla su propia historia original, estampada continuamente en los muros y columnas de Edfú. Tal vez no llega a la humanidad de Isis, la madre por excelencia, que tuvo prerrogativas de donadora de mercedes entrañables, pero sí ofrece garantías de extrema seguridad a los caminos de la raza humana, siempre amenazada. Ya hablaremos de Isis al desembarcar en su isla preferida, la impar Filae. Aquí estamos en los dominios del hijo. La espectacularidad de Edfú, sin la delicadeza de Filae, se proclama en favor del hijo.

Dos enormes esculturas de Horus, también en su forma zoomórfica, custodian el templo, la cabeza erguida, el pico solemne, la mirada dominando el infinito. Diríase que el halcón acaba de cumplir su venganza y descansa, altivo, sobre sus patas delanteras. Tiene una severidad que algunos confunden con rabieta. Mucha fue la penetración psicológica del escultor para dotar al modelo divino con una altivez que impone todos los respetos y predispone muy de antemano a los misterios de su culto; mucha también la sabiduría con que la estatua (o las estatuas, que eran cuatro, dos en la puerta triunfal y otras dos en el patio de las ofrendas) presenta la síntesis expresiva digna del mejor arte egipcio. Es lo más perfecto de la ósmosis entre las cualidades del animal y la expresión del carácter humano, doblemente asimilado.

Ante la escultura de Horus, el enamorado cree encontrarse ante una premonición del *art-decó*. No se diga que el diseño de los años veinte de nuestra era no encontró en el arte egipcio sus inspiraciones mejores. Jarrones, juegos de té, relojes de mesa, pitilleras, lámparas, juguetes e incluso el diseño industrial se acogieron a aquella esencialidad de las líneas que encontramos ya en el Horus de Edfú. La frivolidad de los *roaring twenties* obró con el clasicismo egipcio como hicieron los artistas ptolemaicos. Redujo el alma a la línea. Pero en esta reducción se obtuvieron lecciones magistrales.

Suerte que Horus, en Edfú, no se limita a un juego de líneas más o menos funcional. Todavía no lo había tocado la aciaga suerte de su colega en divinidad, el simpático Anubis: verse representado en toga romana y tal vez coraza de centurión. Pero no se libró de las deformaciones ajenas a su espíritu egipcio. Aunque mantuvo como pudo sus atributos nacionales, a la larga su representación antropomórfica —cabeza de halcón coronando un corpachón de hombre— llegó a resentirse del hibridismo dominante. A las conveniencias típicas de la representación egipcia, asimiló las que venían de Grecia, vía Alejandría (como era de esperar). Tanto en Edfú como en Dendera, la infiltración helenizante proporcionó al cuerpo humano del halcón una musculatura que choca con los gráciles miembros del pasado. Así, algunas de sus nuevas representaciones recuerdan a un atleta formidable, cuando no a un gladiador a quien cualquier Circe despechada hubiese embrujado, dotándole de cabeza de pájaro.

Ante la escultura zoomórfica de Edfú, blanco preferido de tantos objetivos fotográficos, vuelve a imponerse un repaso a las prerrogativas y aspectos distintos de Horus. Le hemos visto demasiado reproducido en tumbas, papiros y relieves como para no sentir la imperiosidad de llamar al orden a tantas máscaras y caretas que nuestra mentalidad encuentra disímiles. Le hemos visto esquematizado en su imagen animal, seguramente la más simple: recuerda al aguerrido halcón que, en tiempos tribales, cruzaría diariamente los aires del Nilo, perdiéndose hacia la esterilidad del desierto (y una huella de esta costumbre se encuentra en la ceremonia que se celebraba en Edfú durante su festividad anual: los sacerdotes elegían a un halcón vivo, que echaba a volar como símbolo del renacer del dios).

¡Tantas y tantas manifestaciones del halcón! Es pajarraco que, al encarnar la divinidad terrenal del rey, va surcando los siglos sin perder un ápice de su apariencia: siempre esencial, lisa, reducida a su expresividad. En la famosa escultura de diorita de Kefrén, tan sabia y tan amada, el pájaro Horus reposa, orgulloso y protector, sobre la espalda de su hijo en la tierra. Esto sucedía en la IV dinastía. Dos mil años después, en los tiempos de la decadencia, el faraón etíope Taharca se arrodilla ante un Horus de líneas idénticas y le presenta sus ofrendas. Nada ha cambiado en la plasmación estética del animal divino. Nada, a pesar de que la Historia egipcia ha sufrido tantos avatares como para caer varias veces en la anarquía, arruinarse bajo dominaciones extranjeras y resucitar gobernado por los reyes de la Baja Nubia. Diríase que en algunos aspectos del arte egipcio, y en su liturgia, no pasó jamás la Historia. Se transmitió, en todo caso, como los ritmos del Nilo.

Además de aquellos dos aspectos de una estética idéntica, dos mil años de historia van exhibiendo un gran desfile de encarnaciones distintas de Horus. Aparece en las tumbas del Nuevo Imperio, con el gigantesco sol a guisa de tiara. Reaparece tocado con la corona de las Dos Tierras. Se le representa, a veces, acompañado de los dioses de la Enéada, otras junto a sus familiares más próximos, Isis y Osiris. Es hombre con cabeza de halcón, cuando se le muestra durante su mítico combate contra Set (en un sentido moral), pero en su aspecto político encarna a las tierras del Norte, y con Set, que encarna a las del Sur, hace la ligazón del loto y el papiro, sublimación poética del Egipto unificado. También en su forma humana, ataviado con el faldón plisado de los nobles del Nuevo Imperio, comparte con Anubis el derecho a guiar a los selectos difuntos del Valle de los Reyes por los caminos del Más Allá. Y se compromete a ser constelación de estrellas en el zodíaco de la tumba de Seti I.

¡La extrema riqueza del mito es como un despliegue gigantesco, y cada una de sus páginas llega a requerir una nomenclatura especial!

He aquí el catálogo de los nombres y personificaciones de Horus, establecido en una autorizada *raccolta* de mitos egipcios a cargo del señor Boris de Rachewiltz (9):

Hor-Akhty: uno de los nombres de la esfinge de Gizeh (en griego, Harmakhis). Es decir, Horus confirmando su carácter solar. También: Hor-em-Ekhet, en griego Harmakhis. Es decir: «Horus que está en el Horizonte.»

Hor Behedeti: el disco solar alado del cual penden las serpientes coronadas con la doble corona del Alto y el Bajo Egipto. Representa a Horus adorado en Nehe Behedet, uno de los nombres de la actual Edfú.

Hor-mer-tef, en griego Haredontes. Es decir: «Horus vengador de su padre.» Título que Horus obtuvo después de haber vengado a Osiris.

Hor-sa-Aset, en griego Harsiesis. Es decir: «Horus hijo de Isis.» Otro de los apelativos de Horus Joven.

Hor-Khenti-Khet: «Horus que preside a los cuerpos (divinos).» Una de las formas de Horus adoradas en Atribis (nombre griego de Het-ta-herib-ib, capital del Nomo X del Bajo Egipto y actual Neba el Asal).

¡Bien, bien, bien! Podríamos llenar páginas enteras tratando de explicar las formas más correctas de las múltiples variaciones del Horus Joven y el Horus Viejo en todas sus equivalencias egipcias, griegas, árabes... y bitinias, si se terciase, como homenaje al desdichado Antinoo. Podríamos emplear en ello todo nuestro tiempo, de no estar convencidos que estamos tratando con la muerte, y solo con la muerte. Conténtese el lector con la letanía que podríamos formar:

Hor-sma-tavi, Hor-ur, Haroeris, Hor-Khenti-Ket, Haredontes, Hor-Khenti-Khet...

¡Ora pro nobis, podría exclamar algún bromista!

Y todavía olvidamos a la figura simplificada y ciertamente ingenua que transcendió los límites de la cultura faraónica —y de su ruina— para triunfar con todos los honores en el mundo grecorromano. Es Harpócrates, el Horus niño.

Harpócrates se manifestó a los egipcios helenizados como un niño completamente desnudo que suele chuparse el dedo —con perdón— y con un carácter absolutamente filial, en quien algunos han querido ver una premonición del Niño Jesús. Cae sobre sus hombros la trenza de la infancia, que nace de una cabecita completamente rapada. La misma que en su tumba azulina del Valle de las Reinas luce el principito Amón-her-Khopechef, ramesida de muerte prematura. La misma trenza que constituye el atributo infantil del diosecillo Iphy, vástago de la dulce Hathor, cuyo culto propaga el niño esgrimiendo el sistro mítico.

(9) Boris de Rachewiltz: *op. cit.*

Pero Harpócrates no solía recorrer a solas el complicado laberinto de los cultos grecoegipcios. Cuando en el pasado se había admirado principalmente su odisea como vengador del padre, en el futuro adquirió una mayor consistencia en su papel de hijo divino, y así fue exportado y aclamado: rayo de luz iridiscente en el regazo de la gran madre Isis. Lo que unido a la soberanía de un padre celebérrimo, dio lugar a una tercera premonición, que no es otra que la Sagrada Familia.

¿Podían suponer los sacerdotes de Edfú que cincuenta años después de la construcción del templo iba a empezar una nueva era, cuya numeración iría condicionada por los avatares de otra familia sagrada y, muy en especial, por el nacimiento de su ilustre vástago? Esta circunstancia asestaría sobre Horus y todos sus parientes el golpe de gracia definitiva. Pero no fue tan fácil que quedasen borrados de la religiosidad popular. En Egipto, el cristianismo sustituyó una familia por otra, pero es difícil aceptar que, en el fondo, no fuese lo mismo. Como lo había sido desde los siglos más remotos.

Las divagaciones sobre divinidades futuribles no resultan gratas en Edfú. Merced a su estado de conservación, el Santo de los Santos permite comprender el poder místico de Horus, su renacimiento diario, su comunicación con las fuerzas primigenias de la vida. El recinto secreto, que se encuentra al fondo de la magna sala procesional, es atravesado por un rayo de sol que se posa directamente sobre la estatua del dios o sobre su barca ritual, según las ocasiones. El gran misterio se produce y renueva mediante un acto tan sencillo, tan sumamente natural, como es la comunión con la divinidad celeste por excelencia. La oscuridad, tenue y difusa, disimula el oro laminado de las paredes del santuario, pero no las esconde completamente. Se crea al entorno del dios una suerte de polvillo áureo, como si el oro se deshiciese para formar un visillo incorpóreo, que nos hace avanzar entre sueños. Dormir junto a los dioses egipcios constituiría un placer inmenso, si tuvieron alcobas tan serenas.

Al igual que en Dendera, los pasillos de Edfú, sus columnas inmensas, sus salas más recónditas, predisponen al respeto pero también al alejamiento. Los relieves que cuentan la historia de Horus —y, además, en profusión exuberante— hablan de una eterna batalla entre las fuerzas del bien y el mal, pero el colosalismo del santuario no tiene el sabor guerrero de los de Ramsés II. Muchas decadencias había sufrido Egipto desde aquel milenio de la gran expansión internacional. En este aspecto poco tenían que contar los Ptolomeos, que bastante trabajo tenían en los intentos de conciliar dos mundos y mil culturas. Alejandría fue una capital catastrófica, pero no imperialista. Sus batallas fueron de tipo cultural y, cuando llegaron los cristianos, religioso. Sus reyes vinieron a Edfú para reflejarse en majestad, pero no en bravuconería. Presentan sus ofrendas a Horus, como otros reyes hicieron en el pasado, pero regresan a toda prisa a Alejandría para respirar ese viento salitre del mar que les es más querido.

El Nilo se queda en Edfú, y es probable que su genio secular contemple con cierto asombro el desarrollo de las figuras que adornan los múltiples, obsesivos relieves de los altos muros ptolemaicos. El genio del Nilo, que conoció el rigor del arte menfita y la exquisitez de las pinturas tebanas, todavía no ha reaccionado ante los nuevos excesos. Ni siquiera Akenatón se atrevió a tanto, atreviéndose a lo máximo. Intentó romper con los antiguos moldes, pero los Ptolomeos lo estropearon. Los relieves de Edfú quieren mantener las formas oficiales de dos milenios antes, con un empeño burdo para un resultado mediocre. La elegancia que consiguieron en la arquitectura, el mantenimiento de lo más solemne de sus antiguas formas, se convierte en pastiche sin alma cuando alcanza a los relieves. Los Ptolomeos han pasado por la experiencia excepcional del arte griego, y quieren que los viejos relieves del Nilo tengan la vida de un doncel de Praxíteles. Tal vez lo consiguen cuando forjan su propio arte en el mármol que intenta recuperar la incomparable suavidad del pentélico, pero fracasan cuando intentan insuflar la misma vida en la arenisca, en la caliza, en el granito del Nilo. Y así el milagro místico de Edfú se convierte en una colección de fotocopias desfiguradas cuando buscamos las historias inscritas en sus muros.

Una sensación parecida provocan los otros dos templos de la Baja Época, que constituyen sendas paradas en la ruta fluvial hacia Assuán. En uno de ellos, el de Kom Ombo, se da la rareza de una doble dedicatoria: está por un lado Horus, aquí Haroeris, y por el otro Sobek, el dios cocodrilo que tuvo su culto en esta región, como advertí en alguna parte del viaje. La doble advocación delimita claramente la estructura del santuario, que por otra parte sigue el trazado místico del de Edfú. Presenta además una peculiaridad que el amante de las rarezas sabe agradecer: es el único templo egipcio que se presenta en forma de acrópolis. Es como una espléndida terraza sobre el Nilo, acaso el *belvedere* ideal para que sus dos divinidades oficiales contemplasen los juegos diarios de sus compañeros de fauna. Los de Horus, en los anchos espacios del cielo; los de Sobek, reposando al sol de las orillas sus panzas terribles.

Queda en pie una parte importante de la sala hipóstila, y fragmentos de columnas, siempre gigantescas, en lo que debió de ser la pronaos. Más allá, en uno de esos dédalos de salas y pasillos que son típicos de todo santuario egipcio, los relieves decadentes vuelven a provocar la sensación de agobio que provocasen los de Edfú. Solo destaca, a modo de curiosidad, un inventario de instrumentos médicos, y las consabidas cartelas reales de algunos Ptolomeos; cartelas que, para sorpresa de quienes desconociesen las tretas políticas de Roma, incluyen a algunos emperadores de renombre universal: Nerón, Vespasiano y Cómodo entre ellos. También está el nombre de Cleopatra, humillado ante los nuevos conquistadores y sintiéndose acaso como las momias de cocodrilo (es decir, Sobek) que se amontonan resecas y renegridas tras las rejas de una angosta capilla.

Ya no es Egipto sino Roma el nexo que une a Kom Ombo con la siguiente escala del crucero. En los vaivenes de su curso hacia Esna el Nilo se siente tan humillado como Cleopatra. Y acepta mostrar, todo lo más, palmerales inquietos, poblaciones con cierta fama artesanal, campos que el gobierno ha irrigado recientemente en una audaz maniobra de ganar terreno al desierto... Pero el Nilo está malhumorado cuando llegamos a Esna.

No por la ciudad, que es importante, encantadora e industriosa. No por sus calles, que despliegan ante los ojos del viajero todo un mundo de colores y sensaciones netamente egipcias, con los artesanos trabajando a las puertas abiertas de sus cabañas de barro, los famosos tejidos de la zona ondeando en los puestos del zoco y el olor a guisos insólitos evaporándose entre los sicómoros del puerto. El Nilo está malhumorado a pesar de Esna, porque en las ruinas de su templo desfallece Egipto entero.

Pero es lo único que se permite visitar al mísero turista de los cruceros fluviales. Se le ahorra los encantos de la ciudad, y se le sume en esa acostumbrada orgía de jeroglíficos que en las peores obras de la Baja Época intentan disimular la falta de inspiración, sustituyéndola por el exceso y el barroquismo. Apasionante porque es testimonio de la agonía, solo conserva un rasgo de la primitiva grandeza de Egipto: sus esbeltas columnas, en número de veinticuatro, sostienen hermosos capiteles lotiformes, simples unas veces, compuestos otras, que presentan a su vez la peculiaridad de ser completamente distintos entre sí. La elegancia de estas columnas demuestra una vez más que no fue precisamente en la arquitectura donde falló el genio del arte ptolemaiso. Pero cuantos emperadores romanos pudieron humillar a Egipto, lo hicieron estampando en estos muros su nombre y sus doctrinas. Es curioso que llegase hasta estas lejanías la voluntad colonizadora de usurpar el prestigio de los antiguos. En cualquier caso, aseguran los expertos que incluso al abarrotar las paredes templos con jeroglíficos del período clásico, los romanos cometieron escandalosas faltas de ortografía.

Por fortuna, el Nilo conserva su lenguaje. Y en el camino hacia Assuán se va revelando al peregrino lentamente, con parsimonia, acogiéndose a los acentos de siempre. En la orilla occidental, las canteras de Gebel Silsileh nos devuelven el color del Imperio Nuevo. Después de ver los garabatos romanos ese color agreste, que nos hace retroceder más de mil años, comunica el exacto sentido de unos monumentos surgidos de la tierra y por lo tanto poco susceptibles de ser imitados. Todavía subsisten ruinas dispersas de la ciudad antigua y, abiertos en la roca, un speos de Amenhotep III y otro de Horemheb. El barco los deja atrás rápidamente, pero a través de un instante reconstruyó en la enorme llanura todo el esplendor de Luxor.

El Tíber queda lejos. Prosigue el Nilo.

Puerta de una estancia monolita en el templo de Edfú.

EL ALTO NILO

Ya no atiendo a la vulgar compañía que me rodea. Que vayan a asediar a los de su especie. Yo soy distinto. Su vulgaridad ha conseguido que me sienta al margen. Soy un amador de Egipto, y este es mi blasón, y él me levanta por encima del simple consumo.

Intento la evasión Mi acto de amor a Egipto necesita la intimidad, el coloquio con un único contertulio. Hapi no abandona a sus adeptos. Incluso en un espacio reducido, en las salas y cubiertas de un barco que durante tres días acoge a toda la estulticia de Occidente, existen rincones propicios al escondite. La intimidad busca una alcahueta en el crepúsculo. Llegó esa hora en que los cuerpos ya no sienten la necesidad o el deber de tostarse como gambas neocapitalistas. La cubierta superior, la de la piscina, queda desierta, territorio ambiguo cuya protección solo es codiciada por los solitarios. Con la silla colocada de espaldas al ambiente, los pies apoyados en la barandilla y la mirada errante sobre las riberas me enfrento a esa moviola que es el Nilo. Revelación inigualable, silenciosa, casi etérea entre brumas que parecen surgir de la memoria colectiva.

El Nilo vuelve a proponer esplendores. Tal vez son engañosos. No tardarán en desaparecer, sustituidos por otros, que serán sustituidos en un instante, como la estela del barco. Pero una vez más la acumulación es tónica del viaje. Y una vez más el Nilo es el *leit-motiv* primigenio de Egipto. Su omnipresencia asegura el amor y la certeza de que en ningún momento nos alejamos de las fuentes del mito. Es corazón y es núcleo, y ello continúa explicándose al viajero sin necesidad de textos, incluso sin el imperativo de una cultura libresca previa. Desde el *belvedere* de excepción que es mi soledad en la piscina, Nilo y Egipto se confirman como un concepto inseparable.

Al surcar como en un sueño esas aguas cuya inmensidad en la historia apenas he empezado a calibrar, siento que nunca hubo tanta totalidad asociada a un río. El Támesis podrá tipificar a Londres o el Arno a Florencia, pero el Nilo no es solo Menfis, Tebas o cualquiera de sus ciudades míticas: el Nilo es Egipto y es lo egipcio y el egipcio. Se eleva siempre como característica específica, es sustantivo y a la vez adjetivo, es la melodía y su solfa, el dibujo y su boceto más íntimo. Anticipando una sola exclusión, que es Alejandría. ¡Siempre ella!

Y en provincias, en esas ciudades pequeñas, desconocidas para el turista apresurado, la presencia del río padre no es solo espectáculo cuyo desarrollo aplaudimos desde un palco de privilegio. Su curso resume un itinerario de glorias y derrotas, archivado en las fachadas que van asomando al desembarcadero, blancos fantasmas que darán paso a un vergel esplendoroso, una aldea que diríase forjada con diminutos cubos de juguete, un escarpe que domina la playa, que irrumpe sin avisar...

Continúa obsesionándome la historia de esos edificios, huella fatal de extranjeros en el suelo egipcio. Hemos pasado del gigantismo faraónico a la imposición del Islam, pero el Nilo todavía reserva una película que contiene a todos sus invasores, desde la Sublime Puerta, cuya crueldad dejó tan exquisitos edificios en El Cairo, hasta los chalets que se olvidaron los colonizadores ingleses y franceses. Asoman al Nilo esos edificios, otorgando a sus crepúsculos el cansino desfile de nuestros propios fantasmas. Pues donde esperábamos meditar de nuevo sobre la ruina de una cultura milenaria, el Nilo hace desfilar ante nuestros ojos el derribo de esas formas que en su encanto decimonónico ya no recuerdan a los epistolarios encantadores de Lady Duff Gordon, sino la crueldad de una imposición militar; la explotación económica, la tiranía suavizada por un cuidadoso acento de Oxford. Pero incluso estos excesos tienen en Egipto su reverberación poética, y a igual que me sucedió en Minia, las partes occidentalizadas de las *corniches* sobre el Nilo no me parecen desprovistas de encanto. Los colonizadores, al marcharse, dejaron la impronta de lo que, a la larga, resultó más quimérico que el sueño de libertad de los egipcios. Sus palacetes, reminiscencia absurda de algo que diríase no pudo suceder, que fue una simple experiencia literaria.

Aquella expresión colonizadora, francesa e inglesa particularmente, todavía conserva el encanto y la tristeza de los despropósitos: el empeño en mantenerse dentro de un marco geográfico que las niega continuamente. Más de tres mil años después de que los ejércitos menfitas prolongasen el poder de los faraones en los espejismos de los desiertos de Assuán, la historia europea se trasladó también, en busca de una sucursal trivializada de sus formalismos. Y los edificios ideados para el placer del viajero occidental, en el intento de hacer que se sintiese cómodo con un trasplante de sus costumbres, se hunden ahora, irremediablemente ancianos, bajo el sol que mucho antes calcinó otras ruinas más prestigiosas. ¡Qué ironía, entonces, descubrir referencias constantes a formas europeas, que humillan todo su prestigio entre los caserones plenamente egipcios de Assuán o Luxor! ¡Qué extraña melancolía producen esos hoteles, esos caserones que han pasado de la categoría de lujosos a la más ínfima!

Tomé a menudo el tema con intenciones literarias porque en la sinrazón misma de estos espectros civilizados me pareció encontrar un museo donde se mostraban, ya inservibles, los hallazgos que, hace relativamente pocos ayeres, llenaban de confianza y de orgullo al pensamiento burgués o sus ínfulas de tiranía, a veces ilustrada.

Esto valdría para todos los invasores del suelo egipcio: todos dejaron restos que, al final, fueron asimilados por el Nilo. ¡Cuántos poderes devorados! Me los va devolviendo el atardecer, como un cortejo de fantasmas cuyo despotismo no les sirvió siquiera para alcanzar la eternidad de los propios egipcios. En la ruina, en el desgaste de su tierra, estos encontraron por lo menos garantías de eternidad. ¿Quién se acuerda, sin embargo, de los hicsos? ¿En qué registro de piedra inmortal quedó el gobernador turco, el enviado inglés, el prefecto romano? Cada uno en su estilo, cada uno con las armas que su propio tiempo ponía al alcance de su despotismo, hicieron la vida imposible a los habitantes del Valle, pero solo ellos quedaron, a la larga, solo ellos presiden el cortejo que revive cada día con el nacimiento del sol. El otro cortejo es odioso para todo enamorado de Egipto. Hicsos, asirios, persas, romanos, turcos, bizantinos, franceses, ingleses..., que un mal viento se lleve su opresión, bien lejos de esas tierras.

La huella de los invasores va desapareciendo a la grupa de nuestra fantasmagoría particular y solo permanece como un *leit motiv* insustituible la estrecha filiación entre el Nilo y lo egipcio. Un dromedario solitario mira al cielo. ¡Se contagió del misticismo del Nilo! Más allá, entre los cañaverales altivos que anuncian los campos de Kom Ombo, el Nilo se convierte en enorme bañera dominical, donde retozan niños y mujeres, sus ropajes flotando en la superficie, hinchándose en la superficie. Un grupo de lavanderas enlutadas efectúa su colada, organizando el tiempo al ritmo pausado de la pala que se abate contra la ropa. Así vapuleadas, las camisas blancas van soltando una espuma intensa, que el ritmo lleva hacia el barco; espuma lechosa, que de repente envuelve el cadáver de un carnero a la deriva... Y en algún patio cubierto de Assuán, amigos de un día os invitarán a almorzar y el pescado que ofrecen, y que sería descortés no comer con los dedos, ha sido sacado de este mismo Nilo, siguiendo un ritual que obliga al estómago a mecerse en el vértigo de los tiempos...

La travesía brinda momentos de compañerismo absurdo con los barcos que se cruzan en la ruta. Tiene el turista convencional la costumbre de sentirse hermano de los demás turistas, a quienes nunca vio, que no le importan nada. Sonatina de sirenas entre los barcos que bajan y los que suben, los que van y los que regresan, según fue el punto de embarque. Cruce de estelas, casi choque de proas enfrentadas. Envidio a los que todavía han de llegar a las maravillas de donde ya venimos. Felices ellos, que están por descubrirlas. Ojalá sepan aprovecharlas como ahora mismo, a pocas horas de Assuán, hace el soñador empedernido: apura esas horas últimas, atesorando todas las visiones, todos los instantes cambiantes sobre el Nilo. ¿Qué son tres jornadas, cuando se ha bebido de sus aguas?

Igual que cuando se ha probado a sus gentes, cuando se han percibido sus saludos, cuando se les ha amado tanto, con el río y los cañaverales por distancia y por barrera. Siempre hay pequeños grupos que siguen el paso del barco. No es que llegasen exprofeso a convertir el placer de los demás en el único espectáculo que ellos disfrutarán aquel día. Pero atrapados en sus actividades, sorprendidos en sus repeticiones, acogen la navegación como un evento. Y ya es mucho que no se les haya curado la sorpresa, no digamos el optimismo de responder a ella. Pues cada día son más los barcos que hacen el trayecto Luxor-Assuán, y viceversa.

Se levantan manos amistosas sobre la vegetación de las orillas. Las figuras aparecen y reaparecen entre un espesor de matorrales que a veces pueden adquirir una exuberancia tropical, nada metafórica si consideramos la proximidad del Trópico de Cáncer. Cuando un campesino está inclinado sobre el arado se incorpora alegremente para saludar. Si las campesinas enlutadas tienen las manos ocupadas en sostener cestos de mimbre o tinajas sobre sus cabezas, harán mil equilibrios para que les quede una mano libre, y así saludar. Los viajeros, prepotentes, contestan con un clic de la cámara o una sonrisa de condescendencia. Si el barco bordea la orilla, tan cerca que podría embarrancar entre los cañizares, podemos distinguir con exactitud las sonrisas de los espectadores, sonrisas que son pozos oblongos abiertos en la superficie tostada de la piel. Reaccionan ante el acontecimiento del crucero tanto los niños como los mayores, y hay un revuelo de túnicas rayadas, camisas blancas, vaporosos calzones de trabajo, toquillas y rebozos, islanes y velos de luto sempiterno.

Y si algún anciano reacciona con una mueca de malhumor al paso de los nuevos invasores, sabremos aplaudir su independencia.

Cuando el barco fondea en las ciudades consabidas (ya que no hay sorpresa en estas rutas), se espantan entre los pedruscos del desembarcadero legiones de ratas más tremendas que una noche de tormenta. Abundan mucho en las escolleras de las ciudades del Nilo, y desde cubierta puede contemplarse su paseo insolente entre las piedras; y a veces suben hasta la pasarela del barco. Amedrentan, pero se espantan. Cuando se acerca alguien, se hunden en el agua. Toman su baño con la cola enhiesta.

Entre los árboles de la *Corniche* —árboles que suelen ser los amados sicómoros—, empieza a surgir la barahúnda habitual de niños, buhoneros, sablistas, vendedores de refrescos y tratantes en cachivaches de un gusto que ya no juzgamos dudoso, sino cierto en su vulgaridad. A cada escala se produce un idéntico asalto, una persecución de los turistas hasta las calesas que, puestas en fila conveniente, esperan llevarles a la visita del templo de rigor. Un simple trato establecido por la agencia.

Si en esto no hay sorpresa, sí que la contienen, por fortuna, los nuevos cambios del Nilo. A medida que se acerca a Assuán, el Nilo da mayores alternativas a sus panoramas, que a veces podrían parecer idilios demasiado semejantes (aunque supremos). El verdor del Valle ya no espera a interrumpirse en el límite consabido con el desierto interior, sino que es el desierto quien se introduce en el Valle, lo invade y llega hasta la orilla misma de las aguas. Surgen lechos de arena como playas permanentes, a cuyo amparo el Nilo parece remansarse. La vegetación ha cedido ante estas nuevas insolencias del desierto. No es ya como en los meandros que el río formó antes de llegar a Luxor. Allí, las estribaciones del desierto arábigo actuaban a guisa de murallas, cuyos elevados muros contenían a la vez al río y sus vergeles. Aquí, en la orilla opuesta, el desierto líbico lanza a sus dunas al ataque. Es la inmensa plancha arenosa que culminará en Assuán: el desierto como inmensidad desnuda.

Pasado Assuán, por una nueva inmensidad que ha de llevarnos a Abú-Simbel y, después, al Sudán, se extiende otro país importantísimo para la historia de Egipto. Es la Nubia de las grandes leyendas, el Kush de los textos bíblicos. Existe una estrecha dependencia entre ambas civilizaciones, y no solo porque las dos tienen su origen en el Padre Nilo, sino porque los faraones de Egipto conquistaron a menudo aquellas tierras, convirtiéndolas en sucursal de sus glorias militares. Jamás descuidaron de poblar la Nubia con templos gigantescos, algunos de los cuales han cobrado actualidad en las últimas décadas gracias a un hecho desesperado, que jamás hubiesen sospechado sus constructores, pero que a estas alturas ya recuerda el Occidente entero: al ampliarse la primera presa de Assuán para construir el enorme Lago Nasser, se amenazó con ahogar definitivamente aquellos monumentos, lo cual provocaría las más espectaculares operaciones de rescate, con la Unesco convertida en eficaz portaestandarte de la Historia.

Pero la construcción del Lago Nasser hizo algo más: al inundar completamente la Baja Nubia, dejó sin patria a sus habitantes, de usos tan peculiares que cualquier otro lugar requeriría un esfuerzo de aclimatación impresionante. Con tal de favorecer a los desprotegidos, el gobierno construyó todo un pueblo en las cercanías de Kom Ombo, entre Assuán y Luxor. Y lo hizo respetando el inconfundible esquema de las viviendas nubias. Sin embargo, ha habido constantes noticias de que los nubios no han conseguido aclimatarse completamente. Y en las fachadas de sus hogares trasplantados, han incorporado la decoración de sus pueblos hundidos: motivos geométricos, de colores vivísimos.

Las peculiaridades de esta hermosa raza aparecen ya en las pinturas del período faraónico, y asaltan al viajero, como un impacto, al llegar a Assuán. En los hoteles y barcos de la zona, el servicio está compuesto en su inmensa mayoría por nubios. Y en relación a los egipcios de El Cairo, sorprende lo majestuoso de su porte, y la rectilínea perfección de sus rasgos. En los camareros nubios, vestidos a la manera otomana, hay algo de principesco. En sus mujeres, que aparecen casi completamente cubiertas por el velo, destaca una altivez que las hace parecer reinas de no se sabe qué imperio perdido. Me declaro, pues, ferviente admirador de esta raza.

Si la Nubia habla de las conquistas egipcias, no evoca menos a las dinastías que, en la agonía del poder faraónico, fueron a ser, ellos mismos, faraones importantes. Las dinastías etíopes mantuvieron un respeto importantísimo hacia la prestigiosa monarquía en estado de derrumbe, así como a las formas más prestigiadas de su pasado artístico y religioso. Aún cuando la gran Tebas no fuese siquiera una sombra de lo que había llegado a ser durante el Imperio Nuevo, los faraones etíopes intentaron enriquecerla copiando las formas externas más ostensibles del pasado poderío. Y ello incluso en un terreno artístico.

En las soledades que avanzan hacia el moderno Sudán, el arte egipcio «colonizador» adquiere ecos de barbarie, condicionado sin duda por la fiereza del paisaje. Son soledades, como he dicho, y soledades que no dan tregua. Aquí, el desierto no es ya idílico: adquiere colores, de muy bravía virulencia, y los árboles del valle desaparecen; y los escasos matorrales se desorganizan en una agresividad que ya empezó a sentirse al salir de Assuán.

Tengo que remitirme de nuevo a la mitología que bebí en mi adolescencia. Me llegó una historia de luchas coloniales que favorecía, o mejor exigía, aquella sensación de total agresividad. Solo que imputándola a los egipcios, nubios y sudaneses. Un puñado de narradores y cineastas británicos tuvo la culpa. Mi infancia solo pudo entusiasmarse ante las grandes gestas británicas, que los residuos del imperialismo de Victoria Regina nos han ido presentando hasta muy recientemente bajo el aspecto irreversible de una olímpica batalla entre angelitos rubios y de tez sonrosada contra feroces ogros de piel oscura. La subcultura de mayor influencia en nuestras mentes infantiles presentó los últimos años del Protectorado británico bajo unas luces muy peculiares. Combinó a Kipling con el Marqués de Sade aliñándolo con un innegable arte para la descripción exótica que debía de satisfacer, no sin éxito, lo que en nosotros quedó de posrománticos.

En las novelerías de A. W. Mason y similares, se corrompía la espléndida corriente de los primeros viajeros ingleses a Egipto (y a todo el Cercano Oriente) cuando cada descubrimiento tenía su respuesta poética, cuando cada poesía intentaba combinar el espíritu científico renaciente con una florida pascua de la imaginación. Como si Shelley y Keats cruzasen sus alas al volar sobre Karnak. Cuando los óleos, acuarelas, grabados o bocetos de Robert Hay, Frederick Catherwood, Lilant de Bellefons y del gran David Roberts, entre tantos otros. Cuando las cartas de Lady Lucy Gordon, Amelia Edwards o Gertrude Bell...

Fueron pioneros maravillosos y amantes sinceros, pero insisto en que no fue su gran categoría intelectual —o, simplemente, su alta categoría romántica— la que iluminó con colores de aventuras exacerbadas y exacerbantes el Egipto de mi infancia. Se tiñó este con los colores negros de las gestas de gallardos europeos amenazados por siniestros

PRESENCIAS DEL MÁS ALLÁ

UNIVERSAL

Boris Karloff como el sacerdote Im-Ho-Tep en *La Momia* (1932). El terror y el romanticismo en una obra maestra de Karl Freund.

UNIVERSAL

Im-Ho-Tep volvió del más allá por amor a su princesa (Zita Joham).

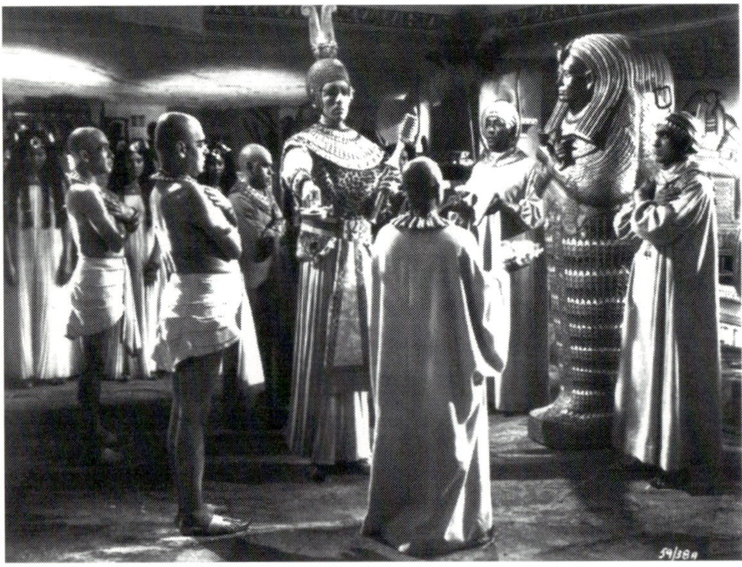

HAMMER

El ritual funerario en una nueva e inferior versión de *La Momia*, con Christopher Lee.

La princesa Baketamon introduce a Sinuhé en la tumba de su padre Amenhotep III, en el Valle de los Reyes. (Gene Tierney y Edmund Purdom en *Sinuhé el Egipcio*, 1954.)

LUX

El *Kitsch* cobra sus víctimas en Egipto y Verdi. (Ballet del filme-ópera *Aida*, de Clemente Fracassi, 1954.)

EGIPCIAS IMPOSIBLES

M. G. M.

La esfinge adecuada al misterio de Greta Garbo, o la desaforada imaginación de Hollywood.

FOX

Linda Darnell, una insólita Aida en *¡Si ella lo supiera!* (1949).

LUX

Sofia Loren, embetunada, era la esclava Aida con la voz de Renata Tebaldi. Louix Maxwell, futura secretaria de James Bond, era Amneris.

RITORNA VINCITOR...

José Carreras como Radamés, dirigido por Herbert von Karajan en la producción de *Aida,* de este último.

DIVAS, TUMBAS Y SABIOS

M. G. M.

El Valle de los Reyes (1954) fue una de las primeras películas americanas con exteriores en Egipto. Eleanor Parker vivió aventuras y amoríos con el egiptólogo Robert Taylor a la sombra de la esfinge.

derviches. Y derivando ya hacia la subcultura nacional, en los tebeos de los años cuarenta temblé y sufrí cuando héroes semidesnudos como el enmascarado Silver Roy, tenían que vérselas contra la cobra maldita. O cuando una bicha de la misma mala raza amenazaba a la indefensa Stella, secretaria del Inspector Dan, siempre en un tris de morir en la última viñeta, con el angustioso «continuará»...

Durante una corta estancia en Jartum, todas esas angustias recibidas me venían al recuerdo, impulsando un tropel de escenas bárbaras: la cabeza cortada del General Gordon, la mirada feroz de Mohamed Ahmed, llamado «El Mahdí», las lanzas *necesariamente* emponzoñadas con que sus monstruosos guerreros etíopes atravesaban las gallardas casacas rojas de la guarnición inglesa. Y allí mismo, en Jartum, mientras contemplaba con cierta apatía la soberbia estatua memorial del señor Kitchener, pensé en aquel desdichado personaje de una novela, y luego película, absolutamente canónica: *Las cuatro plumas*. ¡Con qué siniestra apariencia eran presentados los independentistas sudaneses! ¡Qué extraordinaria bondad, la de los colaboracionistas egipcios! Y cuánto aplomo en el sufrimiento del joven aristócrata.

Mientras a mi alrededor se desarrollaba una manifestación de estudiantes, rememoraba las cuitas del oficial inglés de las plumas capaz de tan descomunales sacrificios sólo para demostrar a sus compañeros de regimiento, y muy en especial a June Duprez, que no era un cobarde. El tiempo, que ha ido descubriendo las trampas de la mentalidad colonizadora incluso en la subcultura, invierte de manera muy cómica los términos de aquella historia demostrándonos que el tal caballerito tenía razón al considerar la campaña del Sudán como una aventura absurda, negándose a embarcarse en ella. Los tontos eran los que querían ser valientes. Pero en aquellos lejanos años cuarenta (y el film era muy anterior), la decisión del héroe cayó fatal, y a fin de redimirse le tocó arrastrar barcos por el Nilo, sufrir torturas y verse vejado por los siniestros verdugos del Sudán. ¡Pintoresco mensaje de aquel militarismo fascistoide que, en Inglaterra, suele acompañar al espíritu colonialista! Pero mi imaginación no lo sabía. Era una imaginación virgen.

No ha de extrañar al lector mi evasión hacia el cine de los sábados: insisto en que esta, y no otra, es la óptica con que la novela juvenil, las películas anglosajonas y los tebeos nos enseñaban a mirar a todos aquellos pueblos del Tercer Mundo que pretendían desprenderse del yugo occidental. Se explica que la mentalidad imperialista les considerase bárbaros: no contestaron a las agresiones ofreciendo la otra mejilla, antes bien arrojando lanzas y cortando cabezas.

Por otro lado, para la mentalidad occidental, el Sudán tuvo un rostro mucho más salvaje aún que el mismo Egipto. Experiencias culturales de algunos siglos habían ya previsto que el acercamiento a este país no cogiese a los colonialistas demasiado de imprevisto. Los historiadores griegos, las campañas napoleónicas y unos cuantos descubrimientos de los pioneros de la arqueología contribuyeron a convencer a Occidente de que si bien los egipcios del siglo XIX estaban muy dispuestos a aferrarse a las armas, tenían tras de sí toda una historia y una cultura que les permitía presentarse con una identidad. Exóticos sí, pero no desconocidos. Tenían una salida al Mediterráneo, que suele ser signo reputadísimo de seriedad y claridad. Y si aun con esas cartas de presentación recordamos que ingleses como el gobernador Lord Melkins declaraba solemnemente que su misión era «civilizar a los egipcios», comprenderemos que en el caso de los sudaneses todo acercamiento era, de antemano, desesperado. A los egipcios podía tratárseles como criados. A los sudaneses, como bestias pardas. O bestias, simplemente.

Para entendernos: estuvieron mucho más cerca del África negra. Eran como una primera etapa en el itinerario de las grandes exploraciones hacia lo desconocido: una primera etapa que, por decirlo de algún modo, encajaba en la idea de oscuridad y tenebrismo que, para la mentalidad occidental, caracterizaba la parte interior de África.

Abisinio.

ASSUÁN EN HORAS PEREZOSAS

Desde la veranda del viejo hotel «Cataract», colocado magistralmente en una curva del curso del río, este vuelve a ofrecer imágenes únicas (como lo son, por otra parte, todas las imágenes propuestas por el Nilo en cada una de sus mutaciones). Al mismo tiempo, en esta zona de la primera catarata, la que marcó desde antiguo los confines entre el Egipto propiamente dicho (Kemí) y el comienzo del país de Kush (la Baja Nubia, de las grandes conquistas faraónicas), el río también da las últimas visiones de aquella fertilidad que forjase leyendas. Su cualidad de propiciador de Egipto, va desvaneciéndose lentamente en los caminos que llevaban a Nubia, más allá de la gran presa, por las trampas de los desiertos. En ellos, la aparición actual de las ruinas del imperialismo faraónico resultan tan sorprendentes como los villorrios que destacan en algún vergel provisional o, acaso, en alguna isla diminuta. Una vez se ha pasado Assuán, estas apariciones parecen espejismos. Representa el punto más inhóspito del Valle del Nilo.

Pero Assuán es, todavía, un punto en el que la vida tiene una ebullición, cumple un ritual, a caballo entre formas de vida ancestral, residuo de siglos de aislamiento y la irrupción tumultuosa de los hábitos tecnológicos provocados por los años de construcción, y después de mantenimiento, de la Gran Presa. El Nilo, en Assuán todavía se manifiesta como el jardín resplandeciente que amamantó treinta siglos de su civilización original.

Desde la veranda del viejo «Cataract», el escritor moderno se divierte rememorando a sus colegas de otro tiempo, los cultivadores de un pintoresquismo falso, favorecido por la moda de las *egipcièries*. Vuelvo a evocar la fiebre de un exotismo de bazar que acometería la cultura y especialmente a la subcultura occidental, allá por los años veinte, cuando Egipto era garantía de misterios insondables, historias tenebrosas, y tesoros espectaculares para fortuna de las primeras páginas de periódicos sensacionalistas. De esta fiebre de exotismo apoteósico sustraemos fácilmente recuerdos de heroínas de Agatha Christie, aventureros de Pierre Benoit y onirismos decadentes de Pierre Louys. Y no es improbable que, desde una veranda como la del «Old Cataract», Blasco Ibáñez escribiese sus muy estupendos papeles sobre este país, en el amasijo de: *La vuelta al mundo de un novelista.*

El absurdo de las formas occidentales devoradas lentamente por la vida tiene en el «Old Cataract» la dimensión de una pequeña obra maestra, cuyo impacto visual, con sus resabios *kistch*, adoraré conservar en la memoria. Se erige en *belvedere* privilegiado, desde el cual contemplamos el archipiélago —a veces pequeños islotes, simple arenisca acumulada— que irá a culminar en la isla de Elefantina. Pero si la situación del «Old Cataract» resulta inmejorable, su decoración interior es una pura delicia que hay que contemplar con un cierto sentido del humor. Allí se mezcla la acreditada comodidad de una residencia del *country* inglés con la sensualidad de un orientalismo de suplemento dominical en colores o, dada la época de su construcción, de dibujo a la pluma de *La Ilustración Universal*. Junto a la seriedad británica de las chimeneas, los sillones, las marqueterías y los estucos neovictorianos, aparecen, tumultuosos, los arcos de herradura con abarraz de entretejido complicado, los tapices de rojo intenso, las bandejas, jarrones, cajitas e incluso espadines de marroquinería que el distinguido cliente de otras épocas podía asociar con el lujo de unas Mil y una noches redimidas —o así lo creerían— por los estetas del Imperio británico. (Una sección de la Pinacoteca de El Cairo, destinada a mostrar los cuadros de la serie «Egipto visto por los artistas extranjeros», demuestra, nobilizado, el origen de esta sensibilidad.)

A partir de los primeros calores, entrado marzo, la espléndida momia del «Old Cataract» se hace prácticamente inhabitable; para lo cual se ha construido su sustituto adyacente, provisto de todos los adelantos técnicos exigidos por las nuevas nociones del superlujo (entre ellas algo tan imprescindible al viajero como es el aire acondicionado). Pero en el plano de la especulación estética, o estetizante, o simplemente *camp*, si lo preferís, sigue ganando la partida el viejo hotel con su «gran tono» (para decirlo con la palabra adecuada) de la época anterior a las precipitaciones marca *charter*.

Ambos hoteles dominan, como he dicho, el Nilo, y la primera catarata y marcan tanto la diversidad de caracteres de las épocas y formas como los medios de viaje que determinasen su construcción. Ambos están construidos sobre una cantera del acreditado granito de Assuán, que sirviese para la construcción de tantos templos faraónicos; pero desde el «New Cataract», destinado al turismo acomodado actual, las visiones sobre el Nilo se realizan de una manera un tanto urgente; entre excursiones, entre dos vuelos de avión, casi de emergencia. En el viejo «Cataract», por el contrario, todavía domina el ritual de la veranda, la ceremonia del reposo prolongado, de la conversación fluctuante en horas perezosas, en la lectura lánguida de una novela de pasioncillas timoratas, con el té de las cinco en punto y sin tardar. Bajo el susurro de los enormes abanicos multicolores se espantan lánguidamente las moscas mientras la mirada vaga hacia el retiro del sol, de tonalidades cremosas, más allá de Hâpi y sus islotes, hacia sus dunas amarillas coronadas por el mausoleo del Agha Khan. Es como un juego de crepúsculos.

Quedan en Assuán (igual que en Luxor) otros edificios descompuestos del momento álgido del turismo selecto. En la *Corniche*, rodeada de negocios de explotación turística y otros de simple consumo nativo, el «Grand Hotel» diríase la última, caricaturesca reminiscencia del Londres georgiano roído por el sol y los vientos malos. Ya no existe allí (pues la busqué) la acreditada librería «McGillivray», que en otro tiempo proveyó a una clientela europea de notables, y cuyo dueño echó el cerrojo —me dijeron— a causa de los cinco años de tensiones bélicas que alejaron de Egipto al turismo. El porche de la mansión de alguna acreditada familia consular agoniza ahora, convertida en zapatería. Muerte absoluta de las pretensiones de honorabilidad de hace apenas medio siglo, con evidente moraleja incluida. Son, en conjunto, edificios que poseen un encanto y una tristeza indudables. Ahora bien, como el «Old Cataract», ninguno.

¿Qué es Assuán, al margen de su presa? ¿Qué significa en el mito egipcio esta ciudad, más allá de su milagro técnico que habría maravillado al más emprendedor de los antiguos faraones?

Cuando mi primera visita, las factorías hidroeléctricas y demás dependencias de la construcción habían convertido gran parte del paisaje en una especie de emporio de la técnica: se tenía la impresión de hallarse en una zona completamente experimental, perdida entre el Nilo y el desierto. La parte moderna de Assuán, acomodada a las necesidades de una nueva clase tecnócrata, instalada allí durante los años que duró la construcción de la presa, formaba un contraste clamorosísimo con la ciudad de Assuán propiamente dicha, cuyo laberinto de intrincadas callejas históricas responde en todo momento a la idea más convencional de un poblado árabe situado en el corazón de los tópicos. La presa, su laboriosa construcción, ha determinado el nacimiento de aquel mundo completamente moderno, que solo se explica a partir de ella: al mismo tiempo ha incrementado notablemente el número de habitantes de Assuán. Al contemplar esta ciudad nueva, tan contrastada con la Assuán de siempre, se tiene la impresión de regresar a las épocas de las grandes construcciones faraónicas, cuando junto a las necrópolis excavadas en la roca de Tebas surgían las pequeñas ciudades de los obreros consagrados a su construcción. Aunque, naturalmente, sabemos que, por primera vez en la historia de las grandes construcciones, el poblado tecnocrático nacido a la sombra de Assuán tiene la justificación de servir para la supervivencia de todo un pueblo y no a los intereses personales de una eternidad real.

Sin embargo, en tiempos faraónicos Assuán no fue mucho más de lo que actualmente es el poblado de los obreros de su presa. La civilización faraónica, o mejor dicho, sus élites, tenían al suburbio de

Assuán, como un lugar secundario, llamado Suanú, y era precisamente Elefantina (es decir, Abú o isla de los elefantes) la sede de un importante principado durante la lejana época feudal y, posteriormente, capital del nomo en que pasó a convertirse. Otro de los factores que caracterizaban a la zona, otorgándole una importancia extrema, eran las canteras de granito rojo, que en los textos latinos se conocía bajo la denominación de sienita (nombre que actualmente recibe otro tipo de piedra, y que entonces se daba a la piedra de Assuán porque, entre los escritores clásicos, la ciudad se llamó Siena). En la época de la dominación romana continuaban aún en plena actividad las canteras de la zona, que llegaron a abastecer a la misma capital del Imperio; pero su justa fama proviene de los tiempos faraónicos, ya que a lo largo de numerosas dinastías, de muchos siglos, encontramos el granito rojo que mucho sirvió tanto a la escultura como a la arquitectura del momento. Y más importante aún resulta el hecho de que esta piedra servía para construir el sarcófago de los grandes reyes, para lo cual sus enviados se desplazaban hasta Assuán a fin de seleccionarla.

Pero la historia, con sus bromas a menudo amorales, ha tergiversado mucho las cosas desde la época de los faraones, hasta el punto de que nada de entonces es hoy original excepto el paisaje impertérrito al paso de los siglos, aunque solo en cierto modo porque algún nativo me recuerda que las diversas modificaciones de la presa de Assuán han llegado a configurar una nueva fisonomía en esta parte del río. Así, según la traviesa relatividad histórica, Elefantina no representa hoy mucho más que un hermosísimo paseo entre ruinas, mientras que Assuán rebosa de vitalidad (tal vez la que debió de tener, de todos modos, cuando era puerto-mercado de los grandes faraones). ¡Qué gran caos de las formas! Es un mundo abigarrado al máximo y que, en los barrios más antiguos refuerza la idea de tipismo, incluso a un nivel folklórico, no exento, sin embargo, de auténtica vida. Hay que pasear por el zoco, de colorido y aromas incomparables, para comprender aquella idea de «color local», que, mal aplicada, podría conducir directamente al peor *kitsch* turístico. Por fortuna, junto a algunos puestos de inoportunos *souvenirs* plastificados, todavía podemos encontrar el verdadero mercado en su acepción más popular: aquel que el pueblo, encerrado en su propia obstinación, defiende, en el que intercambia, transmite sus pequeños intereses —básicos, sin embargo—, olvidándose de que su actividad está alimentando el vulgar interés del turista. Se revela, en estos puestos, la excitante mezcla de razas que es signo predominante de la zona: árabes, nubios, negros del Sudán, tribus Bicharis y Ababdeh, beduinos del desierto, coptos..., todos ellos se amalgaman alrededor de los productos más variopintos mientras el ambiente parece aromatizado por toda clase de especies y, en la imaginación, por el perfume que el viento arrastra desde el Jardín Botánico de la Isla de Kitchener, vecina...

Al atardecer, cuando el clima ha accedido a ser más clemente, un paseo por cualquiera de las riberas del Nilo propone rastros de la pasada importancia de Suanú o, mejor dicho, del nomo de Elefantina. Agazapados entre los cañaverales o a veces sirviendo de basamento a las paredes de la primera población árabe, sobreviven numerosos rastros de un templo consagrado al dios Khonsú y, también, inscripciones y estelas que rememoran alguna batalla famosa contra las tribus rebeldes de Nubia; es el testimonio de la megalomanía imperialista de los reyes de Egipto, acostumbrados a ganar. Sobre todo a partir del Imperio Nuevo, las campañas victoriosas que se registraron más abajo de Suanú, después de las misteriosas cataratas, fueron registradas continuamente en los límites mismos de lo que debía considerarse lo civilizado. Era esta región de Elefantina la puerta concreta del acceso a la Nubia. No en vano su visir recibía el apodo ritual de Jefe de la Puerta de Elefantina (en traducción, que como es costumbre, continúan discutiendo los egiptólogos).

Una rápida excursión, incluida en mi permanente búsqueda de soledades, me lleva a las canteras de granitos, en las que la zona es particularmente rica. Acaso por esta misma riqueza, que ya entra en el desierto, no sería necesario moverse de la ciudad para encontrar, como en los hoteles citados, muestras de aquella piedra esencial para tantos y tantos monumentos que hicieron el esplendor de la arquitectura y la estatuaria faraónica. Todavía podemos descubrir los rasgos indecisos de un coloso que quedó a medio esculpir. También un sarcófago incompleto que hay que buscar entre los cañaverales del río. Y numerosos fundamentos de la población árabe han aprovechado, desde la Edad Media, el suelo granítico, con el consiguiente y espectacular contraste de materiales y colores entre la base y los muros, repintados periódicamente con la cal que los rayos del sol hacen deslumbradora. Sin embargo, para la visita, se prefiere recorrer la cantera de las afueras de la ciudad, junto al antiguo cementerio árabe (con tumbas civiles que datan del siglo XI de nuestra era, y que están todavía en uso).

En aquellas canteras es atracción principal el obelisco inacabado de Hatshepsut, que debía de haber sido el más descomunal de Egipto. Pulido en sus formas esenciales, se rompió, parece, al ser izado. Queda, ahora, plano, inerte, en paseo de corto alcance, para el turismo. Su punta solar queda desviada de la posición ritual, a que aspiraría al ser colocado. Es otro elemento muerto, entre la ciudad y las zonas desérticas inmediatas.

Asumiendo siglos anteriores a cualquier experiencia nuestra, las canteras de Assuán ofrecen el lado espantoso de la explotación del hombre. Por supuesto, sería ingenuo suponer que, dada la cantidad de materiales necesarios para la construcción, sólo se trabajaba en Assuán. Aquí, como en las islas de Abú y Satet, se obtenía el granito más prestigioso (el rosado, el rojo, el gris y el negro); pero eran igualmente populares y necesarias las canteras de calcárea, las de diorita, las de alabastro o las de cuarcita, materiales esenciales, todos ellos, para la arquitectura, la estatuaria e incluso las artes menores. Con todo, las particulares condiciones atmosféricas de Assuán hacen que sea aquí principalmente donde una reconstrucción mental del trabajo del hombre en la cantera se nos antoja lo más parecido a un infierno sobre la tierra.

Debieron construirse, como en las necrópolis tebanas, poblados especiales que albergasen a las tropas de obreros, grabadores, escultores, escribas y oficiales dirigentes que trabajarían en estos desiertos agobiantes. Incluso para estos menesteres, en el que el más cómodo debía de constituir un tormento, existía la jerarquización típica de la sociedad egipcia, de manera que la lenta agonía del picapedrero no podía compararse con la del capataz, o la del escriba encargado de la contabilidad de cada expedición. La cantera de Assuán era, como es sabido, un castigo legendario para los malhechores, y a menudo se utilizaba a los prisioneros de guerra... una suerte seguramente más terrible que la ejecución directa después de la batalla. Arrancada la piedra de su emplazamiento original, era arrastrada hasta el Nilo; allí, embarcada y transportada por las aguas hasta las distancias más alejadas. La dificultad del traslado consistía especialmente en el hecho de que las piedras eran trasladadas en moles gigantescas, ya prestas para su instalación definitiva.

El recuerdo de esta fatiga colectiva se impone, en Assuán, como último recuerdo del día. Es una evidencia brutal, que nos seguirá en las visitas a los monumentos más hermosos, edificados a mayor gloria de extravagantes sueños metafísicos. Contribuirá a que de lo más hondo de la belleza de Egipto, surja continuamente un aullido de agonía.

Vendedor ambulante.

HACIA ABÚ-SIMBEL

La fecha del 10 de marzo de 1980 marcó el fin del más amplio plan de salvamento arqueológico emprendido en el mundo. Con esta fecha se había trabajado durante diez años en el rescate de restos que, si ya eran famosos durante siglos, aumentaron su popularidad en el nuestro gracias a los medios espectaculares que la UNESCO puso a su disposición. Esta espectacularidad convirtió el alimento diario de los *mass media* unas imágenes de desmontaje, transporte y reconstrucción que los más exagerados comparaban con los métodos de los faraones. Mi siglo hizo de las suyas, efectivamente; y por obra y gracia de la espectacularidad moderna, los cuatro colosos de Abú-Simbel se convirtieron en un lugar común tan llamativo como las Pirámides o el tesoro de Tutankamón. Una especie de marca de fábrica, y un reclamo permanente. Como una epopeya de la era «pop».

En 1960, la UNESCO había lanzado el llamamiento destinado a la salvaguarda de los llamados «tesoros artísticos» de Nubia, el país que iba a quedar sepultado bajo las aguas con la construcción del Lago Nasser. Existía un precedente amenazador: la construcción de la primera presa de Assuán, en 1902, había dejado parcialmente inundados los templos de Filé, con el consiguiente deterioro, alarma en la opinión pública y dolor en los poetas. La ampliación de 1960, amenazaba con dejar completamente hundidos no solo estos tesoros, sino los que llegaban hasta el mismísimo Abú-Simbel. Distintas ubicaciones, diferentes tamaños y distancias, decretaban soluciones también distintas. Cada templo era un caso particular, pero todos requerían una solución extrema: su desmontaje y traslado posterior. Por una vez no exageraron los *mass media* que utilizaron el término «colosalismo». Particularmente, la visita a los templos reconstruidos me sugiere un enfrentamiento que no deja de resultar conmovedor: la comparación entre la técnica actual y la del pasado, sentidos tan distintos de la proeza incorporándose, por medios distintos, a la leyenda. Hijo forzoso del presente, no puedo por menos que imaginar la reacción de los hombres del futuro cuando se refieran al traslado de los grandes templos de Nubia. No seremos recordados por la inspiración, pero sí porque nuestra técnica llegó al extremo de conseguir modificar una historia y, sobre todo, un paisaje. Algo habrá de gesta que nos perteneció y que vivimos indirectamente, a través de su resonancia.

Con tales premisas de expectación, ¿quién se extrañará de que el viaje a Abú-Simbel sea una de las etapas estrella del viaje a Egipto? Estrella fugaz, sin embargo, porque también los prodigios de la técnica actual hacen que la visita pueda cumplirse rápida y brevemente, como la prisa del turismo exige. Yo todavía alcancé a visitarlo en *mottoscafo*, un trayecto largo y pesado, cinco horas de navegación por un Nilo que ha perdido la fertilidad del valle y se desliza entre sequedades permanentes, rocas agrestes que anuncian el reinado permanente de la muerte. Un viaje demasiado fatigoso, que se obvia en los últimos años, si mis noticias son ciertas.

En la actualidad, la visita a Abú-Simbel se efectúa desde Assuán: es un trote de avión, que decreta su propia brevedad. No solo en el itinerario, sino en el tiempo de visita permitido. Si el viajero tuvo la suerte de encontrar plaza (que no siempre sucede), llega con el tiempo justo de ser trasladado desde el aeropuerto a los templos para una corta visita que solo debe durar lo que tarda en llegar el avión que ha de devolverle a Assuán. Al estar todo programado, un retraso podría ser fatal para la precisión fijada de antemano al viaje. Y lo ha sido en ciertas ocasiones. Retenidos por una tempestad de arena, doscientos turistas tuvieron que pasar la noche en el pequeño aeropuerto, insuficiente en espacio y provisiones. Pero el retraso, unas doce horas, tuvo efectos más dramáticos aún para los viajeros: llegaron tan en punto para coger sus enlaces en Assuán (barco, avión o autocar) que se quedaron sin conocer la zona. ¡Fatalidad del turismo de la prisa!

A veces por problemas de *overbooking*, a veces por algún accidente intempestivo, la visita a Assuán continúa siendo una lotería. Algo que puede tocarle a uno sobre la marcha, pero con lo que no se puede contar. Tal vez por ello, acogiéndose siempre por fuerza a la frivolidad del siglo, muchos visitan Abú-Simbel saliendo de El Cairo. Aunque el avión parte a las seis de la mañana, esta alternativa ofrece la seguridad del trabajo cumplido. Una vez visto Abú-Simbel, quedamos ya en Assuán, desentendiéndonos de la incertidumbre. Y sonreímos cándidamente mientras, a nuestro alrededor, oímos las quejas de quienes todavía ignoran si podrán efectuar la visita prevista.

Pero todo ello otorga a la visita a Abú-Simbel el aspecto de una obligación, de la que ya he desistido sobradamente en mis últimos viajes. Suelo apearme en Assuán, mientras mis compañeros siguen, en el avión, hacia la meta soñada. Y llegar en estas circunstancias a Assuán tiene el atractivo excepcional de un despertar paulatino: son las de la siete de la mañana e incluso en las épocas más calurosas, la ciudad se tiñe de colores suaves, casi idílicos, como un *belvedere* sobre el Nilo. Hay que esperar a que los viajeros del barco que efectuaron el viaje anterior, desocupen sus camarotes; y en esta espera nada más grato que descubrir Assuán desayunando en el mirador del «Old Cataract», tantas veces amado, tantas veces añorado.

El lánguido discurrir de las falucas, como golondrinas que tuviesen el don de nadar en pleno Nilo, con una de sus alas abiertas al cielo; el lejano eco de la canción de los barqueros, la suavidad de la brisa, todo inicia un día que, en Assuán, nunca será como los demás. Se comprende que, en tiempos fuese el punto de reposo por excelencia. El panorama es privilegiado, su situación fronteriza apasionante: más allá, el desierto. Es decir, cientos de kilómetros de paz total. Y la sentimos desde la veranda del «Old Cataract». Pero algo me atormenta. Y la culpa es del avión.

He devorado una distancia de 980 kilómetros, con una gula seguramente negativa. Me encuentro al otro lado del mundo, casi en el reino de lo desconocido, y pienso que hace escasamente tres horas estaba atravesando las calles desiertas de El Cairo, sumidas todavía en las postrimerías del sueño. Los milagros de mi tiempo me han hecho recorrer, en tan escaso tiempo el gran milagro del Nilo en su integridad: seiscientos kilómetros de la gran serpiente onduleando para ir a emplumarse con la frondosidad del Delta.

Pero no he visto este itinerario, no lo he sentido paso a paso, como los antiguos: ha sido el tiempo de un suspiro. Y ahora, al otro extremo del inmenso lago artificial que ha construido la técnica, Abú-Simbel se anuncia también como algo que ya puedo conseguir con excesiva facilidad. Son 280 kilómetros, desde Assuán, pero se ha roto para siempre la magia de las distancias. Estas son algo irrisorio, porque yo formo parte de una colectividad que vio en sus televisores cómo unos hombres ponían pie en la Luna. Lo fantástico de mi tiempo viene a sobreponerse a lo legendario de los tiempos pasados.

Y no son tan lejanos. Todavía en el XIX de nuestra era, cuando los grandes viajeros occidentales alcanzaban las rocas de Abú-Simbel, lo hacían como escala romántica, fatigosa, hito de una aventura fenomenal. ¡Qué vibrantes himnos podían escribirse entonces! El desciframiento de esas ruinas podía tener, todavía, las características de una tremenda odisea del espíritu. Podía compararse el devenir del Nilo con una experiencia científica recién iniciada. Podía combinarse con las últimas aspiraciones religiosas de Occidente... Adonais en Abú-Simbel..., ¡qué intensa posibilidad, hoy extraviada para siempre!

Queda el recurso de sentirse envejecer progresivamente aguardando en el enorme invernadero de Assuán.

He repetido a menudo que a principios del XIX, los viajeros que osaron adentrarse hasta los rincones del mundo faraónico muerto proclamaron a Abú-Simbel como la culminación de lo grandioso y lo espectacular..., precisamente en una tierra cuyo poder de atracción sobre el viajero occidental solía y suele regirse bajo este signo. En sus *Lettres écrites d'Egypte et de Nubie,* Champollion escribió: «El gran templo de Ibsamboul vale por sí solo el viaje hasta Nubia... El trabajo que costaría esta excavación desafía a la imaginación más desbocada.» Y las pinturas de Joseph Angelelli que reflejan la expedición nos muestran al joven maestro rodeado de sus acompañantes, instaurando lo que llegaría a ser el panorama favorito de Abú-Simbel.

Antes del desplazamiento de los templos, cuando éstos se hallaban a las riberas del Nilo y más cercanos a lugares habitados, la proliferación de indígenas llegados de las aldeas vecinas, para agobio del viajero, favorecía otra escena arquetípica. Un rapazuelo nubio, o varios a la vez, se encaramaba hasta las rodillas de los colosos y, de pie sobre ellas, se ofrecía como blanco a la voracidad de los pinceles o las cámaras. Pero yo llegué a Abú-Simbel —una, dos, tres veces— cuando el templo estaba ya desplazado y lejos de toda forma de vida. Siendo tan difícil el acceso, en la imposible temperatura de la zona, solo aparecían los vendedores de tickets y un joven guía particularmente libidinoso para con los occidentales de su sexo.

Las maniobras desesperadas de multitud de nativos dispuestos a conseguir una mísera propina, tal como lo describe Blasco Ibáñez en unas páginas extraordinarias, brillaban por su ausencia, y se comprende. Excluido el interior de los dos templos, la única posibilidad de sombra era una diminuta higuera que se apresuraron a habitar mi fotógrafa oficial Colita, mi hermana Ana María y una joven yugoslava, especialista en restauraciones de monumentos del arte servio medieval. Merced a qué don aquella higuera podía existir en aquel ambiente encendido es, para mí, un misterio. Tres arbolitos maltratados, sencillamente paupérrimos, intentaban dar sombra fugaz a tres bancos que, con la habitual grosería gala, se apresuraron a invadir tres damas francesas empeñadas en mantener su mediocre sofisticación de Prisunic aun a mil grados a la sombra. Tampoco entiendo —jamás lo entenderé— merced a qué mágico poder surgían aquellos ejemplares de árbol condenados a muerte de antemano. Y, en el colmo de los absurdos climáticos, delante del templo de Nefertari había sido plantado un césped sumamente ortodoxo, que formaba un pequeño recuadro de tipo «quiero y no puedo» y al que un nativo trataba de consolar con raciones intermitentes de agua procedente de una escuálida manguera.

Lo único razonable del enorme espacio baldío era, justamente, la esterilidad proverbial. La enorme plaza formada entre los dos recortes de la montaña que hoy contienen a los dos templos parecía el ruedo de la Nada; los intentos de cultivo, cualquier tipo de cultivo, se contradecían de manera estrepitosa con el medio ambiente. A las diez de la mañana, el sol constituía un azote al que acabé por acostumbrarme, pues solo ofrecía dos posibilidades: la desesperación pura o un sabio aprovechamiento. Opté por sufrirlo hasta los límites de lo práctico: me desnudé cuanto pude, y ahí me las den todas.

Debe ser en ocasiones como esta cuando el cuerpo se siente en contacto vivo con lo más descarnado de los elementos naturales. San Lorenzo y su *grill*, el horno de los macabeos, san Gilles de Rais en la hoguera, Juanita de Arco camino del asado... y Terenci Moix sometido a los espacios abiertos de Abú-Simbel.

Teníamos que esperar durante dos horas la llegada del autobús que nos llevaría al lejano aeropuerto (lo cual dará a entender que la organización egipcia no es especialmente prodigiosa) y los conatos de sombra propuestos por los amagos de árboles no constituían, ni de lejos, un consuelo. Por desidia, o por una costumbre absurda de la compañía aérea «Misra», habíamos sido dejados a nuestra suerte en pleno mediodía, con los insoportables franceses retratando y pontificando de un lado para otro. Son ocasiones irrepetibles. Poco dispuestos a escuchar la jerga ignominiosa de los pequeños burgueses del vecino país (algunos de los cuales, a pesar de los 40 grados a la sombra y sudando como mártires, no se quitaron el *blazer*, el *foulard* o la corbata), decidí llegar al máximo de la desesperación organizada, recorriendo paso a paso el gran yermo dispuesto entre, delante, detrás y a los lados de cada templo.

En su emplazamiento original los *speos* de Ramsés formaban parte de la depresión de la cadena líbica más cercana al límite del Nilo. En la actualidad, son dos bloques aislados y contenidos bajo dos gigantescas bóvedas de hormigón armado, cuya visita es imprescindible para calibrar los dos milagros de Abú-Simbel: el primero corresponde a la XIX dinastía de la historia de Egipto; el segundo, a la tecnología occidental de los años sesenta de nuestra era. Son dos prodigios que se complementan; y el segundo de los cuales —la gran bóveda— resulta completamente inesperado, como espectáculo, incluso para quienes en su tiempo devoramos el curso de las operaciones de salvamento a través de la prensa.

Después de haber visitado el interior del gran templo, de haber admirado su construcción, sus famosos relieves, y perderse voluntariamente por las salas secundarias, colocadas en organización celular, sorprende pasar a la gran bóveda, constituida en museo de la operación-salvamento. Allí, en gráficos perfectamente organizados, se explica cómo fue llevada a cabo la gigantesca tarea.

Pero el recinto parece un sueño de ciencia-ficción, uno de aquellos hangares hiperbólicos de la más increíble aventura de James Bond. Desde el exterior hemos visto el templo, separado de la cordillera original, que no dejaba de ser, para nosotros, parte integral de una montaña que sustituíamos con la imaginación (tal es la fuerza de la imagen creada y alimentada durante siglos). Ya en el interior del hangar, descubrimos este complicado engranaje que semeja una gran urna cubierta de roca en vez de cristal y en cuyo centro, como una reliquia diminuta, aparecen las formas recortadas del templo de Ramsés. Y, ante lo grandioso de la construcción, moderna, ante el cafarnaúm de materiales empleados, el templo llega a parecernos una maqueta propuesta para una realización cinematográfica de cierta prosapia.

Solo cuando salgamos del recinto y nos enfrentemos a los cuatro colosos del faraón megalómano recuperaremos nuestro sentido de la grandiosidad faraónica; para alejarnos, una vez más, hacia otros siglos.

Como recuerdo del nuestro, registramos en la gran plaza exterior un monumento monolítico que contiene el agradecimiento de Nasser a la ayuda de la UNESCO y su contribución al salvamento de los valores de la cultura y la civilización (etcétera). El tal monolito solo ofrecía sombra para un perrezno que, acaso como sus ancestros, ocupaba el sitio desde hacía mucho rato y probablemente no lo habrá soltado desde entonces. Remonté las colinas artificiales que contienen los templos; desde allí, una vez más, espacios inmensos que parecían desafiar al horizonte. Las vertientes laterales de estas colinas contienen algunas estelas importantes, que ocupaban la zona en el emplazamiento original de Abú-Simbel..., estelas como las hay muchas en tantos puntos de la Nubia conquistada. Son recuerdos triunfalistas de la época de los grandes faraones de la XIX dinastía, especialmente de Ramsés II y Seti II. La reconstrucción respetó estas estelas así como las heridas de uno de los cuatro colosos (el segundo de la izquierda): la enorme cabeza caída al suelo, con su afán de inmortalidad humillado por los estragos del tiempo.

La imagen que canta la supremacía de Ramsés es archiconocida: cuatro colosos sedentes, rodeados, en tamaño mucho menor, por las esculturas de sus familiares; y, en primer término, presidiendo el cortejo, una hilera de Horus protectores. En esta representación de sí mismo, manifestándose sincréticamente como los dioses Ra y Amón en su síntesis monárquica, Ramsés hace honor a su conocido sobrenombre: el constructor. Si a lo largo de todo Egipto no hubiéramos encontrado huellas suficientes de su afición al colosalismo, la ordenación de su imagen en estos cuatro colosos de Abú-Simbel sobraría para confirmarle en su fama. Sería difícil encontrar, en cualquier otra manifestación del arte universal una forma más elevada de la megalomanía que la que ofrece Ramsés en sus numerosas representaciones (a veces con una diminuta Nefertari adosada a su colosal pierna derecha).

En el interior del *speos* esta obsesión de Ramsés por manifestarse a la altura de las más grandes ocasiones, terrenales y divinas, tiene su culminación en los célebres relieves descriptivos de la batalla de Kadesh —repetición de un tema conocido— o en aquellos que nos lo muestran implacable —que no heroico, a pesar de todo—, asestando un soberbio puñetazo a cinco prisioneros nubios agarrados con una sola mano, mientras Nefertari, la esposa favorita, asiste complacida a la escena. Cualquiera que fuese la grandeza personal de Ramsés es evidente que, en sus pretensiones de brillar más allá de los siglos, tuvo que aumentarla considerablemente hasta extremos hiperbólicos. No es extraño que su fama impresionara a los viajeros griegos hasta el punto de recogerse en su persona hechos y hazañas emprendidos por otros faraones. Ya dije en Tebas que Ramsés fue especialista de la autopromoción, un mentiroso sensacional, capaz de convertir en mito acreditado la más rutinaria expedición bélica.

Contemplando de nuevo la historia de la batalla de Kadesh, uno tiene la impresión de hallarse ante un conflicto de repercusiones más tremendas que la Segunda Guerra Mundial, pero en realidad fue una de tantas batallas organizadas por los faraones guerreros para poner en orden cualquier levantamiento en sus fronteras. En este caso concreto, la batalla sostenida contra los hititas en la ciudad siria de Kadesh, sobre el curso superior del río Orontes, daría ocasión a Ramsés y al poeta Pentaur de establecer la epopeya más hiperbólica que se ha dado imaginar en dos mentes calenturientas. Lo cierto es que las pérdidas egipcias fueron considerables y que a pesar de los fabulosos actos de valor que Ramsés se atribuye a sí mismo, quedó en la firma de un tratado egipcio-hitita, mientras Muwattali, rey de este último pueblo, quedaba dueño de Kadesh. Como victoria del faraón, parece francamente pobre.

Sin embargo, el interés de los relieves de Abú-Simbel va mucho más allá de su importancia como testimonio histórico (tan relativo como el de cualquier estela conmemorativa de cualquier victoria militar). Su delicada ejecución y lo complejo de su estructura narrativa la convierten en una pieza única, que requiere una larga contemplación. El entretejido de las acciones allí narradas, cada una con su propia lógica y continuidad, ofrecen mil motivos de atención. Asombra, especialmente, la absoluta crudeza con que el tema está tratado: se trata de una glorificación de la guerra como forma lícita de poder, y, en este sentido, una exaltación absoluta de Ramsés como individuo capaz de superar toda forma de humanidad en provecho de su altísima misión.

Cuando el siglo no había favorecido aún los viajes rápidos, los viajeros dejaban escrito, en sus diarios, una relación de noches pasadas en Abú-Simbel, a la espera de la salida del sol, para observar el fenómeno que, durante siglos hizo famoso a este monumento y que fue, al mismo tiempo, su razón de ser. Hace pocos años, en las largas y acreditadas navegaciones por el Nilo, este privilegio todavía era posible. En la actualidad se llega a Abú-Simbel para una visita banal y lo máximo a que el viajero puede aspirar es a que el sol de cualquier hora del día penetre de una manera fugaz, al margen de todo ritual. Esto ha hecho que, para muchos viajeros, la significación inicial de Abú-Simbel se haya perdido.

Esta significación estaba acogida a las necesidades de aquel ritual solar, y asimismo la construcción de su fachada. De hecho, si prescindimos de la integración del templo a la roca, nos daremos cuenta de que esta fachada es la reproducción del clásico pilono de los templos egipcios, en cuya correspondencia de líneas con el horizonte se ha querido ver, también, una manifestación solar. De no estar excavado en la montaña, el parentesco del *speos* con los templos del Imperio Nuevo sería tan evidente, también, en la organización interior: la famosa sala hipóstila, con las columnas osiríacas que reproducen obsesivamente una representación de Ramsés bajo la forma de aquel dios. A pesar de su incorporación a un elemento natural distinto, el espacio interior de Abú-Simbel sigue estrechamente las convenciones religiosas oficiales.

La originalidad radica, o radicaba, en su relación con la salida del sol, especialmente en los equinocios del 21 de octubre y el 19 de febrero. Todo el conjunto está orientado de manera que, al salir el primer sol, penetrase por la puerta y llegase a iluminar, progresivamente, las figuras de Ramsés y las de Amón y Ra-Haraknti, colocadas en una estrechísima nao del fondo. Entre las muchas atribuciones que se han dado a este fenómeno, desde la de un observatorio a la conmemoración de las fiestas del Jubileo (o sed) del faraón, parece más lógica la de natural adoración de los egipcios a la manifestación solar Ra-Haraknti, en la que se encarna el propio Ramsés, y que en sus más distintas variantes (obeliscos, pirámides, orientación de algunos hipogeos de Tebas) hemos encontrado a lo largo de toda la historia de Egipto.

Huelga decir que, incorporados a las prisas del único *tour* posible, y obligados a un horario forzado, no pudimos ver el célebre fenómeno que diese su razón de ser al *speos* de Abú-Simbel. Por el contrario, recorrimos su interior aureolados por una protectora luz artificial que convertía el milagro en museo; la vida, en cadáver gigantesco.

A pocos metros del gran *speos*, y arrancado también de su sostén original en la cordillera líbica, el templo de la reina Nefertari, en calidad de adoratriz de la agradable diosa Hathor, se manifiesta en formas mucho más delicadas que el de su real esposo. Se parece un poco a las estatuillas de la reina adosadas a las patas descomunales de Ramsés. Se le ha impuesto esta pequeña servidumbre de la pérdida de tamaño en provecho de, por lo menos, una representación. Otras mujeres de Ramsés (de las que le diesen sus legendarios cien hijos y pico) no conocieron siquiera el privilegio del nombre grabado en una estela. Se comprenderá que Nefertari era una esposa favorita y, en cierto modo, respetada. Su tumba tebana la sitúa en una jerarquía muy elevada.

La fachada del templo está compuesta por seis estatuas colosales, distribuidas a cada parte de la puerta con un gran sentido de la armonía. Representan a la reina entre dos estatuas de Ramsés, ya que, evidentemente, el gran macho no podía faltar ni siquiera en un templo relegado a la hembra. (El toque marital aparece, también, en los relieves del interior: entre diversas actitudes de Nefertari errante, o manifestándose como Hathor, aparecen las fanfarronadas típicas del faraón; una bravuconería ideal que parece cuadrar a las mil maravillas con la admiración de su consorte.

El detalle más atractivo del pequeño templo lo constituye la sala hipóstila, de columnas con capiteles hathóricos (mi capitel preferido). Es el capitel formado por la cabeza de Hathor, en su manifestación humana de mujer con orejas de vaca. Sin embargo, en Abú-Simbel la ejecución de estos capiteles parece extraordinariamente primaria, en comparación con los del templo de Hathor, en Dendera, o con los de la terraza del templo de Hatshepsut. Junto a la admirable ejecución de estas piezas, los capiteles hathóricos del templo de Nefertari parecen simples caricaturas *naïfs,* como el sueño de un escolar de la época. Y ello sorprende especialmente en un momento en que el arte egipcio oficial había alcanzado el máximo de su perfección. Una perfección basada en el colosalismo y la mímesis, si se quiere, pero que en cualquier caso consolidaba su estilo, dándole, al mismo tiempo, su última razón de ser.

Después del colosalismo, incluso agobiante, de Ramsés II, nos parecerá como si el arte egipcio, en su expresión oficial, buscase constantemente una esperanza perdida.

Gran templo de Abú-Simbel.

ISIS EN FILÉ

En esas aguas surcadas por el aura de mil perfumes entremezclados, la diosa Isis solía verter una lágrima. Era por su esposo Osiris, naturalmente, pero también una ayuda para Egipto. El llanto sacro se levantaba por encima de la primera catarata, las aguas crecían en la medida justa y la inundación renovaba Nilo abajo todos los dones vegetales, como los renovó Osiris cuando, según otra leyenda, hizo germinar con su cuerpo las semillas que plantó sobre él una princesa. Todavía era en esta circunstancia un rey del Norte.)

Debió de ser Isis una dulce llorona, para utilizar un apodo que se dedicó a una actriz española de los años treinta, especializada en el melodrama. Pero no cayó en vacuidades de ese estilo la «sacra Iside» (como la llaman en *Verdi*). Su lágrima es uno de los instantes más humanos de la entera mitología egipcia. La lágrima de Isis es moderna. Y queda, además, práctica. Justifica la existencia del famoso Nilómetro en la punta de la isla de Elefantina. Servía para medir la crecida del Nilo, peligrosa si se excedía. Un llanto demasiado abundante podía ser tan pernicioso para la agricultura del valle del Nilo como el día en que a Isis le diese por reír. Entre la carestía y la catástrofe solo había un paso. Todo dependía del lagrimal de la diosa. (Otro mito asegura que cada año era sacrificada una doncella en las aguas de Assuán para conseguir lo mismo que Isis conseguía con su lágrima. Francamente: la opción quedaba mucho menos civilizada.)

Isis tuvo motivos suficientes para ir llorando a lo largo de todo el Egipto, en cada una de las ciudades donde encontraba los miembros mutilados del esposo. Pero más motivos tendría cuando peligró por tres veces consecutivas el recinto edificado a su gloria en una de las islas cercanas a Assuán, la impar Filé. Lloraría amargamente cuando en el año 536 el emperador Justiniano decretaba el cierre absoluto de sus templos, que eran el último, desesperado bastión del paganismo en Egipto. Lloraría cuando por el mismo decreto se ordenó la construcción de una iglesia cristiana entre los muros que contenían figuras históricas, cánticos y elogios de sus más próximos allegados (Horus, Hathor, Osiris y compañía). Lloraría más cuando a partir de la construcción de la primera presa de Assuán, en 1902, quedaban sus templos casi enteramente sumergidos bajo las aguas. Se ha visto ya que el destino de Isis en Assuán fue llorar por cualquier causa.

Cuando se alcanzó la década de los sesenta de nuestro siglo, la Isis desterrada de sus dominios sacros quedaría perpleja con el destino que aguardaba a sus templos y a su llanto. Se anunciaba un peligro mayor que todos los demás: sus templos podían quedar sumergidos para siempre merced a la ampliación de la presa lanzada ahora a una competencia no ya con arquitectos y albañiles, sino con los mismísimos titanes. La amenaza del Lago Nasser, con sus 500 kilómetros, bastaría para hacer temblar a cualquier otra diosa, pero Isis, que tenía prerrogativas de maga, visionó el futuro y acabó sonriendo con cierto alivio. Debió de mirar su bola mágica, y vio un extraordinario movimiento de maquinaria, hombres y dólares, conjugando todos los prodigios de la técnica. No se trataba, como en tiempos de Justiniano, de la usurpación de sus derechos y solares por un dios más a la moda. Las máquinas también vinieron a rescatar. Y entonces, Isis sonrió tranquila porque las nuevas técnicas la levantaron del suelo y la colocaron en una isla vecina, de altura superior, donde las aguas la bañasen sin tocarla. Desde entonces, Isis no ha vuelto a llorar. Sus efectos beneficiosos de otro tiempo han sido sustituidos por el vómito tumultuoso de la nueva presa de Assuán, la Saad El-Aali. Incluso el Nilómetro de la isla de Elefantina descansa *in aeternum*, a falta de trabajo.

El susurro del viento que arranca perfumes a las flores de la Isla Kitchener solía acariciar también a otra isla de superficies limadas constantemente por la media inundación. «La perla del Nilo» la llamaron, y fue seudónimo que conoció una singular fortuna incluso fuera de su contexto literario, incluso en los ámbitos de la publicidad turística. Lo pergeñó con civilizada poesía decadentista Pierre Louys, y no precisamente para catalogar a Filé entre la joyería de sus experiencias literarias, sino para cantarle un réquiem que conoció muchos seguidores... todos los que la habían visitado en secano y así pudieron amar su integridad. El poema se llamó *La mort de Philae* y participó de la polémica que dividió a la opinión ilustrada de principios de siglo. La discusión creó dos bandos: el de los espíritus sensibles que protestaban porque la construcción de la presa de Assuán ponía en peligro uno de los monumentos más hermosos de Egipto, y otro bando, más pragmático, que consideraban que el bienestar de la población y los avances del país excedían en ventajas a cualquier salvamento arqueológico. ¡Con razón volvió a llorar la diosa! Prevaleció el criterio pragmático sobre el poético. Y sin las ventajas de la técnica actual, que han permitido que una misma situación haya podido ser salvada a base de diques, rampas de elevación, grúas gigantescas y demás artilugios absolutamente milagrosos para la mentalidad filesca del peregrino. A partir de 1902, Filé solo emergía durante dos meses del año, agosto o setiembre; y todavía porque al abrirse las compuertas de la presa para realizar la inundación en todo el valle del Nilo, decrecían las aguas del embalse.

Con tales consideraciones, ganó en ventajas el peregrino, que casi por pelos, y gracias a los prodigios de sus décadas, visitó Filé de las tres maneras posibles, y aplaudió en cada una de ellas la oportunidad de su soplo poético, el hálito romántico que la coloca en grado de solucionar todas las emergencias.

Desde 1980, el traslado de Filé a la cercana isla de Agilkia vuelve a permitir que el peregrino admire sus templos en integridad, con la majestuosa ascensión de su pasado más remoto. Pero van recorriendo su memoria imágenes inolvidables de aquella Filé anterior, humillada, que solo dejaba entreveer sus soberbios capiteles entre la prisión del lago: Actuaban las aguas como espejos sobre cuya lisura implacable iban a reflejarse los jeroglíficos, las cabezas de los dioses —el cuerpo quedaba sumergido—, los esbeltos capiteles de flores compuestas, y todas las demás delicadezas, híbridas y sensoriales a la vez, de la arquitectura ptolemaica.

Es probablemente cierto que cada generación encuentra sus fetiches incluso en la desgracia. Pues la imagen de Filé hundida ofrecía una rara belleza, visiones inolvidables, embrujo que llegaba precisamente de la agonía. Irónicamente, aportaba una maravillosa vida a la muerte profetizada. (Si Louys lo hizo en términos poéticos, como lánguido lamento a la belleza, Gaston Maspero, en tono más práctico, profetizó que si quedaban inundados, los templos no podrían durar más de treinta años.)

En mi último viaje, con la majestad de Filé completada en el rescate, sentí la dimensión de la grandeza, la noté desde la tierra firme, percibí la impresión típica que se produce ante cualquier santuario egipcio: mi pequeñez ante los tremendos volúmenes de los pilonos y columnas, mi insignificancia al sumirme en las salas oscuras. Toda la belleza de Filé, que es considerable, se condensó en impresiones ya repetidas en otros puntos del Nilo.

La majestad en este caso no me compensa de la poesía, aunque fuese una poesía invocada desde el desastre, y provocada por él. El reflejo de Filé en las aguas asesinas no tenía precio. A la hora del crepúsculo, con el sol finalizando su trayecto, los templos se teñían con una pátina dorada que al reflejarse en las aguas doblaba su valor y daba mayor estatura a las ruinas. Como esas manchas de tinta que los niños efectúan en un papel doblado que, luego, al desplegarse, dan lugar a un doble lobo, a un doble pájaro, a una doble gacela, la visión de Filé y la visión reflejada en las aguas quedaban unidas en su pliegue inferior, dejando las partes altas comunicadas una con el cielo, las otras con el fondo de las aguas. Y en estas temblequeaban el disco alado del pórtico, las cornisas hinchadas de los templos laterales, los rostros de Hathor en cada uno de sus capiteles. Y la barca se deslizaba tan cerca del techo que a veces tenía que inclinar la cabeza para no tropezar con las inscripciones de algún arquitrabe. Era entonces apasionante tener el rostro de Hathor a la altura del mío, poder acariciarlo como solo pudieron hacer, en Dendera, los que encontraron capiteles semejantes a estos sobresaliendo entre la arena que había sepultado sus columnas. Aquí, en Filé, era el agua lo que me situaba a esas alturas reservadas antaño a las facciones de los dioses. En la época dorada del paganismo, ningún sacerdote hubiese soñado que humano alguno pudiese llegar tan alto.

Después, en otro viaje, Filé quedó enteramente bloqueada por los diques que la protegían de las aguas mientras durasen las operaciones del desmontaje. Año tras año, veía brotar sobre la isla vecina los 35.000 bloques de piedra —algunos de más de veinticinco toneladas— que han ido restituyendo la forma de sus templos, milímetro a milímetro, desde los edificios mayores al pavimento, desde los relieves hasta los abundantes autógrafos de los viajeros del siglo pasado.

Filé permaneció cerrado a los turistas desde que empezó su desmontaje hasta que ha sido ajustado su último pedrusco, incluidas las ruinas de la iglesia cristiana (un añadido que no podía faltar.) Había en las agencias de Assuán una consigna tácita, y comprensible, de ahuyentar a los curiosos. El turista comodón —es decir, *el* turista— se desanimaba ya fuese porque no le apetecía ver un templo incompleto ya porque se sintiese indefenso a la hora de plantearse una experiencia individual. Ambas cosas valen. Pero nada resultaba tan sencillo como cruzar las canteras de Assuán, dejar atrás la presa, y llegarse al espacio abierto entre las rocas que servían de desembarcadero. Surcar entonces el llanto de Isis y dar varias vueltas a la isla en obras, mejor dicho a las dos islas: la que las ruinas abandonaban y la que estaban empezando a ocupar. Desde la barca, ya que no se permitía poner pie en tierra, se asistía a un auténtico frenesí en los trabajos. Y en uno de los lugares más poéticos de Egipto, incluso un poeta podía admirar con toda justicia los progresos de la técnica.

Ya que hemos rescatado para el recuerdo los templos de Filé, conviene recordar qué estaba haciendo la sacra Isis en estas latitudes. Es probable que solo el viajero actual pueda considerarlas un fin del mundo. Para los egipcios que tenían en Assuán una plaza importante, y en la Nubia una avanzadilla de sus victorias, Filé no era sino uno de los puntos del gran viaje de Isis y, para mi sorpresa, la zona donde encontró el cuerpo de Osiris. Que fue concretamente en la isla de Bigeh, cercana a la de Filé y doce veces más grande que esta.

Las derivaciones del mito osiríaco —ya lo vimos en Abydos— se contradicen a ojos y oídos modernos, pero es posible que esto tuviese para los egipcios tan poca importancia como el lejano emplazamiento de los santuarios de Isis. Entre las múltiples ceremonias de su culto, con o sin lágrimas, era el principal un desplazamiento de su estatua desde Filé a la isla de Osiris. Esta ceremonia se realizaba cada diez años: acompañada del Horus niño (Harpócrates), Isis se embarcaba hacia la isla vecina, que era además un territorio sagrado, cuya entrada se prohibía a los profanos. En el cruce de ambas islas, al límite mismo de Egipto, se efectuaba la fusión de los dos mitos, de sus misterios principales. Que los cultos perviviesen aun después de la irrupción del cristianismo, fue un caso impresionante de obstinación colectiva. Tanto Bigeh como Filé continuaron gozando de una gran devoción en la Baja Nubia a pesar de decretos y prohibiciones.

Para calibrar el impacto de este culto, basta con insistir en que la represión emprendida por Justiniano era una solución taxativa, acaso desesperada, para hacer cumplir unas órdenes que ya habían sido decretadas por Teodosio más de un siglo antes (en 391 d. de J.C.). No basta con atribuir a la lejanía y el aislamiento la supervivencia del fervor isíaco. Cierto que se habían acostumbrado a él, durante siglos, las tribus de la Nubia, responsables de los desórdenes que, irritados por la prohibición del culto, se extendieron contra toda la Tebaida cristianizada. Pero el prestigio de Isis no se contentó nunca con alcanzar solo a los bárbaros. A través de numerosos sincretismos sobrevivió en toda la cuenca mediterránea, incorporando a algunas divinidades femeninas importantes del mundo grecorromano. Asimiló a Deméter, convirtiéndose en símbolo de fecundidad; asimiló después a Afrodita, como dispensadora de amores, e incluso tuvo algo que ver con Juno, como supuesta madre de todos los demás dioses egipcios. Al hablar de Horus, convertido en Harpócrates, ya vimos cómo se adjudicaba todos los atributos de la maternidad. Y, en fin, el faro de Alejandría, la ciudad de los más espectaculares sincretismos, fue puesto bajo la advocación de una Isis Fárica.

Todos los cambios ocurridos en el Mediterráneo entre el apogeo de la Grecia clásica y el auge imperialista de Roma cambiaron en cierto modo las funciones originales de Isis, su profundo sentido egipcio. Cuando Alejandría la convirtió en una especie de maga muy apropiada para presidir todo tipo de esoterismos, recogía ecos de una leyenda anterior, pero ya no su espíritu. La cualidad de divina hacedora que ostentó Isis desde siempre, llegaba de aquellos remotos tiempos predinásticos en que su esposo Osiris se conmovió del estado semisalvaje en que vivían sumidos los pueblos del Nilo y empezó a enseñarles las bases de su civilización. Ignoro si Isis lloró también en aquella circunstancia, dedicando su lágrima al estado bestial —algunos dicen que incluso caníbal— en el que vivía la humana especie. El caso es que se puso al lado del marido y fue también maestra en algunas materias de inapreciable valor para los primeros siglos de la civilización. Enseñó el arte de amasar el pan, las actividades domésticas e incluso la medicina. Esta fue una de sus advocaciones más prestigiosas y la que sin duda le valió su título de gran protectora de la magia.

La influencia de Isis en todo el Mediterráneo quedó patentada a través de sus famosos Misterios, que tanto debieron de cautivar el corazón de los escritores clásicos, a juzgar por la abundancia de textos en que aparecen citados. Al parecer, carecieron de la profundidad de las grandes representaciones osiríacas, pero en cotrapartida superaron en prestigio y popularidad a los de las demás divinidades orientales importadas (a excepción, tal vez de los Misterios de Mitra). La memoria colectiva jugó una mala pasada al carácter casi secreto de los «pequeños misterios» de Isis, si tiene uno que hacer caso a la manera morbosa y casi perversa con que son presentados en algunas novelas decimonónicas de tema histórico. Sacados por tercera vez de su contexto, los mitos egipcios de más noble raigambre se convierten en sinónimo de perversidades sin cuento, y sus representantes, los sumos sacerdotes también importados, ejercen el mal contra los héroes de una nueva religión en fulgurante ascenso. Si digo que esta religión es el cristianismo, creo aclarar la razón de que los autores de nuestro pasado más próximo puedan llenar impunemente sus novelones con asesinos que ostentan en sus ropajes el signo de Isis. La que pasó de ser manifestación celeste a expresión de todas las alevosías folletinescas.

La Isis tardía tuvo sus templos más importantes en Pompeya y Roma (el *Iseum*), pero cuando pongo los pies en la nueva isla de Filé, comprendo que aquellos solo pudieron ser sus palacetes de recreo durante algún viaje que, desde el fondo de su mito, tal vez no deseó. Filé se presenta ahora como el auténtico hogar de la última diosa del panteón egipcio que llegó a conocer algún predicamento. Y una construcción tan tardía como es el famoso —y delicioso— Quiosco de Trajano remata en la Historia lo que todavía debió de ser una gran prosperidad mítica.

Las formas exquisitas del Quiosco lo convierten en una de las visiones más apreciadas de la isla, seguramente la más popular de todas. Sorprende que Roma pudiese recoger en toda su integridad el espíritu lúdico que caracterizó al arte ptolemaico. Ya no sabemos si es simple imitación o ese contagio de la delicuescencia del Nilo, al que acabaron por ceder todos sus conquistadores.

La perla del Nilo es cultivada, como lo fue ya Dendera. Sus destellos llegaron tarde, pero continúan manteniendo una viveza que hace pensar en un suicidio de amor, más que en una muerte decretada por la Historia. Isis y Hathor, desde los relieves de la fachada del Gran Templo, presiden con su majestad habitual uno de esos cortejos fabulosos a los que el devenir del Egipto nos tiene acostumbrados. El arte de la Baja Época encuentra su culminación y su delirio. Esta expresión que arrancó de la ya lejana madurez de Saquara, ha pasado por toda clase de altibajos hasta llegar a Filé: un largo período de arterioesclerosis con la decadencia de las últimas dinastías autóctonas, un espléndido resurgir con el apogeo de las dinastías saitas; y después de la interminable crisis bajo la dominación persa, ese último suspiro de esplendores e hibrideces que vinieron a exhalar los Ptolomeos. El devenir se cierra en los templos de Filé, convertido en una nueva síntesis que pasa del refinamiento al dramatismo, de lo colosal a lo desesperado.

Lo mismo ocurre con los nombres que continúan arremolinándose alrededor de la Gran Madre, como buscando su amparo en el momento en que van a perecer para siempre. Vuelven a sonar los nombres más prestigiosos del supremo panteón derrotado :Imhotep, Hathor, Osiris, Horus Vengador..., todos tienen en Filé su templo o su capilla. Pero el nombre de Trajano, desde ese quiosco que hechiza al peregrino, se impone ya como una amenaza sobre todos ellos.

Isis viajó a Roma para representar todas las comedias que quisieron imponerle sus nuevos dueños. Pero su lágrima mítica quedó en Filé. Tal vez se convirtió en estalagmita que contempla cómo el más ilustre de los sepulcros de su esposo —la isla de Bigeh, que ella solía visitar— yace sumergido bajo las aguas.

Fellah trabajando en el templo de Medinet Habu.

REMEMBRANZA

Cuando el sol se pone sobre el desierto y alguien de entre mi gente preferida acompaña mi lasitud en la veranda del «Old Cataract», quedó en silencio, recurro al embeleso y todos mis viajes egipcios se mezclan en una impresión única, y la memoria saca sus balanzas secretas, el sentimiento echa mano de todas sus coartadas y me pregunto, entonces, qué ha representado Egipto para mí.

Solo un paisaje como el de Assuán, solo la circunstancia del Nilo herido por sus crepúsculos, puede hacer que el egoísmo se convierta en obra maestra. Y se construye a partir de la propia identidad. La remembranza que solo afecte a mi espíritu ha de convertirse, entonces, en ley de vida.

Ya hace tiempo que me rendí a ese hedonismo dulce y perezoso que Egipto es capaz de ofrecer al peregrino cuando este se decide a ser uno más entre los egipcios. No uno cualquiera entre los de hoy, sino ese egipcio inmenso, incalculable, que ha de compendiar en su interior todos los tiempos, todos los ritmos del Nilo y el desierto, del Valle y las tumbas. Ese egipcio ideal que lleva dentro, palpita desde mucho antes de poner los pies en el país, y es posible que ni siquiera sea necesario visitarlo para sentirse así. Es posible que baste con sentir en lo más íntimo de uno mismo, inexplicablemente, todo el inmenso tiempo del Nilo

Pero el ritmo pausado de las falucas de Assuán mecidas por el viento del atardecer rescata el catálogo de mis días junto al Nilo, uno a uno, con serenidad, sin estridencias. Conservaré el recuerdo imborrable de tantos momentos difíciles de comunicar, imposibles en expresión por cuanto no encerraron ningún acontecimiento apasionante, porque solo contuvieron la caricia de los pequeños placeres sin importancia, calma intransferible, pasiones calladas. La medición del Tiempo, que a lo largo de todo el Nilo tiene ritmos de eternidades, adquiere en Assuán un devenir todavía más dulce. Dulzura irrecuperable de los instantes que transcurren sin sonido, momentos aislados de cualquier mundo que no fuese el de los colores increíblemente vivos de Assuán, momentos que son demasiado pequeños para convertirse en literatura —mucho menos en Historia—; momentos que nunca podrán tener nada que ver con nadie que no sea el propio, desesperado egoísta que los siente. Pequeñeces que son primordiales porque aspiran a proporcionar consuelo cuando las cosas enormes fallaron, cuando todo aquello que el mundo considera importante demostró con creces su vacuidad, arrojándonos al pesimismo. Difícil de explicar, caramba, muy difícil.

Como la magia de Egipto, que escapa continuamente a mi escritura.

Antes y después de mi primer viaje a Egipto, mi vida estuvo y está formada por recuerdos diminutos, que para los demás no tendrían la menor importancia y que solo el egoísmo puede elevar a la categoría de acción permanente. Si he abusado de este sistema de evocaciones en las obras que escribí en la primera etapa de mi carrera, fue porque esta actitud ha llegado a configurar una parte esencial de mi visión del mundo. La crítica quiso encontrar en esta tendencia un culto a los mitos de los *mass media* que el lector también habrá encontrado, fatalmente, a lo largo de este libro. Pero su incursión, a veces obsesiva, no podría limitarse al culto al *camp*, al *kitsch* y otras frivolidades intelectuales que pueden servir, como máximo, para una deliciosa conversación frívola con algunos amigos vulnerables también al paso del tiempo. La incursión de estos elementos en una tierra donde el tiempo planea constantemente como aliado inseparable de la muerte, se resiste a verse encasillada en los términos habituales con que algunos de mis compañeros de generación han cantado, glorificándolas, las muestras más bajas de la subcultura popular. ¡Qué gran trampa, fomentar la sociología barata a base de recuerdos que solo el egotismo podría justificar! Y hacia ellos me lanzo, como egotista máximo, desde la veranda de un hotel de Assuán, mientras asaltan mis sentidos los mil y un aromas de las flores del Jardín Botánico.

Esto es precisamente lo que recupero en la gran muerte de Egipto: que cada recuerdo banal y acaso estúpido pertenece a un tiempo que fue mío y que perdía desesperadamente, sin remedio posible. Las pequeñas cosas de un año solo pertenecen a la muerte de este año; un asesinato renovado del Padre Tiempo quien, al llevarse el instante, se llevó un fragmento de mi ilusión, un asomo de mi historia, de mi inocencia o mi dolor. Convertir en Historia este evento renovado día a día sería, simplemente, una empresa posproustiana; convertirlo en drama es un trabajo cotidiano, en la fatigosa condena de ser hombre y transcurrir como tal. La fugacidad de las pequeñas cosas, tarea que el Padre Tiempo cumple con rigor y perfección alucinantes, implica mucho más que una simple complacencia en la nostalgia, o un placer en el masoquismo de la memoria. Es la cosa más misteriosa, más inexplicable, más dolorosa de este mundo. Y no solo por el hecho de crecer y dejar de ser niño para siempre —trampa del peterpanismo—, sino por la imposibilidad de dominar con la razón un continente oscuro e irracional. Todas las victorias que la razón del hombre pudo obtener sobre las fuerzas de la Naturaleza no evitan que siempre permanezca, como un hito indomable, la provisional del Tiempo. Aun en el caso imposible de que los avances de la especie consiguiesen vencer a la muerte, todavía quedaría como provocación máxima la fugacidad de todas las cosas, y la imposibilidad de que cualquier sentimiento, cualquier instante, cualquier dolor puedan volver a repetirse jamás. Por esto pienso que la Eternidad, si existe, debe de ser un lugar donde el Tiempo ya no transcurre. Un paraíso donde el Tiempo ha muerto para siempre.

Así, en este Nilo soñado en sueños que también se perdieron, en estos desiertos que representan de manera tan magna los estragos del Tiempo, yo elegí la cotidianidad de las pequeñas cosas, convencido de que algún día, en el recuerdo, serían tan conmovedoras para mí como las aventuras, violentas y emocionantes, de cualquier héroe de novela colonial. La épica de las pequeñas cosas convenía a mis intereses; si no podía lanzarme a la acción como un Lawrence de Arabia o cualquier caballero de desiertos surcados por los peligros más literarios, tal vez podía acogerme a las pequeñas, insignificantes peripecias de mi egotismo defensor. Los pequeños devaneos de un Terenci que, gracias a una continua vuelta de la tuerca podía llamarse sin rubor Terenci del Nilo, con plena voluntad de no volver a ser lo que había sido, o tal vez lo que en los caminos de Imaginaria nunca dejó de ser. Y he aquí mis razones, dictadas en la placidez de Assuán: la aventura no es una creación del espacio, de su ubicación o sus acciones, sino que es una creación del Tiempo. El Tiempo engendra al recuerdo —este es, a su vez, la imposibilidad de retroceder sobre el Tiempo y tiene que contentarse con momificarlo—, pero deja aquellos espacios vacíos en los que se mueve la imaginación. Y es muy posible que el verdadero inicio de todas las narrativas del mundo surgiese en aquellos pozos que no pueden llenarse con recuerdos, pero que tienen la urgencia de palpitar en la acción antes de ser arrastrados, también, por el Tiempo. Habrá entonces un titanismo cotidiano, nacido tal vez de la frustración. Casi diría que el resto, más que el silencio, es el absurdo.

Según cuanto acabo de contar, no extrañará a nadie que en un país y una Historia tan abundantes en hechos primordiales, en personajes reproducidos a la altura de los titanes, yo buscase para mis reencuentros del pasado toda una mística del fracaso. Que eligiese como guías a Smenker, joven príncipe anónimo, y la gran caída de Amarna, con todas sus piedras borradas de los inventarios de la Historia, con toda su muerte sin registrar. En la perfecta armonía de Assuán, yo solo deseaba regresar a aquella inmensa llanura fracasada. Por alguna razón inconfesable, toda la delicuescencia del crepúsculo vermellón, asomando entre la Orientalia de la veranda del «Old Cataract», no me compensaban de la huella profunda, mordiente, que me había dejado la esterilidad de aquel hemiciclo rocoso de Atón.

Pero antes de regresar a Amarna, antes de gustar de nuevo los abismos más profundos de la soledad, me faltaba apurar los sabores del Nilo, sentir otros golpes del Tiempo en su afán por acumular mentiras. Busqué entonces otro Egipto. Pero tan distinto del amado, que solo puede servirme como epílogo.

CIUDADES PARA UN EPÍLOGO

SONATA DE ALEJANDRÍA

¿Por qué Alejandría como viaje? No por consejo de agencias turísticas al uso, cuya escasa imaginación precisará una verdad rotunda: usted, como turista-charter, o como grupo, solo empleará en las curiosidades alejandrinas una mañana; y aún con voluntad. ¿Por qué, entonces, Alejandría como viaje y, más aún, como estancia de varios días? Por la literatura, precisamente; por un privilegio, también, de último romántico: mezclar el cálido contacto de los muslos del amigo con la belleza de una frase literaria, con la imagen imprecisa de unos personajes que han acompañado, durante años, mis sueños y mi aprendizaje literario. Breve: en esos espejos del «Hotel Cecil», donde Aitaudi vio reflejada, durante un baile de máscaras, la imagen morena de Justine, el orgasmo del viajero romántico —y orgullosamente neurótico— es un brindis de Lawrence Durrell, con augustas libaciones en los altares de Cavafis, de Marco Antonio y Cleopatra, de Plotino, de Forster, de algunos mártires cristianos y, *hélas!*, del hermoso Dios-soldado de rizos color oro macedónico: Alejandro.

Brindo por Alejandría, la del gran sueño literario, la del gran refugio clásico, la del disparate arquitectónico, y corro el necesario velo sobre el presente de una Alejandría reducida al destino, más bien triste, de una playa de moda. Las espléndidas villas de la colonización europea —con sus eclécticas arquitecturas— desaparecieron casi todas, víctimas de la piqueta y el creciente apogeo, junto al Mediterráneo, de espantosos rascacielos en el peor estilo Benidorm. La sociedad cosmopolita que refleja Durrell, en su magistral laberinto literario, salió con pies en polvorosa a partir de la revolución nasserista (que no supo oponer, en su lugar, ni siquiera una cultura proletaria: solo la incultura). Y apenas cuatro ruinas —más bien tristes— me recuerdan que, dos mil años antes de toda esta invención literaria, Alejandría fue el gran centro cultural del Mediterráneo. ¡Espléndido prestigio de la Nada!

Pero ese viaje no es tiempo perdido. Permanece, evanescente, la fascinación del híbrido que es, desde el principio de su historia, Alejandría. Y aunque los espejos del «Hotel Cecil» no devuelven ya, las imágenes fragantes de elegantísimas madamas imitando los modos de París, y aunque las academias donde floreció, con pompa, el neoplatonismo no tienen una sola ruina que las evoque, alguna magia especial, inmanente, ligera y única permanece en el solo nombre de Alejandría, *the unforgotten city* de Durrell. Con la edición completa de *Alexandria Quartet* en la mano, Enric Majó y yo recorrimos las calles de la ciudad soñada para ir reencontrando, aquí y allá, calles, memorias, frustraciones de invenciones (o su realización). Y el experimento demuestra curiosidades de altísimo turismo; por ejemplo: que en la gran arteria que fue la Rue Fuad (hoy Nasser), esquina a la tan citada Rue Nebi Daniel, no se encuentra, como quería Durrell, la barbería babilónica de Mnemjian, «el oráculo de la ciudad», sino una muy moderna sucursal de la Librería Hachette. Y se comprende por qué fue tan vital para Justine —nuestra Justine!— abandonar el barrio árabe y triunfar, señorona, en la sociedad de los grandes bulevares europeos.

Insólita, hundida, espectral Alejandría. Para nada egipcia. Vómito histórico de un Mediterráneo que, al dar la espalda a Europa, se nos hace, él mismo, misterioso, impalpable, con vientos y colores culminados en obra maestra por la paleta de la destrucción; en esto, impresionista. El espejismo alejandrino, diríamos: delirio de poetas entrevisto desde la agonía del desierto; entre los vapores malolientes del Lago Mariotis. Pero también espejo de reverberaciones infinitas que reproducen el gran tema de las pasiones para devolverlo al lector/actor repropuesto en mil fragmentos diminutos que se van complementando. Así, la ciudad. Así, la remembranza de una Alejandría múltiple. ¿Qué es, efectivamente, Alejandría, y qué resume? Poco, seguramente, para el ignominioso turista-*charter*; pero un universo entero para los últimos supervivientes de una raza antaño próspera: los devoradores de novela; los viajeros-noveleros; lo *happy few* de Stendhal. La Alejandría de Durrell se convierte, entonces, en un auténtico Baedecker del Mito. *Memorial of an unforgotten city.* La ciudad se va materializando en una obsesión, un conglomerado de tiempos que eyacula sobre los personajes mensajes de desasosiego, orgasmos heridos; pero, esencialmente, complicados en una metafísica agobiante. También, de algún modo, el Baedecker de los mil recovecos del mito.

Preguntábamos —preguntaremos siempre— qué resume Alejandría. La palabra misma evoca el mito de un híbrido sublime :el joven Dios-soldado, el divino Alejandro, consideró la zona idónea para perpetuar, en mármoles, una sublimación excepcional de sus sueños de imperios. He aquí como inicio, el contrasentido perpetuo de Alejandría. A la agonía del mundo faraónico vino a oponer exquisitas degradaciones de la expresión helenista cual un capricho trasplantado. Y de sus reyes y sus reinas, Ptolomeos bastardos, sacaría de la Historia una lección de desarraigo permanente. Cierto que Alejandría no fue nunca Egipto, sino su tumba. De una espléndida civilización reducida a su propio calco, los herederos bastardos del bello Alejandro fueron a buscar, todo lo más, formas con las que perpetuar, en sí mismos, el espectro de linajes remotos; y ya imposibles como dinámica histórica. Construidos por los Ptolomeos, los últimos grandes templos con estilo faraónico no pasaron a ser espejo de su vulnerabilidad. Su refinamiento debe poco a Grecia, poco a Egipto y todo a su hibridez. La palabra «cosmopolitismo» inaugura, para el Mito, la fatalidad de la ciudad. La ímpar Cleopatra, séptima de su nombre y última de todos los linajes faraónicos, paga a la Historia este legado típicamente alejandrino. Su leyenda, en Alejandría, se disuelve lentamente en la nada; en el arrastre de dominaciones diversas, que fomentaran para siempre el híbrido, su tragedia y espectacularidad. Cuatro ruinas escasas nos recuerdan que Alejandría fue la gran capital de los hibridismos ptolemaicos y, después, de los primeros hibridismos cristianos. ¡Y pensar que aquel ingenuo Marco Antonio fue abandonado por el Dios —como quiere el poeta Cavafis— justo cuando había jugado a una sola carta un destino singular, con la reina de las reinas y el imperio de los imperios como premios suculentos e inalcanzables! Ningún fogoso amante gozará jamás de tantas simpatías por mi parte: máxime cuando Alejandría, ingrata, solo conserva como recuerdo suyo una lápida mediocre, en la que Cleopatra le hace donación de un templo desaparecido. Tanta gallardía mereció, sin duda, recuerdos aún más durables por parte de la ciudad a la que entregó todo.

Pero, ¿qué conserva Alejandría? He aquí un mundo que parece vivir de espaldas a su pasado, incluso el más inmediato. Inútil esperar que un taxista sepa dónde se encuentra la columna de Pompeyo, así mal llamada pues de hecho es el último resto del gran templo de Serapis. Solo el mundo árabe permanece, altivo, recuperador; destructor, sin embargo. De espaldas a su pasado, a su ayer de ahora mismo, Alejandría se porta con Justine como con Marco Antonio: negándolos.

Sospechan los arqueólogos que aquella Alejandría clásica yace bajo la acumulación de edificios que fueron dejando las épocas, desde un Medioevo accidentado y destructivo a un siglo XIX con fiebre constructora, claramente burguesa, claramente europeísta. Algunas piedras concretas remiten todavía a una historia brillante. Detrás del fortín de Quaitbai, en la punta que cierra el puerto oriental, perduran piedras que se afirman son de aquel faro tan mítico que llegaría a calificar a todos los faros del futuro. En algún lugar del centro se alzaría —dicen— la gran biblioteca que daría nombre a todas las bibliotecas por llegar. Pero, de esos variados esplendores, de esos pináculos de una civilización exquisita, solo quedan los objetos del museo, un modesto Odeón, las confusas termas y, para nuestra mitología personal, las catacumbas grecorromanas que permiten un asomo estremecedor a la condena de Alejandría al hibridismo: mediocres como expresión del arte egipcio, mediocres como expresión del helenismo, estas tumbas se empeñan en ser una imposible combinación de ambos. También los recuerdos de mil sincretismos se convierte en fatalidad en el aire de Alejandría. Y en otro centro jamás descubierto acaso esté la Soma, tumba que se dijo de Alejandro y sus sucesores. Centro de gravitación mítica —dice Durrell—, que ejerce una influencia misteriosa sobre los personajes del «Cuarteto».

¿Qué resume Alejandría? Contribuyendo a completar el híbrido, más razas, más lenguas, más aromas dispares. Cada una fue padeciendo la culminación de un caos idéntico. Europa acabó dando un toque cultural que, en el período de entreguerras, favoreció la fortuna de Alejandría como centro cosmopolita. Francia, especialmente, impuso para la élite su idioma como norma, su cultura como aspiración máxima. Mermada esta sociedad a partir de la revolución nasserista, queda la voluntad de sobrevivir de los escritores alejandrinos en lengua francesa y, en el periódico *Le Progrès Egyptien*, una sección, por nombre «Alexandrinades», donde los ecos de sociedad, las notas culturales y el puro comadreo elitista intentan evocar el espíritu de la vieja sociedad cosmopolita. Pero el resultado es, hoy, irrisorio. Revisando anticuarios y mercados, encontramos muebles, objetos, vestidos de lo que fueran las «grandes familias» de aquella Alejandría. Es como si todos los ornamentos de los personajes de Durrell estuviesen expuestos a un postor que nunca será el mejor. Son tesoros mal vendidos, y donde puede encontrarse alguna ganga excepcional (especialmente en lo que al *art-decó* se refiere), que todavía no ha sido reivindicado por los anticuarios egipcios, salvo excepciones de valor material evidente.

Cierto: esta Alejandría abierta a todas las influencias impuso a los herederos mestizos del Dios-soldado la nostalgia continua de una cultura superior, o así reconocida. Los supervivientes —tanto en Alejandría como en El Cairo— se acogen a la tradición cultural francesa, y sigue siendo este idioma el privativo de las clases educadas. Migajas del cosmopolitismo, evidentes, todavía, en la parte europea de la ciudad: como tema principal, siempre la *Grande Corniche* sobre el Mediterráneo (un tema urbanístico peculiar de la *Côte d'Azur*, jamás del Egipto faraónico); el trazado racionalista del llamémosle Ensanche; el eclecticismo, a veces *pompier*, de las fachadas con que una burguesía rica y cultivada buscaba parecerse a los grandes bulevares parisinos: fachadas neogóticas, seudobizantinas, marroquinerías de bazar, órdenes neoclásicos, barroquismos desplazados, esquematismos del *art-decó*, tribunas modernistas, columnatas georgianas que parecen arrancadas del Strand londinense... Y el tema de esa Alejandría con vocación europeísta no se agotaría, aun cuando pertenezca ya al pasado. Pieza no tanto de museo como de anticuario. Preservada, únicamente, como supremo mito literario. El mismo Durrell ha escrito recientemente un artículo evocando su regreso a Alejandría, tras veintiocho años de ausencia. ¿Reencuentra Durrell, en la Alejandría arabizada, la destrucción del sueño? Tal vez. «Parecía que las tiendas elegantes habían desaparecido —escribe—, y que los antiguos comercios —franceses, italianos, judíos, armenios— se habían esfumado. El árabe había remplazado a las demás lenguas, creando una sensación de que la ciudad entera se había sumido plenamente en la cultura árabe...» De esta otra Alejandría, destructora de sí misma, de esta Alejandría alejada de todas sus mitologías precedentes (griega, romana, medieval o modernista) tomamos, finalmente, un último aliento para recrear la imaginación. Y es ella la que acaba triunfando. O, como escribe el «narrador» del «Cuarteto»: «He venido a reconstruir piedra por piedra en mi mente esa ciudad, esas provincias melancólicas que el viejo (Cavafis) veía llenas de las "ruinas sombrías" de su vida...»

El obelisco llamado «Aguja de Cleopatra» en su primitivo emplazamiento (Alejandría).

«EL QÁHIRAH», LA VICTORIOSA

... tanto me había acostumbrado a la eternidad de millones y millones de muertos que olvidé lo que puede ser una ciudad donde conviven diez millones de seres vivos. ¡Y que mi cicerone tenga que ser mi amor hacia un Egipto de hace tres mil años, cuando El Cairo ni siquiera existía! Al mismo tiempo, que tenga que considerarla una capital joven, porque no cuenta dos milenios de vida. Hija del Nilo, casi niega al Nilo que hemos soñado desde niños. Centro absoluto de Egipto, recuerda en todo momento que los grandes faraones pertenecen a otro país, a otra geografía: se encierra en límites que ya no son del mundo; ni el de ayer siquiera. La estatua de Ramsés II, en la Plaza de la Estación, simboliza la distancia insalvable que media entre el Misra de hoy y el Egipto de mis amores. La estatua de Ramsés, en la Estación de Ferrocarriles, es un anacronismo violento, que casi tiene para El Cairo el mismo valor que el obelisco de la Place de la Concorde para París: simple tarjeta postal, sin contenido.

Con todo, si recordamos que la civilización negada por El Cairo ocupó más de tres mil años de la historia de la Humanidad, llegaremos a la conclusión de que el auge y caída de los grandes mundos no deja de ser una broma sangrienta. Y el apelativo de la megalópolis actual —«El Qáhirah», la Victoriosa— parece hecho a la medida para definir una forma de vida —la árabe— que ha acabado por triunfar sobre todas las tradiciones.

En la historia de este triunfo, lo que empezó siendo una fortaleza romana llamada Babilonia juega un papel preponderante. Es la gran urbe conciencia, la capital-espíritu que nos distancia completamente de todo cuanto hemos visto, enterrado en las tumbas reales o irguiéndose en la muerte del desierto. Un Egipto que hoy no es ya ni siquiera un recuerdo cultural con el que el egipcio arabizado pudiera entroncar.

Desde lo alto, el gigantesco despliegue de alminares, cúpulas, rascacielos modernos y casas en derrumbe dan la fisonomía exacta del despropósito estructural. Aconsejo esta visita, porque El Qáhirah es ciudad para ser contemplada desde un punto elevado, aun a riesgo de no abarcarla completamente. Yo la he visto desde muchos puntos altos, pero prefiero a todos la Ciudadela de Salah El-Din (nuestro Saladino) y, si es posible, al atardecer. La visión es tan excepcional, tan rica en contradicciones formales y en matices de colorido que cuesta imaginar la espantosa miseria que se acumula en sus rincones, en las casuchas vacilantes, en las chabolas nacidas entre el hombre y la mugre. Para suavizar el impacto aparece el inevitable toque de europeísmo, tanto en los atuendos de la gente como en las casas o en los hoteles de gran lujo —«Nilo», «Shepard's», «Hilton», «Meridien»— que sobresalen entre las formas más estilizadas de la arquitectura árabe tradicional. Muy al fondo, difuminada con la puesta de sol, se perfila la masa violácea de las Pirámides. Pero ya solo son una garantía de ingresos, el provecho que obtiene Alá a costa de los antiguos dioses vencidos.

Este Cairo enorme, cosmopolita, moderno y clásico a la vez, siempre victorioso, mantiene la influencia del río. Hapi sigue su curso, como hace siglos, y al llegar a esa gran capital de tiempos más modernos, moldea su aspecto a placer, como debió de hacer con Menfis mucho antes. Obliga al urbanismo actual a concebir nuevas soluciones, exige puentes enormes, muelles, diques, paseos muy placenteros, jardines generalmente arruinados por los vientos del desierto y la incuria de la población.

Los medios de difusión occidentales suelen recordar con cierto asombro una triste paradoja: que contando con todos los elementos para ser una capital excepcional, El Cairo parece convertirse por momentos en una aldea gigantesca, donde pasados intentos de esplendor urbano son sustituidos por el caos más absoluto. Tal vez en esta realidad caótica resida parte de la fascinación que ejerce sobre nuestras percepciones. Tal vez. Pero también se erige en causa primordial de las depresiones nerviosas que me acometen al intentar abrirme paso entre sus calles.

El Cairo es un monstruo que amenaza. Mucho la he pateado, si se me permite el concepto, y en varias de sus partes he residido. Pero la sensación de agobio no me ha abandonado nunca, aun cuando en algunos barrios (tal la parte medieval, en los alrededores de la Universidad de Al-azhar) el pintoresquismo, el color local, el magnífico carácter de la población hayan conseguido disfrazar de atractivo lo que, en otro lugar, habrían sido inconvenientes.

Entre las muchas horas que he pasado en El Cairo durante los últimos diez años, he podido comprobar que los defectos apuntados van en aumento, cosa certificada por otro lado en numerosas estadísticas. Si el aumento de la natalidad constituye uno de los problemas más graves del Egipto contemporáneo, el conflicto se agrava en una ciudad poblada en un número diez veces mayor al de su capacidad normal. Al crecimiento salvaje, viene a unirse una urbanización incontrolada y El Cairo se convierte entonces en ejemplo patético de metrópoli soberbia que ha confundido sus propios límites para desbordarlos en la locura.

Los sentidos del viajero son atacados continuamente y desde todos lados. No me refiero solo a la algarabía típica de las colectividades orientales, sino a las que además ha aportado una incipiente sociedad del consumo, que, en su novedad, cobra su precio. Y es altísimo. Pues la reciente irrupción de las radios portátiles y las *casettes* ha dado como resultado una auténtica guerra callejera, en la que se complacen los comerciantes de los barrios más concurridos. Donde antes debió de haber tenderetes llenos de objetos populares, hoy emiten sus aullidos las radios puestas a toda marcha y en múltiple disposición. A ello se añade un auténtico tormento de bocinas, frenazos y motores que hacen de la circulación cairota un verdadero cafarnaúm no sólo de formas, sino de ruidos. Sería muy difícil describir algo parecido, sin caer en la caricatura; ni resistirlo sin depositar nuestros nervios en los dominios de la histeria.

Por la noche, la situación es engañosa, como una alcahueta del ensueño. Desde uno de los restaurantes del «Hotel Meridien» (el francés es excelente, y muy elegante), la ciudad se ofrece a nuestros pies como un fascinante bordado de luces, que al ir a reflejarse sobre la negra superficie del Nilo parecen hablar de un mundo consagrado solo al espíritu. De noche, comulgamos en la impresión de encontrarnos ante la importantísima capital que El Cairo aspira a ser. ¿No es, sin embargo, un espejismo? Del mismo modo que en el Alto Egipto la repetición de imágenes bucólicas pueden llevar a engaño sobre los problemas agrícolas de los *fellahin*, la parte moderna de El Cairo, con sus barrios de Garden City o Zamalek, remiten a una imagen de *grandeur* que, de día, aparece deteriorada. De día, asistimos al espectáculo impresionante de un coloso que parece empeñado en destruirse a sí mismo, reconstruyéndose solo para uso inmediato del turismo. Y en este sentido se revela ejemplar la destrucción o el abandono de algunos notables edificios del período colonial, e incluso *art decó*; estilo este que domina el centro de El Cairo y el de Alejandría. Confiscados a las grandes familias durante la revolución nasserista, los edificios nobles se derrumban o, en el caso de los que estaban a orillas del Nilo, son derruidos para edificar hoteles. Algunos se han salvado, para cobijar algún *night-club* o, en el caso del espléndido «Manial Palace», para uso exclusivo de los socios del «Club Mediterranée». Y en fin, un edificio célebre como la Ópera (donde tuvo lugar el estreno mundial de *Aida*) se incendió en 1952, y todavía espera su reconstrucción.

Un miembro de la antigua familia reinante nos contaba el esplendor cultural de El Cairo antes de la revolución nasserista. Nuestro aristocrático guía se estaba refiriendo, por supuesto, a una sociedad donde su clase pudo mantener todos los privilegios, lo cual hace que consideremos sus palabras con la debida prudencia. Sin embargo, la revolución citada fue puesta muy en tela de juicio por los observadores de las dos últimas décadas, sacando a la luz aspectos dictatoriales del régimen, con una alucinante represión política en todas las esferas, desde los partidos a la prensa, desde la radio a los intelectuales. Posteriormente, las reformas de Sadat provocaron una apertura del pensamiento, al tiempo que ampliaba algunas reformas económicas y sociales del período nasserista. Con todo, uno de los rasgos más característicos de los últimos años ha sido la aparición y desarrollo de una burocracia enriquecida, nuevo espectro de la burguesía como clase que toma los privilegios de la antigua aristocracia. Sus formas de vida aparecen constantemente reflejadas en el cine y la televisión egipcios. Su arquitectura occidentalizada se eleva con aires triunfales en los barrios residenciales de Heliópolis.

Me cuentan que uno de los grandes problemas de El Cairo, extensibles a toda la sociedad egipcia, ha sido el de la especulación inmobiliaria, fuente de fortuna asegurada para algún grupo social y tortura, también fija, de los menos privilegiados. La situación se revela intolerable en la búsqueda de lugares habitables. Los inmensos arrabales de El Cairo ofrecen un aspecto verdaderamente siniestro. Y el caso de la Ciudad de los Muertos no es aislado. (Miles de personas habitan actualmente en las tumbas del gran cementerio cairota.)

Simonne y Jean Lecouture, residentes en Egipto desde hace años, y especialistas en la realidad del país en todos sus aspectos, han considerado esos problemas como los más alarmantes que agobian al Egipto actual. A su juicio, los otros tres serían la urbanización salvaje (fácilmente comprobable en el caos que he descrito), la fuga de cerebros (resultado de las drásticas medidas de Nasser contra los intelectuales) y el descenso del nivel cultural, lógica consecuencia de aquel abandono.

La sinrazón de El Cairo reside en la presencia de un esplendor que se va destruyendo a sí mismo a cada paso. Lo que queda del gran Cairo musulmán propone ejemplos de la mejor cultura, de la más alta espiritualidad; pero ni siquiera esas piezas, de altísima importancia religiosa, se libran del abandono general. La ciudad de las Mil Mezquitas las tiene en tal estado de decadencia que ha sido solicitada a la UNESCO una ayuda urgente para su salvación. Y los edificios civiles parecen empeñados en hacernos olvidar que esta fue, en otro tiempo, la tierra de los grandes constructores.

Pero a pesar de lo que llevo dicho y lamentándolo, no debe alarmarse el probable viajero, ni escandalizarse los incondicionales de la ciudad, que también los tiene y son muchos y de noble espíritu, porque, entre sus trampas preferidas El Cairo juega a la de proponer rincones excepcionales que nos elevan de la histeria que describí. Como cruce de mundos que es, como encrucijada de culturas, posee un encanto barroco, en el que cuesta adentrarse. Una vez se ha conseguido, es encanto que pervive en el recuerdo. Algunas imágenes cairotas quedan fijas, como vivencias irreemplazables.

Ya he dicho que he caminado mucho por El Cairo, lo cual no deja de ser una odisea, teniendo en cuenta la locura del tráfico y la extensión de la ciudad. Pero no sabría conocerla de otro modo, ni otro recomendaría. Es un placer, o una aventura, que generalmente se niega al turismo de masas. Yo he asistido con escándalo a la trampa tendida a amigos míos. Les introducen en un autocar con aire acondicionado (*of course!*)

y les llevan al Khan-El-Khalili, renombrado bazar repleto de fruslerías. Pero el guía nativo tiene la mentalidad de un conductor de rebaño..., y además la voluntad de la comisión propia de un comerciante avieso. Conduce a los turistas a dos o tres tiendas previstas de antemano porque es en ellas donde cobra su tanto por ciento; y cuando el negocio ha terminado, vuelve a embarcar al rebaño en el autocar. Lo que algunos turistas se pierden es tanto que bien puede decirse que nunca estuvieron en El Cairo.

Claro que el asunto de las comisiones forma parte esencial, inevitable, del espíritu mafioso que tiene en Egipto el pequeño comercio. Yo llegué a conocerlo en su momento más crítico, cuando la guerra había alejado a todos los turistas, cuando vender un objeto, un perfume o una excursión constituía una odisea que era necesario conseguir incluso con medios desesperados.

A pesar de la guerra, el comerciante cairota no había perdido el hábito de la explotación del turista; más bien al contrario, parecía como si la falta de ellos le hiciese acentuar, a él, sus propias potencias de seducción. Si de repente caía en sus manos un viajero insólito, le tocaba pagar por todos los que no habían querido venir. Tenía que ir por las calles con la mano preparada para moverse en todo momento, indicando un «no» rotundo; quedaba obsesionado por el alud de vendedores ambulantes que, sin salir de la capital, le seguían a veces en grupos de a diez, reventándose los precios mutuamente y sacándose del bolsillo objetos «sorpresa», que afectaban ser más valiosos que los que ofrecían los otros vendedores.

Ya he dicho que la gran especialidad de estos vendedores es la de la comisión con los múltiples bazares que funcionan en El Cairo, Luxor o Assuán. Se trata de tiendas arregladas según un gusto al estilo de las viejas películas de María Montez (mezclado con un poco de *kitsch* faraónico), y dirigidos por comerciantes muy listos, que conocen a la perfección todos los trucos para atraer al turista y hacerle comprar desde sillas de camello hasta collares Nefertiti o perfumes llamados «Amor de Scherezade», «Fascinación del Oasis» y «Sueño de Menfis». Pero esta maniobra ya empieza en las calles, pues los agentes de cada bazar están delegados por todos los rincones de la capital, en busca de probables turistas. En este juego económico, de economía casera, el truco más reconocido, y a menudo infalible, es el de la familia. Cuando un comisionista asalta a un viajero en la calle, en la mesa de un bar de moda, frente a las ruinas o —huelga decirlo— a la salida de un hotel, le invita a tomar café en casa de un cuñado, hermano, padre o tío. Y, «casualmente», este supuesto pariente resulta ser el dueño de un bazar. Entonces, cuando llega el momento de vender algo, el comisionista y el dueño se apresuran a dejar bien sentado que se trata de una especie de intercambio familiar: no se lo venderían al turista, de no considerarle un «hermano» proveniente de países «hermanos». Todo ello da mucha más confianza al «hermano» turista, quien en vez de sentirse atrapado en la explotación típica de este tipo de negocios, se siente como incluido en un círculo privado, entrañable, que se presenta con aires patriarcales y una pomposidad casi bíblica.

Pero la fascinación del Khan-El-Khalili no se capta con esas instantáneas de pura banalidad. Aunque es un mercado descomunal, no parece justo visitarlo sólo para comprar. Cierto que todavía existen tiendas importantes, bazares de prestigio acrecentado con el paso de los años, garantizados por el retrato amarillento de su no menos prestigioso fundador. Pero el paseo debería de ser mucho más importante que el simple trato comercial. Es dejarse perder entre la multitud, llegar al fondo entre sus empujones, sortear carros, triciclos, asnos y niños alocados, pisar charcos, excrementos, basuras y todo tipo de desperdicios. Y después, para reposar, sentarse entre los típicos fumadores de narguilé, en una de las estropeadas mesas del «Café Fichauí». Esto equivale a asistir a un abigarrado espectáculo gratuito, como un viaje al pasado, cuyos fantasmas empiezan a desfilar ante nosotros evocando lo que el Khan-El-Khalili debió de ser en épocas de su esplendor medieval (de hecho, el mercado fue fundado en tiempos de la Segunda Cruzada por el sultán Al-Ashraf Khalil).

Pero tampoco las notas de enciclopedia, pura retórica a veces, darán en su integridad la belleza de este impacto que el hervidero cairota propone. Pocos turistas caen en la cuenta de que hay que apartarse del autocar, dar la espalda a los comisionistas, y recorrer la larga calle Muiz Din Allah, arteria principal del barrio y asombroso almacén de reliquias del esplendor del Islam. Porque esta calle contiene algunas de las mezquitas más hermosas de El Cairo, como la del Sultán Barkuk, la de Nasser Ibn Kalum, la de Mansur Kalum... Aparecen con su mole descomunal, como engastada en una inidentificable multitud de edificios donde la superposición de siglos, con sus añadidos correspondientes, niega todo análisis para proponer una única orgía de los sentidos. Y se van acumulando restos prestigiosos, esparcidos como por ensalmo, arruinados por la destrucción y la miseria presente, solicitando a gritos esa «operación rescate» que hiciese para el arte musulmán lo que hizo por los monumentos de la Baja Nubia.

Y es que estamos en el corazón mismo de esa Al-Qáhira de los grandes sultanes, la de los abasidas y los fatimitas, la de los omeyas, la de la dominación mameluca; ese símbolo religioso que pareció surgir de un avieso destino, cuando un gallardo conquistador anterior, el general Amr, decidió fundar una gran capital en el lugar exacto donde había surgido el planeta Marte (según unos autores), o en el punto en que una paloma predestinada fue a posarse sobre su tienda (según otros). En todo caso, esta fundación se producía en tres años (del 639 al 641), muy cerca de la fecha primordial de la Égira y como una de las primeras culminaciones de la expansión musulmana. Que Al-Qáhira signifique «la victoriosa» tiene ya, para el futuro, todas las implicaciones que queramos ver.

Pero seguimos por la arteria medieval, para ir sucumbiendo a los encantos que aquel futuro, hoy pasado, continúa proponiendo. Después de visitar ese formidable recinto del mejor pensamiento musulmán que fue la Universidad de Al-azhar, hoy universidad coránica, los mercados callejeros han cambiado de signo. Lejos, bien lejos, del formidable despliegue de artículos turísticos que, a pesar de algunas excelencias, arruinan el Khan-El-Khalili. Aquí, en esas calles, somos ya los únicos extranjeros, y las tiendas y tenderetes solo anuncian artículos de consumo local. Muchos de ellos occidentalizantes, claro está, porque nuestras modas, nuestro consumo, también llegan hasta aquí notablemente degradadas. Pero entre este revoltijo de prendas que recuerdan a algún almacén barato, aparecen las especies de brillantes colores y perfume tan intenso que consigue sobreponerse a la fetidez de algunos ambientes. Y todo ello mientras aparecen nuevas mezquitas, alguna madrasa, pedazos de la antigua muralla, quioscos de delicados barroquismos que son el recuerdo, tal vez doloroso, de la dominación turca...

Al salir, dos gigantescas puertas nos recuerdan que esta era la visión primera que los viajeros medievales recibían del gran Cairo. Dos gigantescas torres del siglo XI, las últimas que se conservan de las varias que se repartían entre la muralla, aportan al encuentro el tono soñado de alguna narración de las *Mil y una noches*. Y nos recuerdan otras puertas de acceso a otro El Cairo: las que vimos en el barrio copto, las torres de la puerta romana a la entonces simple fortaleza de Babilonia.

Continuar nuestro trayecto nos lleva siempre a sorpresas que son imposibles desde el cómodo asiento de un autocar refrigerado. El Cairo nos ha llegado al alma, porque hemos accedido al alma de El Cairo.

Nos disfrazamos de eclécticos culturalistas para seguir disfrutando de algunas arquitecturas francamente prodigiosas (como la mezquita «azul» de Aksunkor, la más antigua de Ibn-Tuolun o las del sultán Hassán); continuamos con el disfraz para ir descifrando estilos que hasta entonces nos habían resultado desconocidos, y continuaremos así, incansablemente, hasta ver cómo el ovillo de callejas se va despejando para abrirse, finalmente, en los jardines de la Ebzekeieh, inicio de lo que fue la parte europea de la ciudad. (Dicen que acampó por aquí Napoleón; y ya a mediados del siglo XIX existía un hotel inglés que tenía gran reputación entre los primeros y selectos turistas.)

¿Seguiremos disfrazados de alta cultura? Hay que despojarse del disfraz para sentir esa fascinación cairota, que es de mescolanza, de algarabía, de intenso caos de los sentidos, como dije. Solo así es posible vencer la histeria a que me referí. Solo así, y renunciando a la comodidad de un viajero preestablecido, donde las sensaciones están marcadas de antemano, cuando no robadas. Por temor o comodidad, el viajero actual renuncia a «patearse» la parte más impresionante de lo que fue su recinto medieval. Pero si el viajero es capaz de vencer tanto la obsesión de comodidad como el temor —y no existe el menor motivo para no hacerlo—, todavía recomendaría una proeza más atractiva: recorrer el medioevo cairota de noche, en silencio, cuando la ciudad parece haber muerto definitivamente (solo así se explica que aceptase callar). Sentir esas callejas, esos arcos, aquellas mezquitas como un nuevo decorado corpóreo en el que puede sonar de un momento a otro alguna aria atrevida de los personajes morunos de Von Weber. En cada esquina, el viajero descubrirá un *coup de théatre* que le fascinará.

Yo tardé varios viajes antes de penetrar en ese secreto de la inmensa teatralidad de El Cairo. No conocía su silencio, solo su caos. Y tuvo que llegar una noche de 1978, diez años después de mi primera visita, para que la revelación se produjese. Caminamos Majó y yo entre la fascinación de la ciudad muerta, donde solo el decorado persistía. Y teníamos como cicerone excepcional al príncipe Hassan Hassan, cuya voz se convertía en linterna que, iluminando de repente cada esquina, hacía brotar de entre los pozos un artesonado prodigioso, una delicada celosía, un nicho enriquecido por mozárabes que sugerían las celdas entrelazadas de un panal de abejas...

Incluso la inmundicia y los desperdicios adquirían el brillo de la luna.

Pero muchos años antes, cuando me enfrenté a El Cairo sin otra obsesión que la del Egipto antiguo, sentí que el decorado me agobiaba. Era el final del viaje y, sin embargo, nada había que constituyese su culminación. En lugar de confirmar cuanto había visto lo negaba. Rechazaba mi mundo. Lo gigantesco del decorado, su barroquismo, escondía las verdades del Nilo. Y asesinaba todas las ilusiones que me habían llevado a Egipto, sin ser Ariel ni Oberón, como dije al principio, pero con la esperanza de llegar a serlo.

Y en la noche de El Cairo, remonté el vuelo hacia algún lugar que ya había conocido. Renuncié a cualquier experiencia nueva. Busqué el resumen de mi angustia en Tell-El-Amarna.

Esta vez el tren me llevó a lo largo del Nilo, y a las cuatro de la madrugada volví a poner los pies en Minia. La agencia había delegado a alguien del hotel para que me esperase en la estación. Cuando esta figura apareció en la soledad absoluta, sentí un estremecimiento. Una sombra entre las sombras a la hora más inhóspita de Egipto. Me dejé conducir por una Minia que no sé si existía. Había oscuridad tras los mantos del Nilo. La oscuridad ocultaba precisamente las ruinas de Amarna.

Nunca hay que regresar a los orígenes de la muerte.

EL PROFESOR DE AKENATÓN

Al llegar la noche, Minia puede ser una ciudad fresca, aunque el desierto no cesa en su broma favorita: dejar caer sobre las calles una finísima lluvia de arena. Esporádicamente salen unos maltrechos camiones de riego e intentan asear el rostro de la ciudad. Intento solamente, pues el riego deja en las calles una especie de fango pertinaz: una mezcla sucia de agua, arena y desperdicios. Al secarse, el suelo de Minia queda convertido en una argamasa maloliente.

Esta era la hora de la noche que yo aprovechaba para rendir visita al profesor S..., que vive en Minia desde hace más de treinta años, consagrado a los estudios de los problemas amárnicos. En vista del escaso rendimiento económico que esta actividad le proporciona, busca con cierto anhelo la oportunidad de ganar unas pocas libras haciendo de guía. Nuestra relación llegó a través de este oficio subalterno: él era precisamente el guía que condujo mis pasos a Amarna la primera vez. En la penuria de los tiempos en guerra, fui el único cliente que tuvo en muchos meses. Lo cual favoreció que pudiese dedicarme algún tiempo extra. Incluso el tiempo excepcional de las largas conversaciones en la zona más lóbrega de su actividad: su propia casa, precisamente.

Habita el profesor en uno de esos viejos edificios de Minia que, a pesar de sus orígenes europeos, ha recogido todos los desperdicios, todo el fango, polvo y suciedad que el viento del desierto transporta cada noche. Hay tal cantidad de barro en la escalera que fue necesario colocar un madero entre el dintel y el primer escalón, de modo que el visitante se veía obligado a pasar por una especie de puente rústico debajo del cual, además de lo indicado, parece transcurrir un río de excrementos. Y no menos tétrico y sucio eran el apartamento y el aspecto físico del profesor. Este ofrecía la triste apariencia de los europeos que han venido a menos en la miseria y desamparo de un lejano poblado oriental. Un personaje que parecía pura literatura, o por lo menos de aquel estilo de personajes desplazados que yo solía admirar en novelas, narraciones y películas derivadas de la degradación del espíritu colonial. Era, pues, una paradoja el profesor. Literato y científico frustrado, conversador brillante y desesperadamente necesitado de contertulios en una ciudad de analfabetos, intentaba aparentar un cierto porte, una distinción a la que por su posición económica ya no podía aspirar. El empaque

que cabía presuponerle le obligaba a ir siempre correctamente vestido, en general a base de americana blanca y corbata de seda de no sé qué siglo. Pero el rostro mal afeitado, las mejillas montuosas a causa de múltiples granos y barros, y el hecho aparente de que la camisa amarillenta había sido remendada demasiado a menudo, le daban una imagen mucho más patética que si hubiese ido vestido como el criado árabe que, en el hotel, montaba guardia cada noche a la puerta de mi habitación. El mozo delataba detalles deliciosos de aquel europeísmo tan mal asimilado en la provincia: le obligaban a lucir ostentosos zapatos negros, pero él se rebelaba, seguramente, usándolos sin calcetines. El profesor los llevaba, claro está, como signo imbatible de su jerarquía extranjera. Pero nunca intuí calcetines más sucios o remendados. Y su inteligencia poseía la magia anacrónica de las ruinas.

La precariedad de su situación económica era tan obvia que no constituyó para mí sorpresa alguna cuando me la reveló, humillándose casi entre los vapores del alcohol. Ignoro de qué vivía (ya he hablado de la escasez de turistas), pero en cualquier caso vivía muy mal. Solo su biblioteca mantenía un orden que permitía sentir cierta tranquilidad. Y la conversación, aunque entrecortada por el estado en que le habían sumido muchos años de bebida, rememoraba un tiempo en que la vida intelectual de la ciudad le permitió destacar con cierta gloria entre las buenas familias. Pero hacía muchos años que el esplendor local se había apagado, y las represiones del nasserismo y la ausencia de una colonia extranjera le habían dejado huérfano, a solas con sus sueños intelectuales, a solas entre los fantasmas de Amarna.

La conversación giró en torno a Akenatón y después de muchos giros ya conocidos, de muchas experiencias aprobadas por la egiptología autorizada, derivó hacia las teorías expuestas por Velikovski en su libro *Edipo y Akenatón.* Las especulaciones que buscan una relación entre la experiencia espiritual del antihéroe de Amarna y el gran rey de la Tebas griega han sido consideradas eclécticas, aventuradas y, por tanto, discutidas; pero en cualquier caso el apasionamiento del profesor se dirigía hacia ellas. Me dio la impresión de alguien que, habiendo acumulado ya todos los conocimientos ortodoxos, se complacía en las divagaciones que tratan de jugar al infinito partiendo de la penuria de datos, de la desesperante ocultación que la Historia hace de sí misma.

Mientras él hablaba en un francés distorsionado, yo sentía que la situación era insólita y el ambiente casi irreal. Todavía no había comprendido que uno de los elementos maravillosos de todo viaje iniciático es precisamente esa garantía de lo imprevisto; que el camino del peregrino no debe contentarse con rodearse de objetos y lugares prodigiosos, sino de personajes cuya existencia nunca hubiera sospechado antes de ponerse en camino. Esto anula cualquier posibilidad de una planificación previa, porque el camino de la comunicación humana posee bifurcaciones innumerables, tan ricas, solemnes o enigmáticas como las de la Historia.

En un momento determinado llegó la alusión al dinero. Era previsible. Con cierto recato, me insinuó que acaso podría desprenderse de alguno de los volúmenes más interesantes de su biblioteca. Insistió varias veces, recalcando que incluso podían ser los títulos más amados. Pero yo era un viajero de muy limitados posibles: mis disponibilidades se limitaban a la ilusión, la fascinación y el interés por un mundo al que no dudé en acercarme con los bolsillos vacíos, o casi. Han transcurrido quince años —una atrocidad— y es muy probable que los libros del profesor se encuentren ahora en la biblioteca de algún turista americano, desatendidos, simple bulto de cierto prestigio en la consabida ostentosidad cultura que es propia de aquella raza.

En la distancia, que por ser la del tiempo es muy cruel, recuerdo la oferta del profesor con los mismos tonos que las de los vendedores de recuerdos que me asaltaban a la sombra de las Pirámides o ante la enorme cancela del Valle de los Reyes. También el profesor había optado por vivir de la picaresca, aunque ignoro por qué razón, por qué imposibilidad de organizarse en una existencia normal, lejos de aquella ciudad e incluso de aquel país en guerra.

Quienes hemos escogido el oficio de contar historias solemos ver en las incógnitas de aquel tipo un drama escondido, un misterio vital. Particularmente, nunca supe hacer otra cosa que aprender a contar con cierto garbo; correspondía a mi aprendizaje el preguntarme cuál podía ser el drama del profesor, dónde podía residir su gran misterio. Solo estos elementos melodramáticos podían explicarme algo de su exilio, ilustrarme sobre el proceso de su autodestrucción física. Pero los que contamos historias somos también una especie de caníbales que devoramos ávidamente los materiales, bajo excusa de recrearlos. Esto lo escribí en 1970, y al recordar ahora al profesor de Minia, continúo manteniendo mi convicción, continúo acusándome de bárbaro. Pertenezco a la raza que convierte en momias literarias la agonía diaria del espíritu humano. La cambiamos, sí, transfiguramos su apariencia, pero en el fondo permanece aquel instante en que succionamos la sangre del ser humano, de cualquier ser humano, y pasamos a convertirle en monstruo literario. Así actué con el profesor. Transcurrido un año y medio, en mi casa de Roma, recreaba mis recuerdos de Minia como fondo de mi novela *Mundo Macho*. Tomé entonces la figura de aquel buen hombre para que, transfigurado, desdibujado, lejos de toda referencia a su propia humanidad, escuchase la historia absurda y cruel que narraba mi nuevo protagonista.

Un ser de Egipto y el ser de Egipto convertidos en fabulación, encerrados en los sarcófagos nada dorados de la letra impresa. Algo parecido hicieron los egipcios con sus muertos. Tal vez por ello les amé tanto.

Y en alguna de mis noches romanas me pregunté si el griego errante, flotando entre los vapores del alcohol y las inmundicias de Minia, encontrará algún día sus respuestas a las innumerables preguntas sobre Akenatón...

FINAL EN LA CIUDAD DEL SOL

Pero, ¿encontraré yo mis respuestas sobre Smenkharé? En algún lugar de los desiertos de Amarna, acaso delante del ataúd mutilado de El Cairo, olvidé alguna cosa de mi propio ser: sospecho que aquel joven de veinticinco años, desaparecido misteriosamente al poco de ocupar el trono que dejase vacante Akenatón, había vivido una tragedia que me concernía. Encerraba un miedo ancestral, un terror que siendo muy egipcio había trascendido a las edades y se instalaba en mi época, en mis propios miedos, en la inseguridad permanente de mi obra literaria. Planeaba sobre ello la eterna amenaza del olvido.

Porque si en Menfis la sensación de ruina total —por lo tanto de angustia— todavía pudo ser paliada por la vida exuberante del Valle; si en Tebas, la abundancia de restos majestuosos todavía consiguió comunicarme la impresión de una grandeza que la imaginación desbocada puede llegar a reconstruir con muchas garantías de éxito; si en Alejandría o El Cairo, el concierto de formas híbridas y colores históricamente bastardos tuvo, sin embargo, el poder suficiente para aturdir mi sensualidad, en Tell-El-Amarna solo encontré la soledad mortal y, en ella, pude entender que en ciertas ocasiones privilegiadas el viaje puede alcanzar la magnitud de una revelación muy íntima. Que las formas, alteradas en una dinámica destructiva que juega con el tiempo y a la vez con el espacio, podía aportar aquel instante inolvidable en que una ruina, un objeto, una remota remembranza de otros tiempos y otros abismos otorga al peregrino la sensación de que allí empezó una parte de sí mismo que tiene ya muchos años de vejez a sus espaldas. Es una sensación dolorosa y estimulante, como todas las de Egipto.

Pero aquella oportunidad, que ya no tiene nada en común con el misterio de las ruinas ni con la belleza de un crepúsculo sobre Hapi ni con el impacto de un erotismo exótico o de un manjar más o menos delicioso, aquella oportunidad que se desprende de Amarna, me ilumina con un brillo revelador, muy propicio para entretener al cansancio de este siglo de las máquinas. El estallido de lo sublime, de la fuerza motriz que tiene que existir necesariamente allá al fondo del misterio y que en cierto modo mueve nuestros actos y deja siempre un margen muy distante de la lógica, e incluso de la razón.

Y al pisar la tierra calcinada de Tell-El-Amarna empecé a sentir que pocas cosas de mi viaje podían servirme como antes. Fuera las Pirámides, fuera las crónicas de Herodoto, Diodoro, Estrabón o Flaubert. Fuera los templos colosales, las columnas que se cierran o los lotos que se abren, las necrópolis subterráneas de pájaros y gatos, los puestos del nuevo dios Coca-Cola que es capaz de revelarnos su epifanía incluso en medio de la soledad de Abú-Simbel. Aquí solo me sirve la enorme soledad histórica de Smenkharé y sus compañeros de tragedia. Aquí, la aventura del espíritu encontró su primera gloria y al mismo tiempo su primera derrota.

Aquí se puso el sol de la herejía, pero el ardor de aquel otro sol que abrasaba al paisaje desnudo me demostró que toda la aventura de los libros, el cine, los tebeos y demás trastos del consumo que yo había codiciado en mi adolescencia, entre las callejas tristes de una ciudad gris, ya no tenían comparación con la magnitud de aquella aventura espiritual que me era comunicada a través de sus ruinas más miserables. Cierto: yo no podía hincar las espuelas en la carne de un corcel salvaje, ni convertirme en héroe dudoso de una guerra contra los beduinos del desierto; no podía imitar con cuatro torpes mandobles a aquellos musculosos héroes dibujados con tinta china, ni atravesar la pantalla del cinemascope convertido en capitán de una tropa de soldados ingleses asediados por feroces tuareg: ninguno de esos sueños era ya factible; pero es cierto que ninguno era ya importante. Ni siquiera lo eran las descripciones que yo pudiera hacer de un paisaje, el esbozo de un libro nuevo, las postales que podría llenar contando a una amiga de Cincinatti cuán hermoso es el terreno de la Ciudad del Sol (si hubiese en él algún remoto resto de hermosura). Aquí, la secreta comunicación entre los enigmas de la familia amárnica y mi búsqueda personal se establecía como lo más sublime que yo haya conocido antes o después de mi primer viaje a Egipto. Y las dimensiones de aventura que yo había buscado en sus valles, en sus tumbas, en sus desiertos se transfiguraba hasta alcanzar aquella dimensión espiritual. Ella transfiguraba al mismo tiempo toda mi pequeñez de adolescente en Barcelona, me engrandecía definitivamente hacia un mundo donde podía reclamar el derecho a llamarme Terenci del Nilo. Representaba, en resumen, la primera aventura espiritual que me era dado vivir y que al imponerse con fuerza avasalladora rechazaba calificaciones, encasillamientos tan dudosos como «religioso», «divino», «metafísico» y todo tipo de mixtificaciones, hijas primordiales de la retórica. A partir de entonces, en todos mis recuerdos se extenderá la llanura estéril de Amarna, agonizarán sus templos abiertos al sol, sus muros alegres y confiados, sus tumbas humilladas para los restos.

El deseo de libertad, el ansia de claridades, la búsqueda de la paz justificaban entonces mi viaje. Y preanunciaban este libro que tenía que escribir algún día, que debía rehacer forzosamente, que quisiera seguir escribiendo siempre aunque fuese poniendo como excusa la idea y la práctica del viaje como método de iniciación.

Iniciación en el primer viaje. Educación en los segundos. Madurez en los que pueden ir siguiendo.

Porque el escritor puede contar mil cosas sobre la gente del Peloponeso, sobre los árboles de los grandes bosques del Rin o sobre la gastronomía del Sur de Francia. Puede y debe, y algunos hay que lo han hecho maravillosamente. Pero en otros casos suele haber inspiraciones misteriosas, agazapadas allá al fondo de las descripciones como estuvieron en las bases del viaje. Uno puede llegar a escribir el libro y después de haber negado al lector la misericordia de una aclaración, uno puede columbrar que el viaje es la experiencia más negada a la objetividad porque el viaje es pasión, es vida, es latido que se bate contra la inmovilidad, y desafío contra el espacio y contra el mismísimo fantasma del tiempo. Y el viajero, el peregrino, pobre víctima de la limitación de sus sentidos, recoge una mínima parte de este mundo que se le ofrece por entero y de esta parte elige solo lo que hay en ella de sí mismo. Porque si en la inmensidad del Universo, la pobre percepción literaria se ve obligada a seleccionar los materiales que se correspondan con la angustia que el escritor necesita expresar, esos materiales siempre tienen que corresponder a la ineludible subjetividad del hombre que entre todos los oficios del mundo fue a elegir esa broma descomunal de explicarlo y explicárselo a la vez.

Desembocamos de nuevo en la libertad del hombre para escoger aquello que entra a saco en sus sentidos.

Así fue como yo escogí a Smenkharé, ruina miserable, entre todas las maravillas de Egipto. Tal vez porque aquella noche trágica en que el sol murió definitivamente sobre Amarna, él era, como yo y como el lector, una pobre criatura destinada al olvido.

En la sala del Museo de El Cairo vi aquel ataúd de Smenkharé que acaso no es el suyo, pues se dice que tal vez perteneció a Akenatón, a la reina Ti o a Nefertiti. ¡Macabra sarta de improbabilidades! De todos modos, el hecho de que se atribuya casi con certeza a aquel príncipe de quien sabemos tan poco, es una irresolución que el peregrino siempre agradece. Se mira en ese espejo, deja a la ciencia de lado, se lanza a la reconstrucción del drama y vuela más allá del hecho histórico, porque solo él, con sus novelerías, es capaz de reconstruir la presencia física de Smenkharé. Puede sentirse Smenkharé y, como tal, emocionarse profundamente dejarse atrapar en los remolinos más deliciosos que puede ofrecerle Egipto, tierra de angustias sublimes.

Porque Egipto es mi tierra. Porque el olvido de Smenkharé será el mío. Porque también sobre mi ciudad se puso un día el sol y nadie sabe si volverá a salir algún día.

Así agradecemos a las innobles lagunas de la Historia que nos deparen la posibilidad de creer a pie juntillas que el ataúd es efectivamente el de Smenkharé. Ostenta el número 3.873 de un catálogo sumamente embrollado, y desde una lejana objetividad nos obliga a apreciar una vez más la precisión de la artesanía tebana. ¿Podría ser la madera del sicómoro recién plantado que alegraría las tardes de la familia maldita, en la Ciudad del Sol? Sobre esta madera inicial, lanzan tímidos resplandores los fragmentos de lapislázuli alternados con cuentas de cristal rojo, impecablemente engarzados. Partiendo de los materiales preciosos, destacan todos los atributos de la realeza: el tocado *claf*, de ancha caída sobre los hombres y rayas rojas, los símbolos del poder sobre las Dos Tierras, la actitud de gobierno y serenidad en las manos cruzadas... Hay en el ataúd todos los atributos necesarios para convencernos de que nos dirigimos a un soberano afortunado, que llenó los grandes templos de Amón con relieves conmemorativos de grandes conquistas en la Nubia o en las fronteras amenazadas por los hititas. Están, en fin, todos los elementos destinados a pregonar una grandeza excelsa, menos aquel último elemento que, precisamente por su ausencia, puede emocionarnos más, acercarnos a Smenkharé con el dolor de saberle único en las grandes derrotas de la historia. Falta, en resumen, la máscara dorada. Sus facciones.

Antes de ahora vi la máscara de algunos reyes, vi incluso sus rostros momificados, y supe que a pesar del trauma de la muerte, sus facciones seguían recordando el gran poder. Pero nada sabré de Smenkharé —o quienquiera que fuese el muerto desdichado—, porque sus enemigos le arrancaron brutalmente la máscara y en lugar de las brillantes facciones de oro solo dejaron los surcos bastos de la madera sin pulir. Como arrugas atroces en una superficie vacía. La muerte total del ser.

Peregrino que vas a Egipto: cuando pases delante de cualquier tumba acuérdate de pronunciar en voz alta el nombre del difunto, para que así pueda él resurgir de la noche de contar los años y revivir, en su propia tierra, un instante de aquella vida que tanto amó (pero no le invoques en el British Museum o en el Louvre, porque sería terrible para el alma de un buen egipcio regresar a la vida en ciudades tan ajenas al Nilo como son París y Londres). Cuando vayas a Egipto, peregrino, pronuncia todos los nombres del pasado, intenta rememorar todas las facciones de las pinturas funerarias, porque en tu pronunciación, en el ritmo de cada palabra, reside la esperanza de nuestros muertos amados.

¿Y no será la ausencia de esta última misericordia que puede concederse a un buen egipcio lo que convierte al anónimo Smenkharé en un personaje completamente trágico? La venganza extiende sus tentáculos hacia más allá de los siglos que el muerto preparó para su supervivencia, y la misericordia negada parece resurgir con acentos terribles, igual que aquellas momias que fueron vendidas como medicina para los estómagos del Occidente renacentista. ¡Destino dos veces terrible!

Ante el recuerdo sin rostro de Smenkharé, sentimos la necesidad de abrir el sarcófago, acariciar la momia —en lamentable estado de conservación—, pronunciar su nombre muchas miles de veces hasta que la carne reseca, podrida casi hasta un punto en que ya ni quisiera es carne, recupere su propio calor gracias al de nuestros abrazos; y que las palabras recobradas de aquella lengua antigua nos comuniquen una historia que ignoramos, una tragedia que ni siquiera intuimos. Y que el cuerpo del joven muerto, su cintura ceñida por el vaporoso faldón *schenti* que luce su casi cuñado Tutankamón, nos sea restituido con la inmediatez que necesitamos, con la fuerza de todas las explicaciones...

Yo empujo mi voz con un grito desconocido hasta ahora, aprieto el pecho contra el cristal de la vitrina que aprisiona el sarcófago; leo y releo su nombre escrito en una simple tarjeta amarillenta y ya ni siquiera en el *cartouche* real, porque incluso este signo de identidad fue arrancado; entonces realizo toda la pronunciación necesaria para transmitir vida al desconocido mediante el canto a su identidad. Pero todo es inútil porque la muerte continúa triunfando, la Historia calla, las arenas del desierto ocultan sin remedio todas las verdades que el tiempo niega. Y así vuelve a triunfar el tiempo sobre Smenkharé, sobre nosotros, sobre el breve instante de gloria que se llamó Aketatón, la Ciudad del Sol sobre las dunas de Amarna...

Pero alguien antes que yo, y con mucha más categoría, dio vida eterna a otro joven maldito, el indefenso Tutankamón. Fue una eminente egiptóloga francesa, conservadora del Departamento de Antigüedades Egipcias del Museo de El Cairo. En un libro maravilloso Christine Desrobles Noblecourt (10) trazó todos los caminos que llevan al rey-niño. pero fue más allá de cuanto era dado esperar de su ciencia al aportar la dimensión extra, y conmovedora, de un delicado amor por su personaje. Gracias a libros como este, al descubrimiento de Carter e incluso a las letras de algunas cupletistas descocadas de los años veinte, el nombre de Tut ha corrido de boca en boca el suficiente número de veces y en las suficientes invocaciones como para no caer nunca en el olvido.

Entró en escena cuando la herejía amárnica llegaba a su fin, tocada de muerte no solo por sus enemigos, sino por numerosas contradicciones internas que al decir de los entendidos afectaron incluso a las relaciones de sus dos cabezas visibles: Akenatón y Nefertiti. La reina de la belleza triste y plácida y el rey que aceptó pasar a la historia dentro de un realismo insólito, que casi le caricaturizaba, llegaron a una violenta separación que algunos estudiosos atribuyen a que el hereje intentaba retroceder en sus convicciones. Otros estudiosos culpan del retroceso a Nefertiti. ¿Quién fue, pues, el renegado, y quién el ortodoxo? En cualquier caso, antes de la curiosa irrupción de Tutankamón, aparece en escena Smenkharé y de repente, en aquella ciudad donde empezaba a ponerse el sol, se convirtió en Nefertiti.

(10) C. Desrobles Noblecourt: *Tutankamon*. E. Noguer, Barcelona.

Nadie puede saber, tal vez nadie sabrá jamás de donde llegó Smenkharé, y si era hermano de Akenatón y Tutankamón (si se acepta que los tres eran hijos de Amenhotep III y su esposa favorita Ti, como parecen garantizar algunos rasgos comunes entre los tres y el parecido del más joven con aquella reina madre poderosa, autoritaria, que a pesar de no ser de sangre real ejerció tanto poder en la corte de Tebas primero y en la de Amarna después). Otros estudiosos se limitan a considerar a Smenkharé en su único estado conocido: el de esposo de una de las hijas de Akenatón y, por lo tanto, uno de sus dos yernos (el otro, claro está, el niño Tut). No sabemos mucho más. Y a saber si lo sabremos.

Tampoco sabremos nunca cómo murió Smenkharé-rey, ni siquiera si fue realmente el suyo el ataúd que se encontró en la tumba de la reina Ti. ¿Cómo adivinar si fue trasladado desde Amarna a las profundidades del Valle de los Reyes? En aquel escenario, ante la tumba 52, nos formulamos las mismas preguntas. ¿Despertó tanto odio Smenkharé como para que fuese tan atrozmente silenciado su nombre? ¿O acaso pertenecía el sarcófago a un personaje mucho más odiado?

Si aceptamos todas esas hipótesis, se abre un nuevo enigma que desemboca también en el silencio. Es sintomático el papel que fue a interpretar junto al hermano hereje, una vez este se separó de Nefertiti. Explica que se le enterrase con la mano encima de la pelvis, como se hacía con las reinas y no con los reyes. Porque al lado de Akenatón, Smenkharé personificó a la real pareja, al elemento femenino que sirve de transmisor de los rayos de Atón al pueblo.

¿Un escándalo descomunal *avánt le lettre*? He aquí una concesión al sensacionalismo que importa bien poco en este caso. Bastantes enemigos tuvo la herejía de Amarna como para enardecer a otros por una cuestión moral. Pero si no fuese por ella, ni siquiera nos preguntaríamos quién fue Smenkharé, quiénes sus asesinos. Se convierte Smenkharé en corregente de Akenatón, camina a su lado y en paridad; reconstruimos su imagen aureolada por las doctrinas de la revolución religiosa del hermano, que amenaza por ceder de un rudo golpe ante los avances de la reacción. Y después de la muerte de Akenatón, camina Smenkharé hacia la negación o la realización de las doctrinas malditas: eleva las manos hacia la divinidad del Nilo y pide, por lo menos, una opción. Avanza hacia esta opción, cualquiera que fuese, y de repente la Historia le corta el paso. Jamás participará en ella, ni con su afirmación ni con su negativa.

¿Puede ser tan cruel la Historia? Hombres y pueblos avanzan hacia su construcción, la hacen o la deshacen, la crean o la destruyen: pasan, pues, al registro de los hechos o las negaciones que ella, la Historia, bautizó con su propio nombre. Tienen su participación.

Akenatón y su ciudad participaron: el final fue catastrófico, pero al cabo de muchos descubrimientos tres mil años de Historia humana registran como hito memorable el día en que Amenhotep IV descubrió la mística del Disco e hizo que sus rayos bañasen el arte, la economía, la política y la justicia de su tiempo. Hombre y pueblo caminaron hacia un futuro que contaba con ellos, aunque fuese para odiarles. Pero Smenkharé ni siquiera tuvo esto. En el momento justo de pedir la opción de cualquier signo que pudiese catapultarle hacia el futuro, fue desviado del camino de la Historia por un golpe que ella misma le asestó. Y la opción quedó enterrada en el cementerio implacable de los olvidos.

Porque tanto en la sala amárnica del Museo de El Cairo como en la que es su lógica continuidad —la de Tutankamón, en el piso superior— Smenkharé solo representa un grano de arena en el desierto inmenso de la Herejía. Incluso hay libros en los que ni siquiera aparece. Es un nombre todavía secundario en las cosas que sabemos de Akenatón, de Nefertiti, de Horemheb e incluso del mismo Tut. Muere para la posteridad porque carece de todos los atractivos espectaculares y de la curiosidad que Akenatón puede inspirar en el erudito, Nefertiti en el esteta y los fabricantes de cosméticos, y Tutankamón en el turista facilón. Se aparta de todos ellos completamente solo ante la indiferencia de los visitantes, y únicamente tiene un peregrino que le reclame: yo.

Así, imbuido en este enigma que antes de llegar a Egipto desconocía, que no me fue revelado hasta que en El Cairo buscaba cuál podía ser el eslabón perdido entre la muerte oscura de Akenatón y la conversión de Tutankamón a la religión oficial; así, me acerqué en un jeep destartalado a la carretera polvorienta que recorre el trayecto de Minia a Mellauí, y me encontré transportado de repente en una barca medio destrozada que cruzó el Nilo bajo un sol terrible a cuyo tremendo azote no quise esconderme porque en esta zona el Sol ya no era Ra, sino Atón. Y no bien volví a pisar las riberas de Tell El Amarna conocí que había vencido al tiempo, aunque sea mi conocimiento algo imposible de comunicar.

Sobre esta aldeúcha en cuyas dunas debió de levantarse el puerto placentero de la Ciudad del Sol, en esos arenales que albergaron, después, a las tiendas errantes de los Beni Anram, solo hay ahora chozas de fango y paja como tantas pueden verse a orillas del Nilo. Las palmeras que anuncian el palacio de Nefertiti, unos pocos sicómoros y algunas acacias son la única posibilidad de sombra en el vasto espacio que cierra el hemiciclo rocoso. Las mujeres lavan en el río, las falucas transportan productos desde algunos lugares más fértiles del Valle, los niños juegan entre las rocas, descalzos, sin miedo a los proverbiales escorpiones (cuando no algún animal de peor catadura). Más allá de esta extraña reminiscencia de la vida, solo el silencio absoluto.

Una vez más, y por última vez, la imaginación se complace en reconstruir. Regresaré a las tumbas renegridas de la montaña, y a través de mil relieves martillados recuperaré mi mundo. Pero no habrá colosalismo en esta reconstrucción, como no lo habría en los himnos de Amarna...

Surges hermoso en el horizonte del cielo,
Oh Atón vivo, que iniciaste la vida.
Cuando te levantas, más allá del cielo
Llenas el mundo con tu hermosura

¿Es obra de Akenatón, como se dice, ese precedente de los mejores salmos bíblicos? Curiosamente la estela que lo reproduce fue respetada cuando el clero de Amón y los militares de Horemheb destruyeron la ciudad y borraron de las listas dinásticas toda mención a los tres reyes heréticos. Ya lo vimos en las listas de Abydos. Que algo pudiera salvarse del olvido vuelve a ser otra de las ironías del Tiempo. Y el peregrino contribuye a ella por medio de reconstrucciones que no creería ni en el más alocado de los sueños. Solo el silencio permanece. El resto, ¿qué es?

Camino finalmente entre las tierras estériles de aquella revuelta del espíritu, y el sol de mi Egipto de hoy ya solo alumbra escenas de muerte total. En algún lugar de mis recuerdos de siempre, amalgamados en una sola irrealidad que se llama Egipto, surgen lecturas de *best-sellers* antiguos, que van a mezclarse con esculturas entrevistas en los museos de todo el mundo. Y aquí se añaden los ojos de Tutankamón en una exposición del Londres lluvioso, el busto de Nefertiti rodeado de moquetas sofisticadas en un museo de Berlín, el ataúd anónimo de El Cairo y el reclamo permanente del desierto como alcahuete de la muerte preservada. Akenatón, Smenkharé y Tutankamón se funden en una imagen única que no me cansaría de invocar a través de mi único medio de exorcismo: la literatura.

La vida se recupera de sus heridas y cuando creemos que está curada levanta el vuelo, huye de nuevo, inaprehensible y engañadora. Un huracán de muerte se lleva a la vida, pero la vida siempre regresa. El mundo se entremete en la fatídica dialéctica de vida y muerte, de guerra y de paz, de justicia e injusticia que arrastramos desde que el primer hijo de Cam puso los pies —según dicen— en las riberas pantanosas del Nilo y exclamó: «Aquí me enterraréis.»

¿Cómo jugarían Smenkharé y Tutankamón entre las palmeras del palacio real de Amarna? ¿Cómo debieron de morir ellos, Akenatón y Nefertiti? ¿Qué catástrofe inesperada obligó al escultor Tutmés a dejar inacabado el busto maravilloso de la reina? Y en última instancia, ¿cuántas preguntas podría añadir un pobre aprendiz de escritor y de hombre a las preguntas que la Historia todavía nos esconde, en el vientre torturado de las rocas de Amarna?

Aquel primer egipcio a quien enterraron en las riberas indómitas del Nilo, ese último *fellah* que ha muerto después de muchos años de controlar sus dos hectáreas de tierra regada por la Gran Presa, huyen y regresan rápidamente a ese inconsciente que, ahora lo sé, no puedo limitar a mis mares, a mis calles, a una adolescencia dejada atrás, domesticada acaso como los pantanos salvajes del Nilo. Todo se mezcla en una memoria que llega a abarcar muchos siglos y que, por ser débil, por carecer de recursos no consigue revelarme quién era yo, cómo era yo, por qué fui a morir en las tierras del Nilo hace tantos miles de años.

Planto mis tiendas en las colinas de Amarna, paseo entre las rocas de tumbas vacías e intento recordar cómo era esta ciudad, qué ocurrió en sus palacios, por qué murió sin nombre Smenkharé. Pero la memoria, que me arrastra siempre hacia la Ciudad, también me falla siempre. Y entonces me doy cuenta de que me estoy haciendo muy viejo.

Roma, 1969
Luxor, 1982 - Ventalló, julio, 1983

ÍNDICE

Libro primero

DE MENFIS AL FAYUM

LIBRO SEGUNDO

EN EL EGIPTO MEDIO

LIBRO TERCERO

DE ABYDOS A TEBAS

LIBRO CUARTO

DE TEBAS A ABÚ-SIMBEL

CIUDADES PARA UN EPÍLOGO

Este libro se imprimió en los talleres
de Printer Industria Gráfica, sa
Sant Vicenç dels Horts
Barcelona